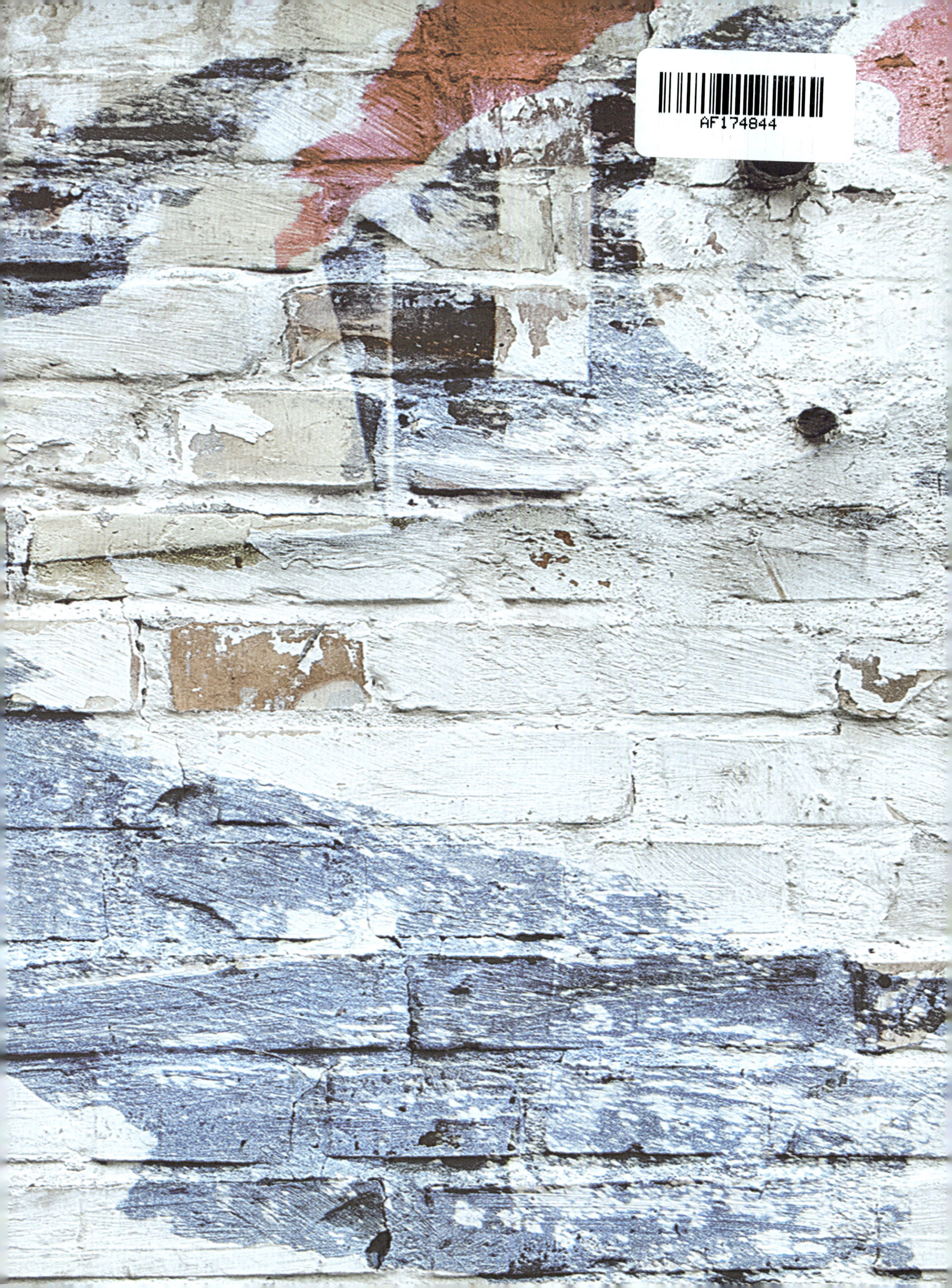

ESTRELLAS EMERGENTES DEL
STREET ART

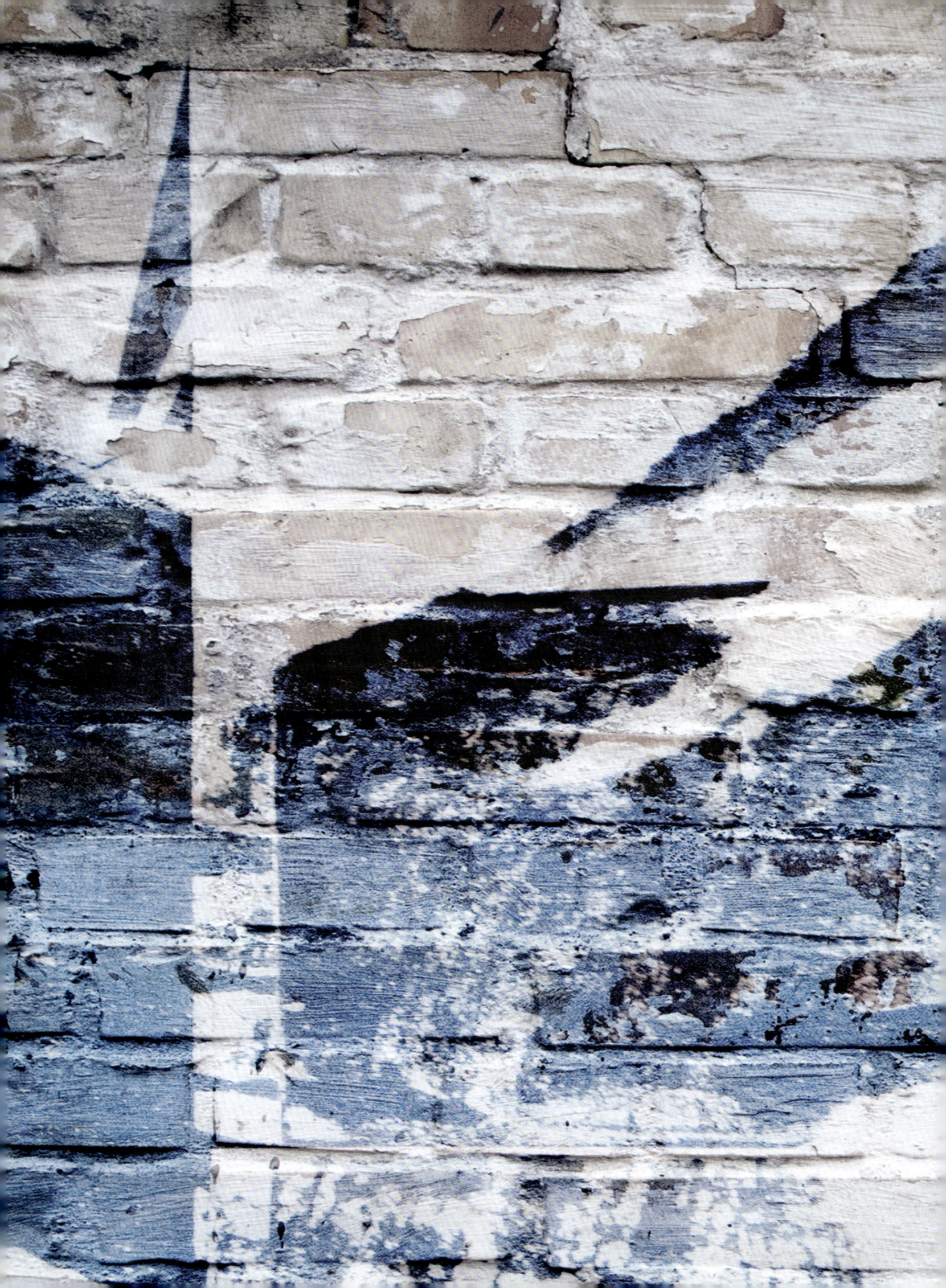

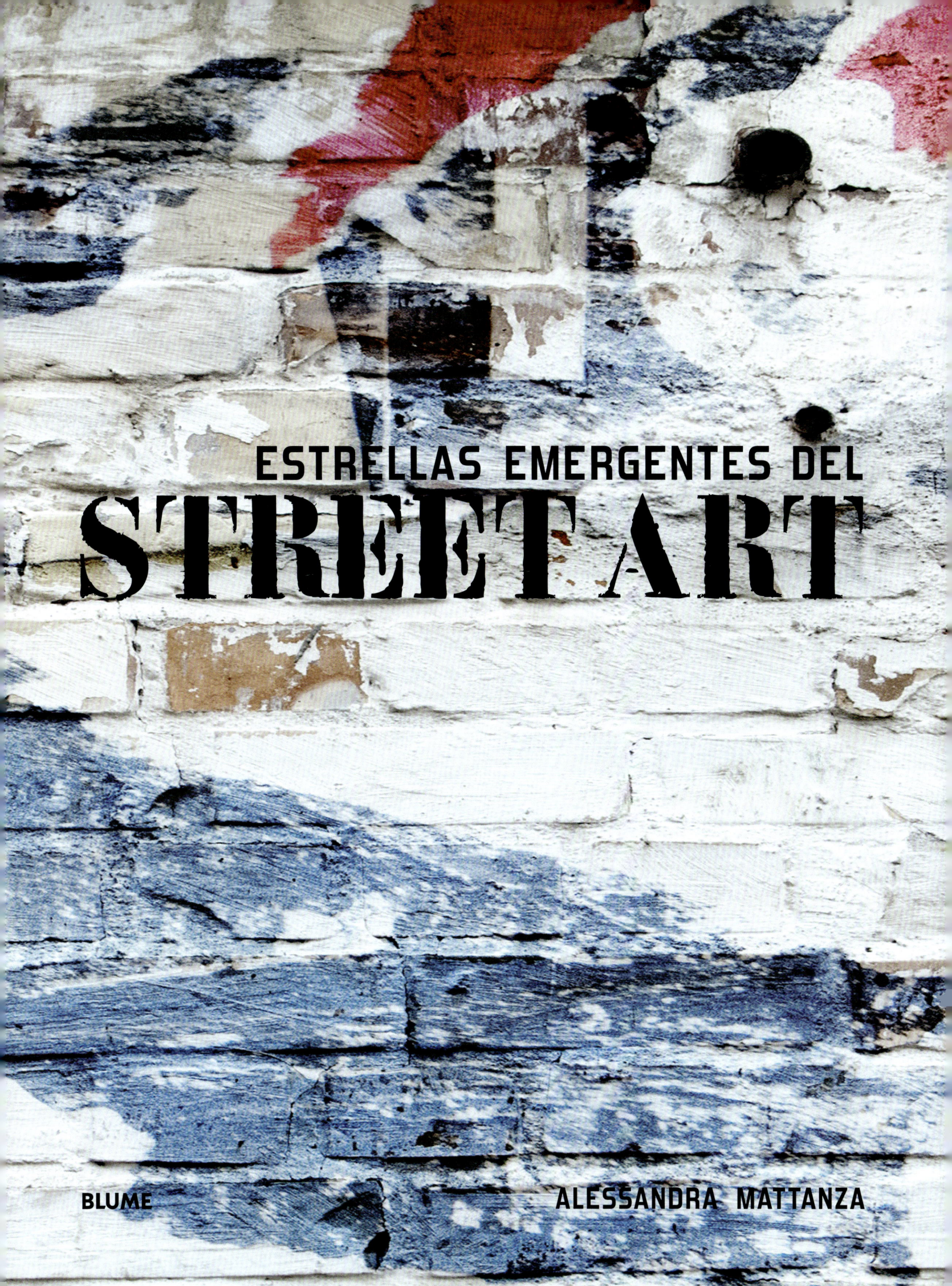

ESTRELLAS EMERGENTES DEL

STREET ART

BLUME

ALESSANDRA MATTANZA

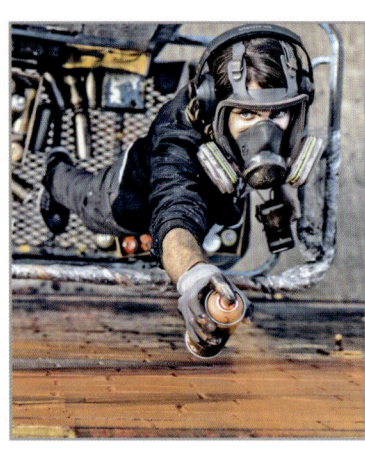

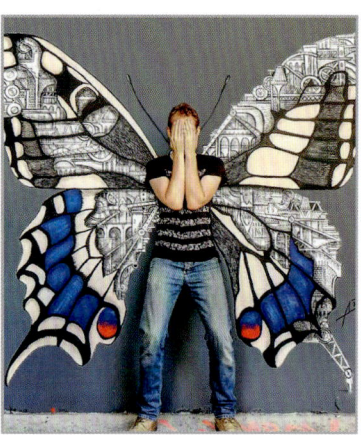

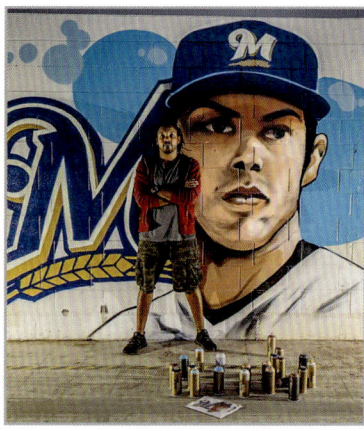

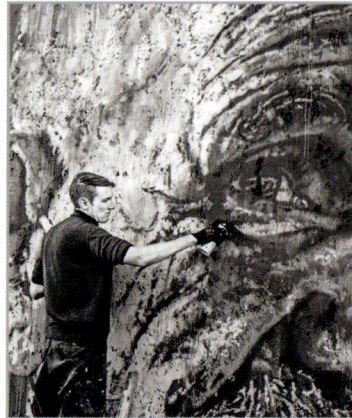

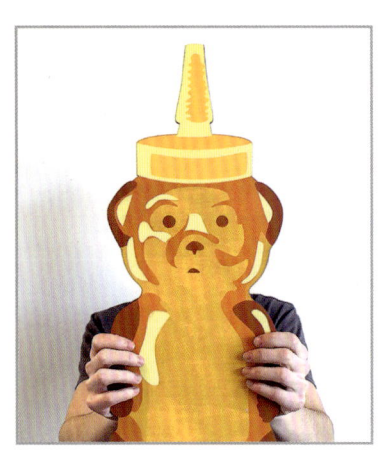

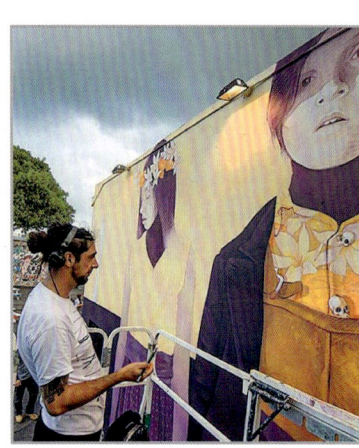

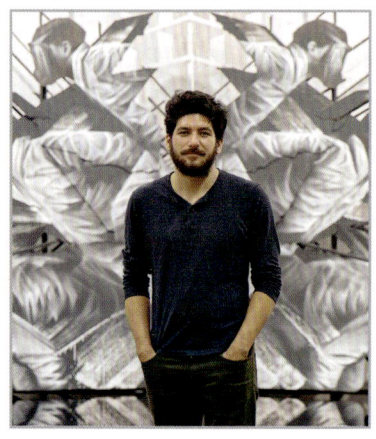

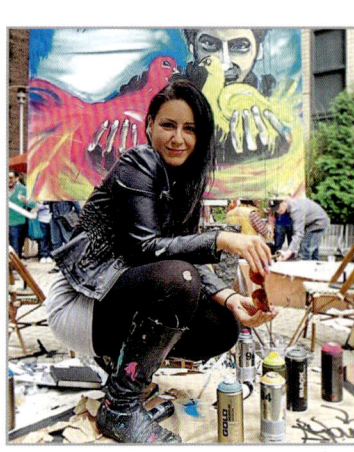

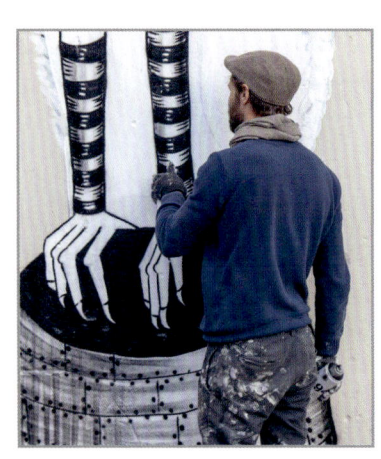

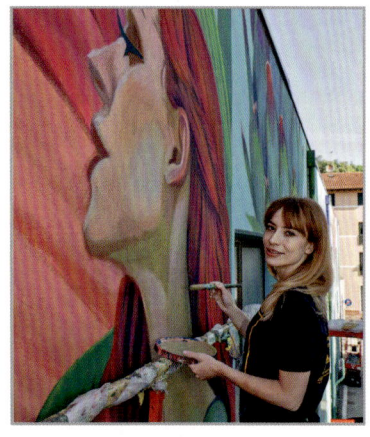

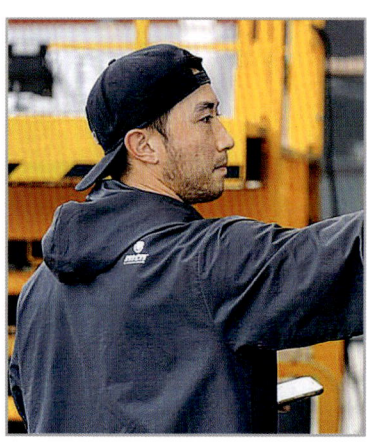

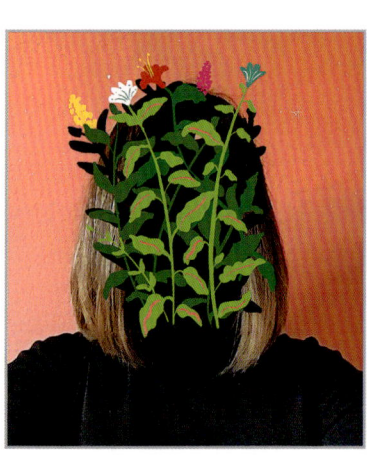

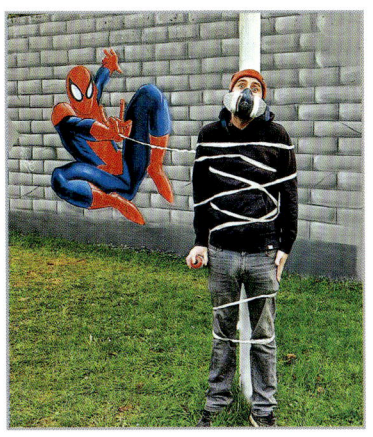
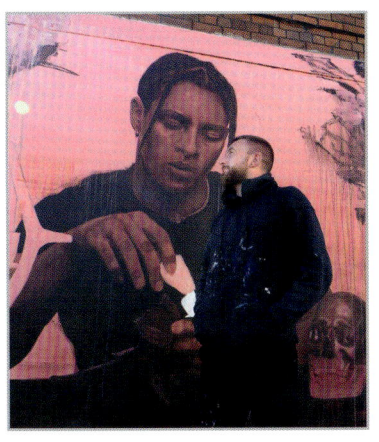
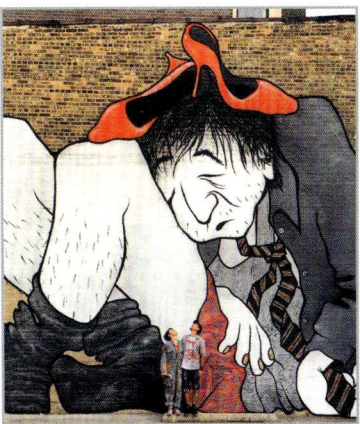
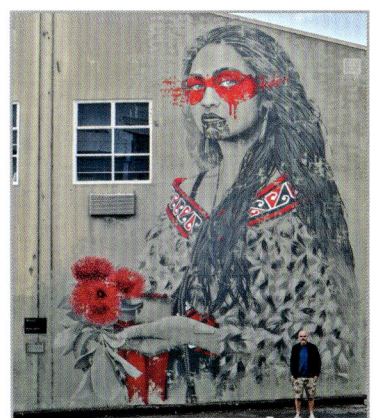
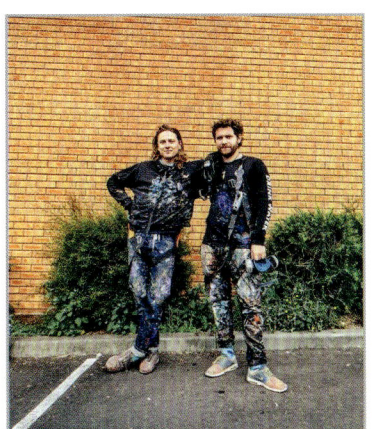
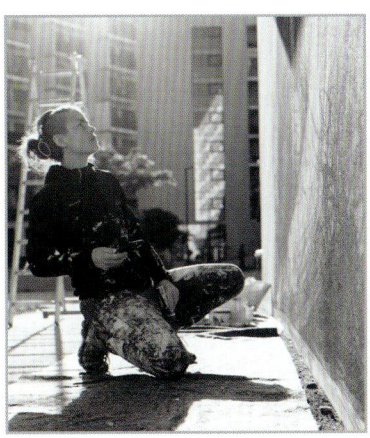
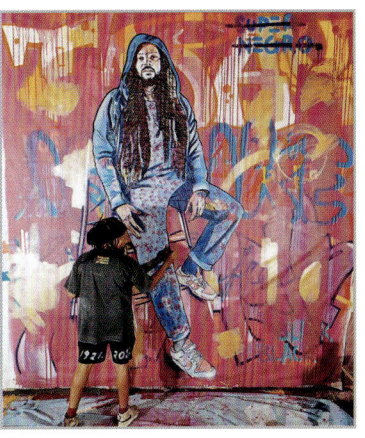
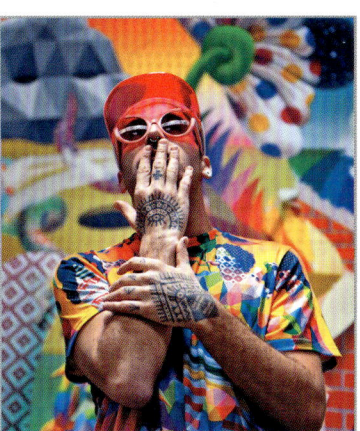
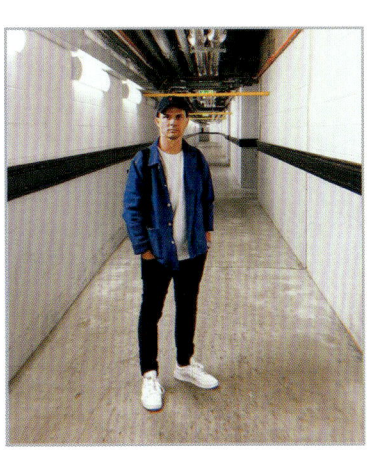
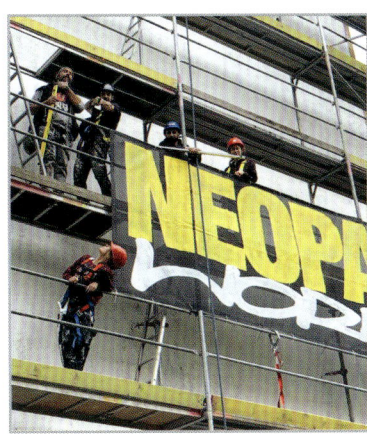
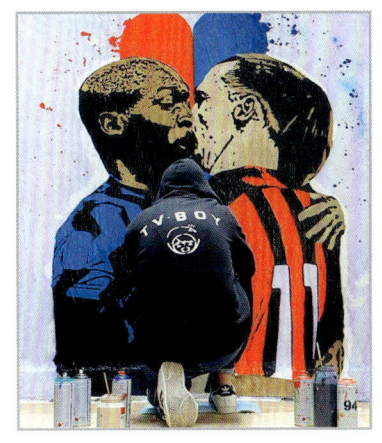
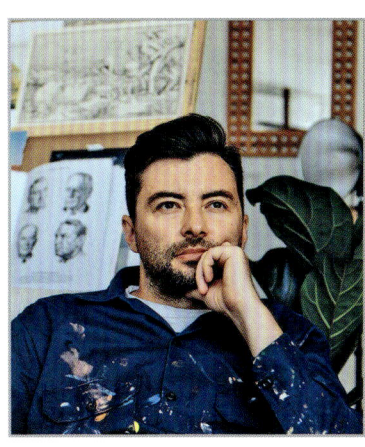
CONTENIDO

UN FLORECIMIENTO URBANO

Es raro conocer a alguien a quien le consuma el deseo de practicar *street art*, de querer operar bajo reglas diferentes, en circunstancias inusuales y con tensiones singulares. El *street art* es una práctica exclusivamente urbana que, en esencia, se manifiesta en piezas de *performance* y conforma un arte público. Los artistas que aquí se presentan captan el entorno social, económico y político actual, sometido a escrutinio público. Y todos ellos florecen sometidos a estas singulares presiones.

La relación entre las ciudades y los practicantes de *street art* evoluciona con el tiempo y va reflejando los valores e intereses de los propios artistas. El *street art* ha sido, durante décadas, un diálogo con la ciudad. El pulso de la ciudad moldea a los artistas, les proporciona inspiración y sirve de acicate al tiempo que actúa como espejo en el que se reflejan los intereses de los creadores. El *street art* es una práctica artística singular, ya que vive en simbiosis con la ciudad: sin ciudad, no hay arte. Los artistas conciben en todo momento la ciudad como un lienzo y captan y reflejan en su obra la arquitectura en la que se encuentra la obra, la gente que pasará por allí y la percepción del barrio.

Dado que estos artistas realizan su obra en público, el *street art* es, en esencia, una pieza de *performance*. Los espectadores ven la raza y el género del artista, pueden conversar con él, ven las herramientas de creación artística y, claro está, la obra inacabada en curso. Este acto de *performance* expone al artista y lo pone en peligro, sobre todo en esta época, en la que las fotografías se toman y se difunden al instante. Esta situación también da pie a que los espectadores formulen preguntas. Esta interacción transforma la obra en tiempo real, a medida que se va desarrollando. El acto de hacer arte en las calles reivindica la esfera pública y contrarresta la marea de vallas publicitarias y escaparates que comercializan un modo de vida concreto.

Los temas que abordan hoy en día los practicantes de *street art* son tan universales que cualquier transeúnte puede conectar con ellos el cambio climático, la omnipresencia de la tecnología y la justicia social. Cuando aplican su talento en grandes paredes o incluso tejados, lo que hacen es llamar la atención sobre los problemas y, en última instancia, propiciar el cambio, tanto a través del pensamiento como de la acción. La raza y el género que presencian los espectadores también influyen en la obra y en lo que esta significa. Los artistas que figuran en estas páginas ponen de relieve los tentáculos del racismo estructural en todos los aspectos de la vida (cómo se les paga, dónde trabajan) y cómo influye el capitalismo en el medio ambiente.

Las paredes son megáfonos para los artistas actuales que transmiten un mensaje alto y claro valiéndose del arte y de la belleza. Este mensaje gira en torno al medio ambiente y la precaria situación de la Tierra. Sus imágenes captan el delicado equilibrio entre el ser humano y la naturaleza. Artistas como Li-Hill se plantean el equilibrio entre la humanidad y los animales. Scott Nagy & Krimsone, de las Blue Mountains, Australia, abordan el misticismo y el poder de la naturaleza. El mensaje es evidente: la protección del medio ambiente prevalece sobre cualquier otra necesidad. Kiki Skipi lo pone en práctica en casa con sus vibrantes y divertidas imágenes de flores, mariposas y estrellas, imágenes que nos recuerdan la belleza natural que nos rodea.

La repercusión de la tecnología en la humanidad y en el medio ambiente es un tema recurrente. Los artistas quieren concienciar sobre la influencia de la tecnología en la naturaleza, no eliminarla de sus vidas. Lo que sostienen es que vivir en una ciudad y utilizar la tecnología no significa que uno no esté conectado con el medio ambiente y la naturaleza. Ardif da vida a este motivo a la perfección con sus animales mecánicos, que se mueven por las paredes de la ciudad con gracilidad. Estos artistas quieren recordarnos que la tecnología no puede sustituir las interacciones entre seres humanos.

Esta postura queda patente en la obra de Jacoba Niepoort, que cree que si dejamos de comunicarnos entre nosotros, dejamos de estar conectados con nosotros mismos. TVBoy es otro gran exponente de *street art* que desafía la política y las normas culturales. Una de las «armas artísticas» que emplea son los besos: imágenes improbables de cargos públicos, políticos e iconos populares besándose que hacen que el espectador se replantee cómo estamos todos conectados como seres humanos.

La justicia social, las repercusiones de la pobreza y del racismo en la población y en el medio ambiente son temas constantes.

Cada uno de estos artistas, de procedencias diversas, aporta su perspectiva e historia únicas a las paredes de las ciudades. Vince Ballentine le da voz y valor a la gente al retratarla en las calles. Vince, que ha trabajado en la cárcel, sabe lo que es que no te valoren y que te despojen de la voz.

Lo que más destaca de cada uno de los artistas de los que se habla en estas páginas es que abordan su trabajo con alegría. Estos creadores, que llenan de energía positiva y felicidad ante la vida las paredes de las ciudades, creen en el hecho indiscutible de que el arte puede cambiar el mundo.

Sara y Marc Schiller
Nueva York, 2023

¿QUIÉNES SON LAS NUEVAS ESTRELLAS DEL *STREET ART*?

Alessandra Mattanza

La existencia no es otra cosa que un viaje sin fin en busca de la felicidad. Todos la anhelamos y la buscamos de una forma u otra, al margen de los obstáculos que se nos puedan presentar.

En *Zindagi Na Milegi Dobara*, filme dirigido por Zoya Akhtar, hija del poeta Javed Akhtar, uno de los personajes confiesa en un poema que escribió en su diario que cada vez que se siente abrumado por la tristeza o cae presa del miedo, intenta consolar a su corazón y su alma recordándose que esta realidad también forma parte de la vida y que debemos aceptarla por lo siguiente:

«[...] En la historia de cada cual hay una cierta decepción.
En la historia de cada cual hay un poco de luz del sol.
No es necesario llorar.
A cada momento, la vida vuelve a empezar».

La película narra un *road trip* que tres amigos indios deciden hacer como una especie de despedida de soltero prolongada para uno de ellos. Al principio, la trama, que se desarrolla en una España repleta de color, aroma, amor y pasión mezclados con fiestas, tradiciones y sorpresas, resulta desenfadada. Sin embargo, el rumbo existencial de los personajes comienza a moverse de forma gradual en una dirección más filosófica y, a veces, dramática, hasta revelar los altibajos de la vida y transformarse en un viaje metafórico de almas a la deriva en una búsqueda desesperada de la felicidad.

Este filme representa con bastante exactitud el viaje de las más recientes generaciones, que ahora, más que nunca, sienten la necesidad por encima de todo de ser felices porque, en última instancia, si uno mismo no alcanza esa felicidad, es incapaz de hacer felices a los demás. Esta necesidad se pone de manifiesto también en el mundo del *street art*, donde los jóvenes, o quienes, quizá tras haber llevado otra vida, se acercan a él por primera vez, desean sobre todo vivir el presente y mirar con esperanza al futuro.

Las nuevas figuras destacadas del *street art* ya no sienten furia ni enfado ante un sistema que no funciona, sino que confían en las plantillas, los colores, las imágenes sentidas y los retratos que «perforan» las paredes, así como en los extraordinarios personajes que surgen de su imaginación para evocar emociones y sentimientos positivos que nos hagan reflexionar mientras sonríen y no dejan de buscar soluciones para construir un mundo mejor, en el que creen con firmeza.

Algunas de las nuevas estrellas del *street art* son personas que han sufrido, personas que, con el corazón roto, intentan darle sentido a la vida... Otras son almas perdidas en busca de identidad. No cabe duda de que todos ellos quieren destacar entre la multitud, emerger, pero siempre solo por su arte, no por su ego.

Las nuevas estrellas del *street art* suelen ser activistas que hacen todo cuanto está en su mano por apoyar los derechos de las minorías, del medio ambiente y de los animales. Sienten un fuerte apego por la naturaleza, pues son conscientes de que forman parte de una gran comunidad que debe encontrar soluciones y desarrollar planes en lugar de aislarse en actos vacuos de protesta.

Las nuevas estrellas del *street art* creen, ante todo, en el amor y la compasión, en la empatía, en los buenos sentimientos y en la positividad. Son personas convencidas de que sus obras y murales pueden inspirar a la gente a reflexionar y cambiar el mundo.

Las nuevas estrellas del *street art* son más constructivas que destructivas. Aunque se oponen al capitalismo, la globalización y los sistemas de creencias demasiado rígidos, estos artistas están más integrados en la sociedad contemporánea. Miran al pasado con admiración, pero creen en sí mismos y en el presente. Saben que su momento es ahora y que hay que vivir para el futuro, no para el pasado. Saben que la historia no puede ni debe olvidarse, de ahí que suela estar presente en sus murales, pero también saben que es importante mirar hacia delante y perseverar.

Una nueva generación, un mensaje de esperanza para un mundo mejor.

Las nuevas estrellas del *street art* sueñan con una comunidad de corazones y mentes. Saben que el fuego del cambio arde en esta unida comunidad y reconocen el poder del diálogo, de la comprensión y, además, del compromiso, que a veces es más eficaz que los enfrentamientos acalorados. Creen que es importante compartir y trabajar juntos para servirles de apoyo e inspiración a los artistas más jóvenes.

Las nuevas estrellas del *street art* creen en la igualdad. Luchan contra todas las formas de discriminación e injusticia social, tal vez sin la rabia y agresividad del pasado, pero sí con determinación. De ahí que su arte «grite» con colores espectaculares y majestuosos en murales gigantescos o que resulte heroico en los rostros de figuras legendarias y emblemáticas, como Martin Luther King o Malcolm X, o en los de los héroes cotidianos que descubrieron en las calles y cuyas historias pueden leerse en dichos rostros una vez pintados en la pared. Muchos jóvenes artistas muestran además su compromiso con la sociedad al crear obras en prisiones o en comunidades muy desfavorecidas a través de proyectos artísticos que implican a la juventud y estimulan nuevos talentos.

Las nuevas estrellas del *street art* propician al máximo la diversidad: la libertad de ser uno mismo sin inhibiciones, sin tener que soportar discriminaciones. Suelen ser artistas apolíticos, ya que quieren conservar su independencia. Para ellos, lo único que importa es el talento, el talento sin barreras impuestas por el pensamiento ni la actitud, y no temen demostrarlo aventurándose a trabajar en proyectos eclécticos, creativos, imprevisibles y ajenos a tendencias y partidos políticos.

Las nuevas estrellas del *street art* exploran el mundo, pero no viajan solo para diseñar un gran mural o aplicar una plantilla, sino con la idea de sumergirse en otras culturas y aprender de los rostros de la gente el valor de la humanidad en toda su complejidad y el significado profundo de la vida de cada persona para transmitir este mensaje a las generaciones venideras a través de su obra.

Algunos de estos artistas han consagrado su vida a pintar los rostros de las comunidades indígenas para darles voz y una nueva dignidad tras un pasado repleto de abusos e injusticias, para concienciar sobre su identidad y para proteger su cultura y sus tradiciones.

Lo más habitual es que a estos nuevos creadores les guste mantenerse dentro de la legalidad, ya que muchos prefieren expresar sus ideas en grandes murales, tomándose todo el tiempo y el cuidado que estos requieren, antes que trabajar de forma ilegal y anónima por la noche. No tienen miedo a la luz y ya no se esconden en las sombras.

Representan el futuro de este nuevo mundo: tienen una visión positiva y ya no son pesimistas ni nihilistas. Quieren construir en lugar de destruir, porque, tras toda la oscuridad provocada por conflictos, pandemias y crisis económicas, hay un anhelo de luz y esperanza, de amor y ternura, de empatía y alegría, de sueños en lugar de desesperación, de perdón en lugar de odio. Hay ganas de sentirse vivo y activo y de volver a bailar y jugar.

Al fin y al cabo, así ha sido como la humanidad ha conseguido siempre sobrevivir a los numerosos acontecimientos del pasado: gracias a su comprensión, generosidad, perdón y también a su capacidad para transigir en ocasiones, un mal necesario que nos permite avanzar y vivir en paz. En última instancia, así ha sido como la gente ha afrontado y superado incluso las peores tragedias con valentía y honestidad.

A menudo, las nuevas estrellas del *street art* no buscan otra cosa que ofrecerles a los demás un momento de belleza, hacerles reflexionar sobre la profunda mirada de un niño retratado en una pared, despertar su conciencia e inspirar su compromiso con la ternura, la pasión y el amor sin recurrir a la provocación. Prefieren el amor al odio. Porque, al fin y al cabo, es en el amor donde se esconde la propia esencia de la vida y la auténtica felicidad.

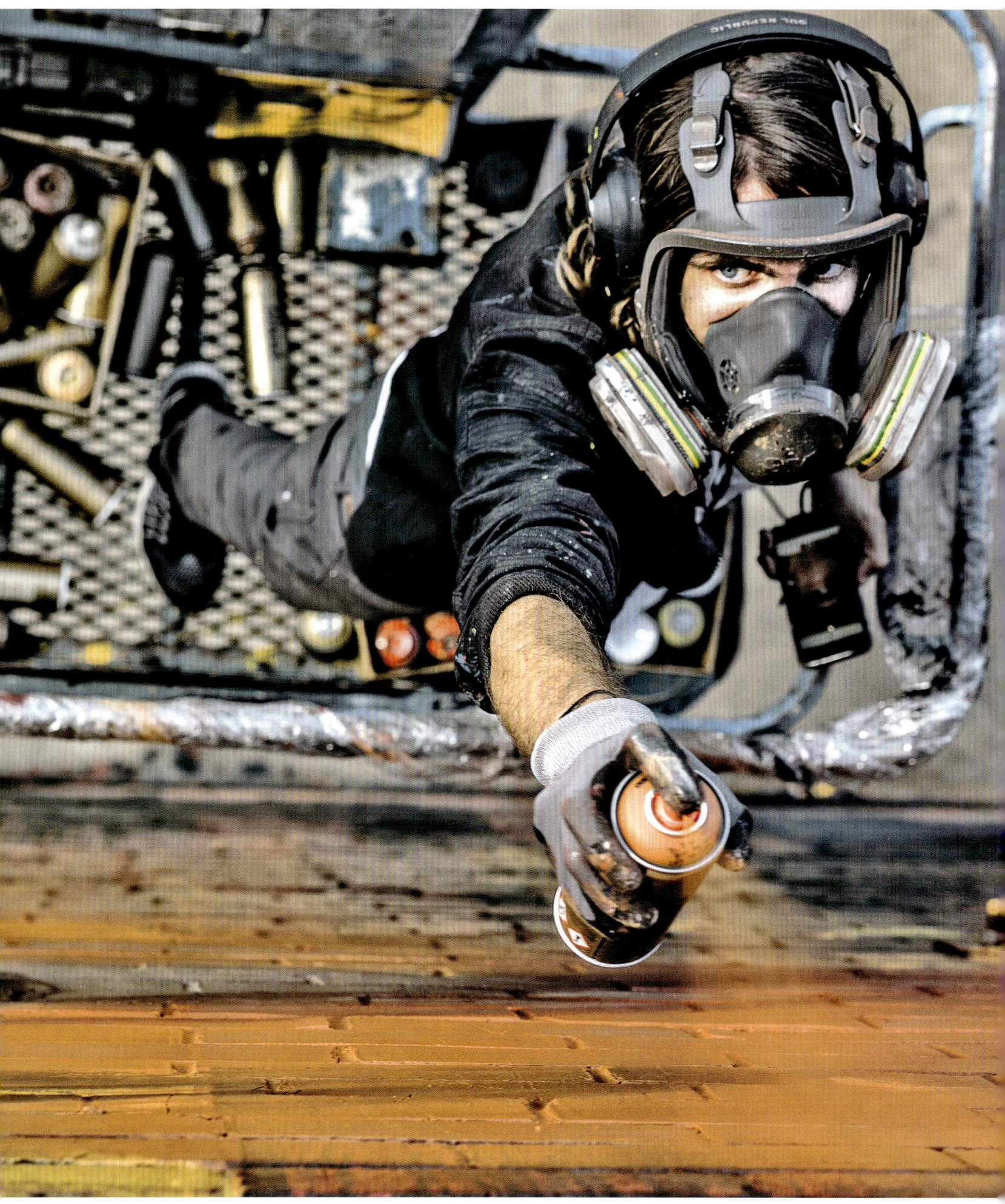

ADNATE

DEFENSOR INCONDICIONAL DE LA CULTURA INDÍGENA

«Mi práctica artística surge de la evolución de todas las experiencias vitales que me han servido de inspiración, y siempre intentaré plasmarlas en mi obra».

El arte de Adnate puede interpretarse a través de los ojos de sus personajes... Hombres, mujeres, niños... Todos ellos indígenas australianos. Puede ser en la mirada de un niño aborigen que, con marcas rituales en el rostro, mira fijamente desde lo alto de una pared... Puede ser en los retratos de activistas aborígenes que destacan con fuerza ante un fondo de color... Puede ser en el perfil de una mujer que mira con una intensidad irresistible e hipnotizadora... El efecto siempre es el mismo. El arte de Adnate, bello y repleto de significado, capta esa parte de la humanidad que, con demasiada frecuencia, pasa por alto la sociedad contemporánea, empeñada en perseguir sus propios mitos: nos referimos a las comunidades indígenas de Australia, país de origen del artista, pero también a otras comunidades de todo el mundo, las cuales necesitan una voz que hable por ellas. A través de estos rostros, Adnate compone un increíble canto a la naturaleza e invita a los espectadores a tomar una postura activa contra el cambio climático... Y es que son precisamente los indígenas los guardianes de los secretos de la naturaleza y, por tanto, de la supervivencia del planeta. Y porque también estos corren el riesgo de desaparecer a pesar de ser maestros en la consecución de un equilibrio perfecto entre el ser humano y el medio ambiente y, por lo tanto, capaces de garantizar el futuro de la vida en la Tierra.

«Pueden ser nativos australianos, americanos, tibetanos o incluso el dalái lama, a quien conocí [...]. Siempre me han inspirado las culturas indígenas de todo el mundo. Para mí es crucial colaborar con ellos. Son mi mayor fuerza y mi mayor fuente de inspiración, porque en ellos se esconde la esencia y la raíz de toda la humanidad.

»De ahí que crea que es crucial preservar sus culturas. Lo que pretendo con mi arte es contribuir de forma activa al cambio social. Mis grandes murales son una forma de reclamar el espacio que se les arrebató», explica Adnate, cuya voz se alza con fuerza contra el racismo y la discriminación. El arte de Adnate no se limita a la mera representación pictórica, sino que habla con los personajes que retrata y los confronta. Se reúne con ellos y los fotografía. Para él, viajar por Australia, su tierra natal, o por otros lugares remotos es una forma de exploración continua y necesaria.

«Soy originario de Melbourne, pero he pasado largas temporadas en otros lugares; siempre estoy viajando, es algo que me gusta... Al proceder de Australia, me obligo a descubrir otras culturas indígenas, a veces en los lugares más recónditos del planeta», explica el artista.

ADNATE. Fotografía de B4FLIGHT.

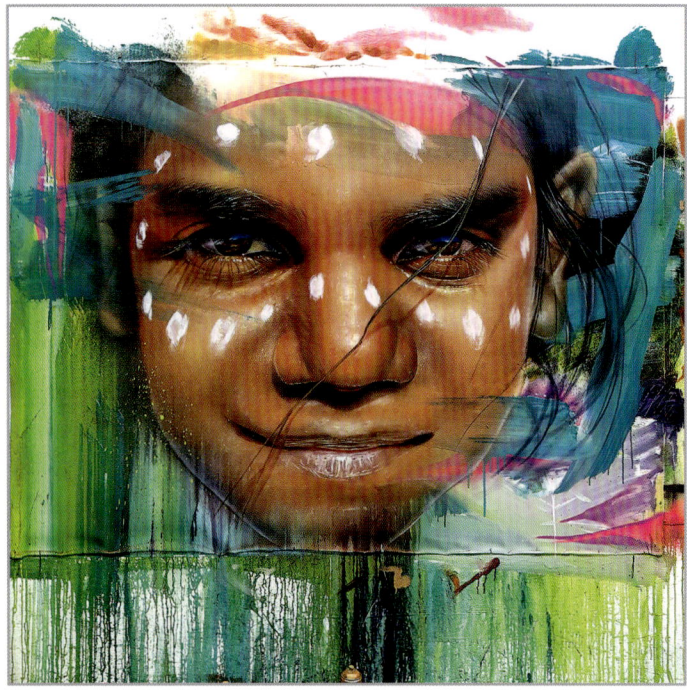

12: Luxemburgo. En colaboración con Eric Mangen.
Fotografía de Adnate.

13: Soweto, Johannesburgo, Sudáfrica. Fotografía de Adnate.

Las enseñanzas de las culturas indígenas tienen un valor incalculable para Adnate. «Los indígenas atesoran muchas historias por contar: mitos y leyendas en los que se manifiestan los espíritus de la tierra, el mar y el desierto [...]. Además, sus lugares son también mágicos. En ellos me suelo sentir rodeado de una energía inexplicable que no puedo describir con palabras pero que sí intento infundir y transmitir en mis retratos [...]. El propio color es una forma de evocarlo: la piel negra u oscura en contraste con la de los blancos que han intentado privar a estas personas de sus derechos a base de discriminarlas y confinarlas en guetos —señala el artista—. Desde que empecé a hacer grafitis, cuando no era más que un adolescente, los colores siempre me han fascinado [...]. Y siguen teniendo una enorme importancia para mí, porque en mis pinturas comunico precisamente a través del color, para lo cual evoco sentimientos fríos y cálidos, dramáticos y apasionados», añade.

En cuanto al estilo, Adnate sostiene que desde el principio se inspiró en el claroscuro de los pintores italianos renacentistas (en Leonardo da Vinci y, ya en el barroco, sobre todo, Caravaggio), pero también en los maestros del siglo XXI.

«No tengo formación académica [...]. Aunque siempre me he inclinado más por la acción que por el estudio, puedo captar y comprender los conflictos de la existencia y los matices de la vida (sus lados luminosos y oscuros) con la intensidad dramática de los grandes artistas del pasado [...]. Quiero que mis temas despierten emociones y generen un hilo narrativo, tal y como he aprendido a hacer a base de observar las obras de muchos de los grandes maestros [...]. Luego, todo cobra forma y se va desarrollando por sí solo mientras pinto», explica.

Fue así como Adnate desarrolló su singular estilo realista, el cual triunfa en paredes de todo el mundo, en las que plasma las historias y emociones de cada sujeto que pinta y hace que los espectadores reflexionen y empaticen con ellos. Los ojos del observador se encuentran con la penetrante mirada del desconocido que le devuelve la mirada desde un muro, una esquina, la fachada de un edificio...

Entre ellos surge una especie de magia, una complicidad peculiar, una conexión profunda que deja una huella indeleble en el alma.

Fue con ese mismo espíritu con el que llegó Adnate al *street art*. «Empecé a hacer grafitis a los 10 años y continué hasta los 20; después, descubrí el retrato. A los 25 ya pintaba por todos sitios [...]. Soy autodidacta; aprendí a dibujar retratos por mi cuenta [...]. Todo comienza con una fotografía. Para mí, esta es la parte más interesante del proceso, ya que me permite conocer a personas increíbles que me suelen contar historias igualmente increíbles. A veces tomo decenas de fotografías en comunidades indígenas; otras, veo retratos en las redes sociales o me dejo influir por las noticias y el momento presente... y, en última instancia, y esto sucede siempre, por los sentimientos y las emociones, que, por lo que a mí respecta, mandan sobre todo [...]», explica con un tono reflexivo.

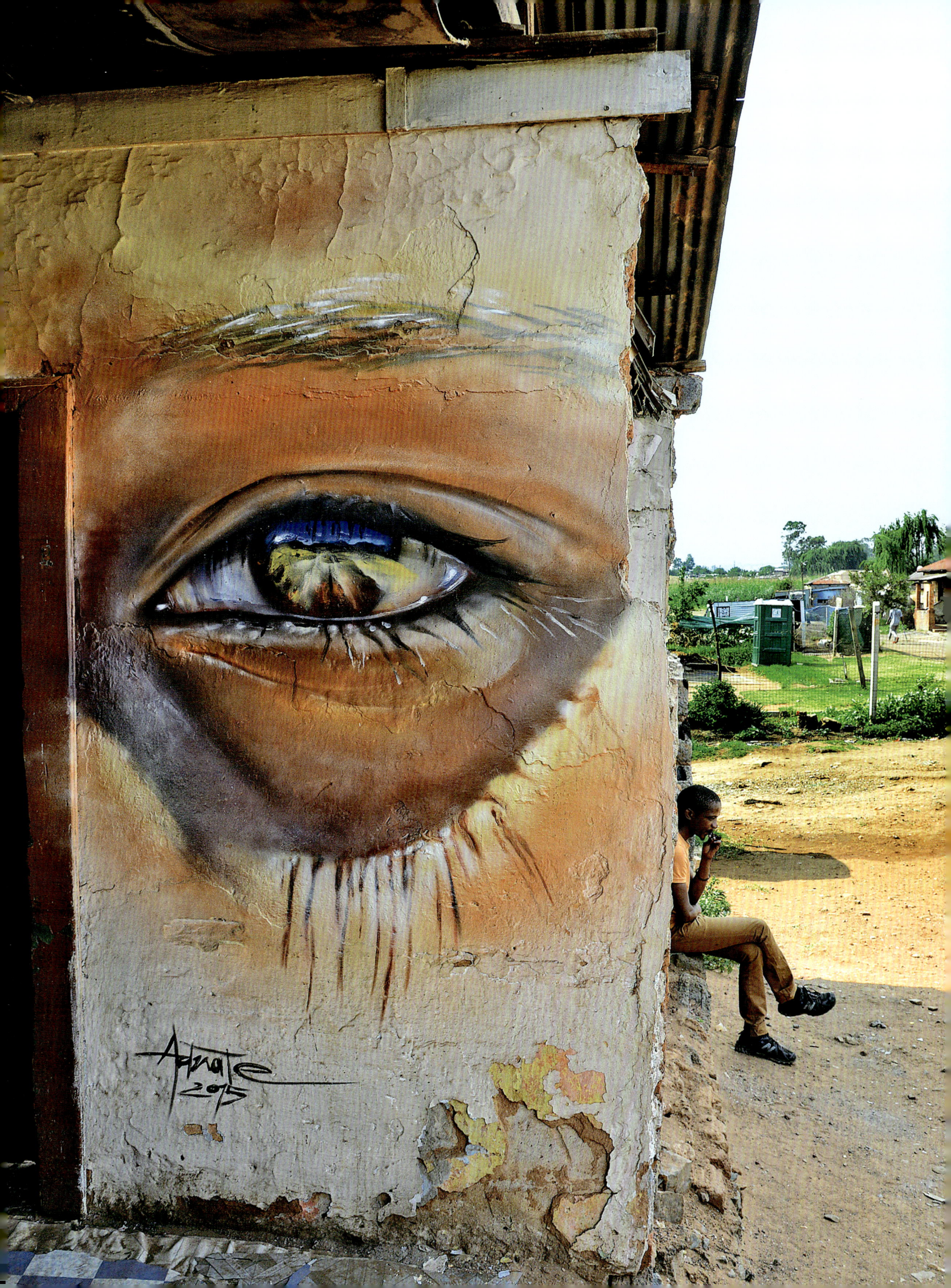

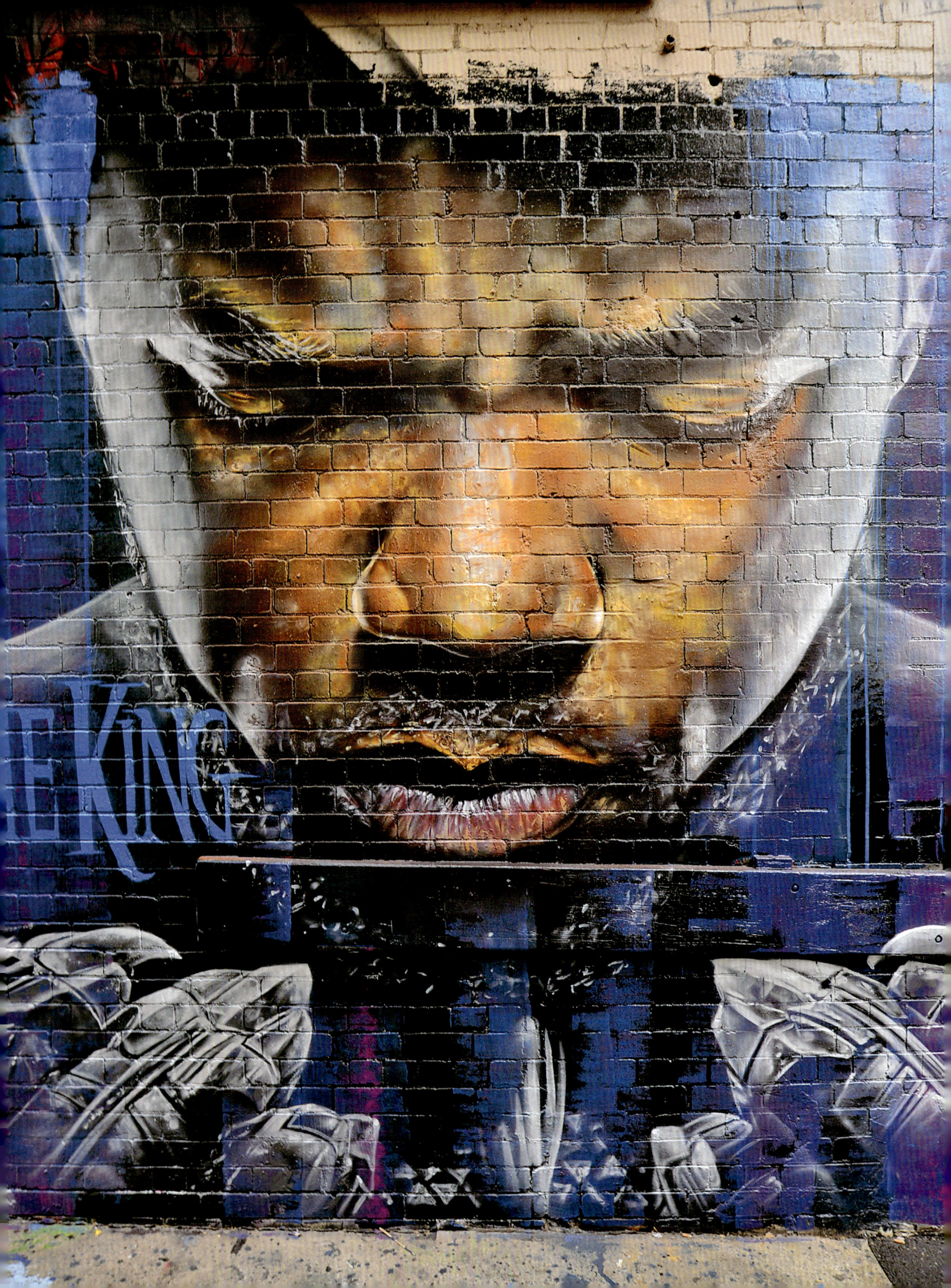

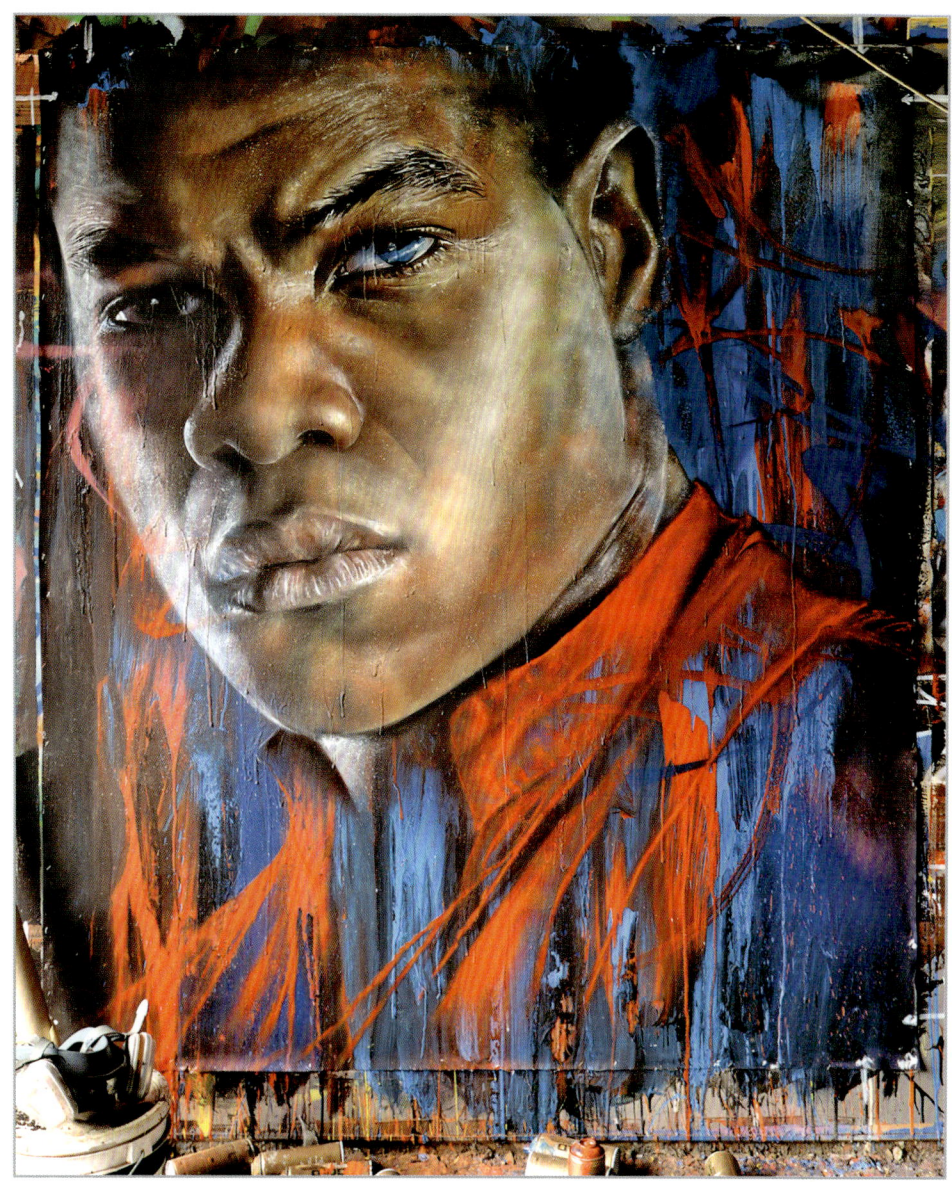

«No les pongo títulos a mis obras murales; me limito a señalar su ubicación. Lo importante para mí es interactuar con el observador y dejarle libertad para que procese y libere sus emociones en ese momento concreto [...]».

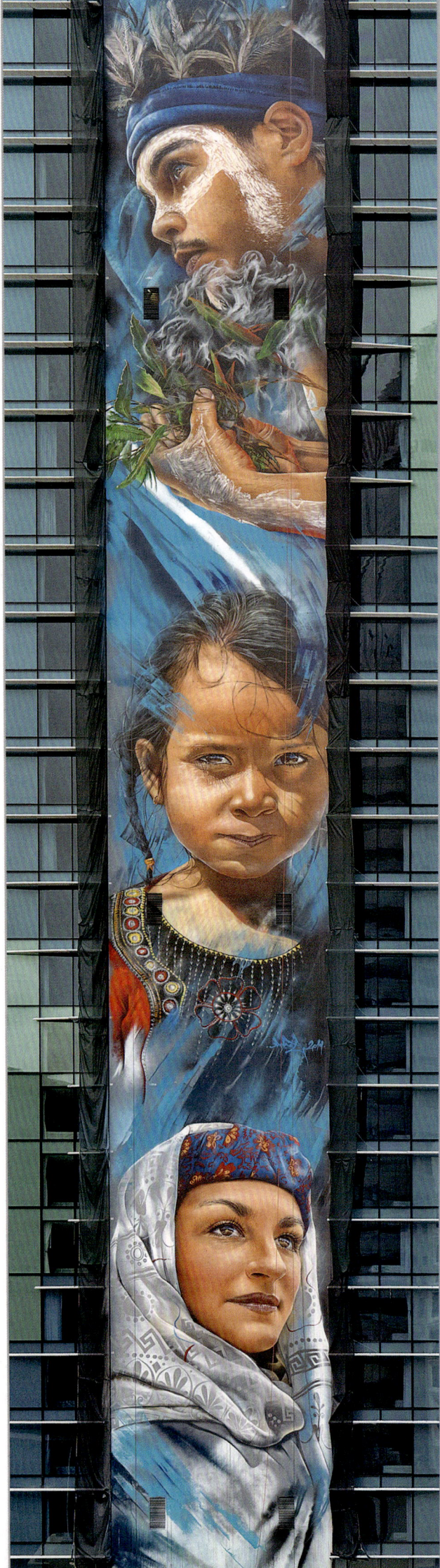

Si bien la visión de Adnate surge de su activismo, tiene a la vez la aspiración romántica de inspirar los corazones humanos para, así, construir un mundo mejor. «Quiero que la gente admire mi arte, lo interprete como quiera y extraiga de él su propia experiencia personal. Muchos de mis personajes se hallan en un limbo entre la alegría y la tristeza, como si quisieran afirmar su propia identidad y contar lo que viven. Lo más importante para mí es establecer una conexión directa entre los personajes de mis obras y quienes las contemplan; es importante que la gente reflexione y de verdad quiera conocer la cultura y las tradiciones de estos lejanos pueblos y se sienta comprometida con la protección de su supervivencia y sus tradiciones», señala con énfasis.

«En mi opinión, es el rostro lo que nos permite interpretar a la gente, de ahí que el punto focal de mis obras se centre en los ojos [...]. Los ojos son lo primero que dibujan muchos pintores al emprender un retrato. Para mí son el instrumento a través del cual me relaciono con la persona a la que retrato. Los ojos están incrustados en el rostro como si fueran piedras preciosas. Los ojos representan el caos que llevamos dentro y que no se puede explicar. Los ojos pueden comunicar un fuerte vínculo con la propia tierra. Los ojos son el cofre en el que se oculta la magia [...]», prosigue.

Adnate está convencido de que tanto su educación como su país, Australia, han desempeñado un papel importante en toda su producción artística y que ambos elementos siempre ejercerán su influencia. «Soy un chico urbano; crecí en Melbourne, una ciudad grande, multiétnica y de una maravillosa diversidad. Fui a un colegio público, donde además de blancos tuve compañeros de otras razas, mientras que en muchos colegios privados católicos la mayoría de los alumnos eran blancos. No me cabe duda de que esto influyó mucho en mí como artista y me ayudó a concebir la idea de una igualdad sin fronteras, un concepto que intento expresar con vehemencia en mis obras y en los rostros que llevo a ciudades de todo el mundo», concluye.

16: *Perth, Australia. Fotografía de Adnate.*

17: *Melbourne, Australia. Fotografía de Adnate.*

18-19: *Tumby Bay, Australia. Fotografía de Adnate.*

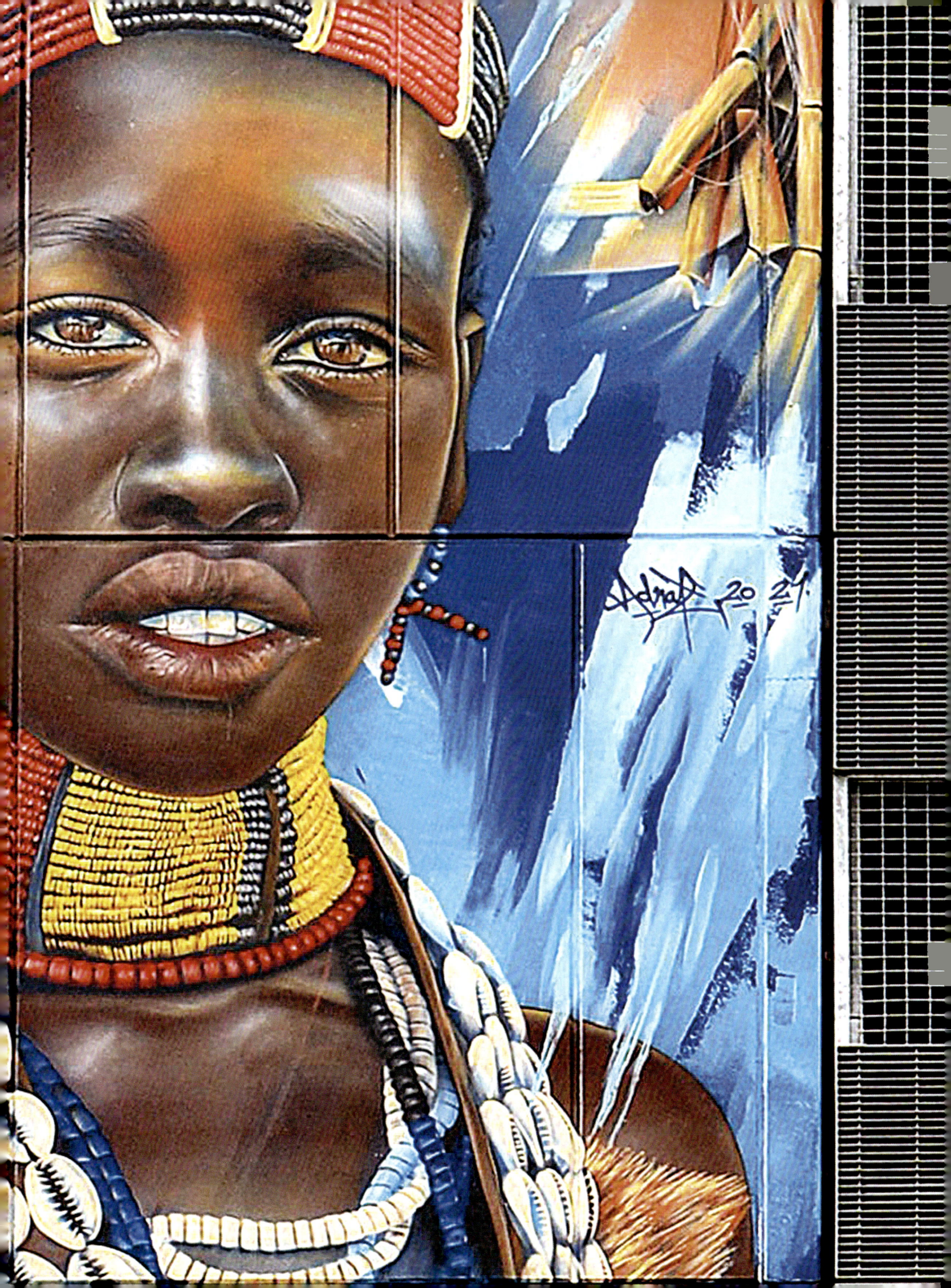

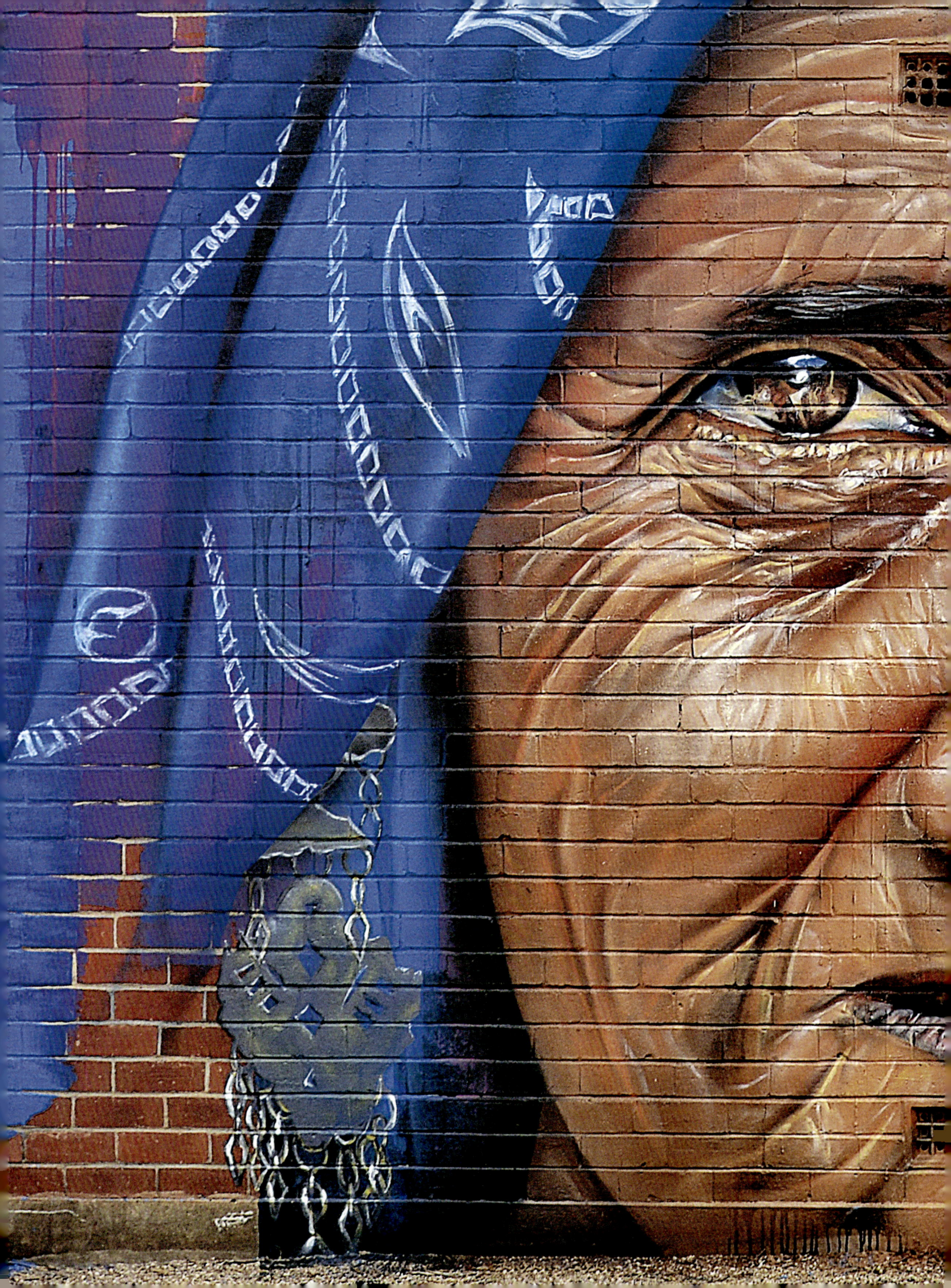

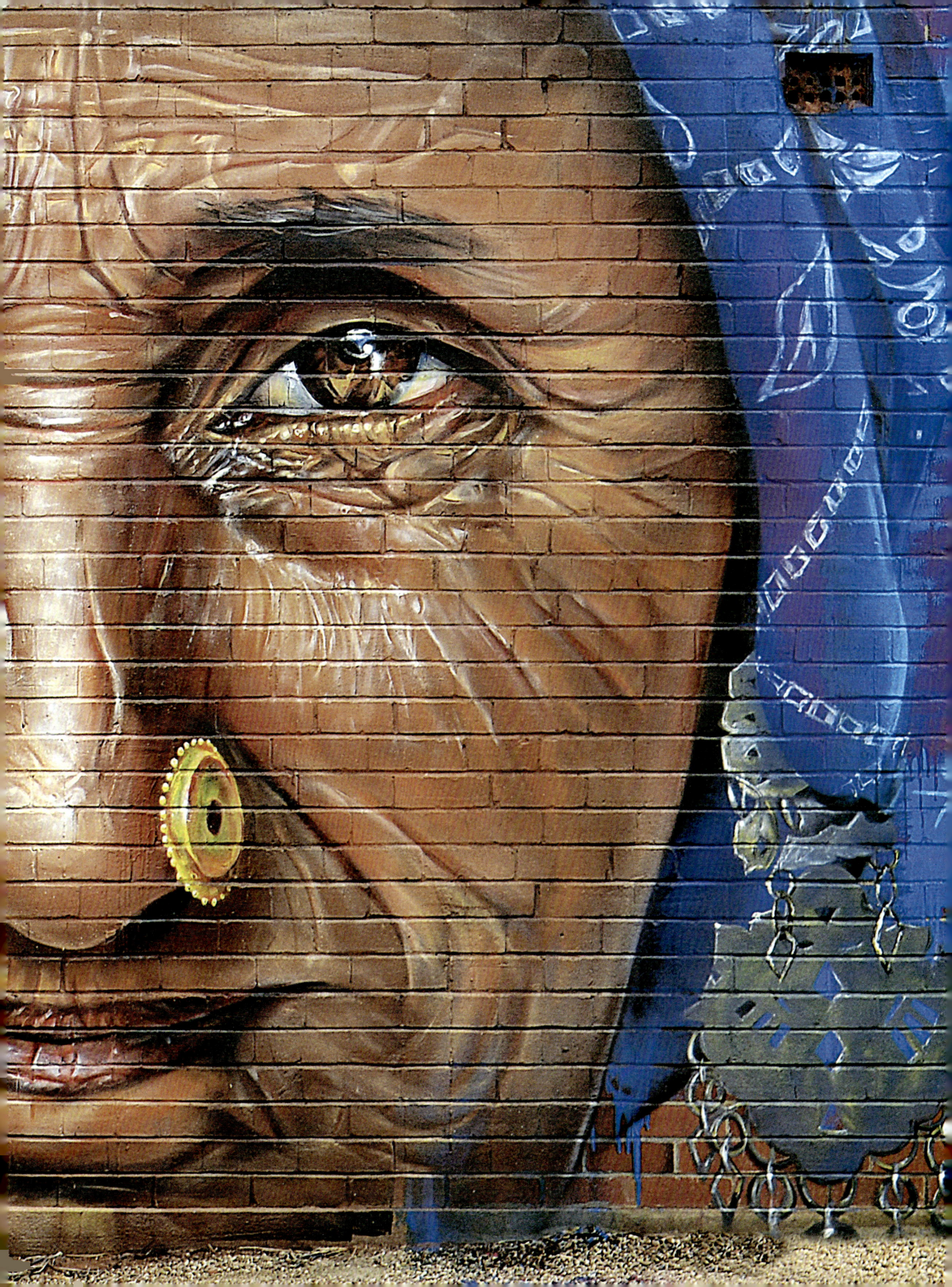

ARDIF

INVENTOR DE EXTRAORDINARIOS ANIMALES MECÁNICOS

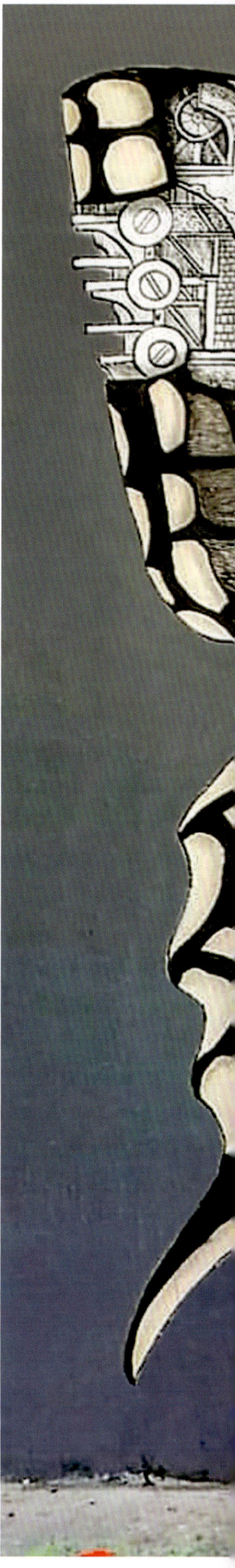

«El arte tiene muchos significados. Para mí es una forma de abrirle las puertas a la imaginación. Me ha llevado a inventar universos y, a través de un mundo imaginario y del street art, *me ha dado una especie de conciencia de la vida que me permite aceptar el mundo en el que vivo».*

Los llama *mechanimals*, contracción de *mechanical animals* («animales mecánicos»). Se trata de criaturas fantásticas que tienen tanto una parte humana como otra futurista. Estos seres, en parte animales, en parte seres mecánicos, surgen a partir de elaboradas y bellas construcciones arquitectónicas. Las figuras de Ardif no tienen parangón en todo el panorama del *street art* mundial. Su ingenioso espíritu es contagioso y fascina tanto a adultos como a niños, cuyas miradas quedan cautivadas por estos misteriosos y curiosos seres híbridos, que asoman por las calles de París y otros lugares... Gracias a ellas, Ardif ha conquistado todo el mundo.

«Nací cerca de París en 1986. Desde pequeño, mi madre me llevaba a museos, galerías y exposiciones. Crecí en un sólido entorno artístico, entre obras maestras de todas las épocas, cine de animación y cómics, piezas que me inspiraron desde el principio. Me encantaba el cine del director japonés Hayao Miyazaki [...]. Mi arte surgió sobre todo del conocimiento y la influencia de otros artistas», recuerda Ardif.

Los rasgos mecánicos que se aprecian en su obra remiten, a su vez, a los estudios del artista en arquitectura, en particular a su interés por la arquitectura moderna y minimalista, a su fascinación por las estructuras góticas y clásicas y a la influencia de artistas como Constant Nieuwenhuys, el grupo Archigram, Lebbeus Woods y los maestros del *land art*, como Christo y Jeanne Claude. Y a todo esto se le suma su incontrolable pasión por la naturaleza y los animales.

¿Cómo se le ocurrió la idea de sus fantásticos *mechanimals*?

«Aunque no lo recuerdo con exactitud, parece ser que el primero que hice (un gato) surgió por accidente mientras estaba sentado a la mesa en un café parisino [...]. Hasta que no pasó un tiempo no me di cuenta de que había inventado algo diferente. Luego hice cuatro o cinco más [...]. Mi imaginación suele tomar caminos desconocidos e imprevisibles incluso para mí. Es salvaje y escapa a mi control; creo que mezclo de forma automática esos engranajes, esa maquinaria, esas ciudades ideales que llenaban mi mente mientras estudiaba [...]. De un boceto surgió un invento. Incluso ahora, mientras dibujo, siempre co-

BUTTERFLY MECHANIMAL: París, 2018. Esta pared se pintó para mi exposición individual «Mechanimaile», que se celebró en la galería Le Lavo/Matik.

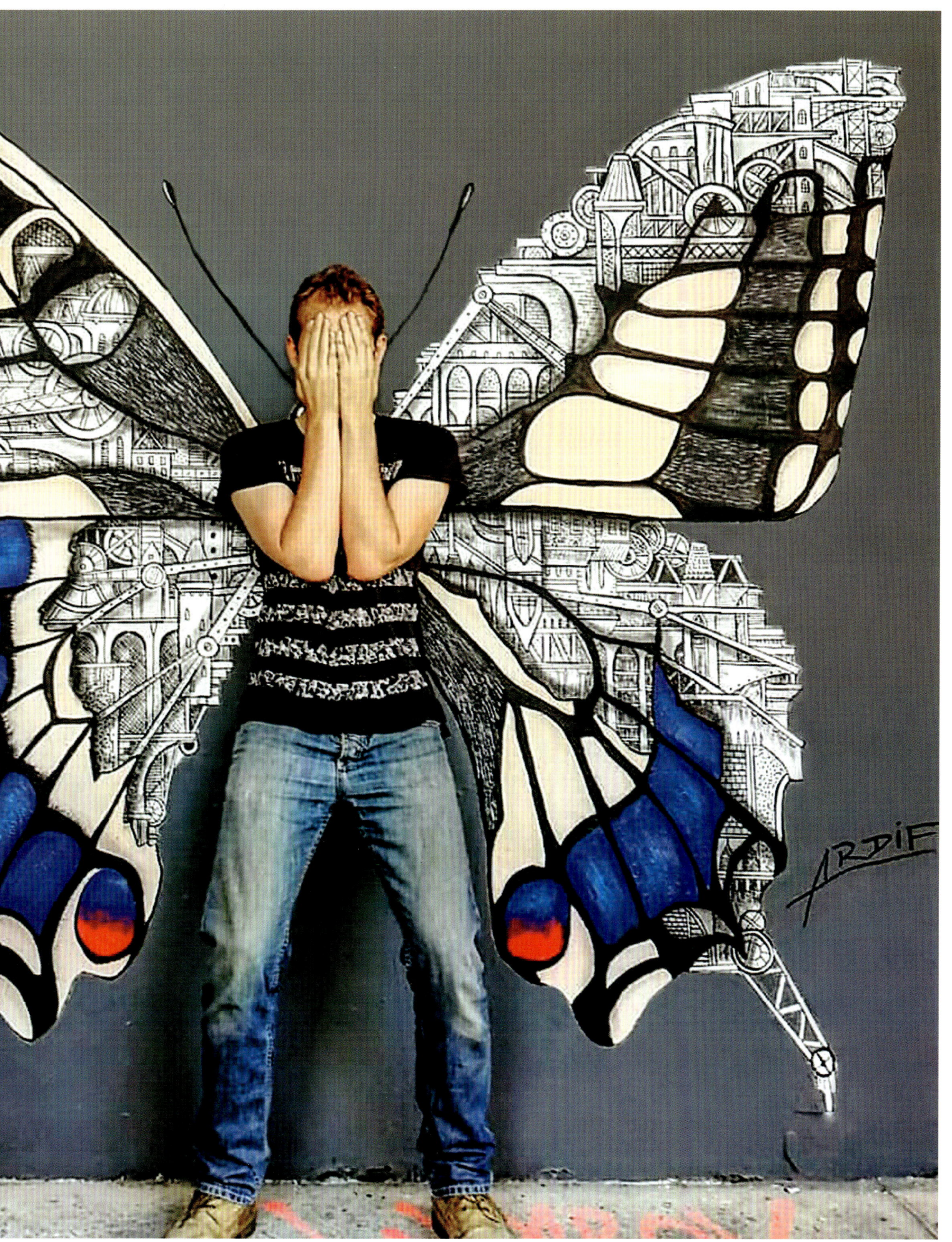

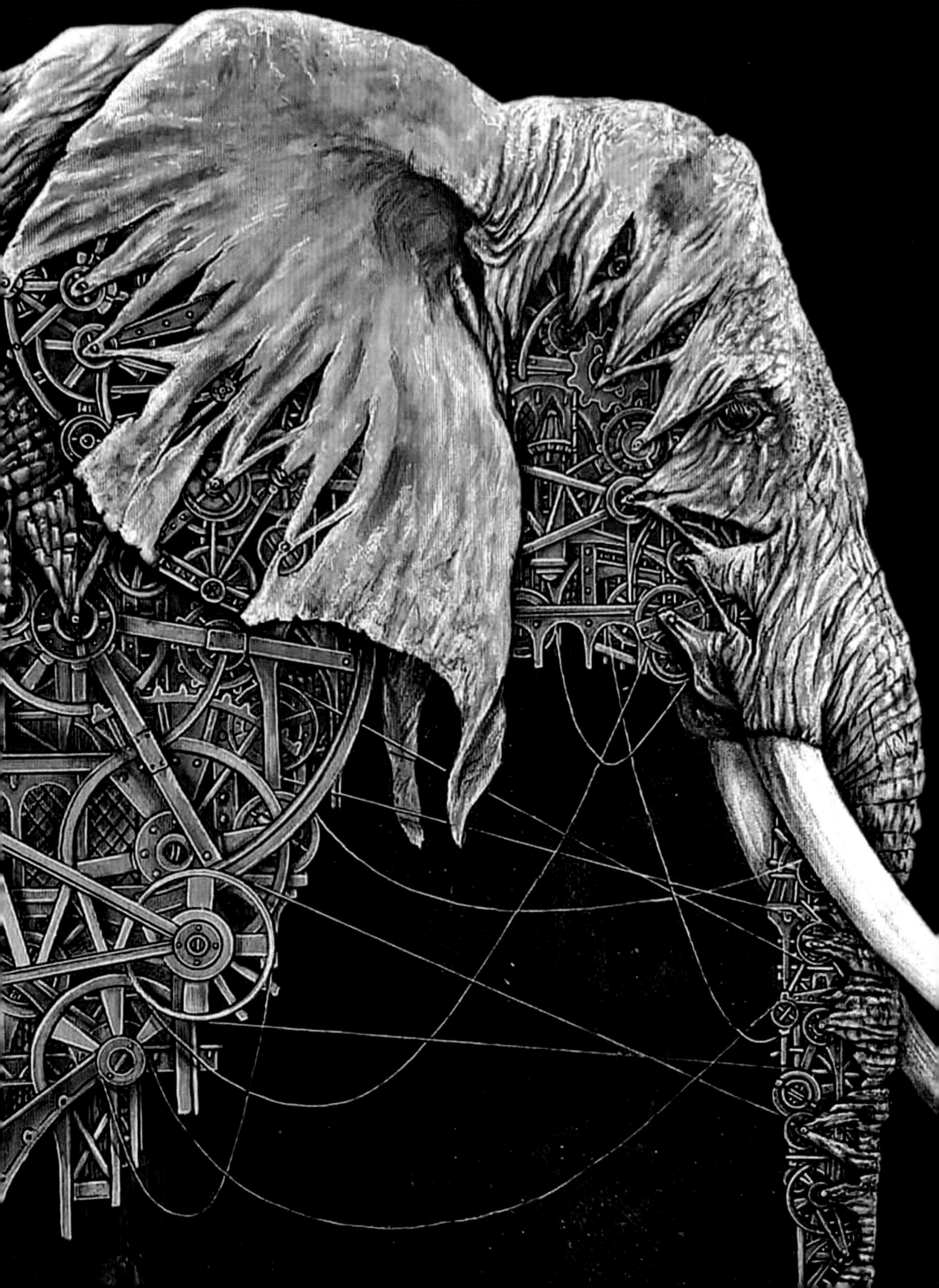

mienzo con un animal. No desarrollo la parte mecánica, la "mecanoarquitectura", hasta que ya he esbozado el sujeto principal», explica.

Ardif, que siempre ha amado el reino animal, evoca este recuerdo: «Me gustaba ir a los museos de biología. Solía jugar con figuritas de animales. Me fascinaban las grandes estatuas y esculturas zoomorfas que me encontraba en los grandes palacios y jardines parisinos [...]. Mi familia vivió durante un tiempo cerca del Bois de Vincennes, donde está el zoológico más grande de París. Solía visitarlo y me pasaba horas mirando a los animales [...]. Me llamaban la atención su textura, sus formas, sus tamaños, sus colores [...]. Incluso hoy, cuando los miro, la mente se me llena de una inspiración ilimitada [...]».

Ardif llegó al *street art* unos cinco años después de haber empezado a dedicarse a la arquitectura. «Buscaba en el entorno urbano el tipo de perfección que había encontrado en las ciudades ideales de una utopía arquitectónica. Andaba buscando arte y... lo encontré en el *street art*. París, como ciudad muy estimulante que es, no deja de atraer a muchos jóvenes con talento. Sin embargo, no tardé en darme cuenta de que mis criaturas se diferenciaban de las de los demás precisamente porque su aspecto mecánico estaba integrado a la perfección con el pelaje, las plumas, las patas y el contorno del cuerpo [...]. Así que decidí aumentar la visibilidad de mi obra y, al cabo de un tiempo, una galería se puso en contacto conmigo [...]. A partir de entonces, todo fue más fácil y por fin pude despuntar y se me reconoció como artista», explica Ardif.

Como a los practicantes de *street art* no siempre se les da permiso para actuar, pueden verse obligados a realizar actividades ilegales. Para hacer frente a estas situaciones, Ardif ha desarrollado una técnica particular: primero escanea el dibujo que ha hecho en papel o lienzo, luego lo imprime en papel y, después, lo pega a las paredes con un pegamento que elabora él mismo. «Cuando no se me concede permiso, este es el método más sencillo, aunque en el futuro me gustaría centrarme en grandes murales, que, a la fuerza, tienen que ser legales, ya que lleva mucho tiempo hacerlos y no pasan desapercibidos. Sin embargo, el *street art* debe conservar su naturaleza improvisada y preservar su esencia, ese aspecto fundamental de sorpresa e imprevisibilidad; no debe verse limitado por restricciones. Además, no quiero imponer mi mensaje a quienes miren mi obra, sino dejar que la interpreten a su manera. Creo que es el milagro artístico más extraordinario que se puede descubrir en las calles», afirma con convencimiento.

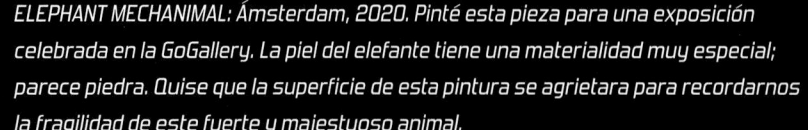

ELEPHANT MECHANIMAL: Ámsterdam, 2020. Pinté esta pieza para una exposición celebrada en la GoGallery. La piel del elefante tiene una materialidad muy especial; parece piedra. Quise que la superficie de esta pintura se agrietara para recordarnos la fragilidad de este fuerte y majestuoso animal.

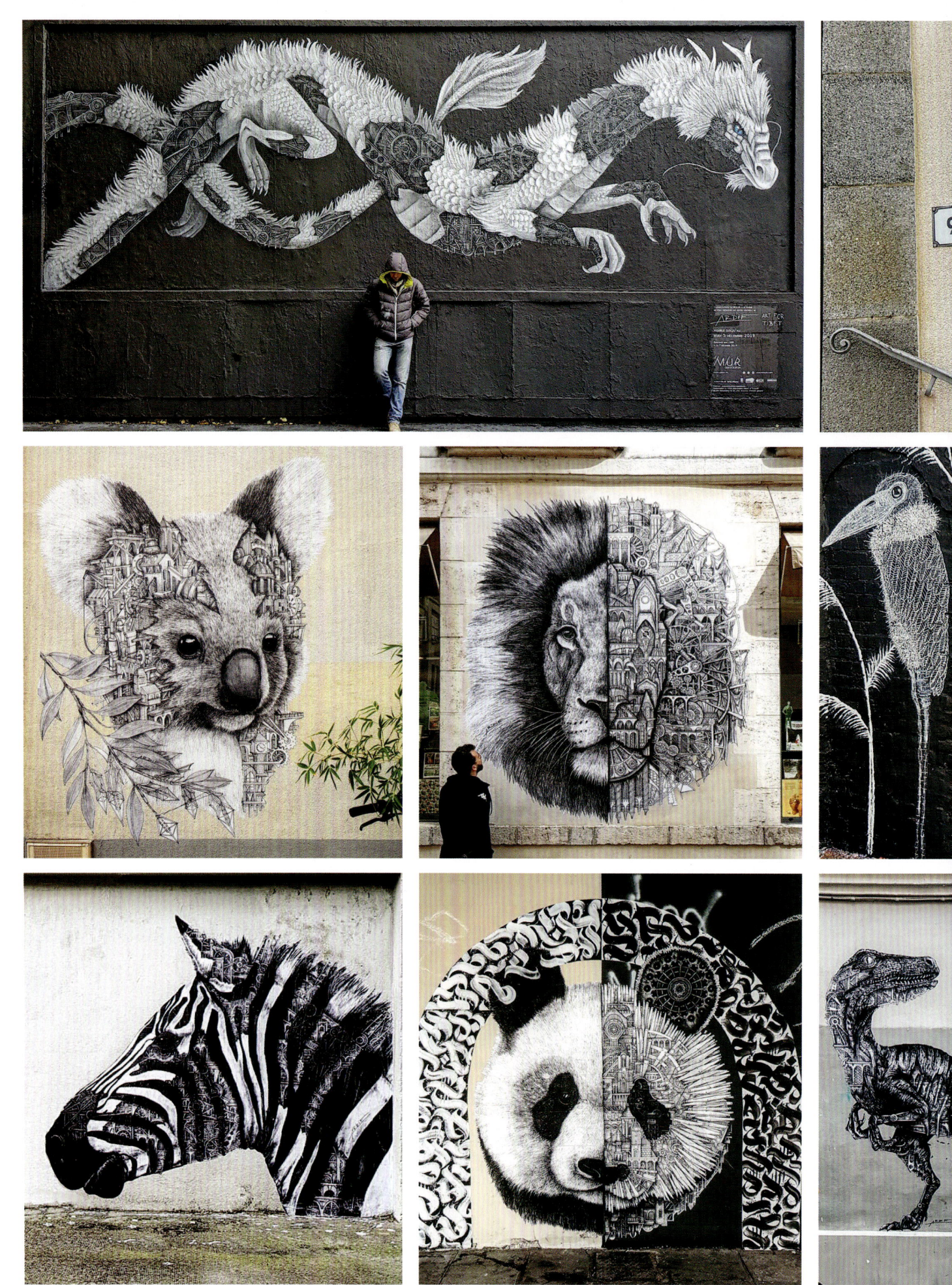

De superior a inferior y de izquierda a derecha, DRAGON MECHANIMAL: París, Francia, 2019. SEAHORSE MECHANIMAL: Fréjus, Francia, 2018. CAT MECHANIMAL: Caen, Francia, 2018. OWL MECHANIMAL: Düsseldorf, Alemania, 2021. KOALA MECHANIMAL: París, Francia, 2020. LION MECHANIMAL: Orleans, Francia, 2019. FLAMINGO MECHANIMAL: Londres, Reino Unido, 2018, en colaboración con Mattieu. MANDRILL

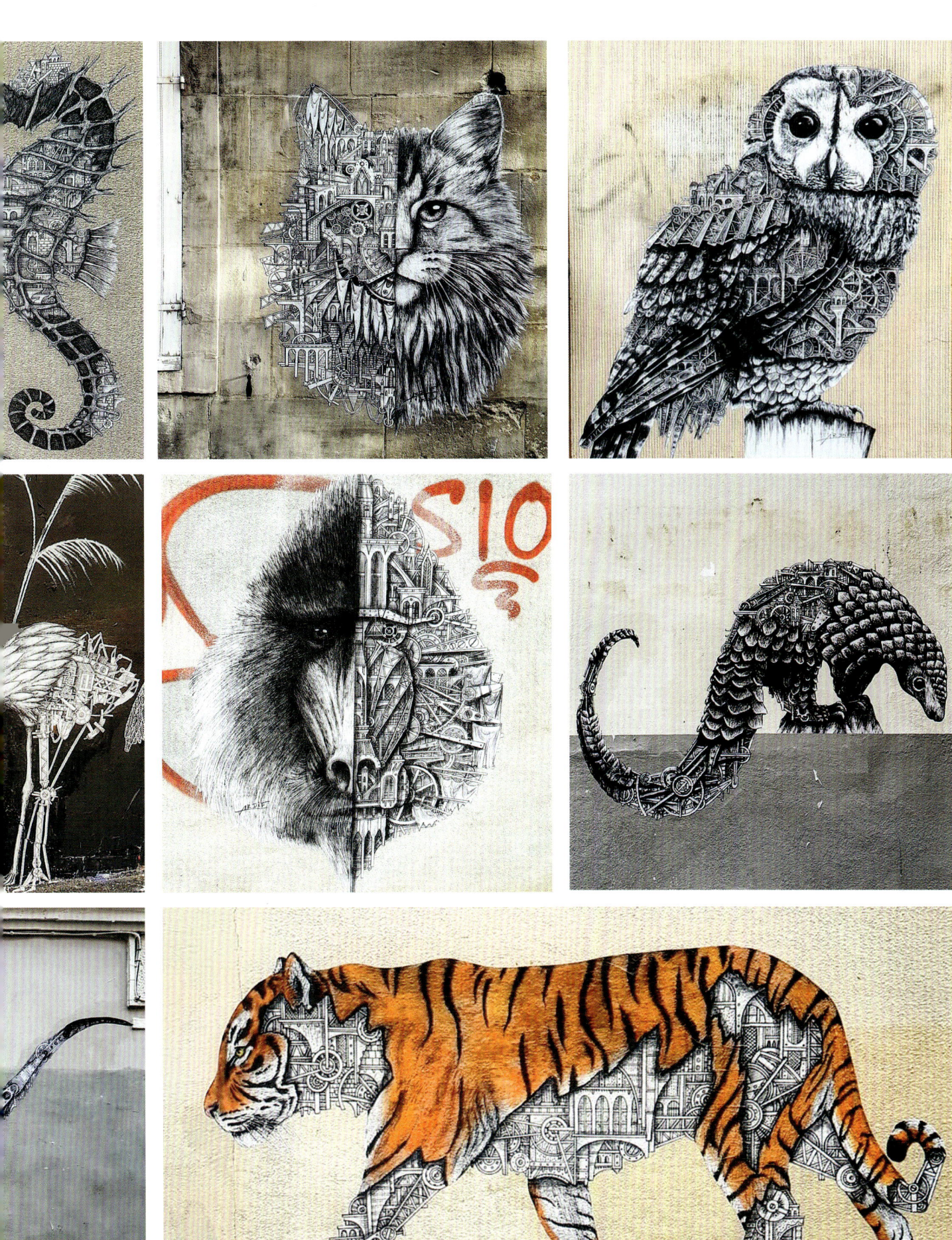

MECHANIMAL: Viena, Austria, 2020. PANGOLIN MECHANIMAL: París, Francia, 2020. ZEBRA MECHANIMAL: Nantes, Francia, 2020. PANDA MECHANIMAL: París, Francia, 2018, en colaboración con Dark. RAPTOR MECHANIMAL: París, Francia, 2020. TIGER MECHANIMAL: Grenoble, Francia, 2019.

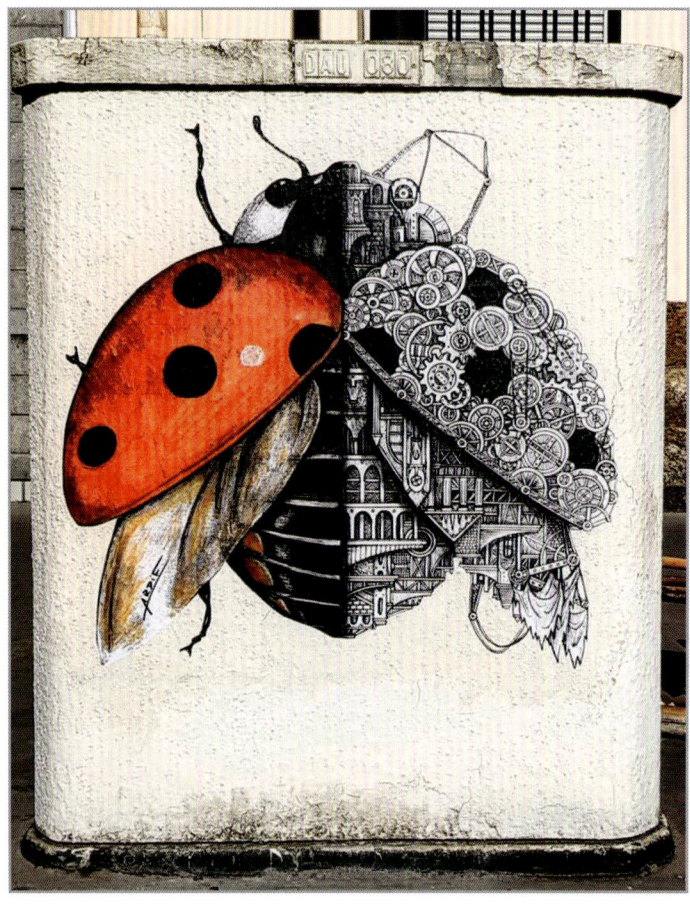

Sin duda, Ardif se siente un activista medioambiental. «Amo a todos los animales por igual, desde los mamíferos a los peces, pasando por los insectos y las aves [...]. Amo a todas las especies por su diversidad, porque todas son esenciales para que el ciclo de la naturaleza funcione de la mejor manera posible. Mi arte surge de mi amor por la naturaleza y de mi dedicación a protegerla. Expongo mis obras en el mundo urbano para que la gente se interese por los animales y comprenda que, sin ellos, también la humanidad está condenada a la extinción. Incluso el acto de pintar paredes con estas imágenes, que acabarán desapareciendo con el tiempo, revela la precariedad de las vidas de los animales [...] —reflexiona Ardif—. No obstante, creo que se puede alcanzar un equilibrio entre la naturaleza y el mundo industrializado, como demuestra la simetría de mis dibujos. Quiero que mis animales mecánicos activen y estimulen la imaginación de la gente, que sean tanto símbolos de un nuevo tipo de pensamiento positivo que lleve al respeto del medio ambiente y a la conciencia de lo indispensable que es protegerlo, como medio de entrar en un universo imaginativo, intrigante, como de cuento de hadas [...]».

¿Y qué proyectos tienes?, ¿cuál es tu misión? «Me encanta viajar y quiero que mi arte llegue todas partes para que ayude a crear un mundo mejor. En el futuro, además de hacer murales gigantescos, quiero integrarlos con esculturas y elementos que le añadan volumen a las partes mecánicas y, así, hacer que mis criaturas sean aún más dinámicas. Y quiero que estén en las calles, porque es ahí donde el mensaje llega de verdad a todo el mundo de una manera genuinamente igualitaria», explica con aire ilusionado.

A Ardif le produce una gran satisfacción que su arte atraiga también a los niños. «Es algo que me produce un gran placer, y espero poder ejercer una influencia positiva en las futuras generaciones, sobre todo desde que soy padre. Me gustaría que mis obras animaran a los jóvenes a interesarse por algún animal que nunca hayan visto, por ejemplo, y luego buscarlo en una enciclopedia o en un libro, como hacía yo de niño, o en Internet, como es más habitual hoy en día [...]. Todo esto forma parte de ese mismo mecanismo que nos conecta a todos, que lleva al conocimiento, y de ahí al descubrimiento y a la toma de conciencia. ¿Mi sueño? Que mis *mechanimals* se conviertan en personajes animados. Tal vez algún día [...]», concluye con una sonrisa.

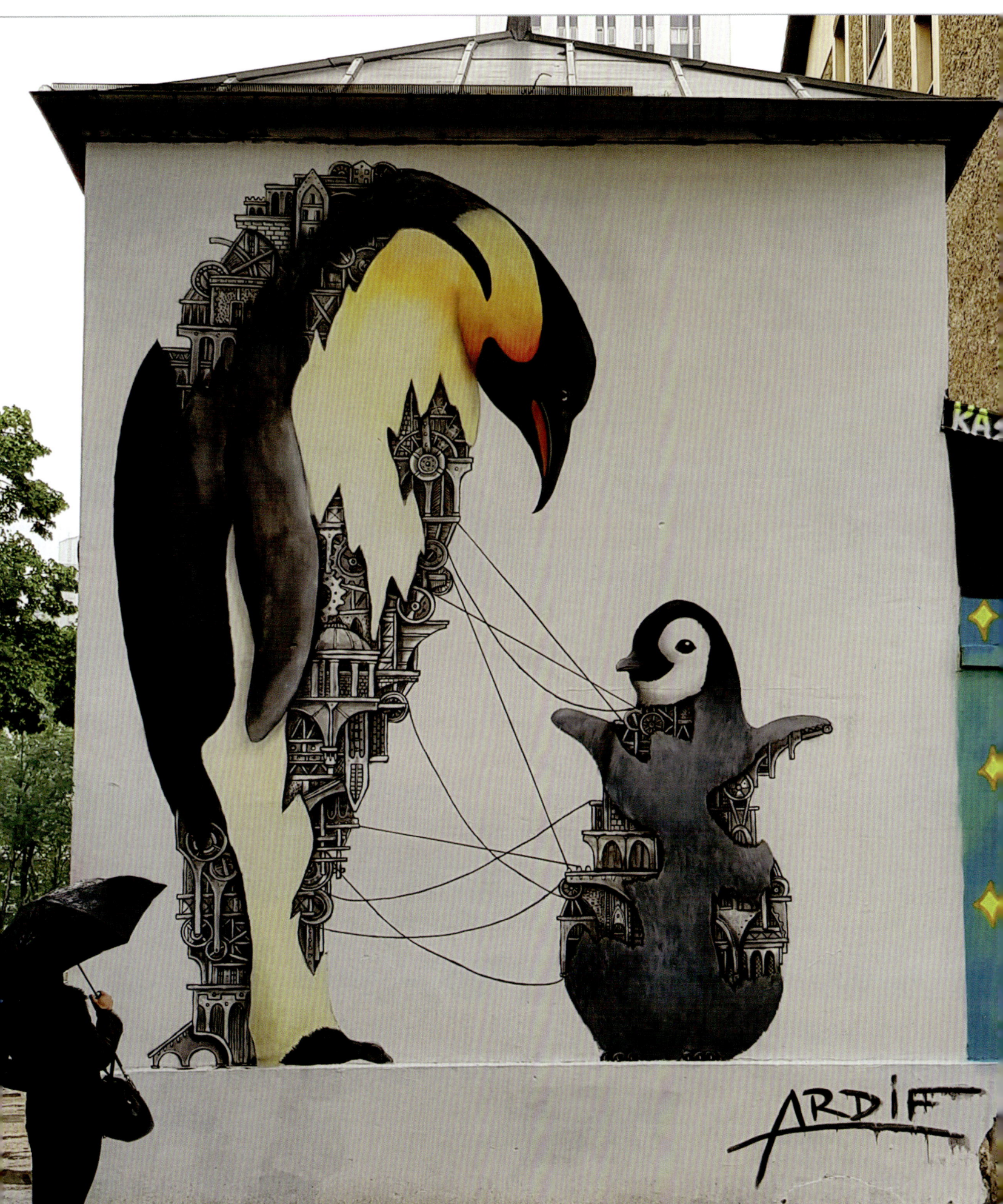

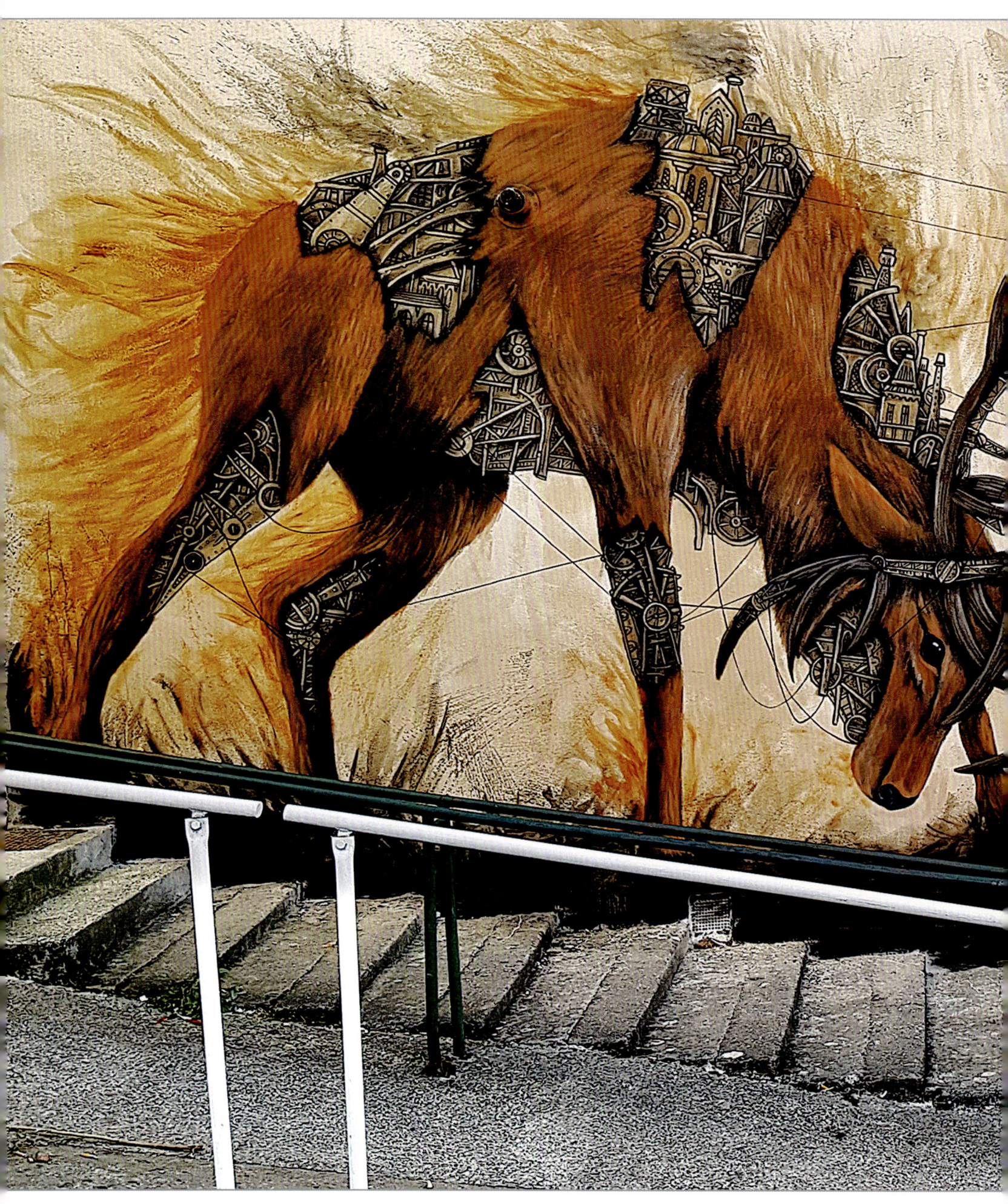

Fighting Deers Mechanimal: Decazeville, Francia, 2019. Este mural fue realizado para el MurMurs Street Art Festival en Decazeville.

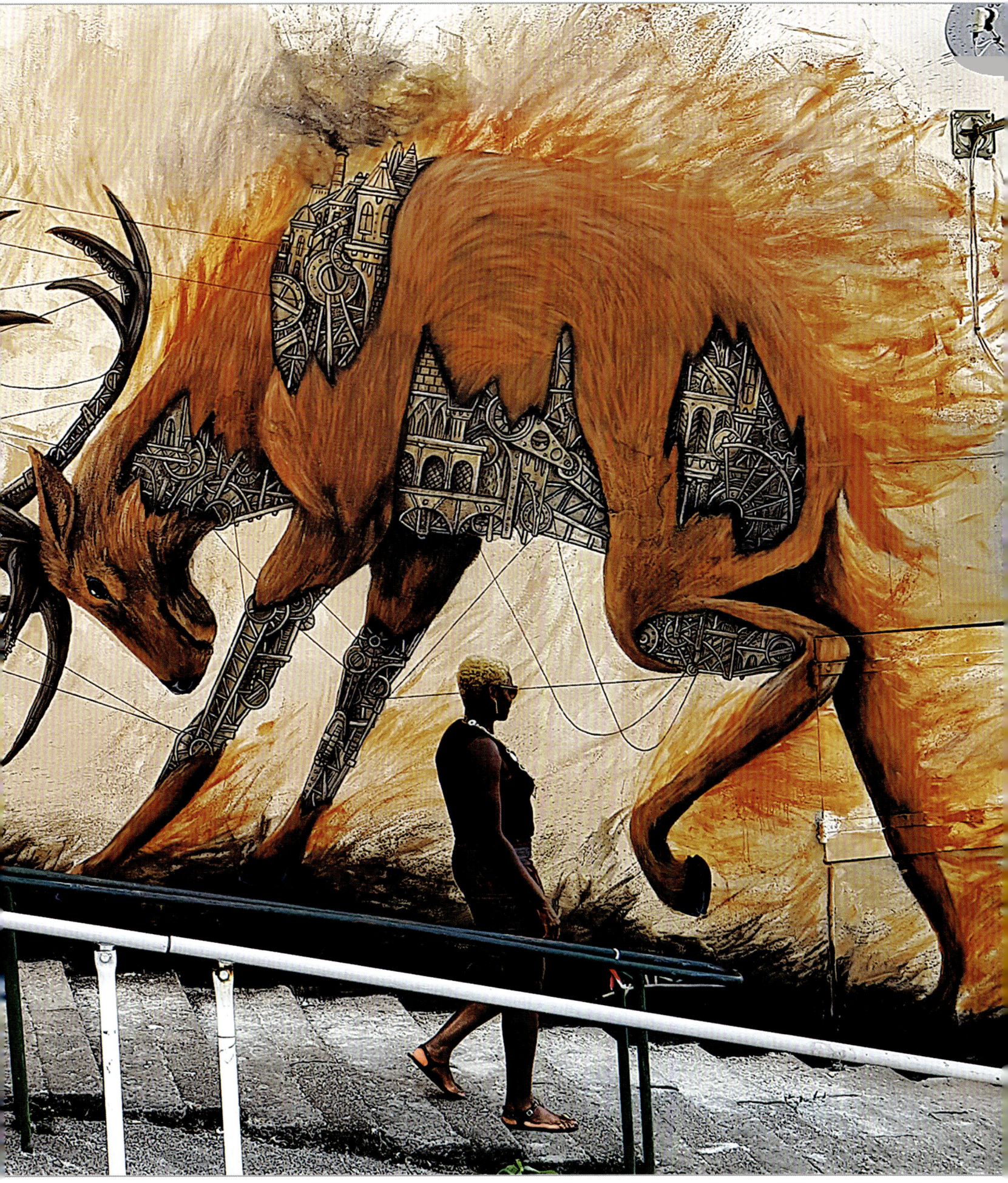

VINCENT BALLENTINE

RETRATISTA DE LA HUMANIDAD

«Muchos artistas intentan crear su propio estilo y, con frecuencia, lo desarrollan a la fuerza. Sin embargo, en mi caso dejo que el estilo se desarrolle por sí solo, de forma natural, mientras pinto y creo mis obras. Ese es, para mí, el significado del arte».

«Me gusta hacer retratos; intento captar en ellos cierta levedad, así como la intensidad del alma. Lo que quiero es que se interpreten de forma positiva, pero, en última instancia, el resultado llega de forma espontánea [...]. No me dejo influir por ningún elemento externo. Mi abapullante realismo se genera precisamente por este instinto tal vez primordial que yace en mí [...]», admite con llaneza Vincent Ballentine. Su espíritu es ecléctico e imprevisible; el talento innato que caracteriza todas las formas creativas que aborda está cargado de fuerza. Vincent, artista visual multidisciplinar aficando en Brooklyn, considera que Nueva York es su ciudad ideal: «No fue precisamente fácil llegar aquí; tardé años [...]. Pero una vez que Nueva York te acepta, todo empieza a ir por arte de magia en la dirección correcta».

Vincent llegó a Nueva York tras haberse formado en diversos campos creativos. «Nací en Cleveland, Ohio, y desde luego no me crié en un ambiente artístico, pero tenía papel para dibujar, y eso me bastaba. La única fuente de inspiración fue mi imaginación, ya que en casa no teníamos televisión por cable, por lo que solo se podían ver unos cuantos canales, e Internet no estaba tan extendido como ahora. Fueron sobre todo los libros los que me inspiraron nuevas ideas y me ayudaron a expandir la mente. Al darse cuenta de mi talento, uno de mis profesores de arte me aconsejó que me fuera a Chicago y estudiara en la escuela de arte. Un día me decidí y me subí a un tren con destino a Chicago: recuerdo que no dejé de dibujar y escribir hasta que llegué a la ciudad. Fue allí donde me llamó la atención el *street art* y, por primera vez, como otros, empecé a pintar frases o letras en las paredes [...]. Los grafitis que había por allí eran increíbles; auténticas obras de arte [...]», recuerda el artista.

En última instancia, sin embargo, fue un filme lo que más le inspiró: «Fui al cine con un amigo a ver *Star Wars* [*La guerra de las galaxias*] y al instante sentí el impulso de salir corriendo a pintar en las calles [...]. Pero el proceso creativo no podía desarrollarse tan rápido, por lo que pasó un tiempo antes de que alcanzara un nivel profesional. Tenía 18 años y seguía estudiando cuando por fin empecé a pintar a tiempo completo».

Al principio, Vincent estudió Cine y Animación en la University of the Arts de Filadelfia, y después se especializó en Cinematografía en el Cleveland Institute of Art. Fue así como se introdujo en el sector de los medios de comunicación (de la ilustración digital a la animación), mientras que a los grandes murales y al *street art* no llegó hasta más adelante.

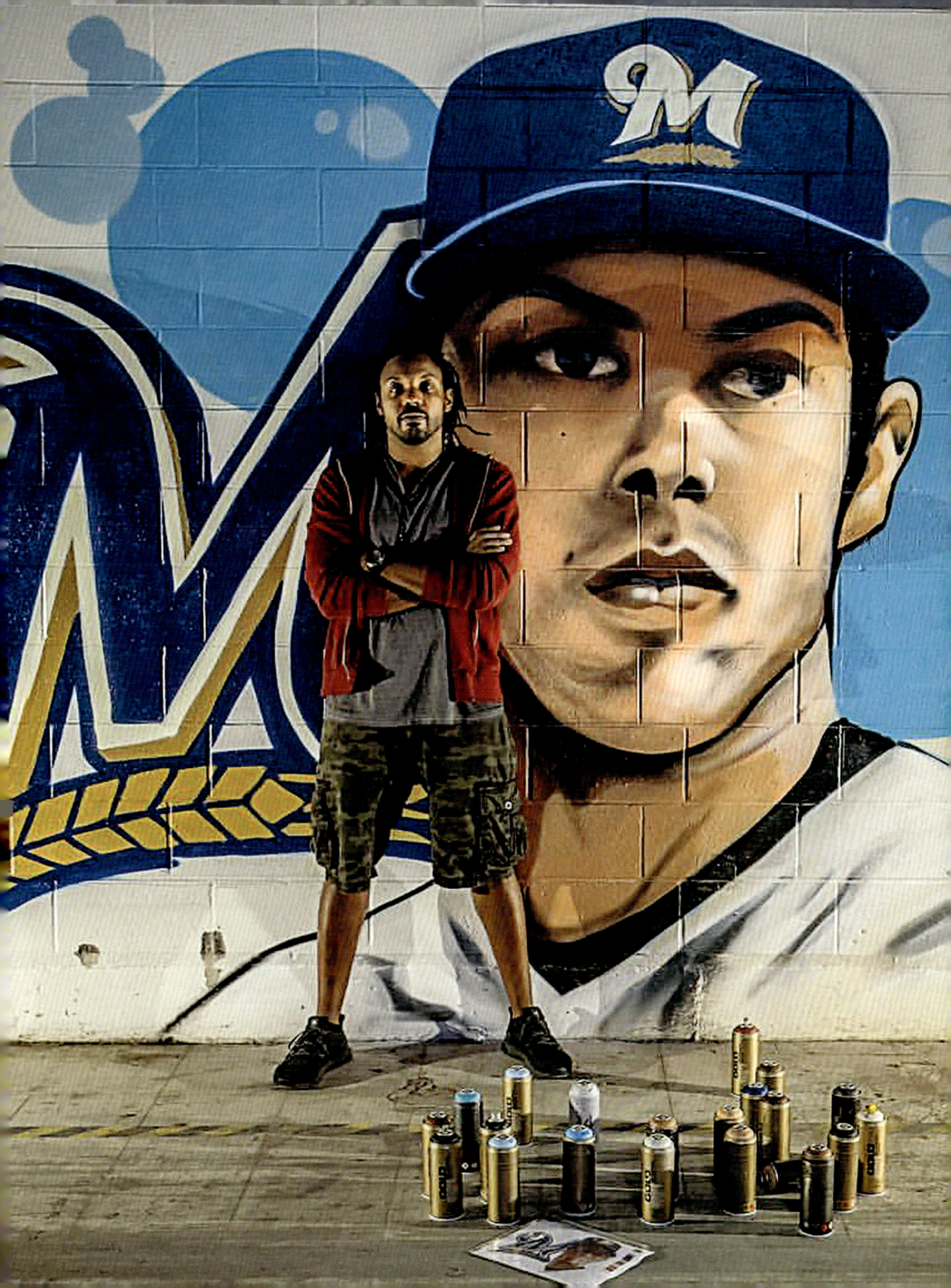

«Siempre he querido ser polifacético y trabajar con distintos tipos de personas para, así, poder captar los infinitos matices de la humanidad —explica el artista—. A lo largo del tiempo he acabado trabajando con jóvenes de 17 a 22 años encarcelados en Nueva York, así como con otros de esa edad que, en cambio, eran prometedores jugadores de baloncesto con un brillante futuro. Al final me di cuenta de que no eran más que niños criados en circunstancias diferentes [...]. Fue una experiencia que me ayudó a entender algo más sobre la vida y sobre cómo las cosas pueden cambiar de forma radical en función del contexto en el que te encuentres», explica Vincent.

Para él, trabajar en comunidad es tan importante como debatir, compartir y colaborar. «Cuando, por ejemplo, trabajé en una cárcel, discutía qué era lo mejor que se podía hacer con todos los niños. En casos así, el proyecto no surge solo de mi mente, sino de la mente y las ideas de todos; no obstante, saber que de alguna manera he sido útil a los demás me produce felicidad y satisfacción.

»Algún tiempo después volví a la cárcel y vi con gran alegría que uno de los chicos con los que había trabajado había pintado un par de murales dedicados, si no recuerdo mal, a Bob Marley y Nelson Mandela [...]. Pero lo importante es que consiguió realizar las obras con gran diligencia y con los mínimos recursos de que disponía: nada más que el pequeño pincel que le permitían usar en la cárcel. Huelga decir lo mucho que me emocionó. Fueron estos logros los que me impulsaron a usar mi empresa, Matlock Studios, para apoyar a aspirantes a artistas, así como a pequeñas comunidades, con la esperanza real de construir juntos un mundo mejor. Me gusta ser una especie de guía para los demás y ayudarles a encontrar su camino, igual que yo he encontrado el mío», afirma Vincent.

Al repasar las etapas de su propia historia, señala que su trayectoria artística se vio determinada por una serie de circunstancias fortuitas y que, más de una vez, le llegó la oportunidad adecuada en el momento oportuno, lo que le llevó a aventurarse en campos que, de otro modo, nunca habría siquiera contemplado.

«Tras terminar mis estudios, me fui a vivir a Los Ángeles y alquilé una casa en Long Beach. La ciudad fue una revelación para mí en varios sentidos; allí adquirí muchos de mis conocimientos técnicos, desde los relacionados con la animación hasta con el serigrafiado. Empecé, de hecho, trabajando como diseñador grá-

RESPECT: Nueva York, Estados Unidos, 2021. Jennifer Hudson en el papel de Aretha Franklin.

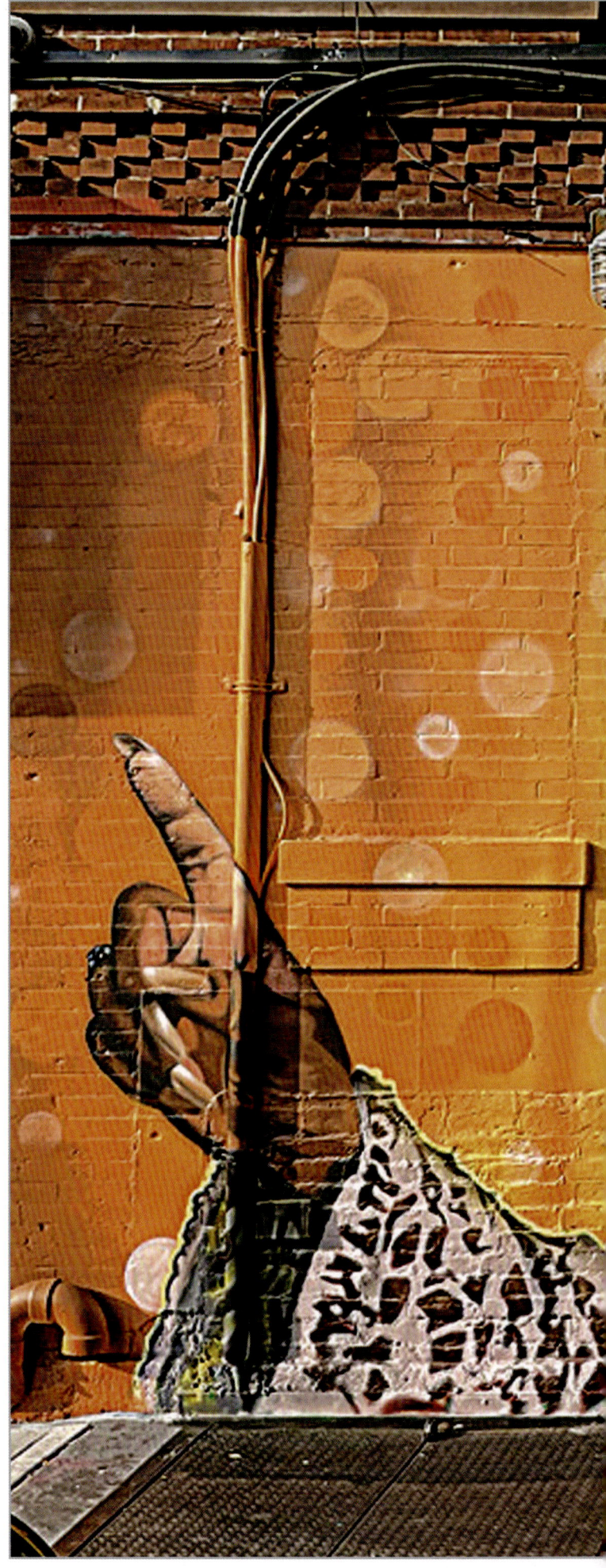

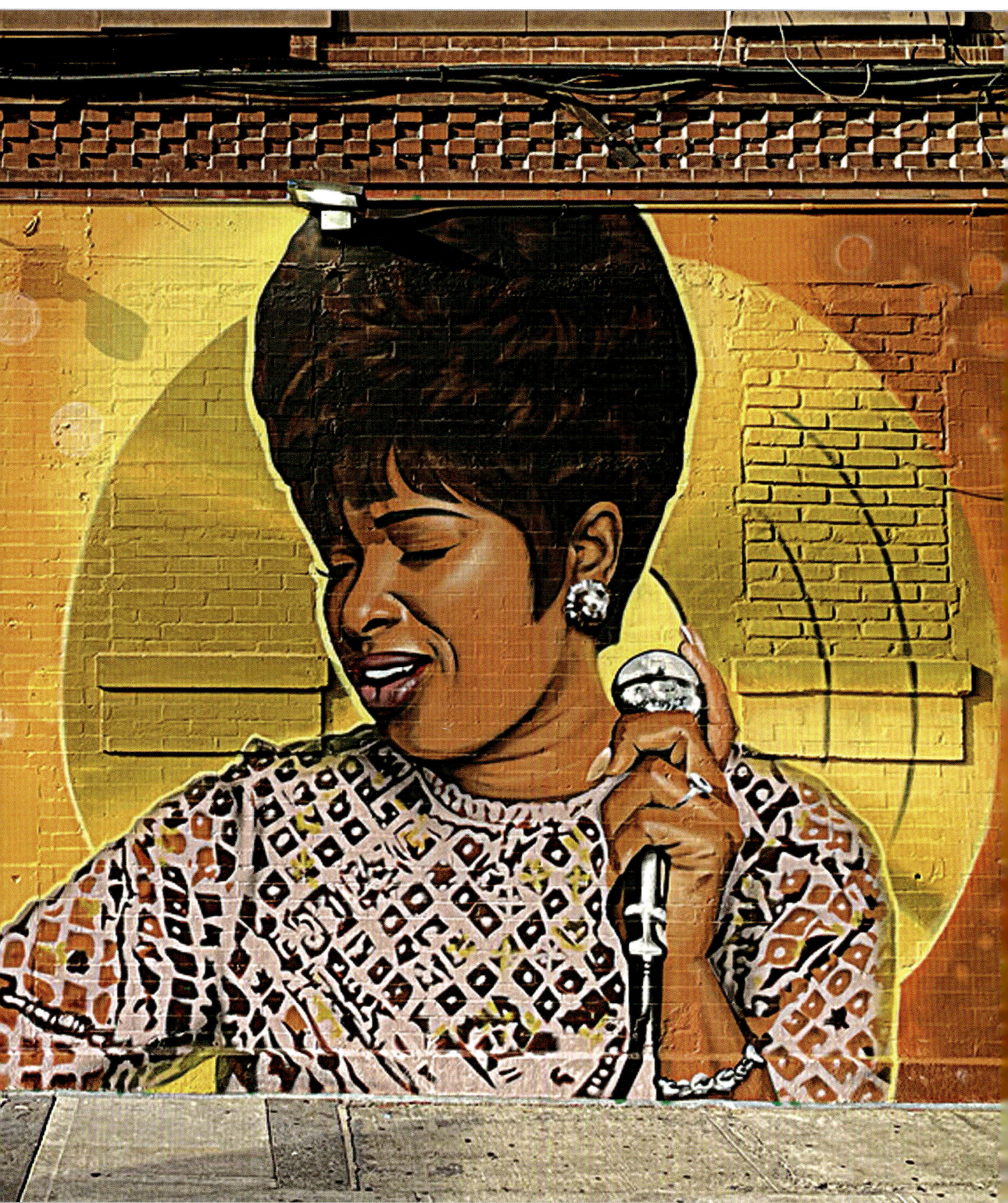

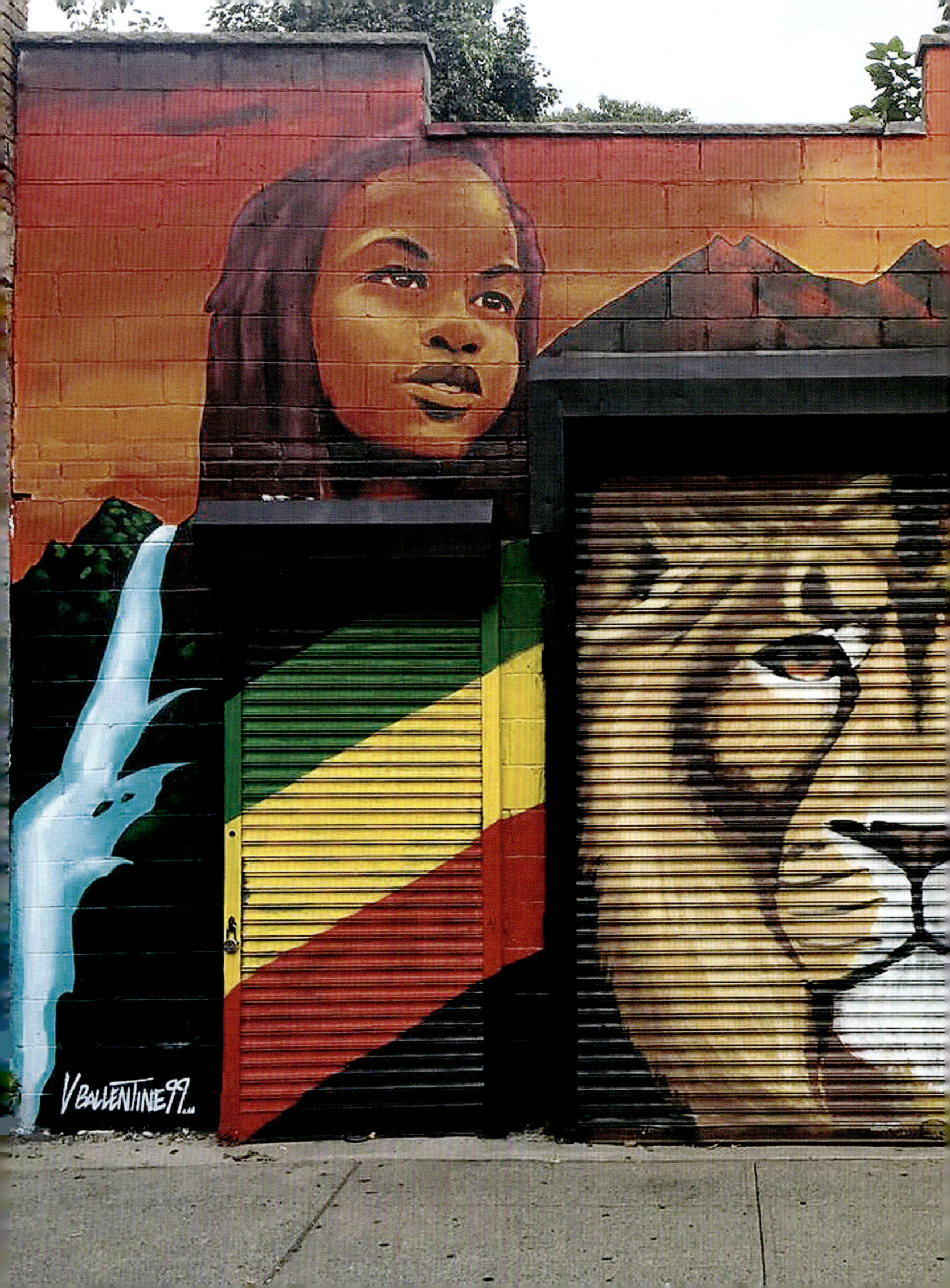

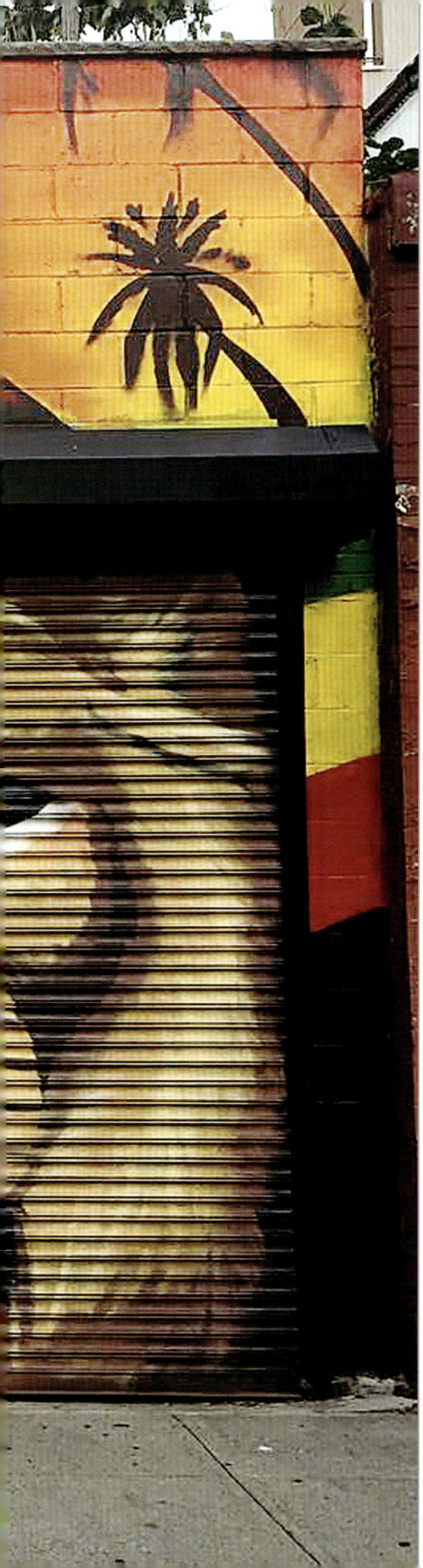

fico para una empresa de camisetas, donde me colocaron en una división dedicada al diseño gráfico y a Photoshop, lo que me permitió especializarme en muchos programas punteros. Me supuso todo un desafío abordar otras técnicas, aunque aquella experiencia me ayudó mucho a crecer tanto en lo personal como en lo profesional. En Venice Beach en concreto tuve la oportunidad de conocer a muchos artistas y admirar su obra y sus diversos estilos. Vi pinturas de enormes tamaños, grandes murales que ocupaban paredes enteras de patios o casas, obras maestras... Las técnicas pictóricas empleadas eran a menudo variadas y elaboradas; los temas, coloristas y muy originales; los retratos, magistrales [...]. No tardé en formar parte de la comunidad de artistas locales con los que pude conectar», recuerda.

También en Nueva York fue el destino el que, literalmente, le indicó el camino: «La magia se produjo cuando toqué fondo... Estaba tan deprimido por no poder encontrar trabajo que llegué a pensar que había sido un gran error mudarme, pero un querido amigo mío de Cleveland, que aún vivía en California, me dijo lo siguiente: "Sal a las calles y pinta [...]. Haz lo que más te gusta en el mundo [...]. No te desanimes; ¡ponte manos a la obra y ya está!". Así que empecé a hacer algunos trabajos en el Bronx, en

34-35 *Tompkins Avenue, Brooklyn, Nueva York, Estados Unidos, 2019.*
Mural en el que se celebra la siempre floreciente cultura de Bed-Stuy.

35 *SAAVY: Nueva York, Estados Unidos, 2020.*

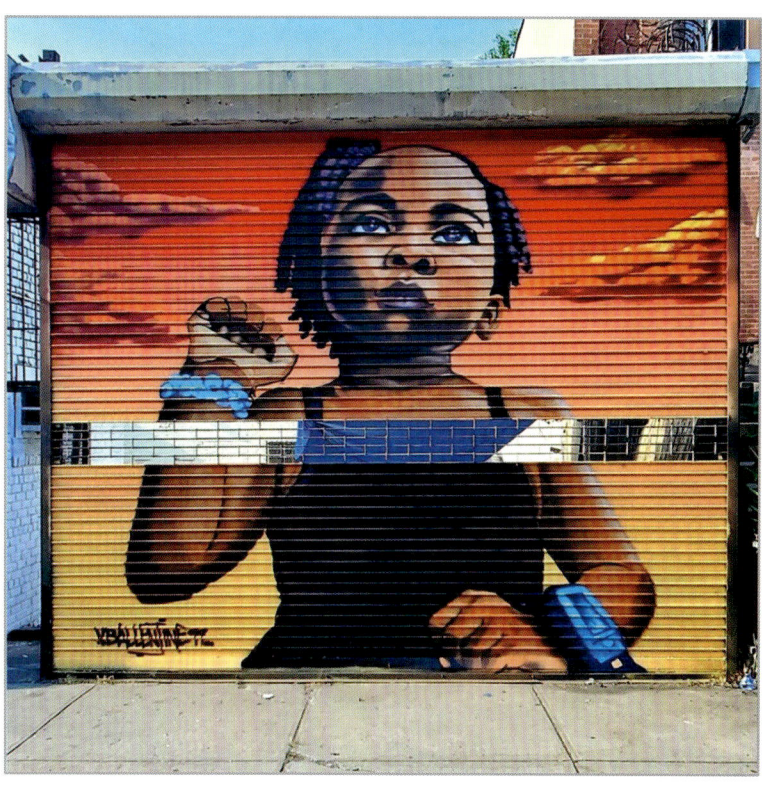

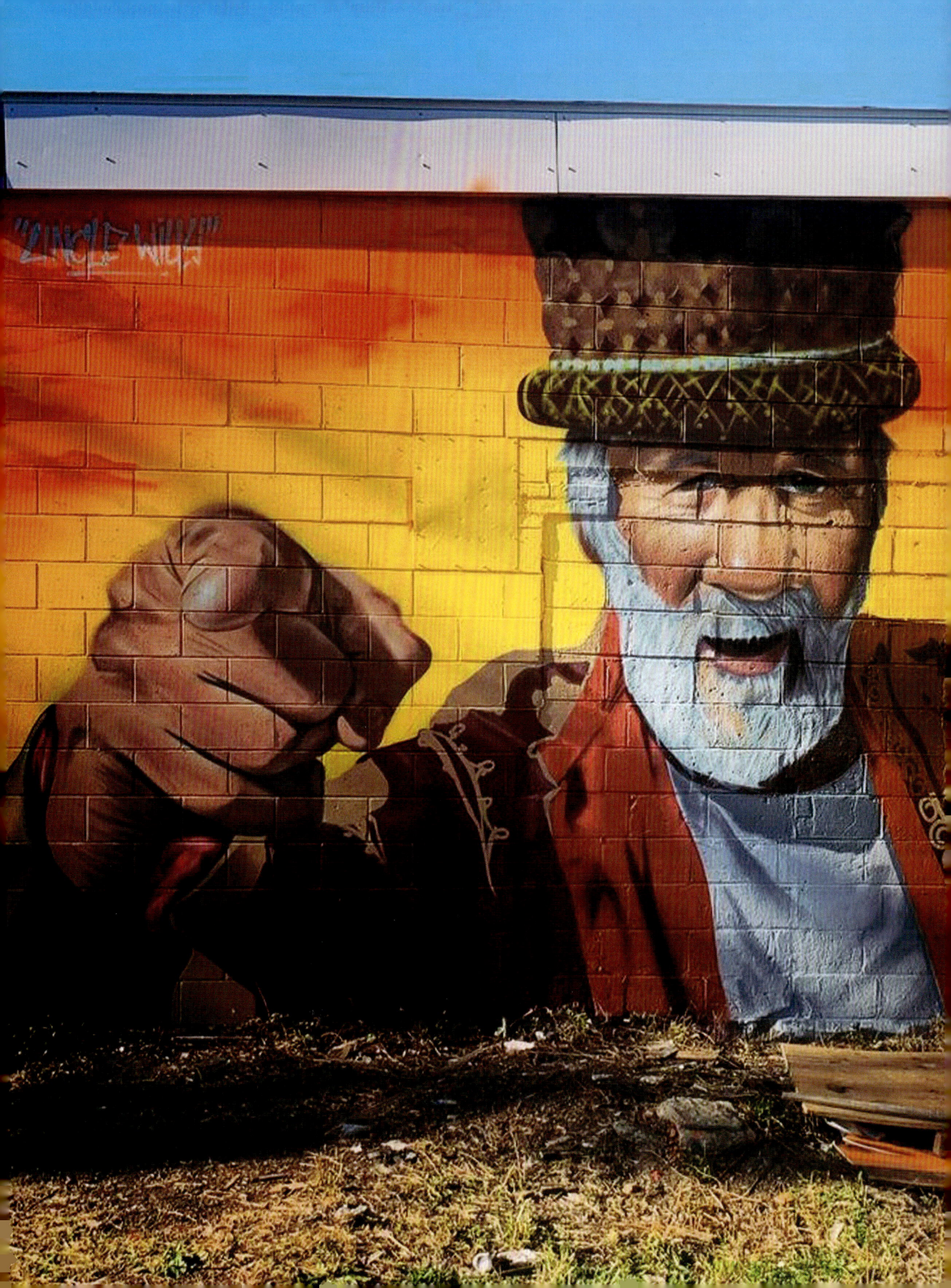

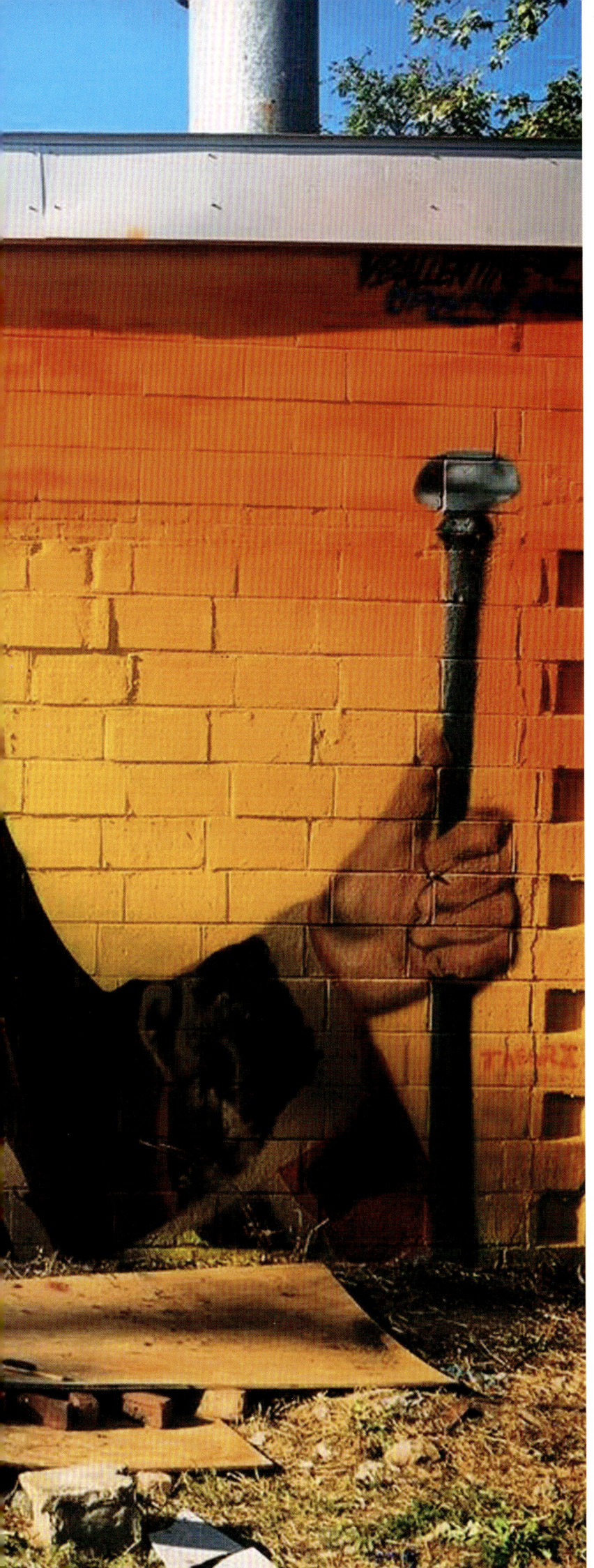

«Me gusta ser una especie
de guía para los demás
y ayudarles a encontrar
su camino, igual que yo
he encontrado el mío».

UNCLE WILLY: Kingston, Nueva York, Estados Unidos, 2020.
En honor de un apreciado habitante del barrio que sabe vivir
el día a día.

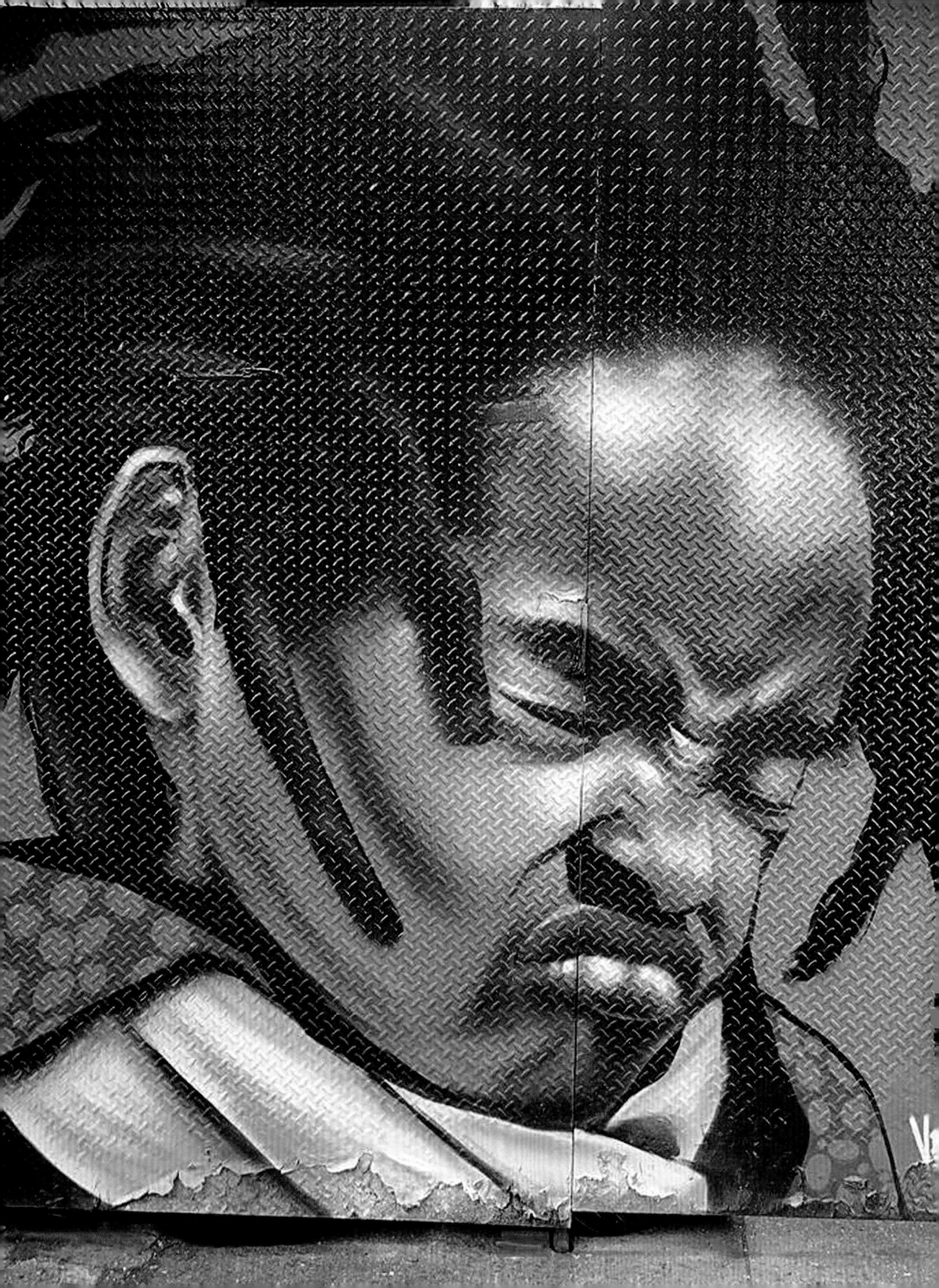

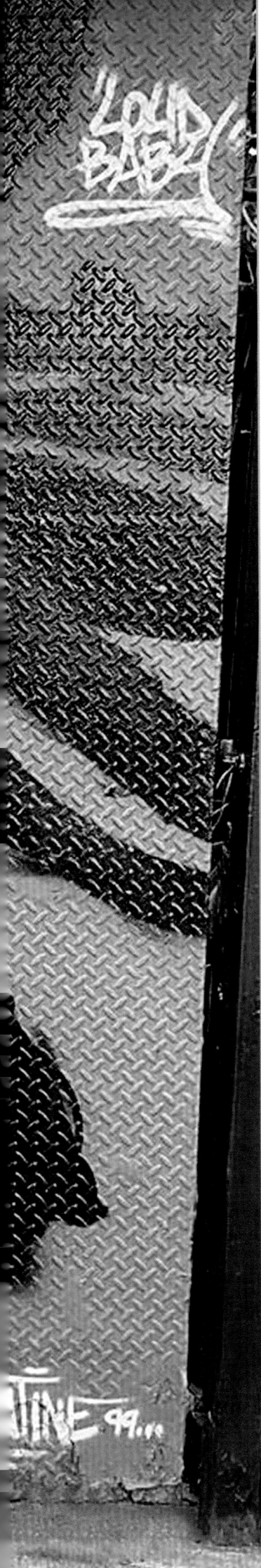

concreto en las persianas blindadas de una tienda de tatuajes, que tenía además sucursales en Chinatown y en el Lower East Side. Mi trabajo no tardó en llamar la atención, y, a partir de ese momento, ¡todo cambió! ¡No he parado de trabajar desde entonces!».

Para Vincent, el arte ha sido también una especie de terapia. «Cuando me siento mal, lo primero que hago es pintar. El arte para mí es como la meditación, es liberador; me permite ser otra persona en un lugar diferente. Pintar, para mí, es como esculpir con pintura: las formas evolucionan y se desarrollan en distintos niveles; los detalles se van definiendo en un viaje de descubrimiento. Porque para mí el arte es, ante todo, una aventura: un descubrimiento a través de la pintura... Todo nace de una idea inicial; aunque empiezo a emocionarme, sé que lo que voy a crear ya tiene vida propia, que existe en una especie de espíritu que solo puede articularse a través de imágenes, no de palabras. El arte debe ayudar a las personas a encontrarse a sí mismas, a sentirse mejor, tal vez a orientarse en nuevas direcciones [...]».

¿En qué se inspira Vincent para hacer sus obras? ¿Qué es lo que le llama tanto la atención como para sentirse obligado a hacerle un retrato? «A veces veo por casualidad fotografías que me parecen tan impactantes que me hacen no pisar las calles durante días, que me llenan la cabeza, rostros que no me dejan en paz y que me obligan a reproducirlos [...]. Al principio utilizaba Google para buscar rostros interesantes, pero después me di cuenta de que, al hacerlo, estaba faltando al respeto al trabajo de los fotógrafos. Por eso ahora fotografío en persona a los individuos que me llaman la atención o trabajo con amigos fotógrafos», explica Vincent.

Sus personajes suelen ser afro o hispanoamericanos, aunque su interés abarca a toda la humanidad. «Soy afroamericano, y no niego que me fascinan los cien o más tonos de negro que existen [...]. Mis sujetos suelen hacer referencia al barrio en el que pinto, y por respeto, tiendo a destacar la raza que predomina en la zona.

»Mi sentido de la ética me obliga a intentar respetar a los demás en la medida de lo posible, por lo que no quiero excluir ni discriminar a nadie; más bien, me gustaría incluir a todo el mundo. Quiero explorar, ver cosas, hacer cosas, conocer gente [...]. Mi camino no puede ir en una única dirección; aún hay muchas historias que han de escribirse», afirma.

A Vincent siempre le ha atormentado lo que llama el «fuego de las ideas»: «Hay muchas cosas que aún quiero realizar, y sé con certeza que moriré antes de poder actuar sobre todas las ideas que se arremolinan en mi cabeza; en cuanto me pongo con una, me atrapa la llama de otra: un fuego que me empuja a crear, a crear [...] en un proceso instintivo que siempre ha sido innato en mí».

LOUD BABY: ciudad de Nueva York, Estados Unidos, 2019. En representación de Flatbush, un barrio muy caribeño y falto de cariño.

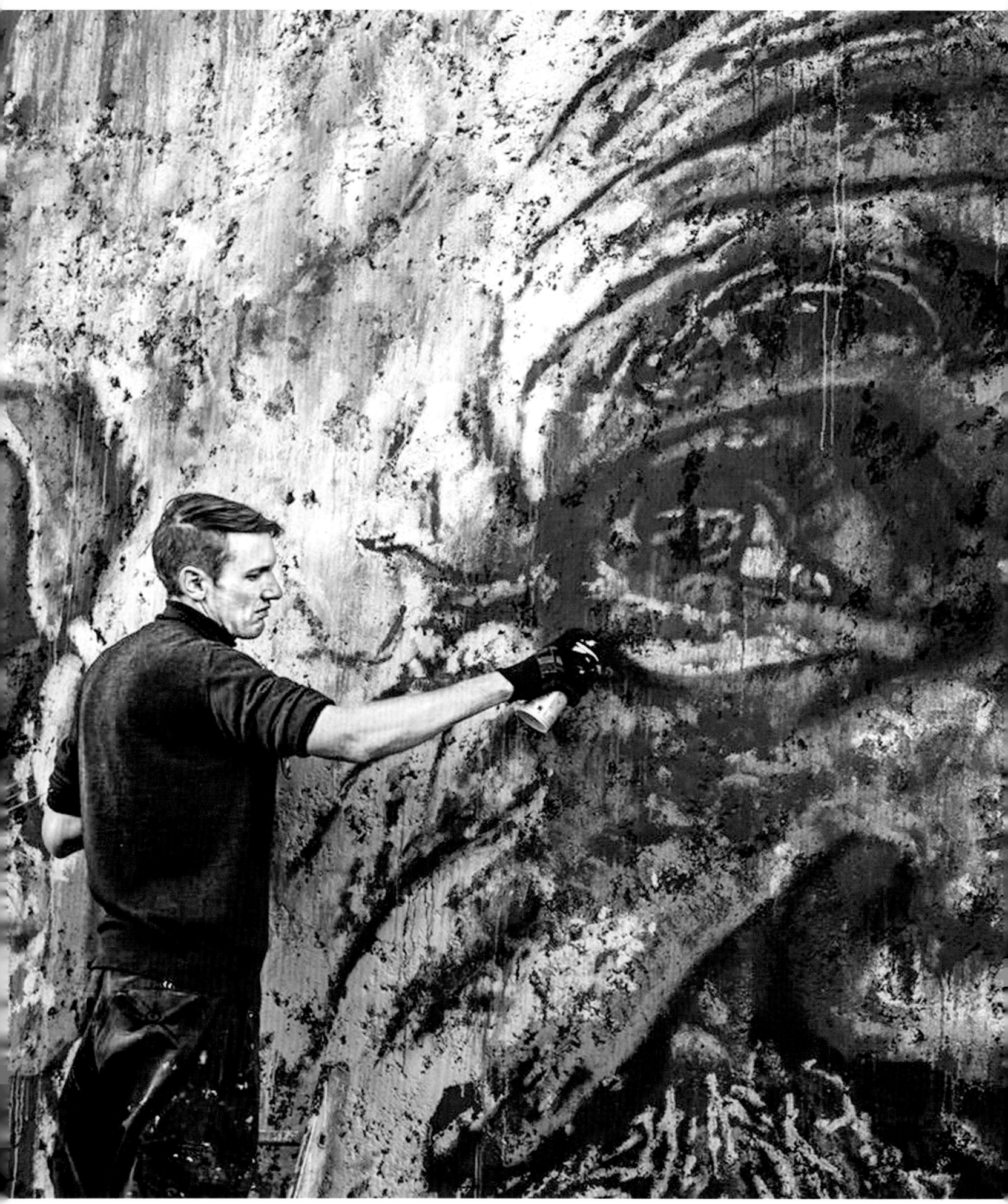

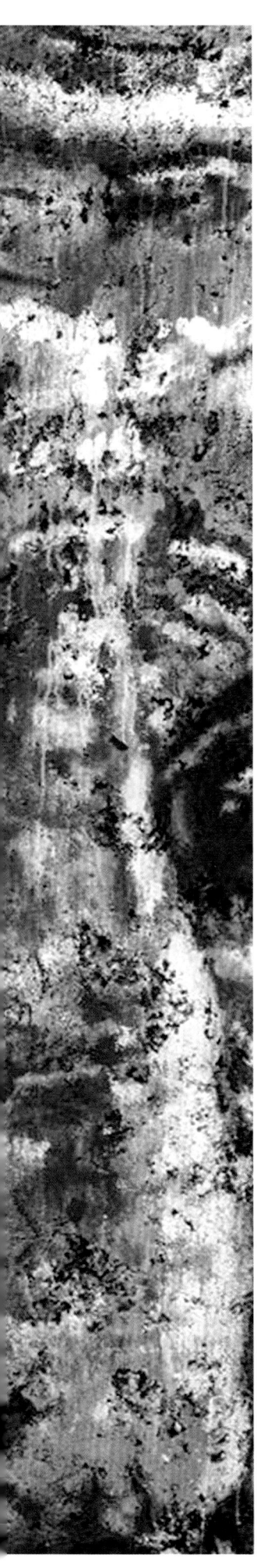

HENDRIK BEIKIRCH

TESTIMONIO DEL REALISMO Y DEL ESPÍRITU DEL CIUDADANO DE A PIE

«¿Qué significa el arte para mí? Investigación constante. En el futuro, quiero seguir buscando la imagen perfecta con la que captar la sensación de un momento concreto en el tiempo [...]».

El talento de Hendrik reside sobre todo en el retrato, ejecutado con un crudo y sincero realismo, desprovisto de toda frivolidad y cargado de una fuerza heroica a la vez que dramática. Su inspiración procede sobre todo de la gente corriente, de aquella con la que se topa. Al limitarse al blanco y negro, consigue conferirles a los rostros de sus personajes una enorme intensidad y deja una huella indeleble en el alma del espectador. La gran sinceridad de su arte contrasta con el mundo de las redes sociales y otros medios de comunicación, que, con demasiada frecuencia, distorsionan las imágenes para estetizarlas o comercializarlas. Para el alemán Hendrik Beikirch, lo que importa es ante todo la verdad: «Intento representar lo personal y lo privado tanto en mis murales como en mis lienzos. Quiero retratar a personas cuyos rostros cuenten una historia, aun cuando el espectador no tenga acceso a ella. Sin embargo, los medios digitales han cambiado nuestra forma de ver la belleza; la mayoría de los rostros impresos en vallas publicitarias o anuncios no parecen muy naturales [...]. En mis retratos quiero mostrar expresiones reales».

Para lograr su objetivo, Hendrik emplea solo dos colores, con lo que no deja que lo distraigan otras sensaciones. «Trabajar con varios colores me resulta más difícil, ya que el color siempre se asocia a una emoción concreta. De ahí que prefiera captar la emoción que quiero expresar en blanco y negro: estos colores se corresponden más con mi naturaleza y me parecen los mejores para expresarme», recapitula. Beikirch cuenta que experimentó su primera inspiración de niño, cuando se vio ante la instalación *Kristallnacht*, una obra de Gottfried Helnwein por una pared de cien metros de largo con fotografías en blanco y negro de rostros de niños. Lo que también marcó su desarrollo artístico fueron los vagones de metro de Nueva York cubiertos por completo de pintura que le enseñó su profesor de arte: fueron para él una revelación, el descubrimiento de un universo paralelo, un universo que no tardó en ponerse a explorar.

«Llevo dibujando desde que era muy pequeño. En 1989 empecé a utilizar pinturas en aerosol, lo cual me abrió un mundo de nuevas posibilidades. De alguna manera sentí que en el grafiti había encontrado lo que siempre había estado buscando [...] un lenguaje diferente con el que expresarme», explica el artista.

AHMED KARTAWA: Marrakech, Marruecos, 2015. Fotografía de Robert Winter.

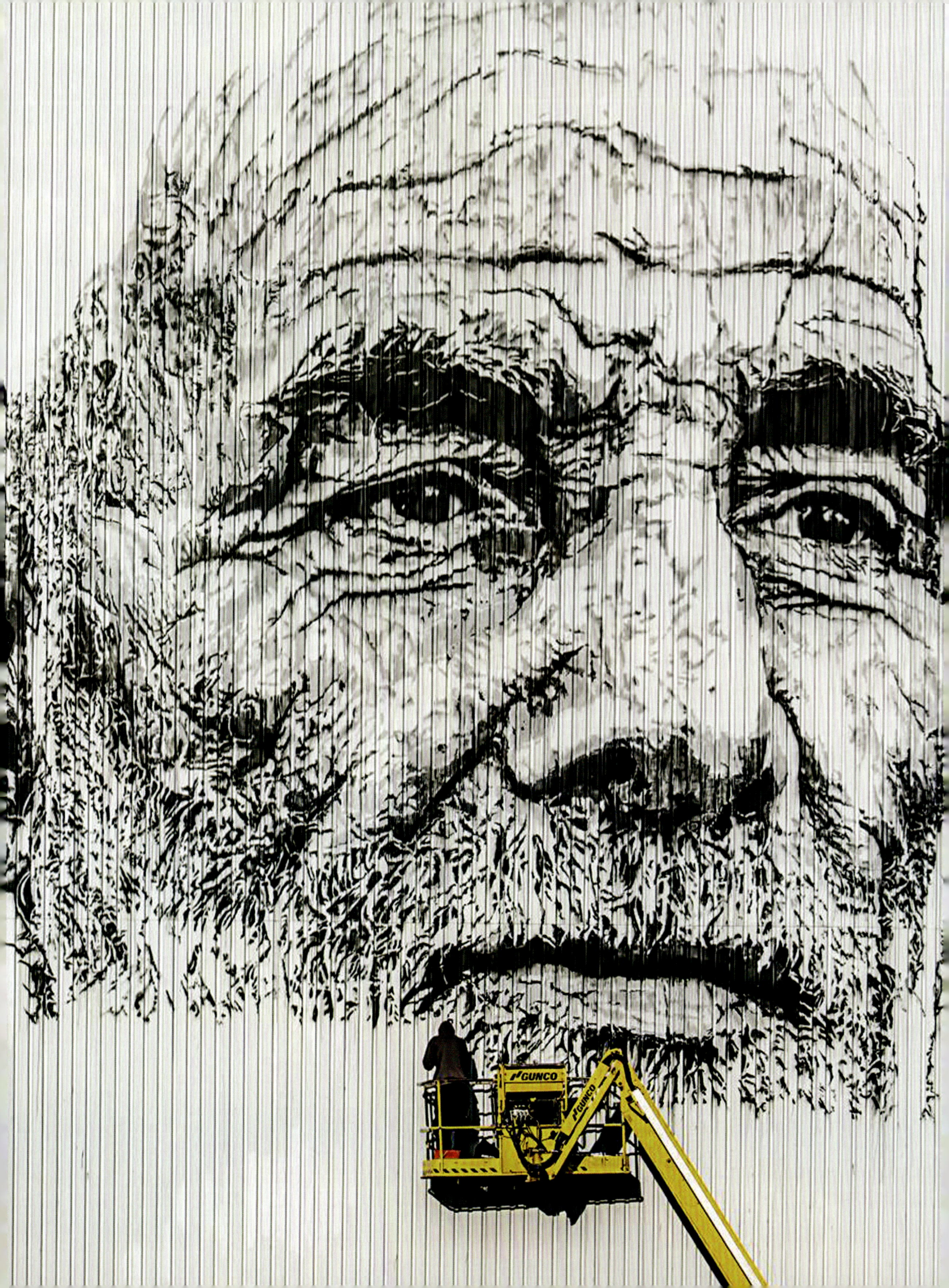

Si bien el grafiti le brindó libertad, aventura, amistad y un sentimiento de pertenencia a una comunidad urbana, al mismo tiempo fue un instrumento de protesta. «No cabe duda de que Alemania, el país en el que nací y crecí, ha ejercido una influencia en mí, pero más en lo personal que en lo artístico. Al reflexionar la difícil historia de mi nación, siento que nosotros, la nueva generación, somos responsables de que lo que ocurrió en el pasado no vuelva a repetirse», añade.

La formación artística de Hendrik tuvo lugar en la Universität Koblenz-Landau, pero está convencido de que desarrolló su estilo sobre todo a través de la práctica en sus obras más «íntimas», las cuales ejecuta sobre lienzo en el estudio pero luego traslada a las paredes, donde las adapta al espacio y al entorno.

A Hendrik no le gusta que le encasillen en una categoría. Muy al contrario, prefiere mantener abiertos sus límites creativos y es fiel al ideal de que el arte debe gozar de una libertad total y estar en constante evolución. «En lo personal, no me interesan los intentos de definir el *street art* o el arte urbano, ya que ponen límites a un mundo que exige un enfoque mucho más amplio, y, si tenemos en cuenta la historia del arte, es posible que los movimientos solo puedan comprenderse bien una vez que llegan a su conclusión natural. Dado que mi trabajo personal se compone de un número increíble de elementos diferentes, si tuviera que describirlo, creo que el término más adecuado sería *arte en un espacio público*», sostiene el artista.

Hendrik suele poner el foco en las personas invisibles o que viven en los márgenes de la sociedad. «Para la serie *Warriors*, por ejemplo, visité zonas en crisis a fin de pintar retratos de los que estaban en bandos enfrentados en diversos conflictos. Enfurecí de forma deliberada a los extremistas y decidí desafiar al público al adoptar una postura militante muy distinta a la de los medios de comunicación en la vida cotidiana», afirma. Fue con ese mismo espíritu con el que trabajó en Ferropolis, el gran museo-tienda industrial al aire libre situado en Wittenberg, Alemania, donde realizó otro proyecto igual de desafiante. Fue aquí donde conoció a mineros, los dibujó e hizo sus primeras fotografías de ellos. Después empezó a pintar retratos de ellos en las paredes, los cuales terminó muy rápido, en cuestión de un par de días.

*42 y 43 MOHAMED BOUHIR: Goes, Países Bajos, 2015.
Fotografía de Hans Lukasse.*

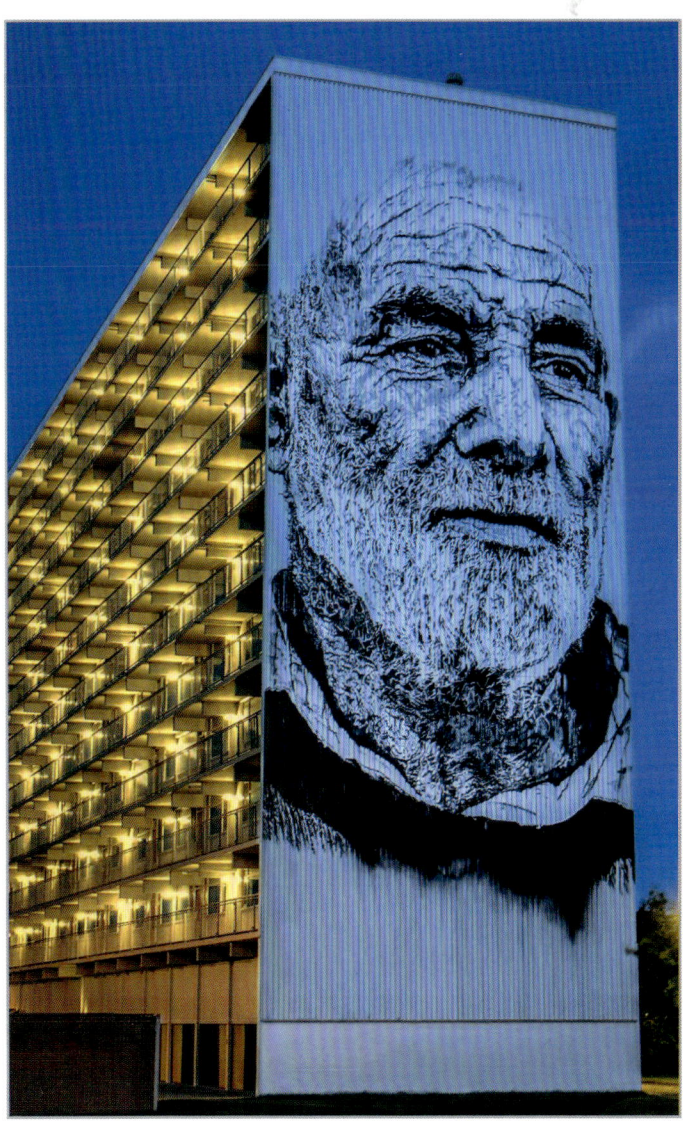

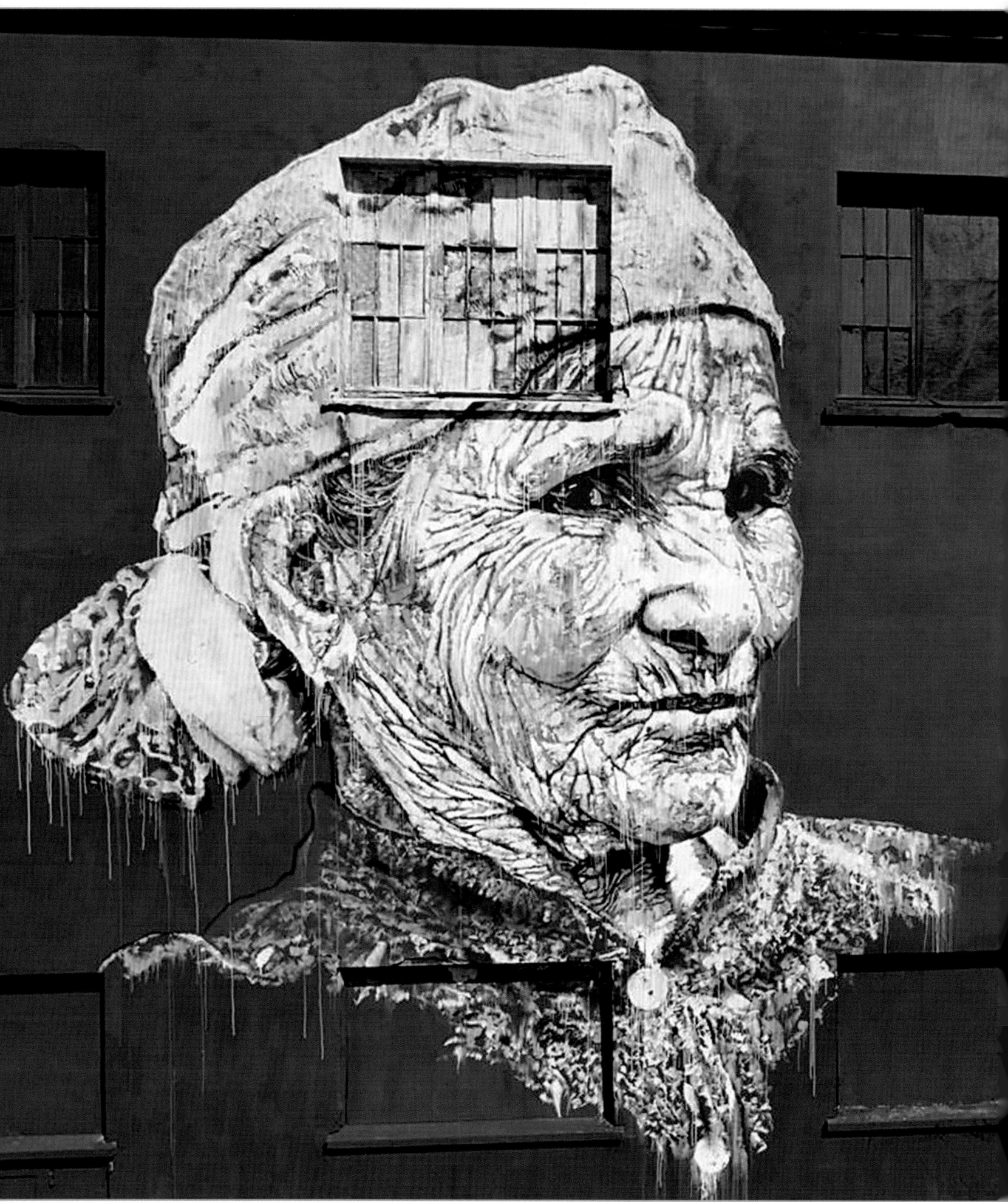

44

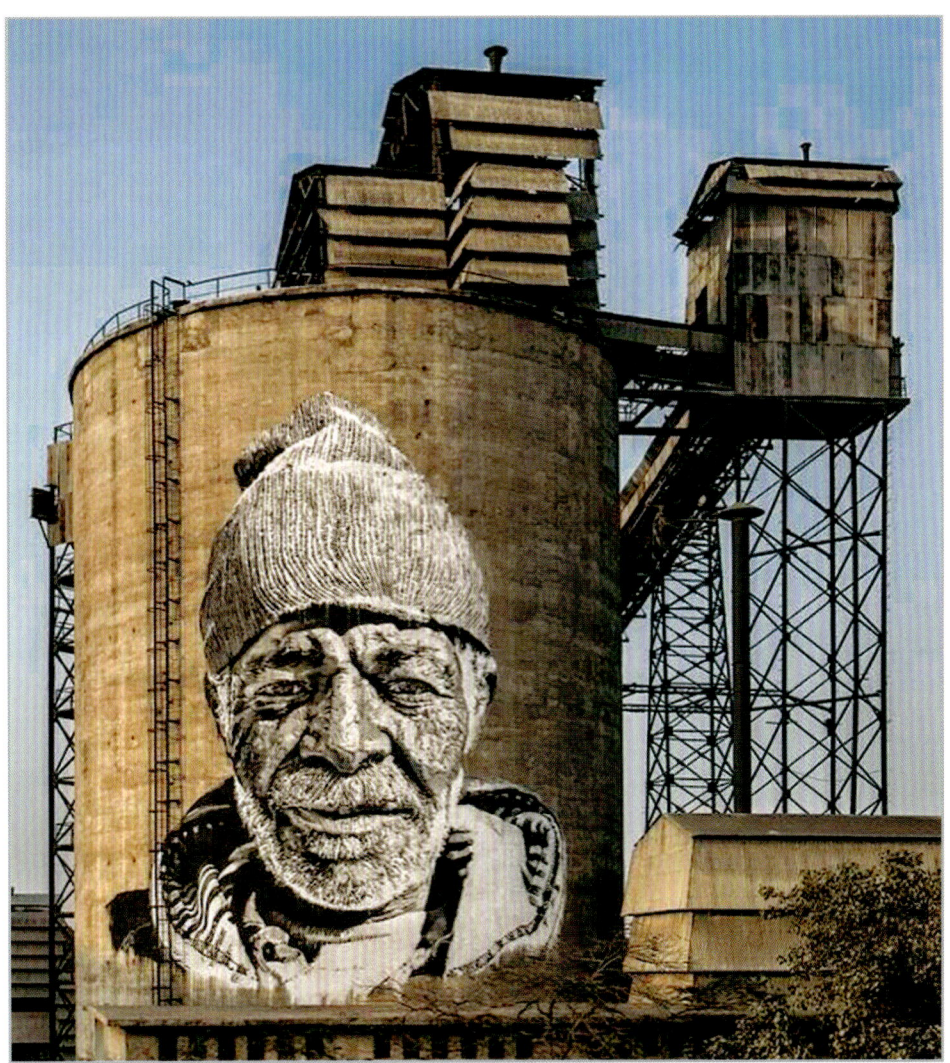

En este caso, el reto consistió en la creación de una serie de retratos que tuvieran su propio significado (individual y como parte de un proyecto único) en los distintos lados de un edificio. Hendrik asume la importancia de la arquitectura (la forma de una pared o de un edificio, su contexto) a la hora de captar la atención del espectador. En este caso concreto, los detalles importaban tanto como la pieza en su conjunto: estaban las historias de los mineros, sus sueños, su esperanza de un futuro mejor, sus recuerdos y sus sentimientos.

Como Hendrik es, en última instancia, un contador de historias, es ahí donde reside la fuerza de su arte. «El propósito de mi arte es evocar una idea, crear "documentos" pictóricos contemporáneos que ofrezcan una de esas raras oportunidades de reflexión en este mundo superficial saturado de información también superficial», concluye.

---

44 SMIAA: Toulouse, Francia, 2015.

45 MAIZO KARTAWA: Nueva Delhi, India, 2016.

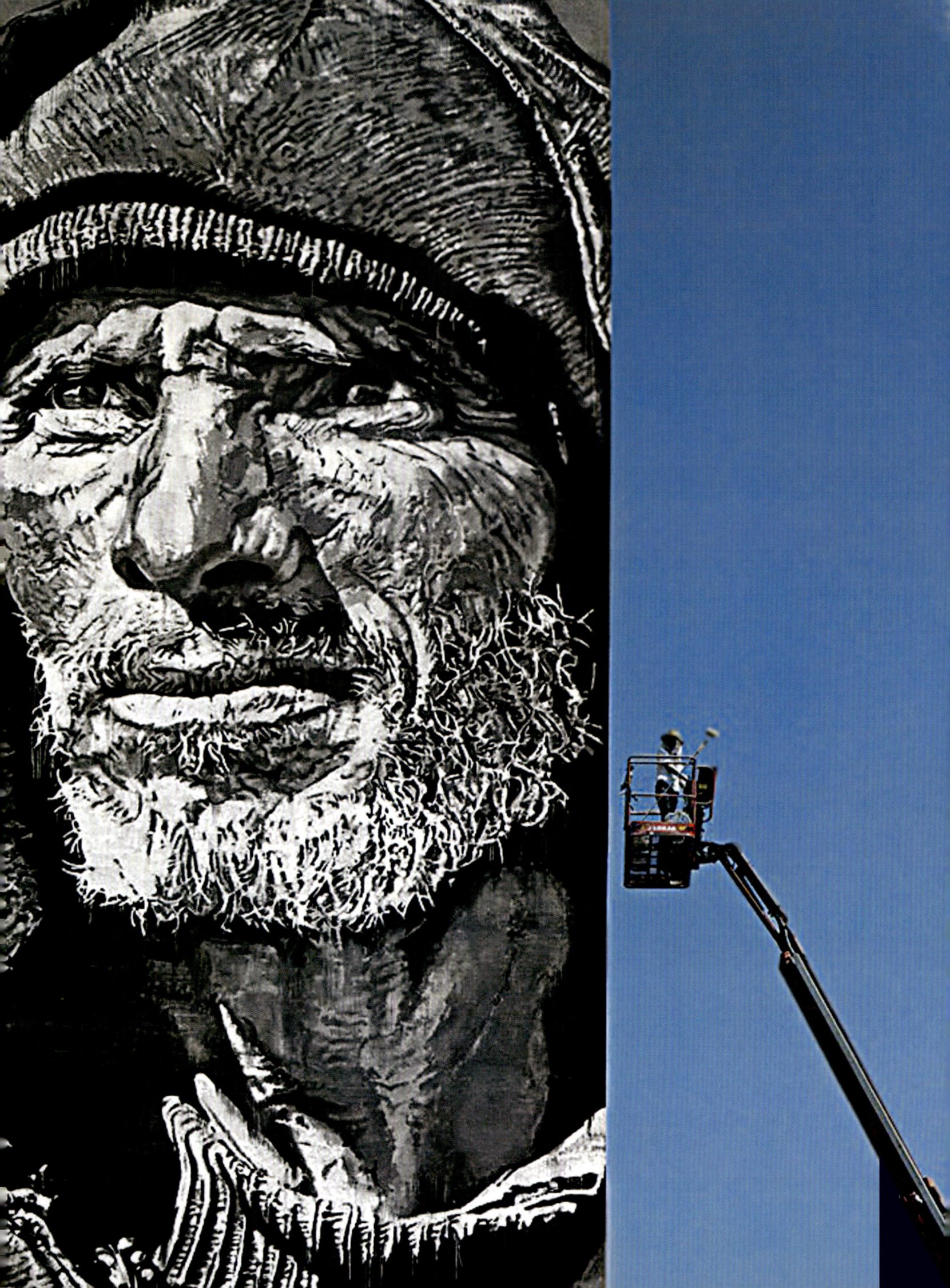

«Quiero retratar a personas cuyos rostros cuenten una historia, aun cuando el espectador no tenga acceso a ella. [...] Sin embargo, los medios digitales han cambiado nuestra forma de ver la belleza; la mayoría de los rostros impresos en vallas publicitarias o anuncios no parecen muy naturales [...]. En mis retratos quiero mostrar expresiones reales».

ABDERRAIM : Toulouse, Francia, 2016. Fotografía de Benjamin Roudet.

BLESEA

MAGO DE LA CULTURA POP Y DE LOS RECUERDOS DE LA INFANCIA

«Trabajar con personas de mi infancia me permite abandonarme a la nostalgia; mis personajes me transportan a la época en que, de niño, veía dibujos animados o iba al cine con mis hermanos mayores».

Su arte, divertido, irreverente y colorista, cuenta con personajes del mundo del manga, de Disney Planet, de otras fuentes igualmente inspiradas en el pop, extraídas del imaginario colectivo o de su propia fantasía. Su arte se distingue también del resto del *street art* mundial porque, como en los dibujos animados de verdad, él mismo suele ser un personaje de dibujos animados y formar parte de todo. Blesea, francés nacido en Cherburgo en 1985, vive sobre todo en Normandía, aunque pasa mucho tiempo en París. En cualquier caso, es flexible como un junco y siempre está dispuesto a embarcarse en nuevas aventuras. «Jamás rechazo las oportunidades que se me ofrecen, y siempre estoy deseoso de ponerme a prueba y participar en nuevas experiencias», señala.

El espíritu libre y global impregna por completo todo lo que produce y siempre es capaz de divertir, sorprender y provocar una sonrisa, pero también de obligarnos a cuestionarnos a nosotros mismos y la realidad que nos rodea.

Blesea afirma que se inició en el *street art* gracias a su familia, que le sirvió de inspiración. «Era bastante joven cuando empecé a interesarme por el dibujo, sobre todo por el grafiti. No recuerdo con exactitud cuándo fue, pero no tendría más de 8 o 9 años. Mi hermano mayor empezó a hacer grafitis a principios de la década de 1990, lo que suscitó mi admiración. Hojeaba con gran interés las revistas especializadas que él compraba, escudriñaba sus dibujos, escritos y grafitis», explica el artista. Blesea no tardó en ponerse a pintar también en las paredes de las calles. «Fue en 1997 cuando empecé a pintar con aerosol, pero en 1998 ya estaba metido de lleno en ello. Tenía 13 años», añade.

Aunque por aquel entonces, el *street art* no era tan popular ni gozaba del estatus que tiene en nuestros días, para él tenía mucho encanto, era una atracción irresistible e irreprimible: sintió que aquel universo, repleto de posibilidades, se correspondía a las mil maravillas con su naturaleza. «A finales de la década de 1990 nadie hablaba de *street art* [...]».

SPIDERMAN: Cherburgo , Francia, 2021.

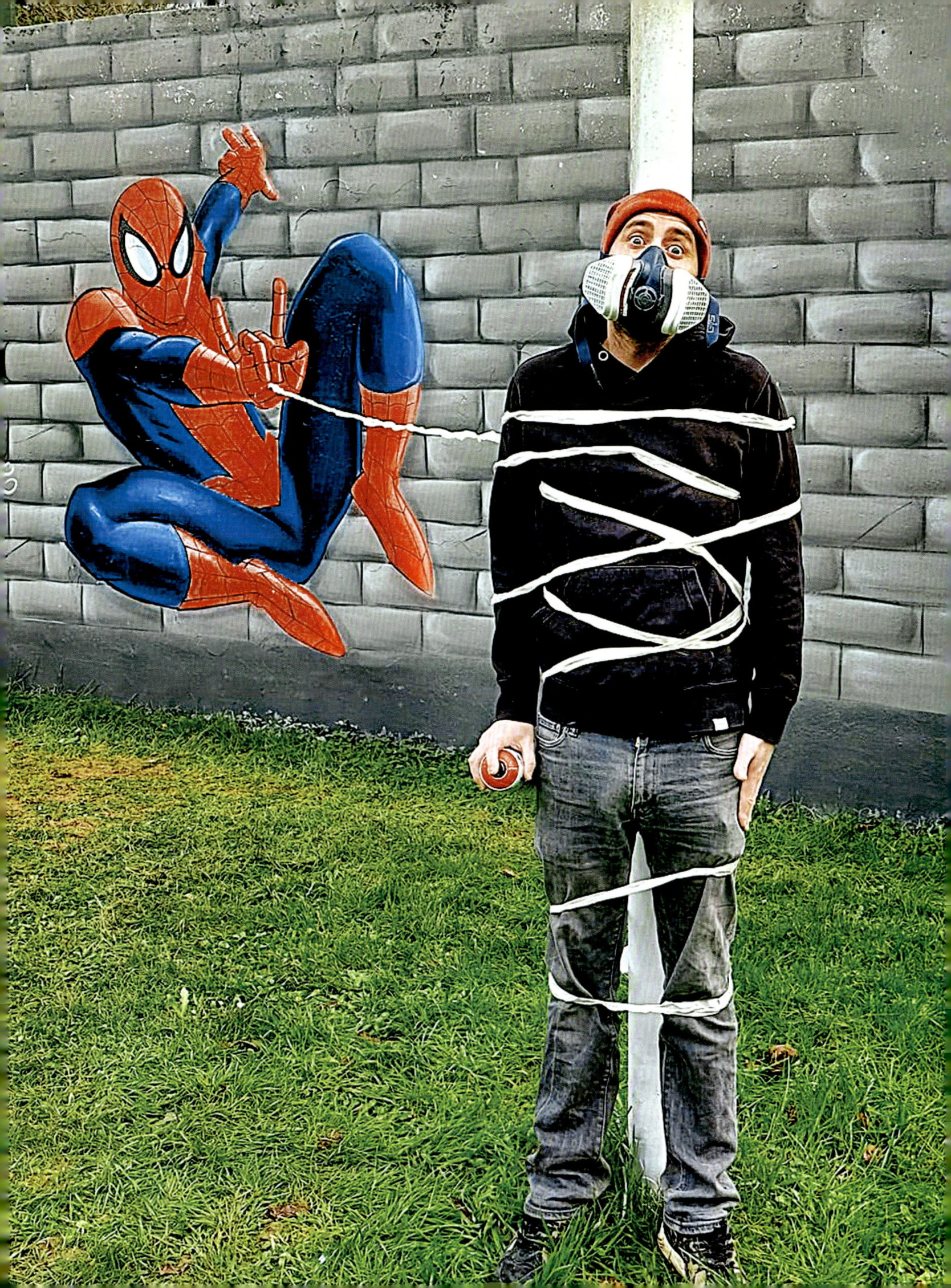

«En mi caso, el objetivo no es "pintar" personajes, sino contextualizarlos. Me gusta ambientar mis pinturas en el espacio que las rodea, jugar con el entorno en el que trabajo, integrarlo e incorporarlo a mis creaciones».

«Las obras que se veían en la calle se consideraban grafitis y se asociaban a la cultura hiphop. El término *street art* no surgió hasta mucho después (bastante más de 15 años). De 1998 a 2017, hice grafiti clásico; es decir, mucho *lettering* y algunos retratos. Escribí mi nombre en todas partes; en las paredes de las calles, en los vagones de tren [...]», afirma. Y en su voz se percibe cierta nostalgia por aquella comunidad de almas a la deriva y en busca de un estilo y una identidad, deseosas de protestar contra el sistema y de hacerse oír. ¿Cómo hacerlo si no es a través del arte?

En 2016, a Blesea le entraron ganas de contar historias, y el lienzo, al parecer, fue el soporte más adecuado para hacerlo. «Fue en aquel año cuando empecé a trabajar sobre lienzo y cuando me centré sobre todo en los personajes y la ilustración. Esto me permitió perfeccionar y mejorar mi técnica, pero ese tipo de trabajo y su entorno (estar encerrado entre cuatro paredes) no tardaron en cansarme. Me pasaba mucho tiempo pintando en casa, pero el público no acudía en masa a mis exposiciones. La calle, en cambio, era una auténtica galería al aire libre en la que todo el mundo podía ver mis pinturas gratis. Así que, en 2017, empecé a trabajar de nuevo de puertas afuera y volví a llevar a la calle los personajes de la cultura pop que había pintado en lienzo», recuerda.

¿Cuáles son sus temas favoritos? «En el fondo, yo era un niño de barrio que creció en la década de 1990. Los dibujos animados, el cine y las modas de aquella época siempre ocuparán un lugar importante en mis pinturas», admite.

KING KONG: Caen, Francia, 2020.

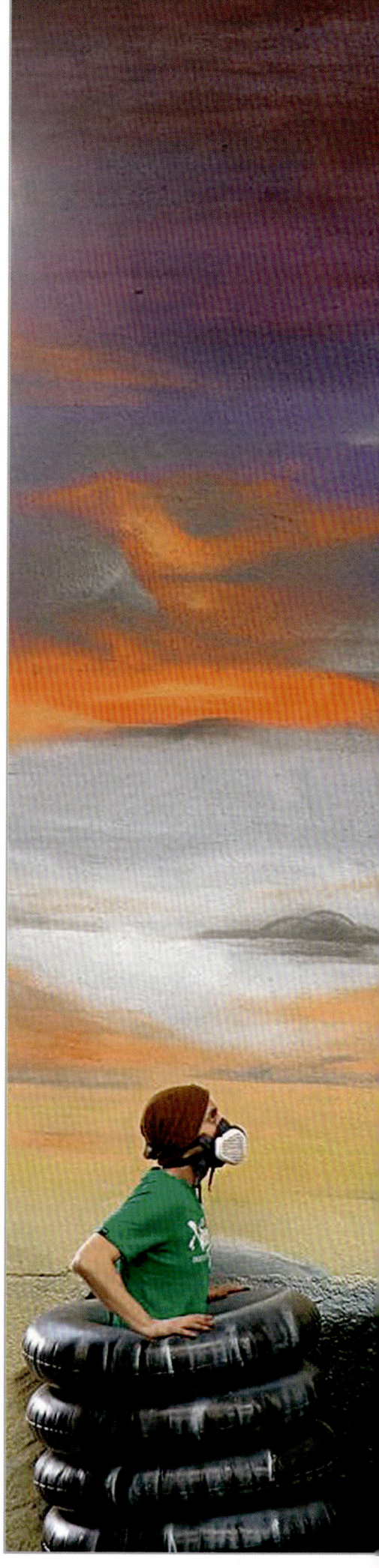

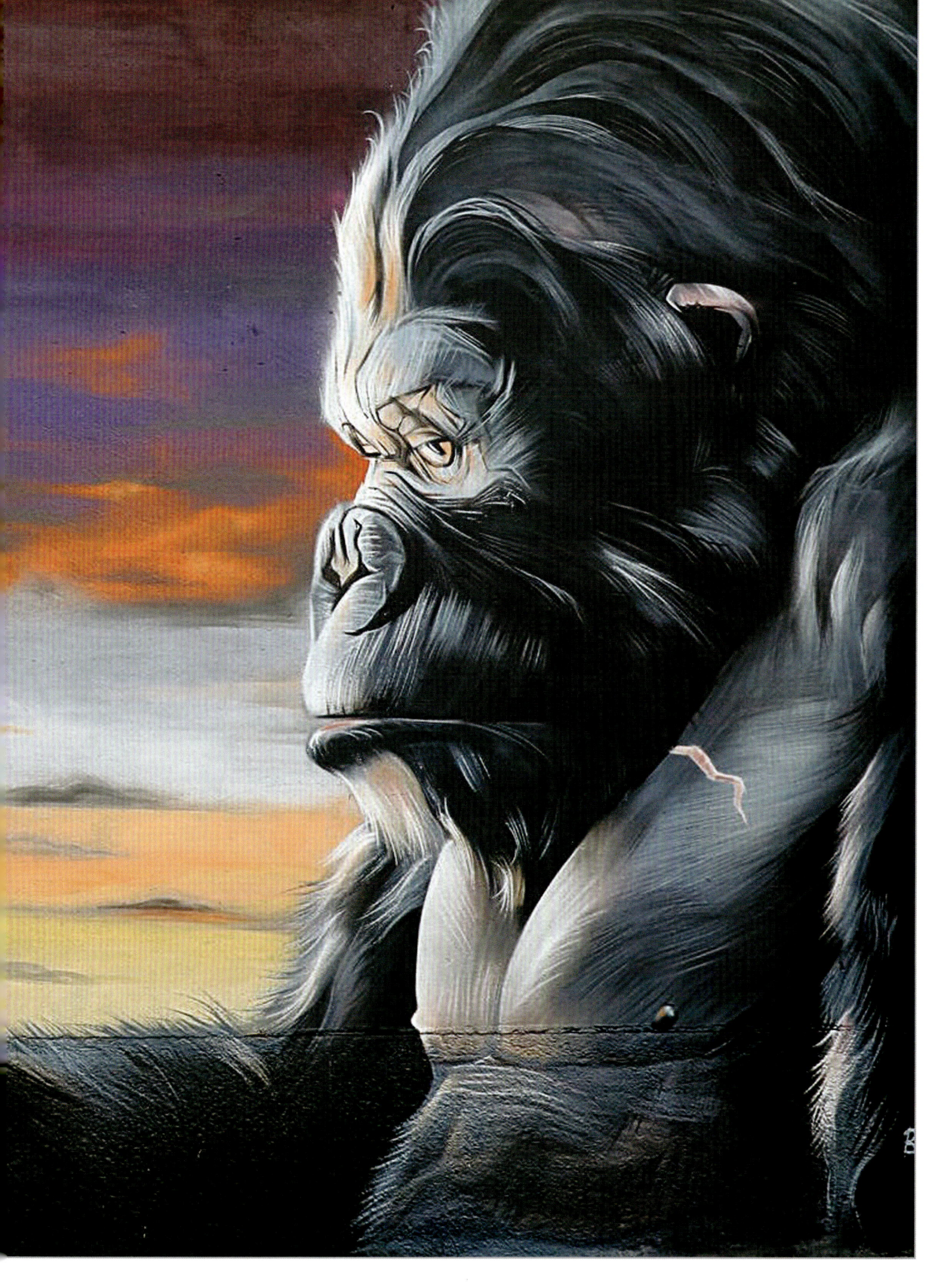

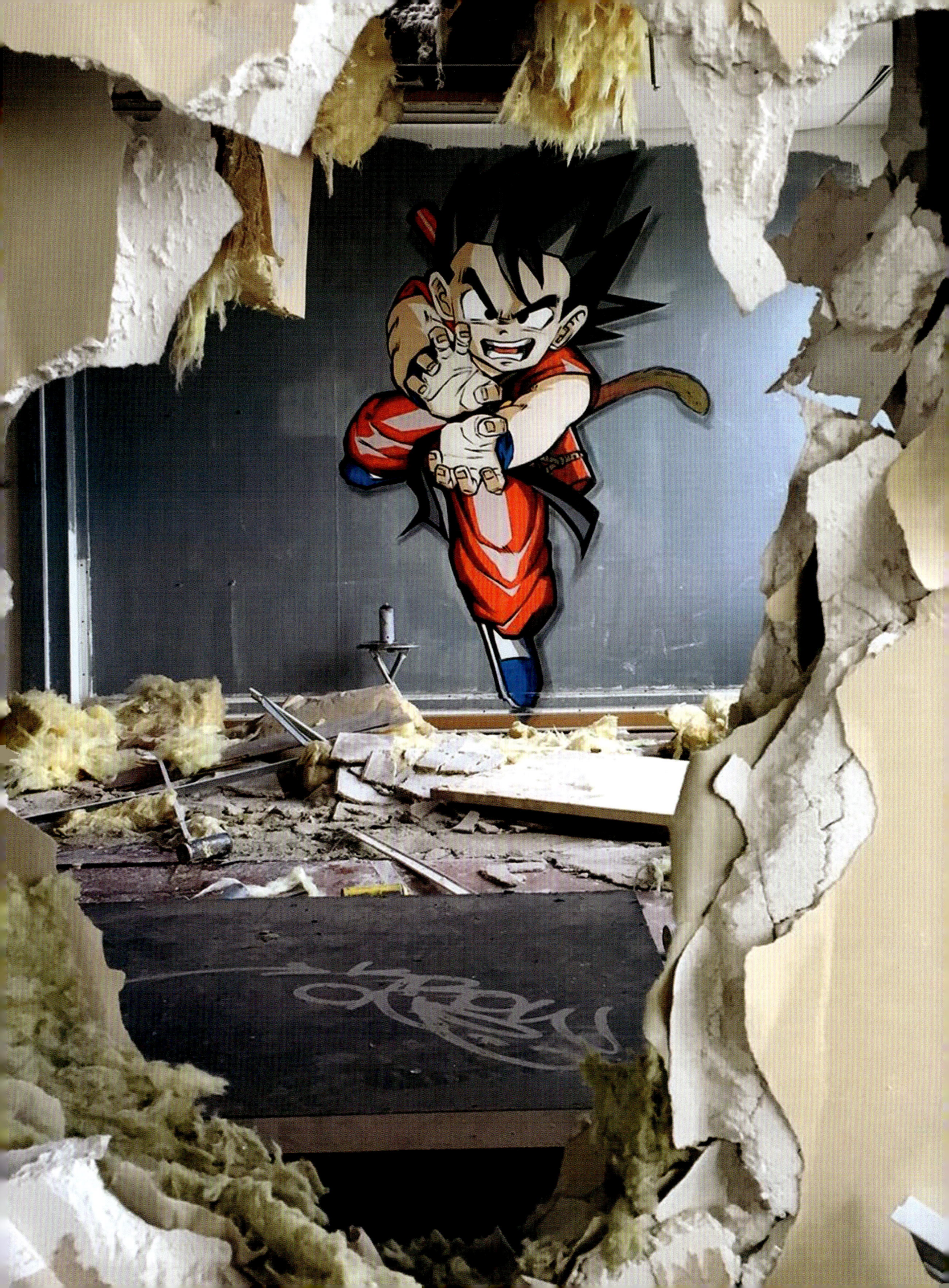

En sus obras puede verse que juega con los elementos pop como si fuera un mago haciendo juegos de manos, buscando el elemento sorpresa y la imprevisibilidad del momento fugaz.

Blesea reflexiona así sobre cómo se ha desarrollado su trayectoria a la vez que sigue fiel a ciertos valores: «Busco temas que transmitan mensajes, ideas con humor y un ingenio poco convencional. En mi caso, el objetivo no es "pintar" personajes, sino contextualizarlos. Me gusta ambientar mis pinturas en el espacio que las rodea, jugar con el entorno en el que trabajo, integrarlo e incorporarlo a mis creaciones. A veces es un puente o una fábrica abandonada; otras, una casa decrépita o un sistema urbano. Además, he intentado darle una dimensión adicional a mis obras al introducirme en ellas como elemento integrante que interactúa con los sujetos retratados. Intento en todo momento presentarle al público pinturas interactivas que difieran del grafiti y del "diseño clásico"».

La cultura popular y los lugares abandonados son su principal fuente de inspiración. «Cuando doy un paseo y algo o alguien me llama la atención, tomo una fotografía. Después, ya en casa, intento ver si puede dar pie a un nuevo proyecto. Primero trabajo sobre el papel; luego, una vez que me convence la idea, paso a la pared», explica.

52 LE KAMEHAME DE SANGOKU:
Caen, Francia, 2017.

53 ALBATOR: Cherburgo , Francia, 2021.

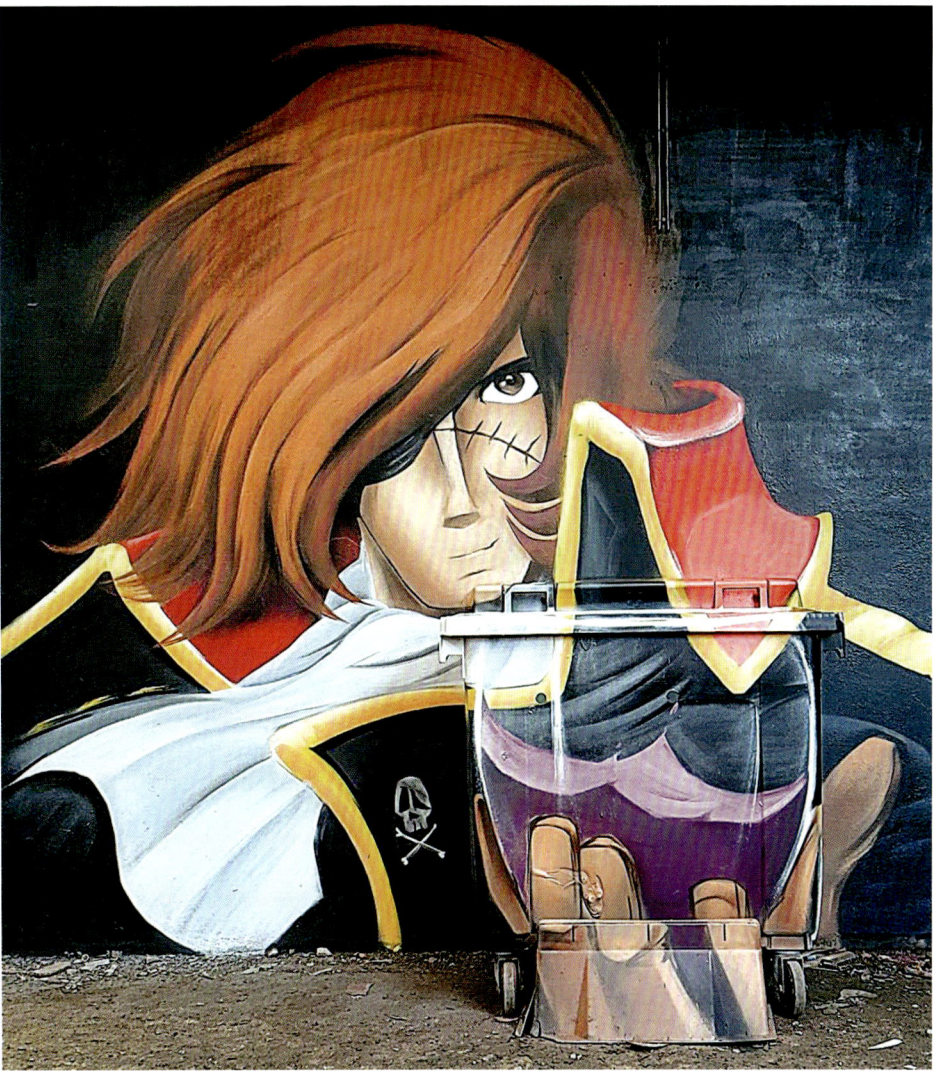

Para Blesea, el contacto con la gente es importante; compartir sentimientos y recuerdos es un estímulo constante: «La gente suele agradecerme que les haga experimentar emociones: me dicen que mis pinturas les devuelven a su infancia [...]. Para mí es un gran placer ofrecerles ese momento mágico, ese viaje en el tiempo».

En la base de su arte se encuentra un fuerte afán por la innovación constante: «Aunque hoy en día pinto sobre todo con aerosoles, no me cierro a ninguna técnica. En el futuro quiero seguir progresando, mejorando. Quiero pintar con libertad y crear otras obras. Hoy en día suelo trabajar fuera, pero términos como *grafiti* y *street artist* son simplistas y encierran a la gente en cajas, en estereotipos. Por lo que a mí respecta, no quiero límites ni restricciones: Pertenezco al mundo de los artistas en un sentido amplio; me gusta crear, dar vida a proyectos y mostrarle mi visión del mundo a quienes quieran conocerla».

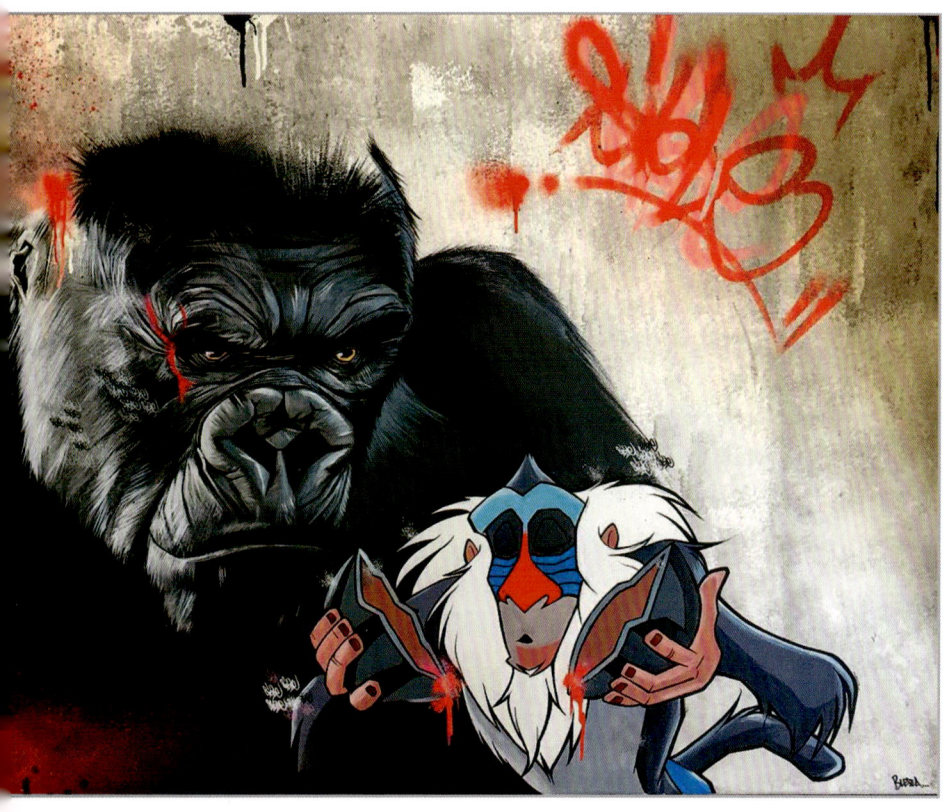

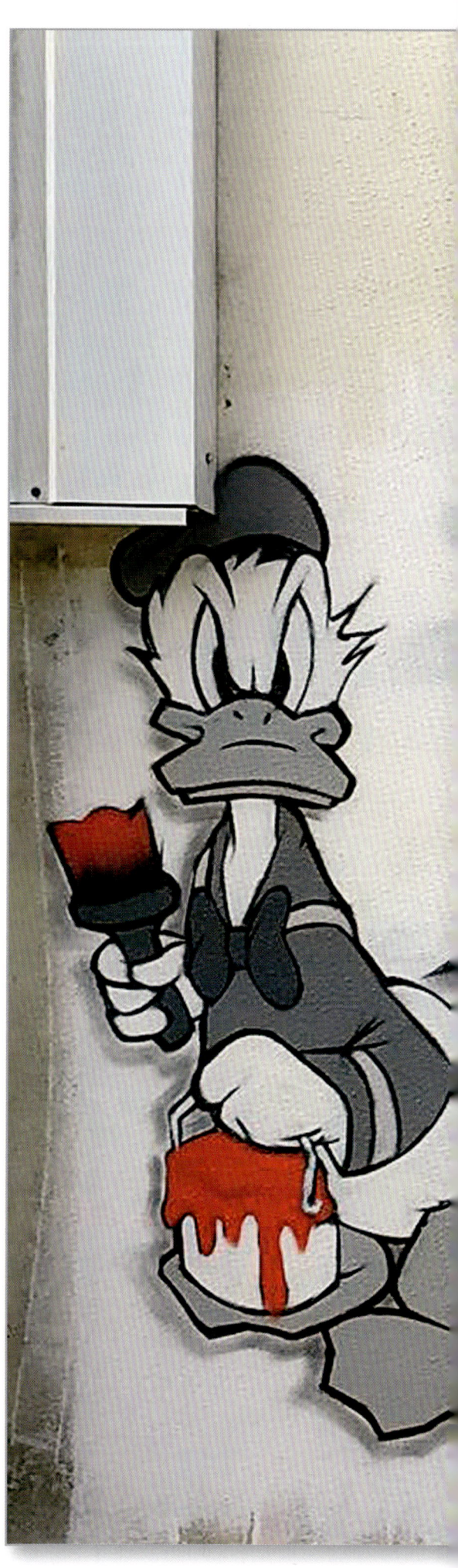

54 *KING KONG VS LE ROI LION: Caen, Francia, 2018.*

54-55 *LE DALÌ DONALD: Caen, Francia, 2017.*

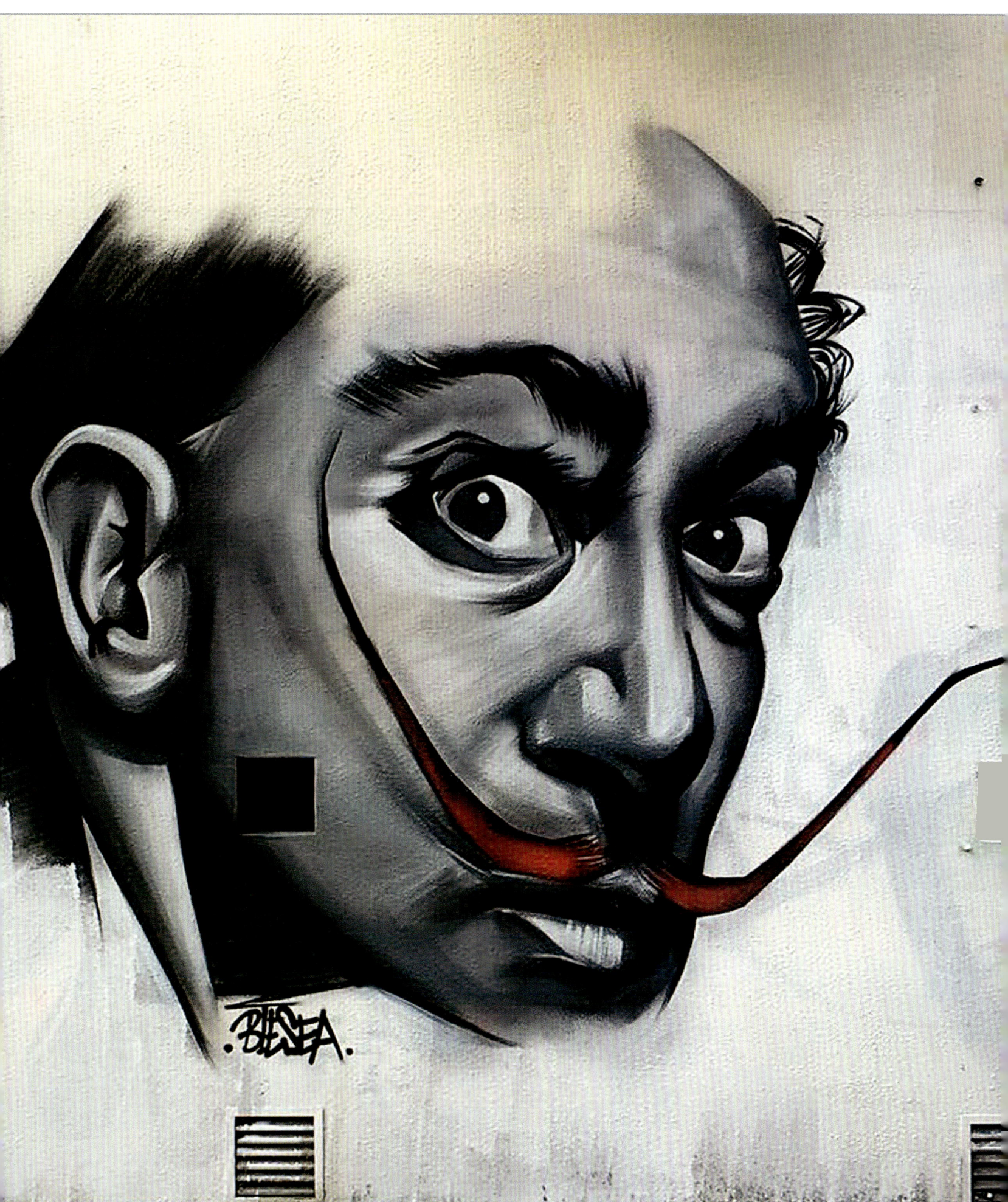

«En el futuro quiero seguir progresando, mejorando. Quiero pintar con libertad y crear otras obras. Hoy en día suelo trabajar fuera, pero términos como *grafiti* y *street artist* son simplistas y encierran a la gente en cajas, en estereotipos».

56 STAR WARS: Cherburgo, Francia, 2021. En colaboración con Baby K.

56-57 PIRATES DES CARAÏBES: Biville, Francia, 2021. En colaboración con Baby K.

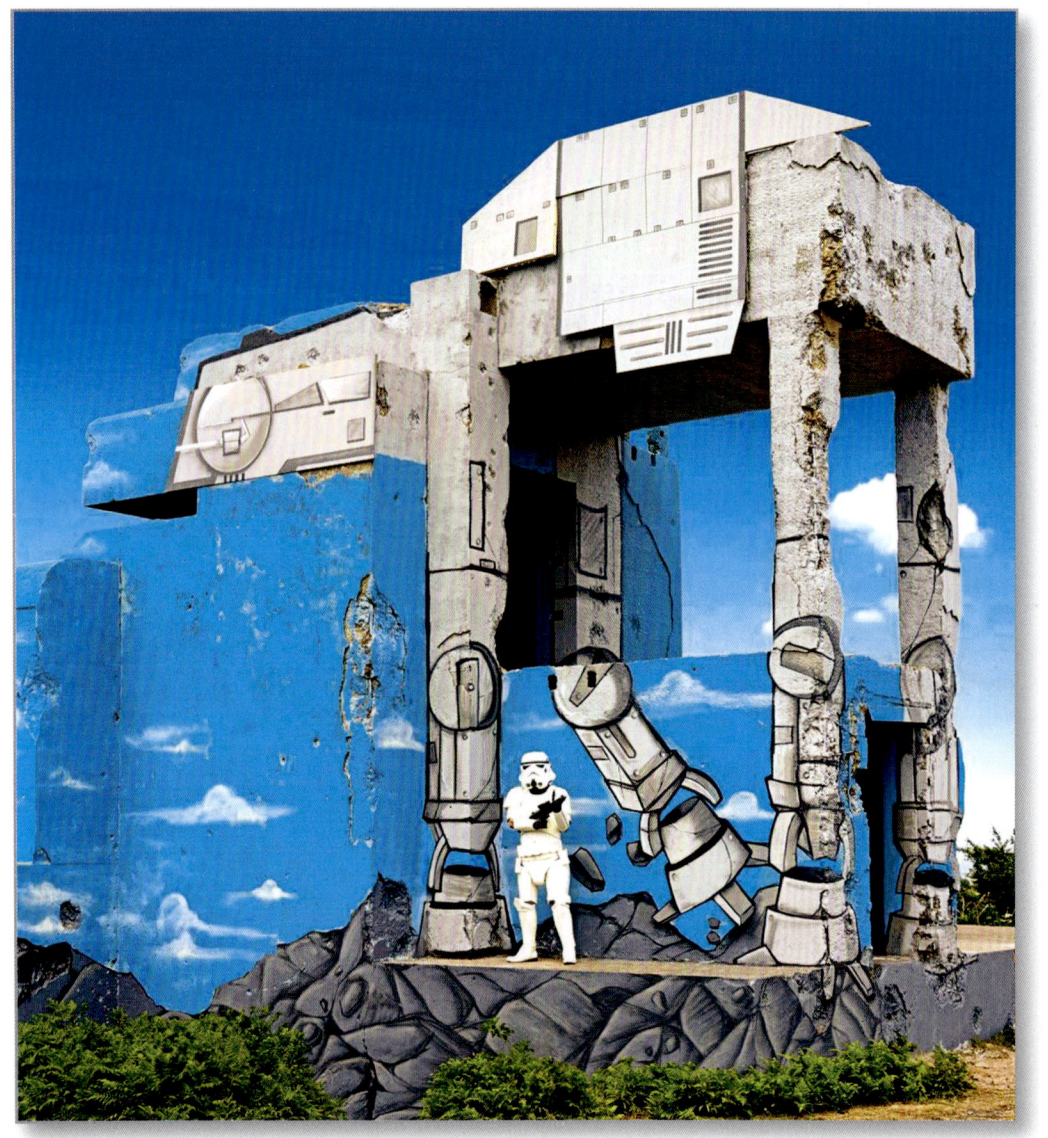

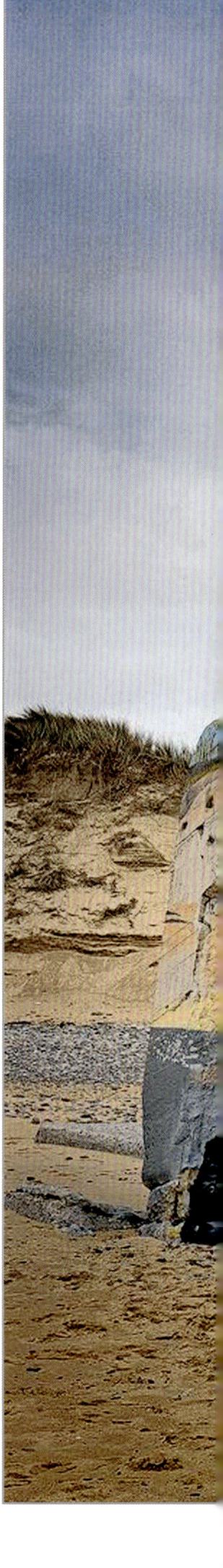

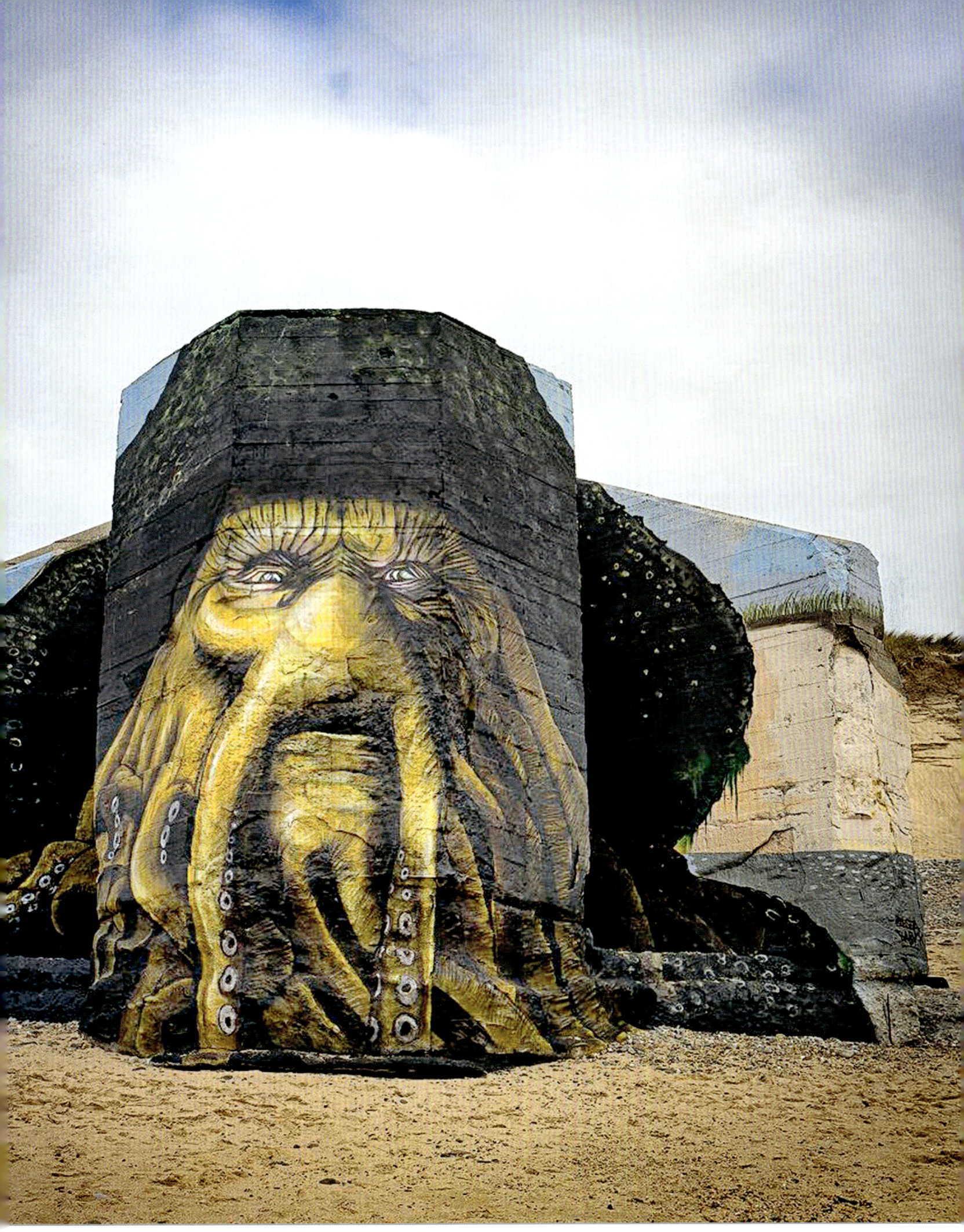

ANT CARVER

ILUSIONISTA DEL SIMBOLISMO

«*Puede parecer un tópico, ¡pero para mí el arte lo es todo! Dedico la mayor parte de mi tiempo a mi trabajo o a observar a otras personas. Me encanta tanto crear arte como contemplarlo. Creo que muchos de los momentos más felices de mi vida han girado en torno al arte; además, en la mayoría de las situaciones difíciles, el arte siempre ha estado ahí para proporcionarme ayuda y consuelo*».

En sus retratos, en los que los colores cargan los rostros de pasión y de una apabullante intensidad de sentimientos, la mirada de los desconocidos triunfa y adquiere connotaciones heroicas. Al evocar una profunda emoción y una sensación de fragilidad y vulnerabilidad que conmueve el alma, los ojos de estos personajes parecen buscar el sentido profundo de la vida. Ant Carver, británico nacido en 1991, no teme desnudarse y revelar el origen de su arte. «En 2019 falleció un amigo mío muy querido y todo cambió en mi vida. Los sentimientos que se experimentan tras una gran pérdida son indescriptibles, y hablar de ellos me sigue resultando difícil y doloroso a más no poder [...]», confiesa.

«Mi incapacidad para abrirme y procesar de forma adecuada todo aquello fue lo que me impulsó a producir muchas obras sobre el tema de la pérdida y el dolor. Me pareció la forma más fácil de explorar mis sentimientos. Transmití lo que sentía a través de la pintura. Me ayudó a tener un espacio en el que llorar. Tras todo lo que pasó, me di cuenta de que no me hacía feliz seguir trabajando como lo había hecho hasta entonces. Me di cuenta de lo importante que es hacer algo en lo que uno crea y que le granjee placer. Fue por eso por lo que busqué hacer un arte que tuviera más sentido para mí».

Los colores siempre han desempeñado un importante papel en su vida y en su obra: «El color puede cambiar el tono y la sensación de las pinturas en función de si se emplean tonos brillantes para resaltar algo, suaves para atenuar otra cosa [...] o ambos para producir contraste. Además, la libertad que ofrece el color es de lo más interesante [...]. Se puede utilizar cualquier color para expresar lo que se tenga en la cabeza y en el alma. Los colores pueden cambiar por completo el sentimiento que emana de las obras», asegura el artista.

Ant Carver reside en Londres y tiene su estudio en Whitechapel. Se licenció en Arte por la Oxford Brookes University, pero su pasión creativa comenzó mucho antes. «Tal vez dé la impresión de que exagero al decir esto, pero ¡realmente adoro hacer arte! No recuerdo el momento exacto en que empezó todo, quizá porque siempre me había interesado por el arte. Si bien aún recuerdo lo mucho que me gustaba dibujar cuando era más joven, no fue hasta que me aficioné al grafiti cuando explotó mi pasión: tenía unos 13 años por aquel entonces.

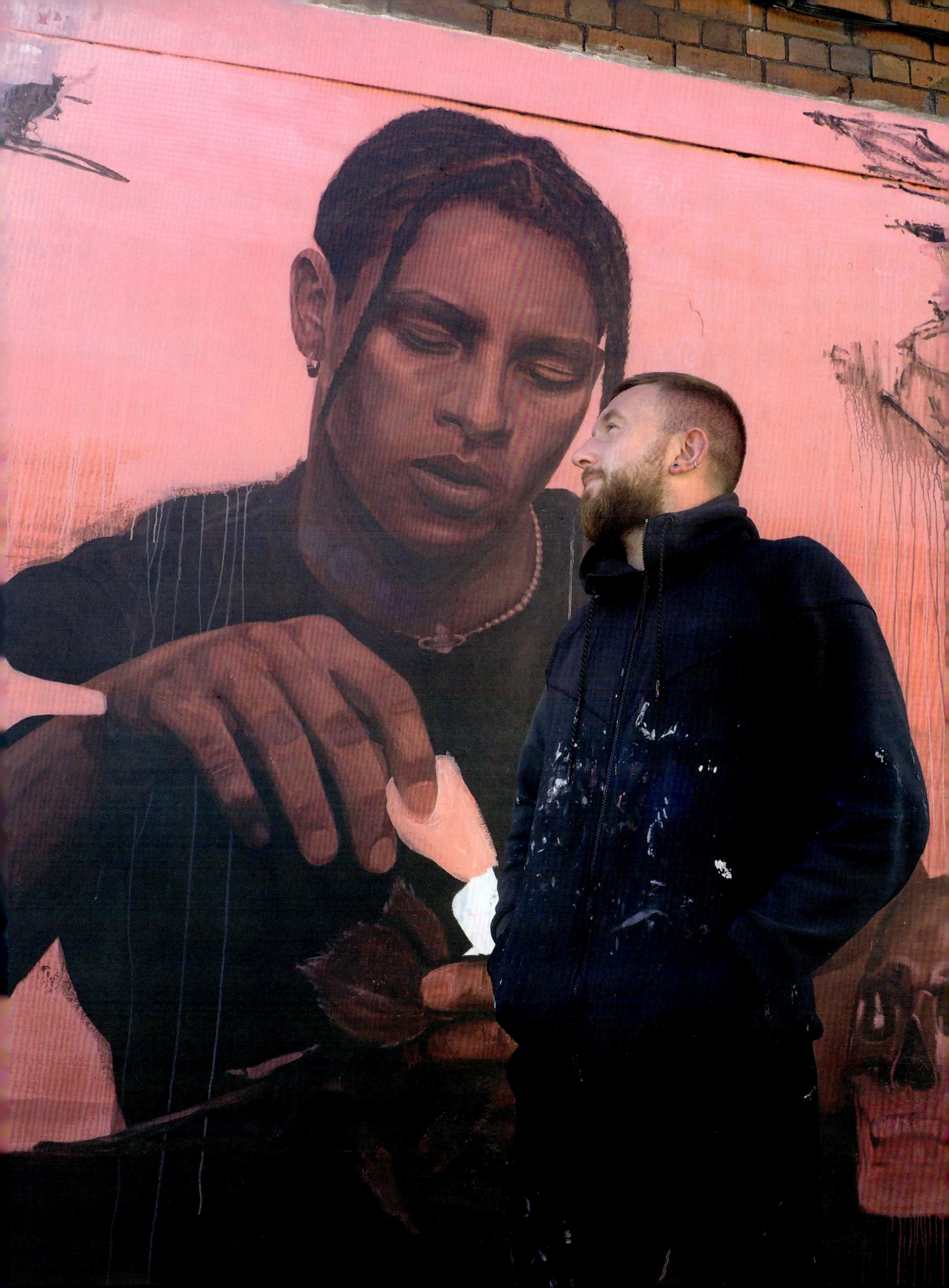

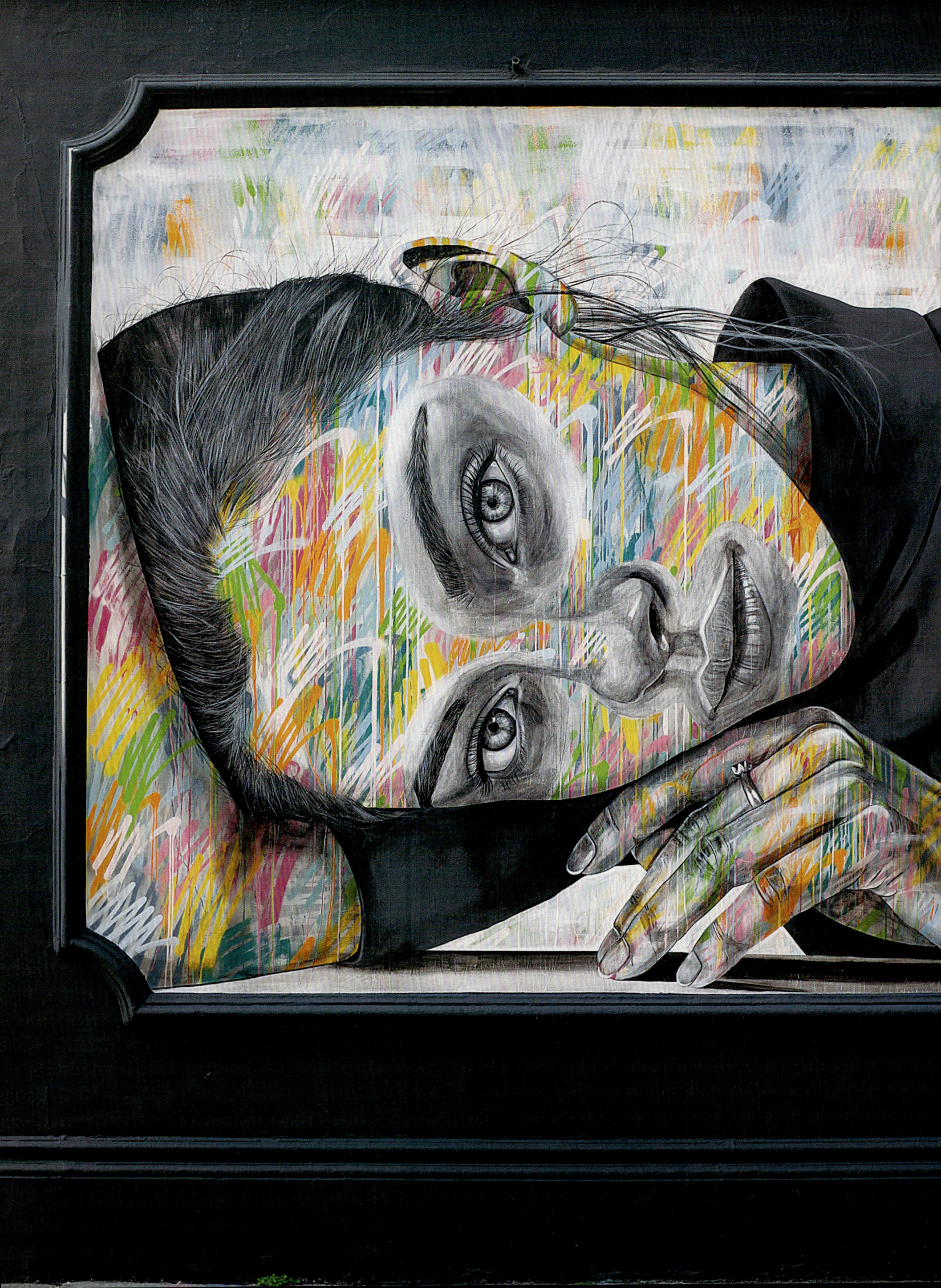

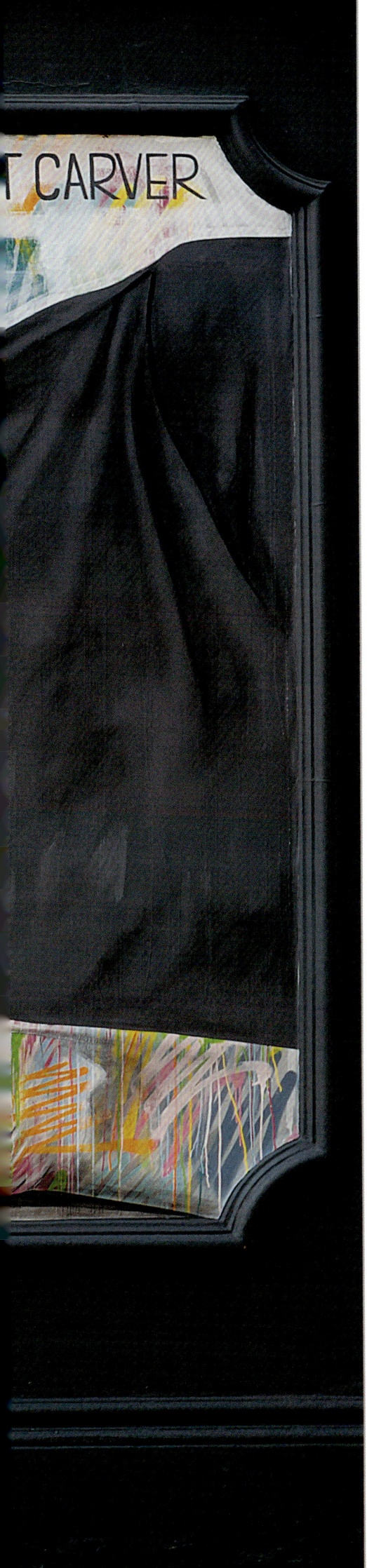

»Más adelante creció mi interés por diversas formas de expresión artística, por lo que decidí estudiar y aprender otras técnicas creativas»», recuerda.

El retrato se ha convertido en un elemento central de su producción artística, en su medio favorito para expresarse y comunicar ideas y sentimientos. La singularidad de su retratística reside en su estilo gráfico, atrevido y provocador. Ant Carver es un maestro a la hora de combinar técnicas pictóricas muy tradicionales con la influencia del *street art* (es decir, pintura al óleo con aerosoles), con la habilidad de un pintor hiperrealista. «Siempre me han atraído la retratística y el arte figurativo, incluso antes de llegar al mundo del grafiti. La naturaleza humana me parece fascinante, y creo que detrás de cada retrato se pueden descubrir infinitos mundos que cuentan una cantidad también infinita de historias»», afirma.

La profunda conexión de Ant Carver con el *street art* deriva sobre todo de ese deseo de libertad que le caracteriza, que le hace actuar sin ningún miedo a la confrontación. «Me encanta el hecho de que el *street art* esté abierto a cualquiera que tenga la oportunidad de verlo y quiera implicarse en él. Es gratis y está ahí mismo. Me encanta la libertad que les da a los individuos para crear obras y a la gente para contemplarlas. Creo que a muchas personas (a menudo demasiadas), las galerías de arte les resultan poco atractivas y no se sienten cómodas en ellas. En cambio, el *street art* está al alcance de todos, sin límites ni restricciones, y genera un nuevo interés por el arte, lo que a la fuerza tiene que ser positivo»», enfatiza Ant.

60-61: Londres, Reino Unido, 2019.

61: Barcelona, España, 2017.

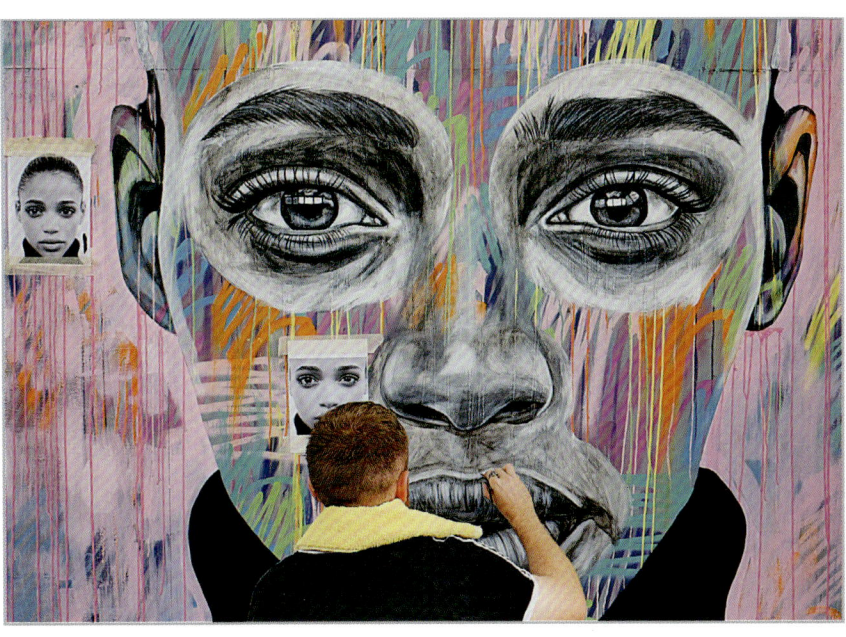

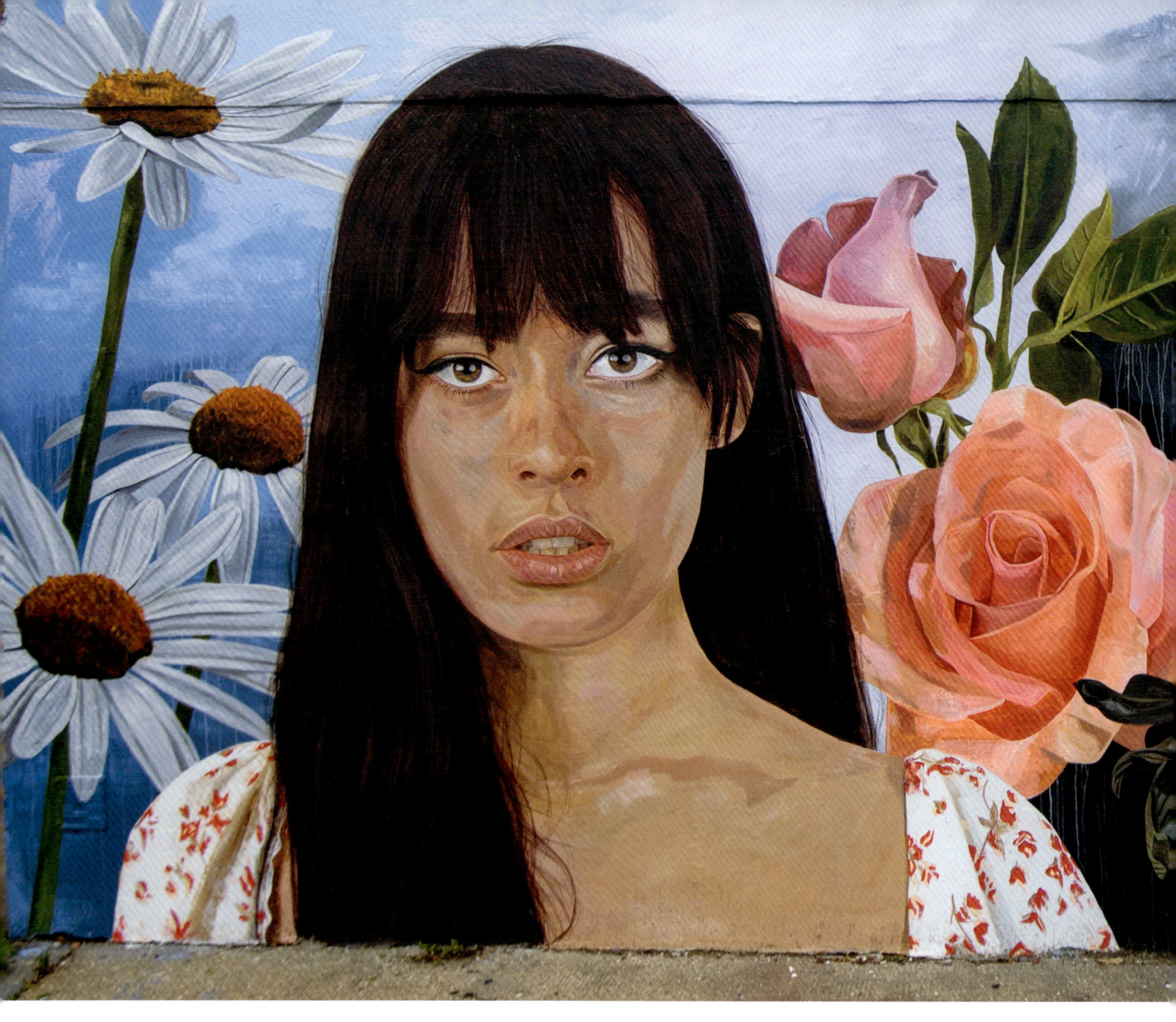

«En el *street art*, que es libre y está ajeno a la censura, la gente puede expresar sus ideas y sentimientos, sin filtros, sin imposiciones», añade.

Puede que este sea el motivo de que su arte rebose realismo y autenticidad. El punto de partida son fotografías de personas reales. «De niño me pasaba horas buscando imágenes de referencia en Internet. Era un poco ingenuo, y no me daba cuenta de que tenía que pedir permiso para utilizarlas en mis obras. Con la experiencia, empecé a buscar a los fotógrafos que habían realizado las imágenes que yo elegía y a ponerme en contacto con ellos para solicitarles la correspondiente autorización. Hoy en día hay tantos fotógrafos que me he vuelto bastante selectivo. Llevo más de cinco años trabajando con Marc Hayden para organizar y realizar sesiones fotográficas específicas y, así, obtener las imá-

genes de referencia que deseo. Al principio eran sobre todo retratos, pero como mi trabajo está en constante evolución, siempre ando buscando nuevos modelos y nuevos estímulos para conseguir los decorados perfectos para mis propósitos y recurro al atrezo. Es fantástico ejercer un mayor control sobre el resultado final e implicarse cada vez más en todo el proceso», explica.

Ant Carver aspira a realiar un tipo contemporáneo de arte urbano que desafíe los límites del tiempo y el espacio. Utilizando diversas técnicas y materiales, no teme experimentar con los colores para lograr un fuerte impacto visual, ir entre el arte figurativo y el abstracto e incorporar elementos impresionistas.

«Disfruto del trabajo en las calles después de pasar mucho tiempo centrado en mi arte en el estudio. Estoy más que decidido a alternar entre distintas actividades. Ahora mismo, tengo una

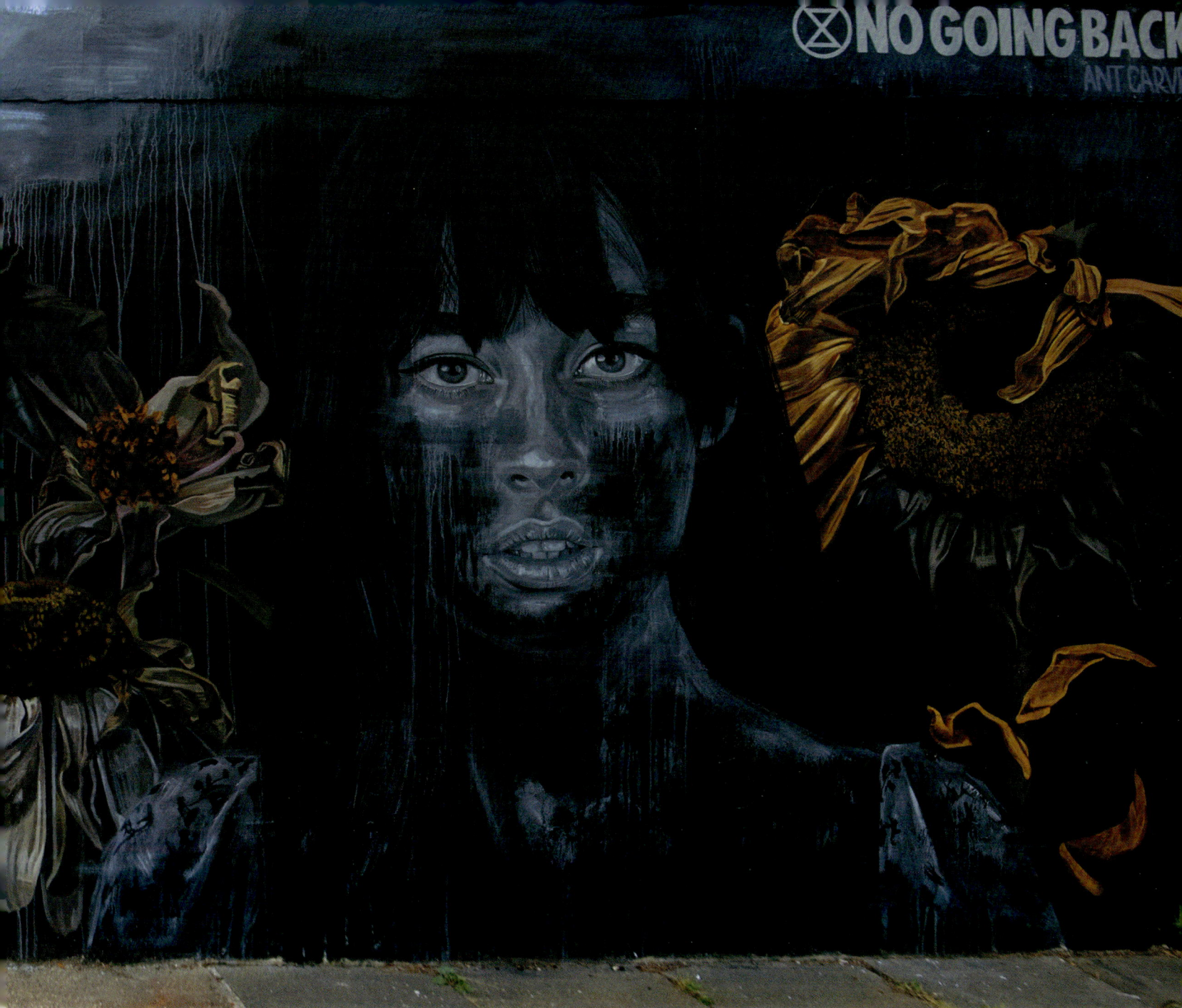

cierta idea de lo que quiero hacer en el futuro. Seguiré esforzándome por ir más allá y dejaré que mi trabajo evolucione de forma natural. Sé que puedo cambiar mi estilo de forma bastante drástica; creo que mi tendencia a trabajar siempre de formas nuevas es mucho menos restrictiva que la de otros artistas y me da mayor libertad para experimentar y madurar», asegura el artista.

Ant Carver utiliza en sus obras el simbolismo para formularse preguntas sobre la humanidad, la interacción y las relaciones entre los seres vivos, así como sobre la precariedad de todo. Aunque aún no sabe adónde le llevará su proceso artístico, hay algo de lo que está seguro: «Creo que intentar hacer algo que te dé un propósito y en lo se que crea de verdad es siempre un buen punto de partida».

NO GOING BACK: Londres, Reino Unido, 2021.
Fotografía de Street Art Atlas.

«Siempre me han atraído la retratística y el arte figurativo, incluso antes de llegar al mundo del grafiti. La naturaleza humana me parece fascinante, y creo que detrás de cada retrato se pueden descubrir infinitos mundos que cuentan una cantidad también infinita de historias».

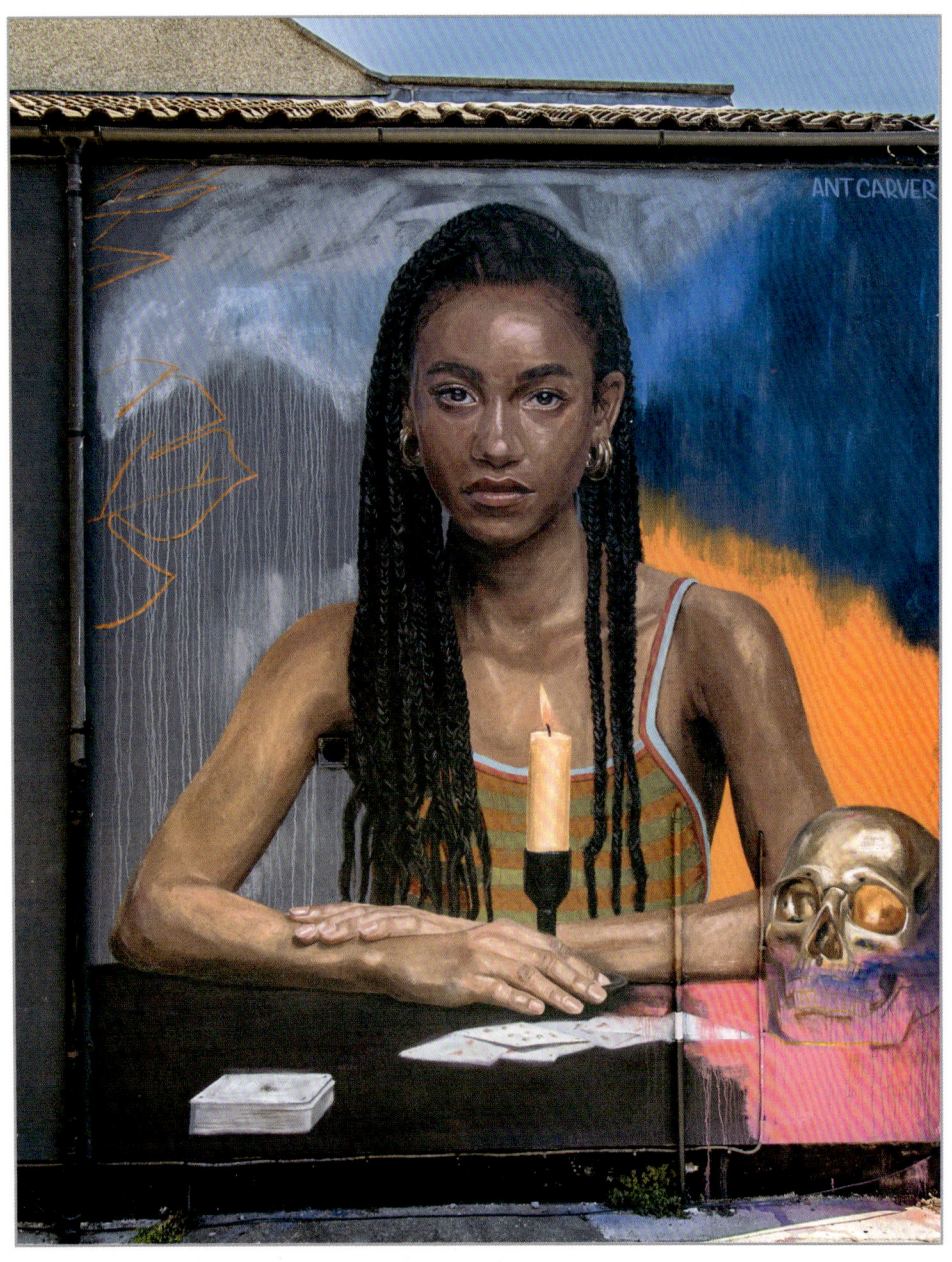

64 THE HAND WE'RE DEALT: Bristol, Reino Unido, 2021.

65: Londres, Reino Unido, 2020. Fotografía de Street Art Atlas.

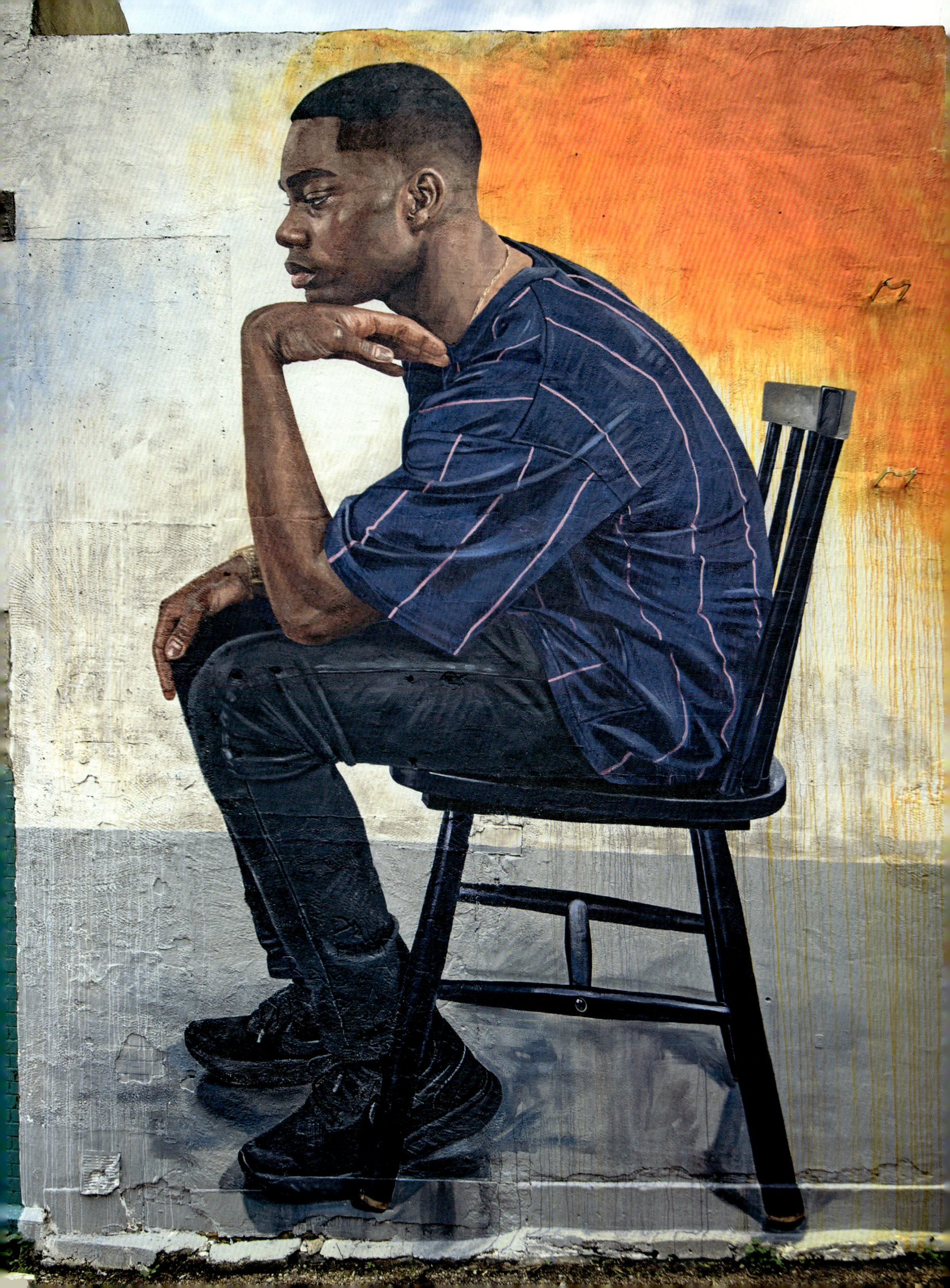

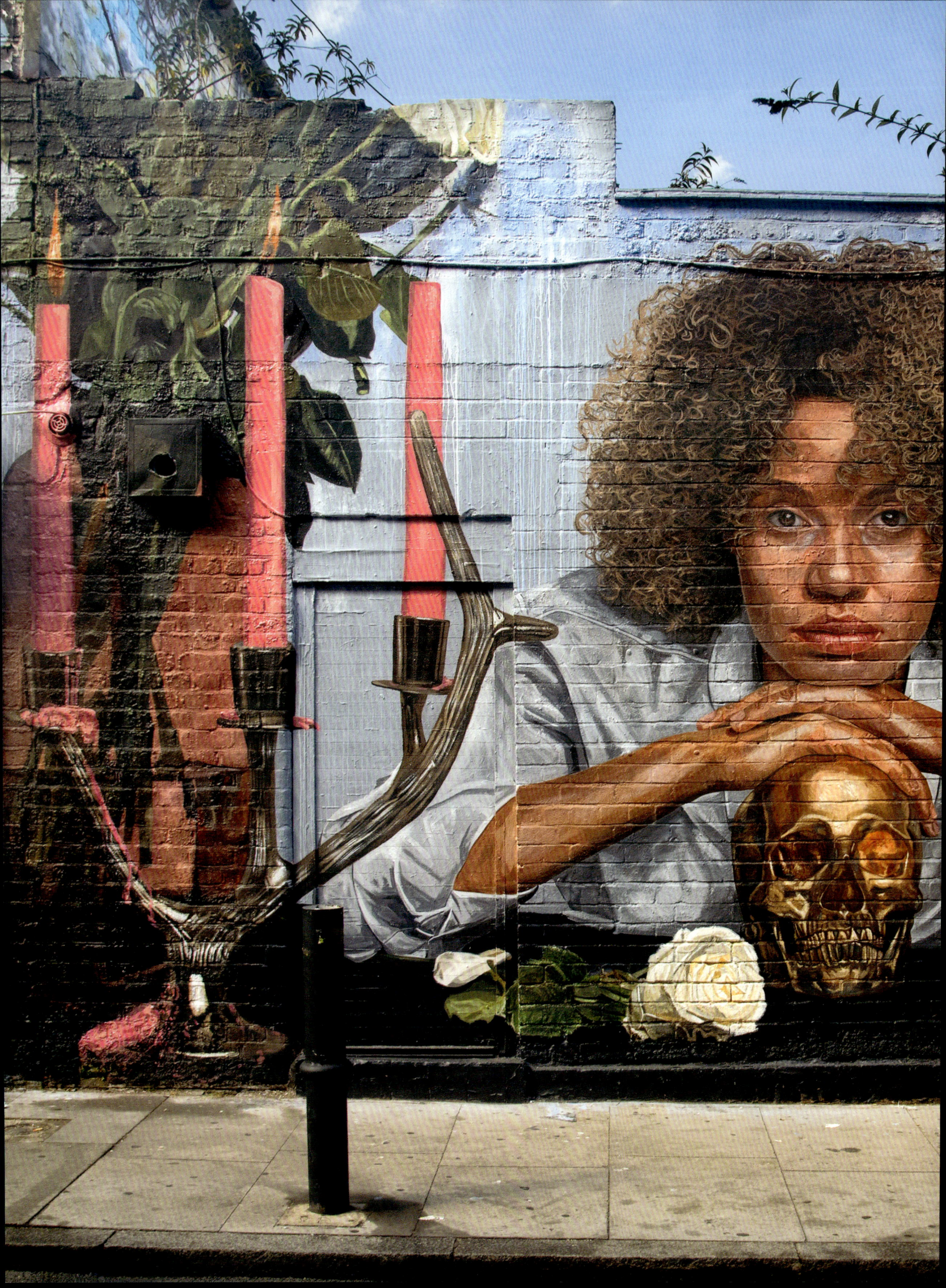

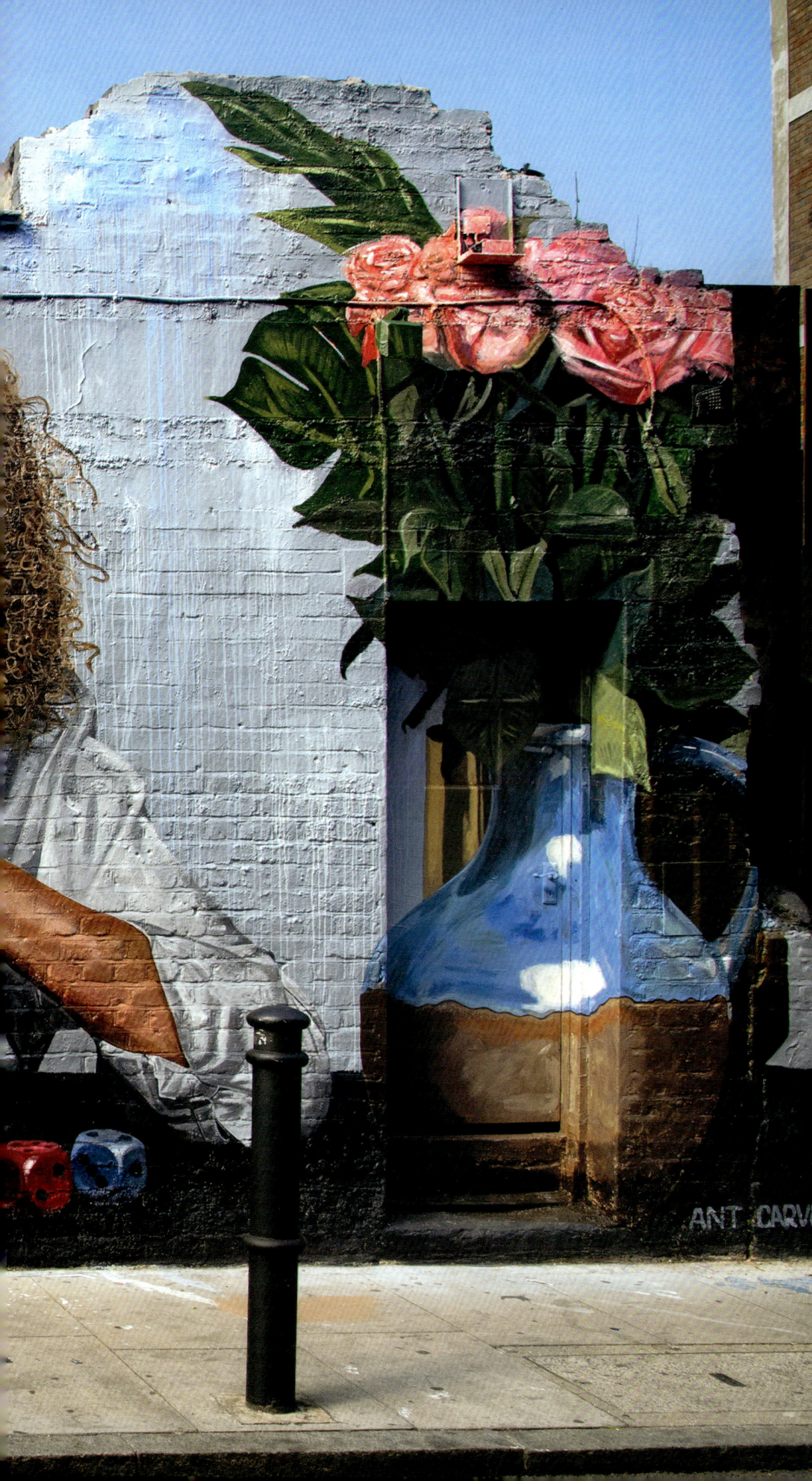

ANT CARVER

ELLA & PITR

CREADORES DE GIGANTES AMABLES,
FABULADORES DE LA IRONÍA

«El arte debe servir para desencadenar un movimiento, una reacción en la sociedad contemporánea, y debe ir más allá de los límites de la propia existencia de cada cual».

«Definir la palabra *arte* es como intentar atrapar una anguila entre las rocas. El arte es escurridizo y cambia de "muda" sin previo aviso [...]», sostienen. Ella & Pitr, que se presentan como un solo ser, son una extraña y excéntrica pareja capaz de sorprender, asombrar, emocionar, provocar sonrisas y llenar los corazones de sensaciones mágicas. Responden al unísono y sin dudas sobre su identidad de artistas sin restricciones. Además de curiosos e imprevisibles, son un poco misteriosos, como los gigantes que, desde sus enormes murales, se asoman por ciudades y pueblos, parajes y calles. Sus majestuosas criaturas son dignas de ver. Sus obras, con una superficie de hasta 21 000 m², suelen ser tan enormes que solo se pueden ver desde arriba. Es el caso del mural *Lilith and Olaf*, el más grande del mundo, terminado en la edición de 2015 del Nuart Festival, celebrado en Noruega. Sus obras aparecen en tejados de edificios, plazas urbanas, escaleras, presas y, por supuesto, paredes... Captan el espíritu de la pareja: estrambótico y alegre, sorprendente y reflexivo, apremiante e irónico. Sus personajes aparecen a menudo dormidos, atrapados en actitud meditabunda, con la boca abierta poniendo muecas absurdas... o bien moviéndose o posando de formas insólitas. A menudo recuerdan a gigantes dormidos que esperan a que los despierten para poder descubrir el mundo o a criaturas imprevisibles que luchan por escapar de las paredes... Con todo, los anima el mismo espíritu lúdico que caracteriza a la pareja: Ella es actriz cómica y Pitr practica el *street art*. Los dos artistas, ambos de Saint-Étienne, Francia, decidieron colaborar en 2007 y fundaron el dúo conocido como Les Papiers Peintres, consagrado al arte urbano. ¿Qué intención tenían? Llamar la atención sobre espacios olvidados e insólitos, crear un mundo mejor a partir del color y la fantasía. Además de gigantes somnolientos, entre sus personajes hay niños, aves de alas gigantescas y abuelitas de aires simpáticos... Suelen plasmar sus creaciones en blanco y negro, aunque de vez en cuando recurren a una limitada gama cromática, en la que no pocas veces destacan los colores de la bandera francesa. Siempre dejan espacio a la imaginación...

THE SILENCE OF THE SLIPPERS AFTER THE RAIN: Chicago, Illinois, Estados Unidos, 2016. © Fotografía de ELLA & PITR / © Emile Parlefort.

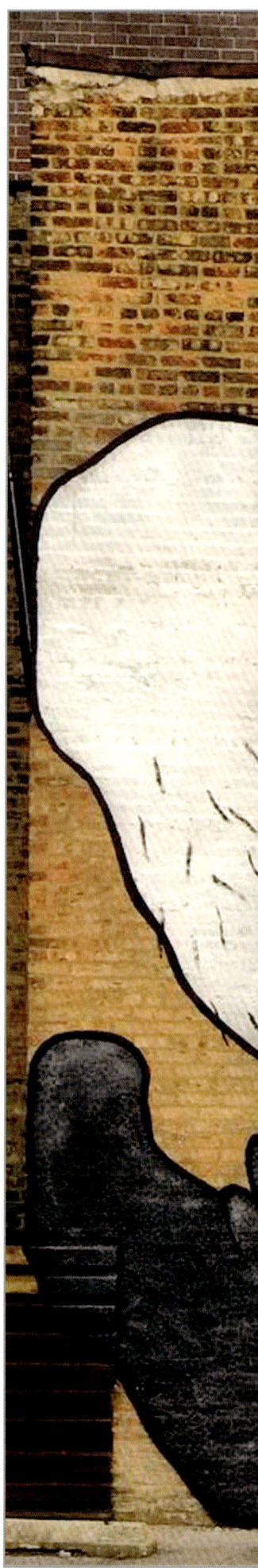

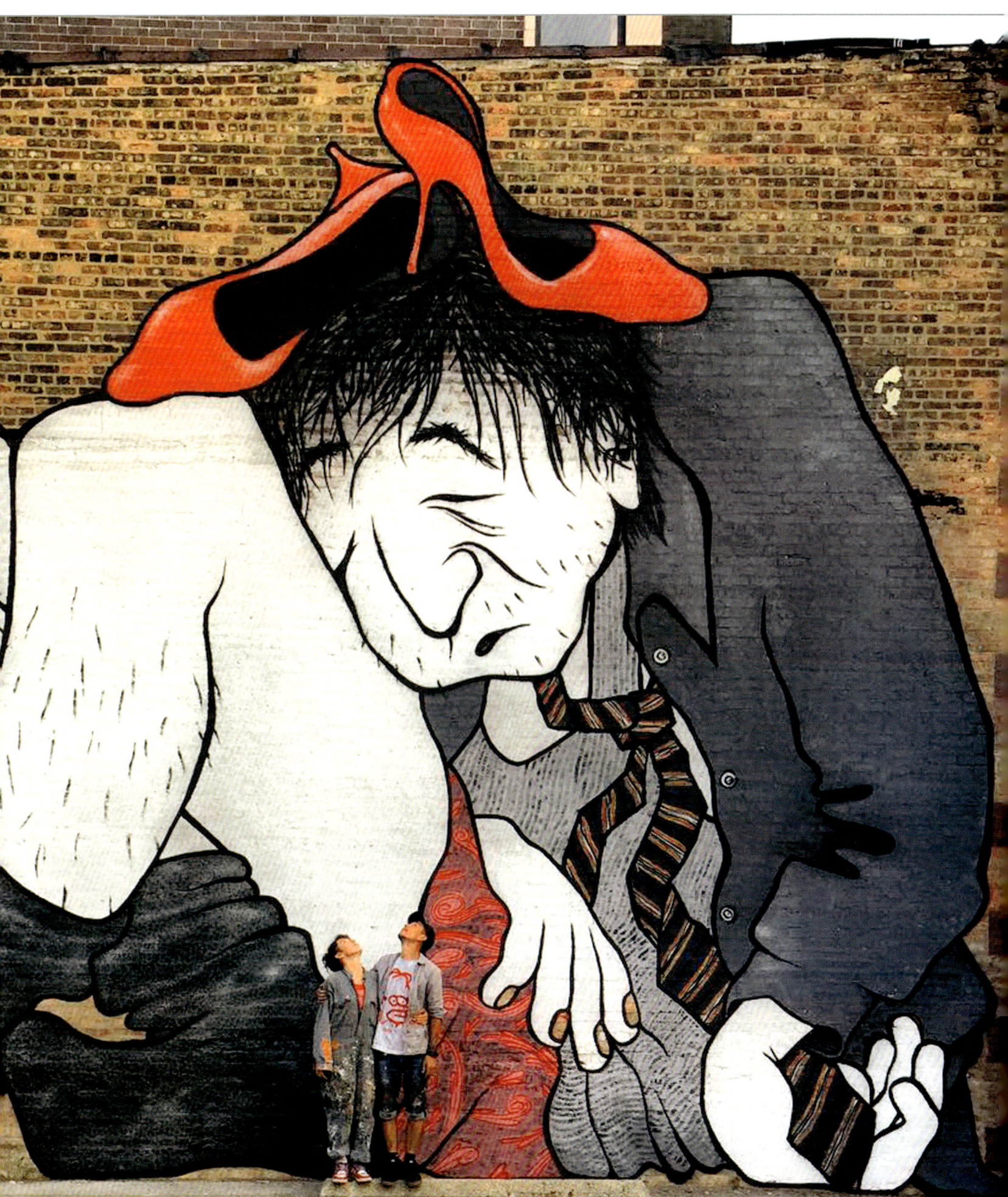

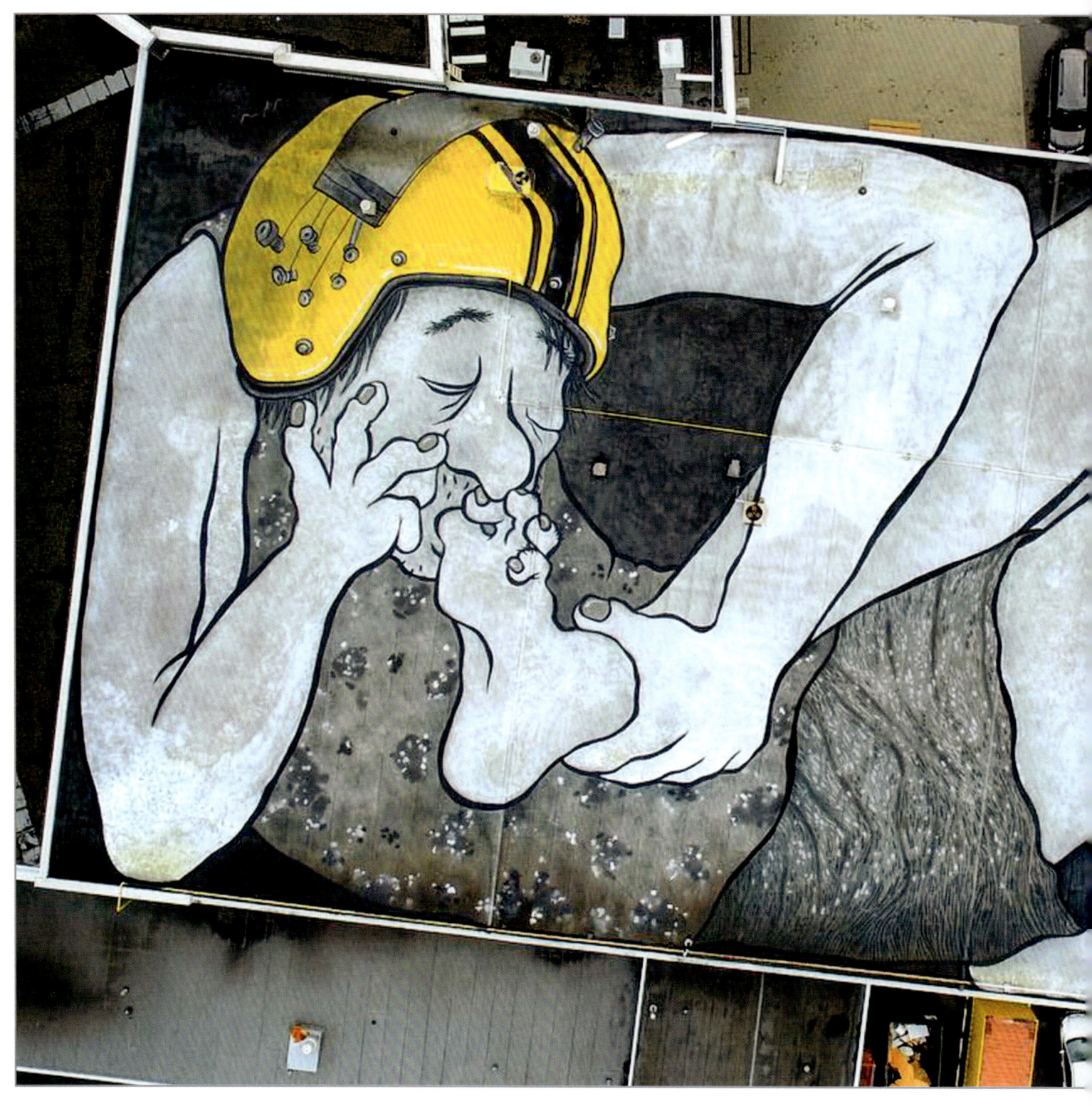

«Nos inspiramos en la gente que conocemos
u observamos por la calle. Siempre trabajamos
y concebimos nuestros proyectos juntos».

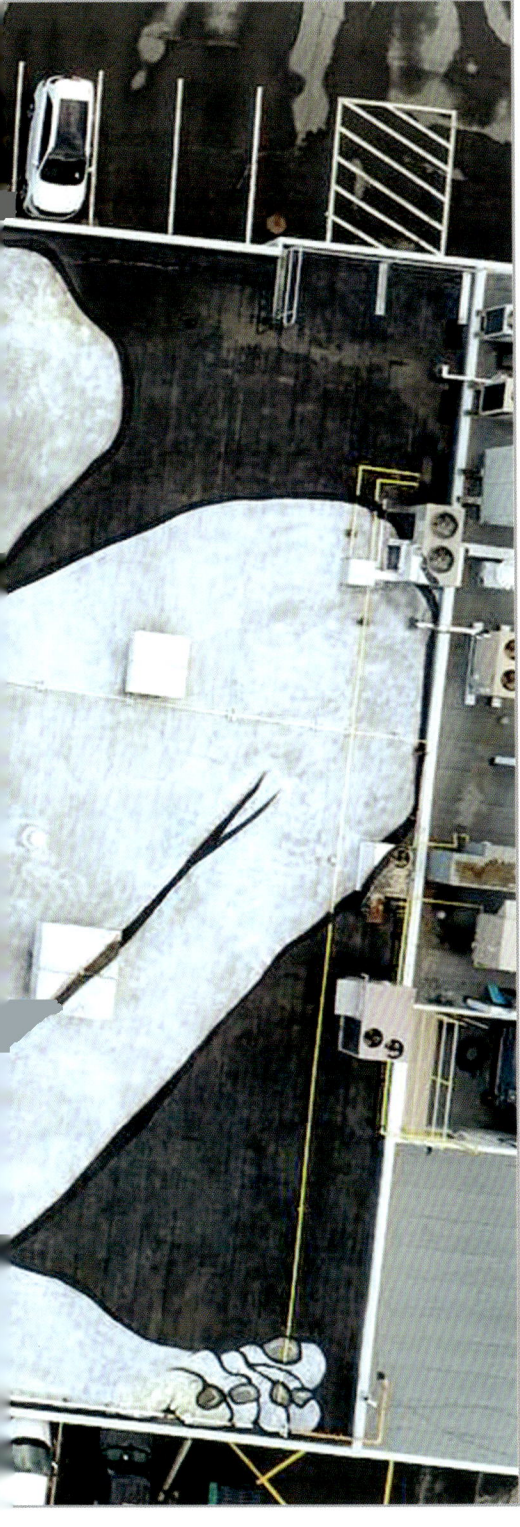

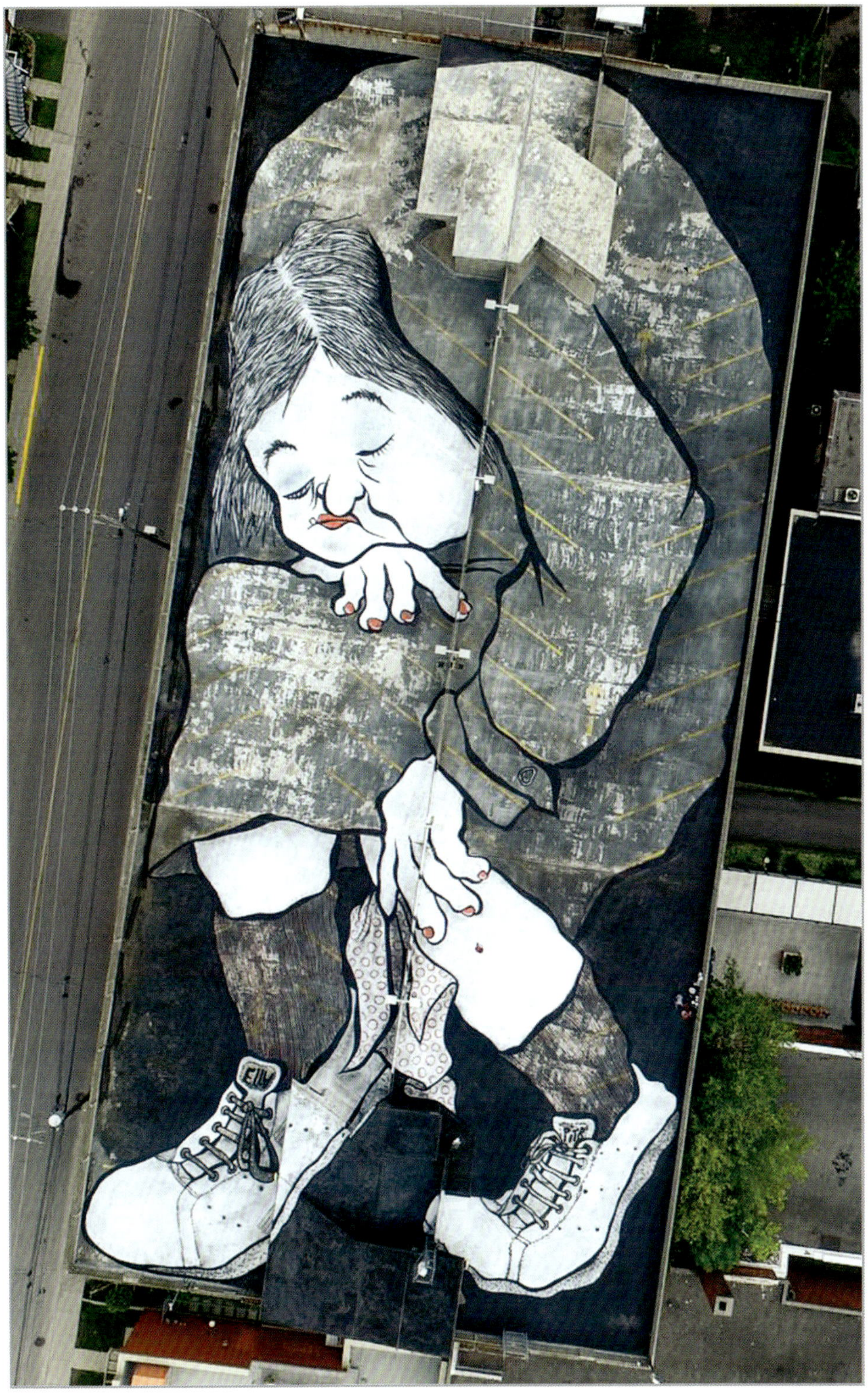

70-71 UNE CHANSON DOUCE... o HELMUT: Sudbury, Ontario, Canadá, 2016. © Fotografía de ELLA & PITR / © Emile Parlefort.

71 LUCETTE OU L'INCOMPRÉHENSION DE SOI: Montreal, Canadá, 2016. © Fotografía de ELLA & PITR / © Emile Parlefort.

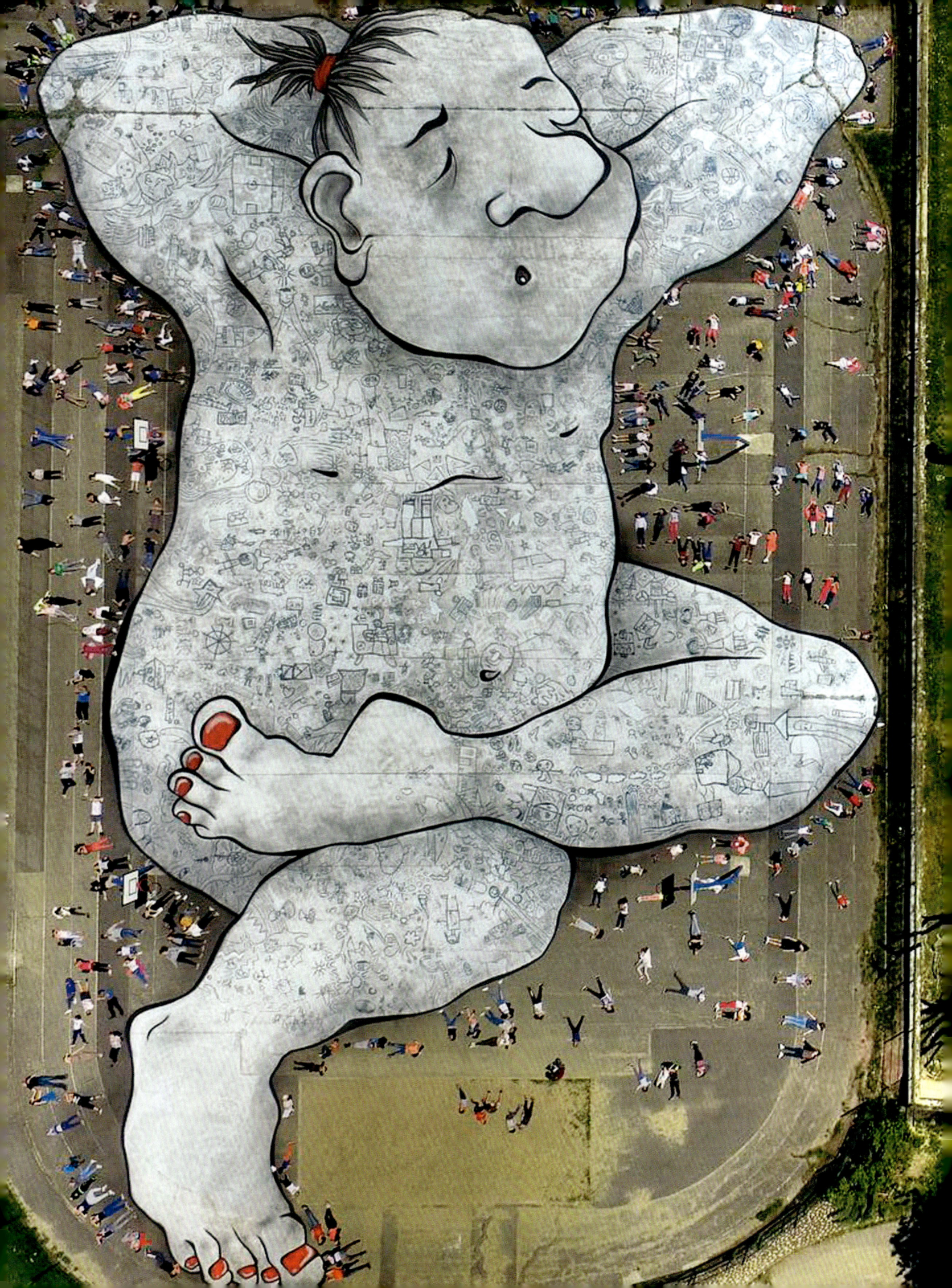

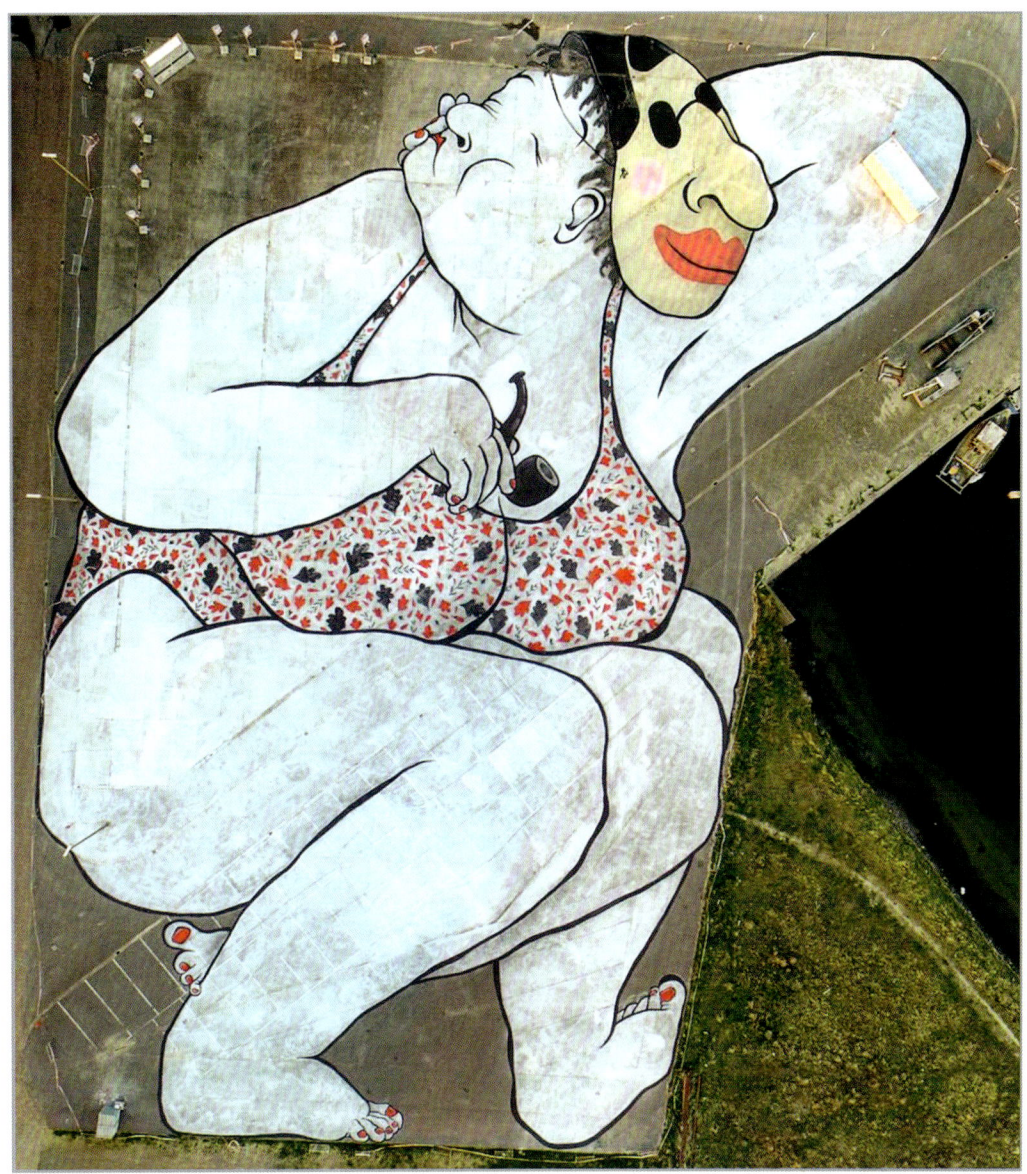

«Aunque usamos el color cuando trabajamos sobre lienzo o dibujamos, preferimos ser más "sutiles" cuando pintamos paredes o tejados. El color llama la atención. Creemos que las obras no deben dominar las calles, sino integrarse en el contexto en el se crean. El trabajo que hacemos para las galerías de arte es más vivo en tanto que el color simboliza el fuego que arde en nuestros corazones», explican. A veces Ella & Pitr realizan carteles interactivos en los que invitan a los transeúntes a hacer fotografías que luego los artistas cuelgan en su sitio web. No cabe duda de que les encanta sorprender; en el caso de un proyecto, por ejemplo, crearon un espectacular efecto anamórfico a base de dibujar un gigantesco espejo encerrado en un gran marco y suspendido entre el cielo y la tierra.

---

72 OVIDE LE GÉANT: Saint-Étienne, Francia, 2018. © Fotografía de ELLA & PITR / © Emile Parlefort.

73 OSTENDE, REINE DES PLAGES: Ostende, Bélgica, 2016. © Fotografía de ELLA & PITR / © Emile Parlefort.

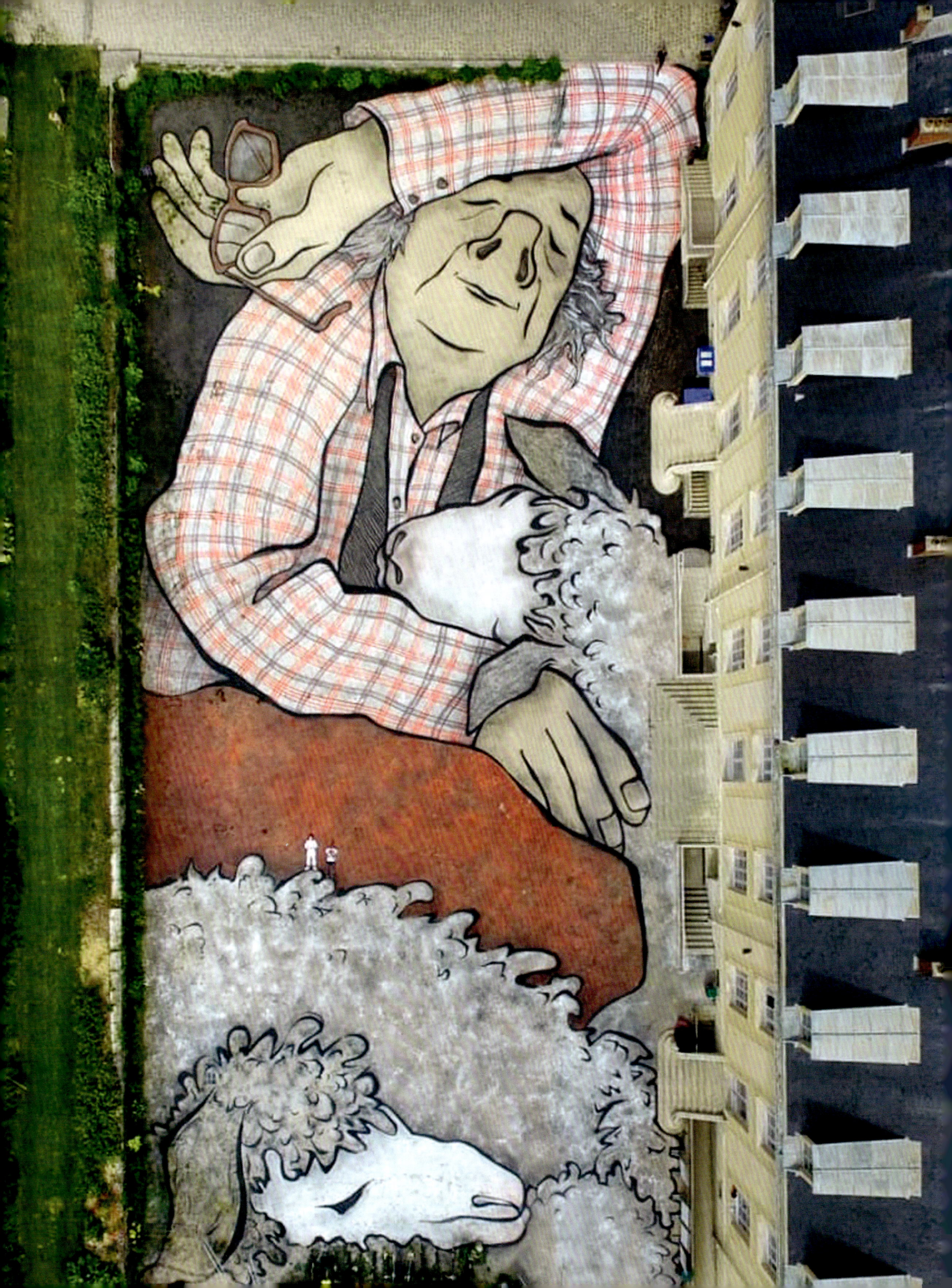

«Siempre hemos sido sensibles a todas aquellas formas de expresión que permiten que los espectadores se muevan e interactúen. Como si fuéramos dos peces dorados en una pecera de cristal, dibujamos y observamos la vida desde nuestra infancia. Nunca decidimos convertirnos en artistas profesionales. Como las hormigas, nos limitábamos a trabajar cada día, sin saber lo que podría ocurrir al día siguiente. Nos consideramos "artesanos del diseño"», explican. ¿Cómo se conocieron?

«Nos conocimos por casualidad; para seguir siendo divertidos, reinventamos nuestra historia cada día y no queremos establecer reglas sobre cómo trabajamos para seguir siéndolo. «Llevamos más de 15 años buscando nuevas sorpresas y nuevas formas de expresar nuestra sed de vida —explican—. Nuestra visión es cambiante y evoluciona. Cada día es un nuevo reto que ha de verse a través de la lente del humor. Nos gusta reírnos de nosotros mismos y no preocuparnos por los juicios que los demás emiten sobre nosotros», añaden acto seguido. Su instinto creativo responde también a la simbiosis: «Nos inspiramos en la gente que conocemos u observamos por la calle. Siempre trabajamos y concebimos nuestros proyectos juntos».

Ella & Pitr, respetuosos con los contextos en los que operan, prestan siempre gran atención a la hora de adaptar sus obras al entorno. Cuando, por ejemplo, trabajan sobre superficies naturales, solo usan pinturas naturales y evitan las acrílicas. Y, con relación a esto, recuerdan que para una obra que hicieron junto a la playa obtuvieron el color a partir de las algas arrastradas por la marea.

¿Qué relación tienen con el *street art*? «La verdad es no nos gusta especialmente el *street art*, porque este suele ser demasiado decorativo; en cuanto a nuestro trabajo, preferimos hablar de "arte urbano". Admiramos mucho el movimiento del grafiti salvaje», afirman. ¿Qué planes tienen para el futuro inmediato? La visión que tienen es tan sorprendente y visionaria como su arte: «Queremos consagrarnos al borrado de nuestras obras. En realidad, no las pintamos para que permanezcan mucho tiempo en el paisaje urbano; preferimos hacer desaparecer nuestros diseños, ya que nos encanta el aspecto efímero del arte.

»No queremos hablar del futuro, porque la vida es un barco que navega por un océano repleto de sorpresas». Mientras tanto, siguen experimentando, viajando, explorando... «Hemos vivido durante mucho tiempo en Saint-Étienne, Francia. Es una ciudad industrial histórica que influyó en nuestro trabajo, porque pudimos pintar y hacer *collages* en muchas de sus paredes. Los habitantes de Saint-Étienne fueron acogedores y comprensivos. Hoy

vivimos en Nagoya, Japón», afirman en este testimonio, con el que, por un lado, dan fe del fuerte vínculo con sus orígenes y, por el otro, confirman su incesante impulso hacia la innovación y la diversidad. Ella & Pitr, al igual que sus personajes, son exploradores actuales de universos.

---

74 LE PENSEUR AU POTAGER: Palacio de Versalles, Francia, 2019.
© Fotografía de ELLA & PITR / © Emile Parlefort.

75 YIEN-YIEN ET SON COQ PONCTUALITÉ PRENNENT TOUJOURS LE TEMPS DE SE RÉVEILLER: Saint-Leu, Reunión, 2016. © Fotografía de ELLA & PITR / © Emile Parlefort.

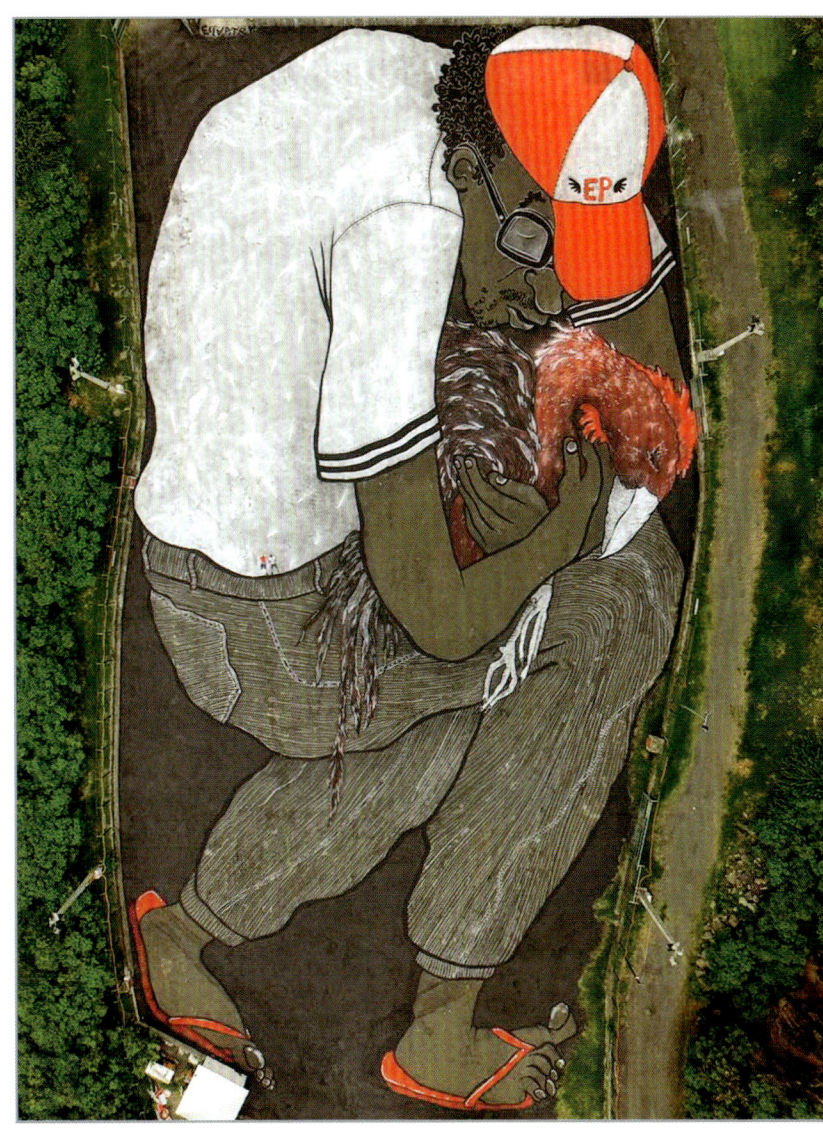

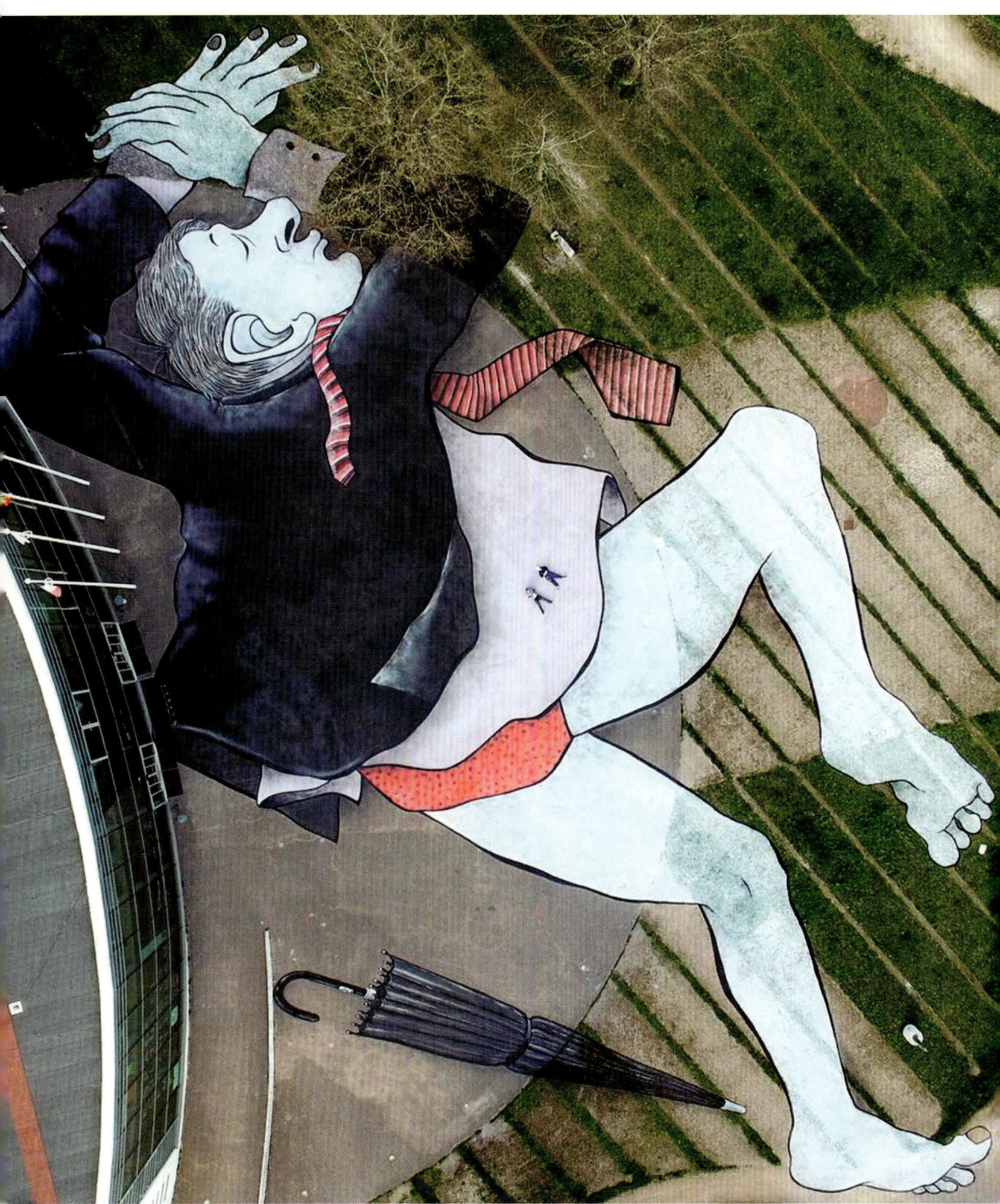

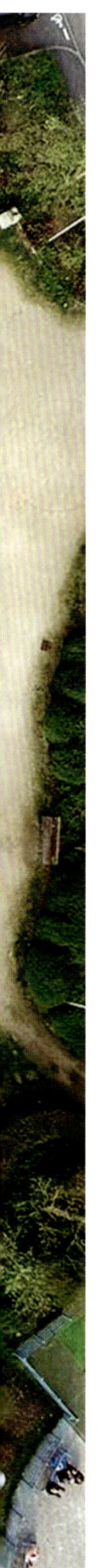

76-77 GORGON-LENGRO: Canteleu, Francia, 2018.
© Fotografía de ELLA & PITR / © Emile Parlefort.

77 QUEL TEMPS FERA-T-IL DEMAIN?: París, Francia, 2019.
© Fotografía de ELLA & PITR / © Emile Parlefort.

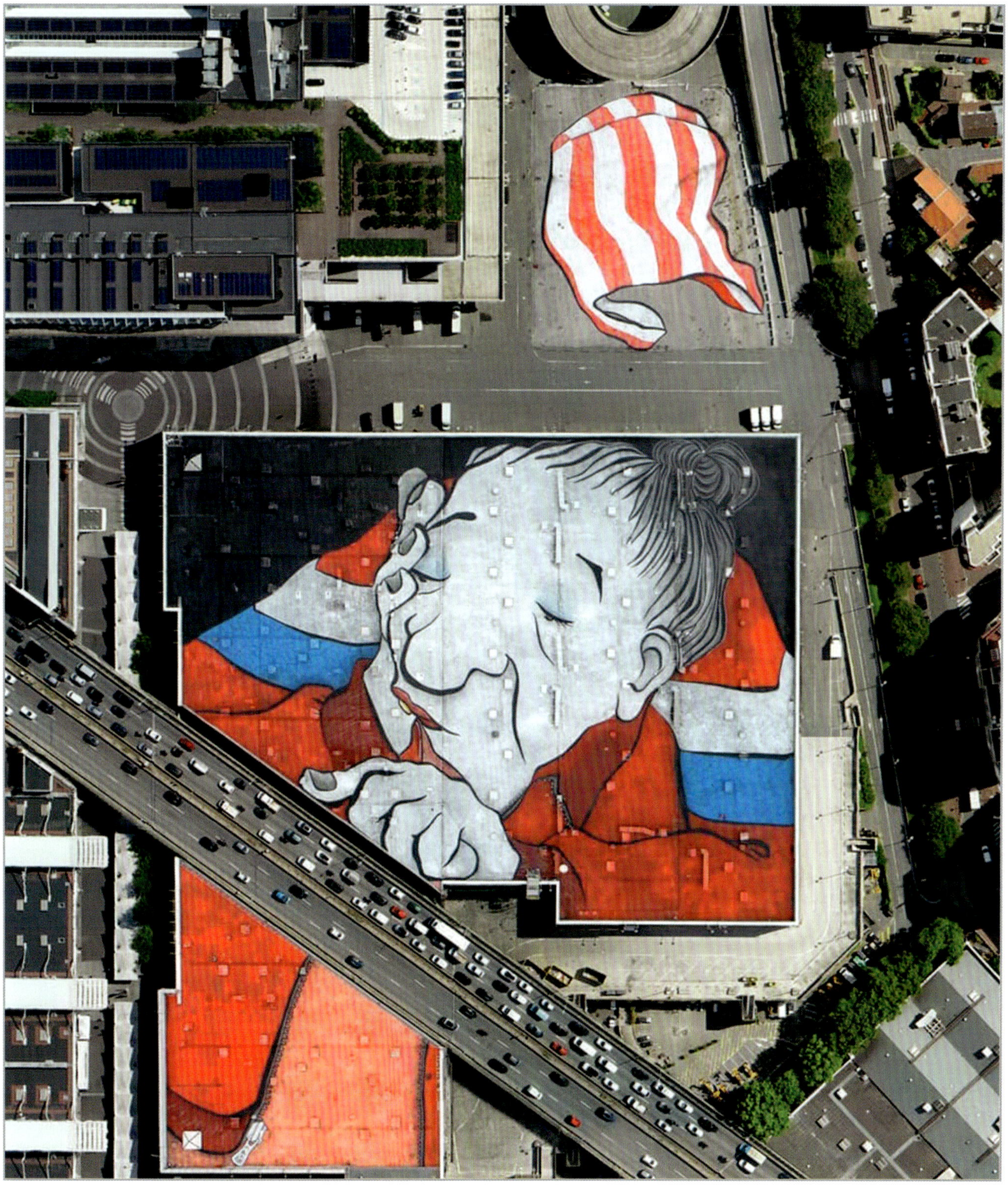

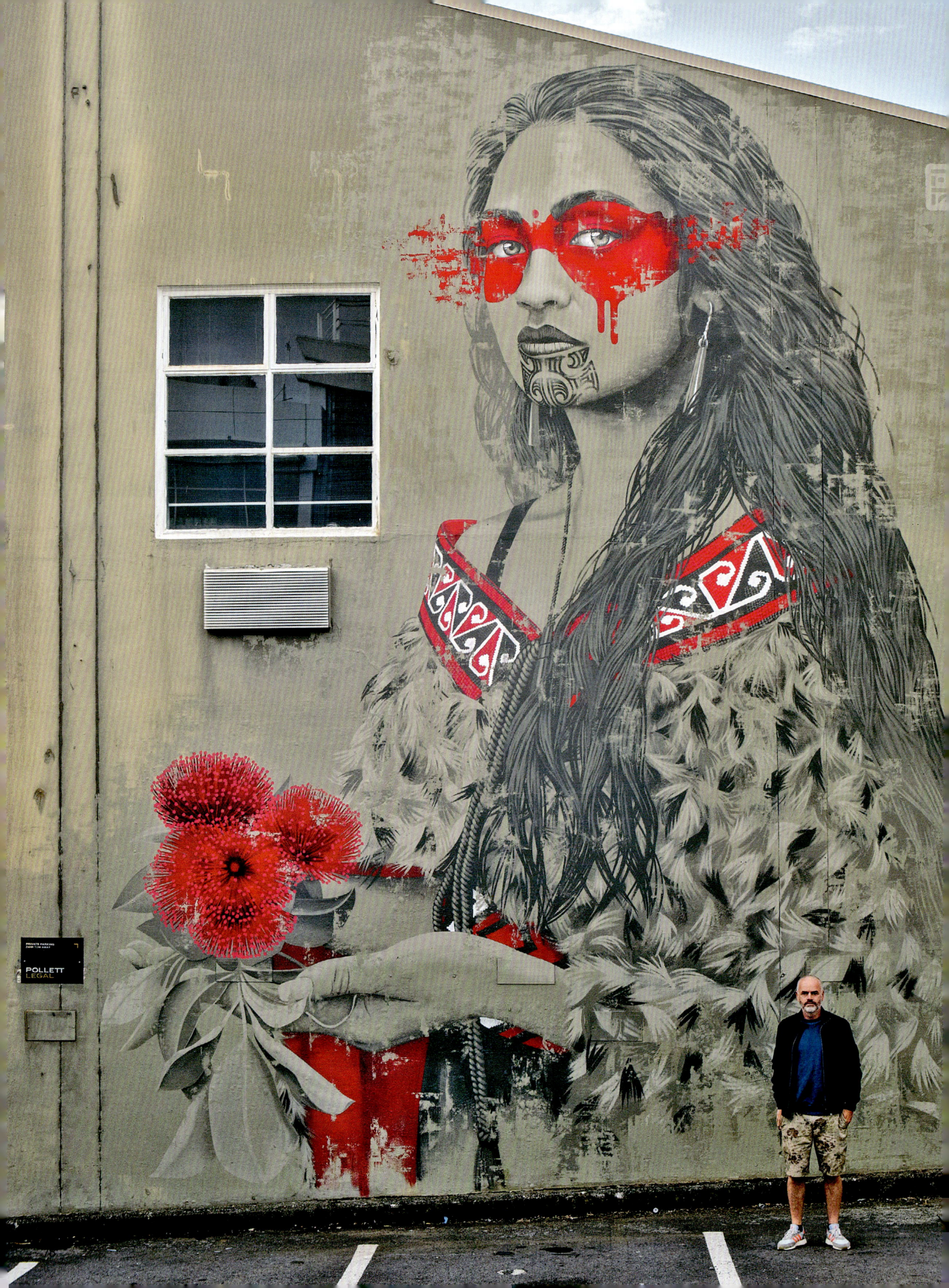

FIN DAC

AMANTE DE LA ESTÉTICA URBANA
Y AFICIONADO A LO EXÓTICO

«El arte es meditación; me ayuda a no pensar, a aislarme y entrar en otro universo. Para mí, el arte es una especie de terapia. El arte tiene el poder de aliviar el dolor».

Sus retratos de mujeres, a menudo asiáticas, triunfan en grandes paredes como si fueran los de heroínas. Cual Circes de la actualidad, a cuya tentación es difícil resistirse, resultan exóticas y sensuales, hechizantes y provocativas. Sin embargo, estas mujeres, emblemáticas y eternas con sus elegantes atuendos rituales orientales; bellas, feroces y con una mirada firme y decidida que se proyecta desde detrás de las máscaras de colores; orgullosas en la forma en que parecen desafiar a quienes les devuelven la mirada, rezuman valentía y autoconsciencia. «La gente casi siempre piensa que me atraen las mujeres asiáticas, pero lo cierto es que no es así. Se trata de un elección artística en la que solo media lo estético. Me fascina la belleza, y a través de ella quiero reformular los estereotipos raciales y sexuales. Es demasiado frecuente ver imágenes de mujeres asiáticas retratadas como objetos sexuales. Mi objetivo es celebrar la sensualidad y la belleza de las mujeres que pinto a través de su sensibilidad intelectual y cultural; no quiero apropiármelas, sino revalorizarlas, exaltarlas», señala el artista. Fin DAC se refiere a su obra como "estética urbana" en el sentido de que la adapta al entorno como si pintara sobre un lienzo. Su intención es subvertir y erradicar la sumisión impuesta al género femenino, sobre todo en Oriente, en la cual aún resuenan las viejas actitudes de la época colonial, e, inspirándose en el orgullo que estas mujeres sienten por sus tradiciones, empoderarlas a través del arte. «Me he inspirado en el ilustrador Aubrey Beardsley, escritor y pintor británico muy famoso en los círculos teatrales de la época de Oscar Wilde. Muy influido por el estilo japonés, en boga en aquella época, realizó ilustraciones en blanco y negro, colores que yo también utilizo [...]», afirma. Todo lo oriental del pasado y del presente ha ejercido una profunda influencia en Fin DAC: «La cultura japonesa lleva inspirándome desde la infancia [...]. Recuerdo que en la pared de nuestra casa había colgado un precioso grabado japonés y que mi madre tenía un juego de té japonés expuesto en una mesita: me parecían objetos preciosos y podía quedarme admirándolos durante horas sin cansarme [...].

TAIOHI: Tauranga, Nueva Zelanda, 2020. © Yoshi Travel Films.

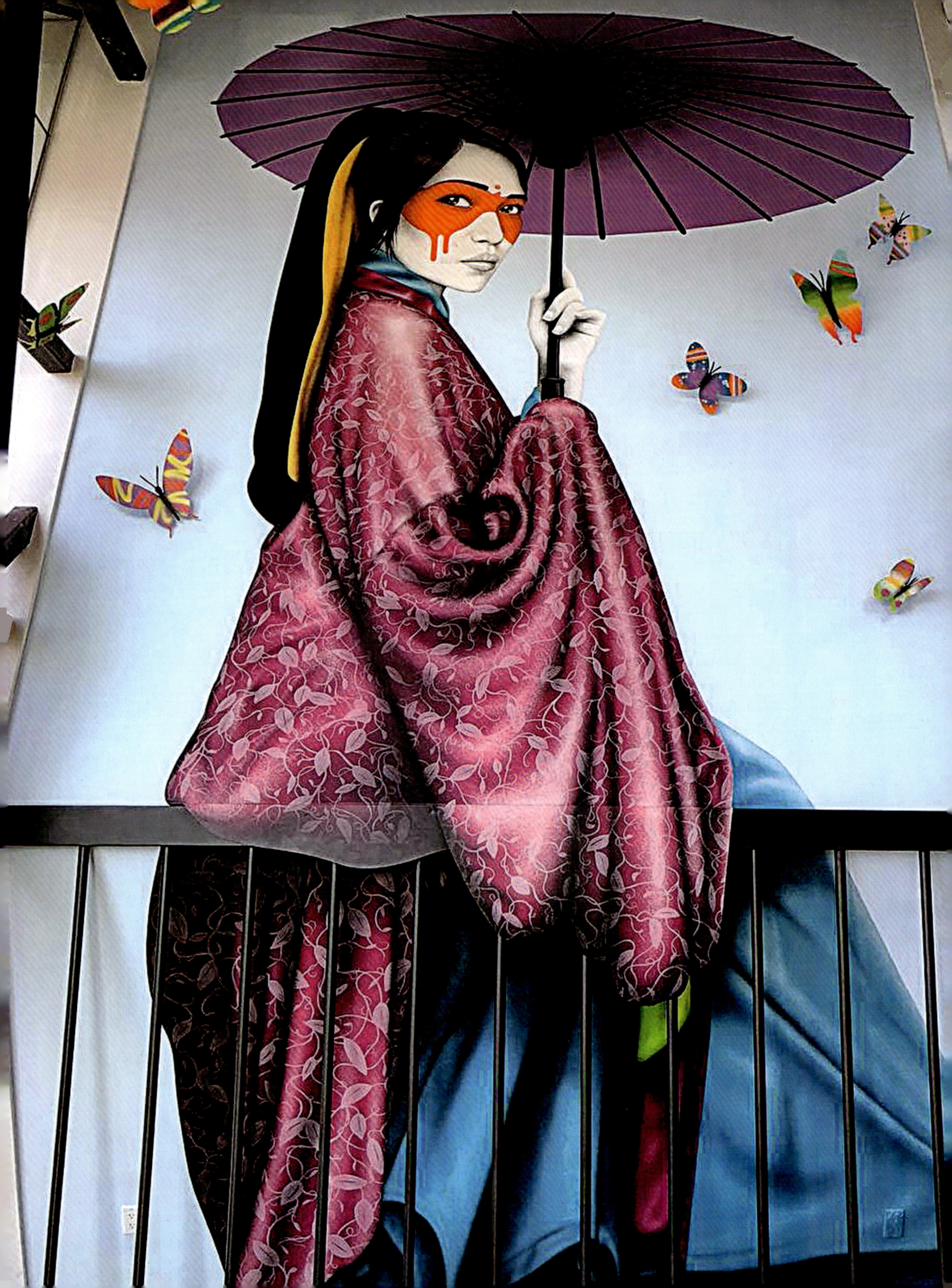

«El arte es lo único que me hace feliz.
Es algo de lo que no me di cuenta hasta que
empecé a crear: hasta ese momento, no entendía
que me había arriesgado a desperdiciar el
potencial más rico que me había dado la vida».

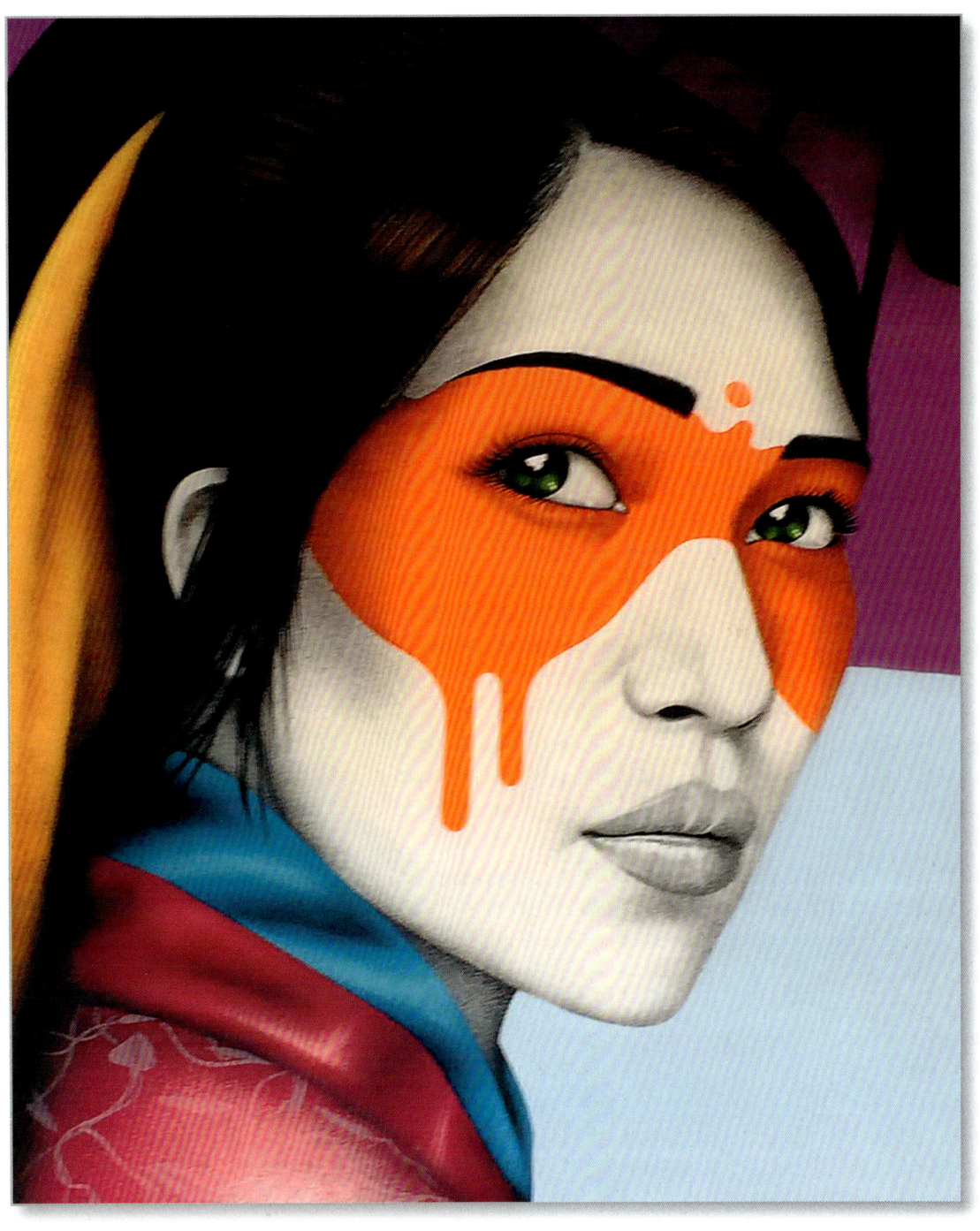

80 y 81 HUÓDÒNGJIĀ: Los Ángeles, California, Estados Unidos, 2018.

»Más adelante, cuando empecé a viajar, pude conocer ese mundo en persona. De Tokio me fascinaron sobre todo los alrededores de Harajuku, una animada zona conocida por su *street art* y su moda, con tiendas de ropa *vintage* y de *cosplay*, pero en especial por ese espíritu rebelde que se ve en ciertos *punks* japoneses que imitan el estilo británico [...]. De Corea me impresionaron los *hanbok*, los trajes tradicionales que suelen llevarse en fiestas o ceremonias, pero que me gustó ver que se usan como ropa de diario [...]. En India me intrigó el *bindi*, un motivo antiguo y emblemático de su cultura milenaria, y la forma en que las mujeres se adornan con él [...] —subraya—. También me han fascinado e influido diseñadores eclécticos, como Vivienne Westwood y Alexander McQueen, al igual que siempre me han impresionado los atuendos formales de reyes, reinas, príncipes y princesas [...]», añade.

¿De dónde surgió la idea de la máscara que tantas de sus mujeres llevan en torno a los ojos? «Eso seguirá siendo un misterio que no voy a desvelar [...]. Creo que su auténtico significado debo conocerlo solo yo. Lo único que puedo decir es que a veces pienso en Pris, uno de los personajes (una replicante rebelde) del filme *Blade Runner*, o en ciertas tribus amazónicas... o en Annie Lennox y su máscara negra», admite.

Fin DAC se considera un completo autodidacta. «Nací en Irlanda y pasé la infancia en el barrio londinense de Elephant & Castle. Gracias a los programas de ayuda pudimos residir en viviendas sociales [...]. En cierto momento, mis padres decidieron que aquel no era un entorno adecuado para criar hijos y decidieron volver a Irlanda, a Cork. Yo solo tenía 10 años [...]. El barrio nuevo, aunque también era pobre, resultaba mucho mejor. Al menos mi hermano y yo no corríamos el riesgo de meternos en la delincuencia [...] —recuerda—. No tuve ninguna formación artística ni me influyó el arte mientras crecía. Mi prioridad era conseguir un trabajo que me permitiera mantenerme, así que me matriculé en una escuela de ingeniería. Por la noche ejercía de *disc-jockey*, lo que me ayudaba a cultivar mi pasión por la música *house*», continúa. Tras acabar sus estudios en Irlanda, Fin DAC decidió regresar a Londres. «Pensé que una metrópolis grande, diversa y multiétnica sería un lugar más adecuado para mí. Además, era la década de 1980 y en Irlanda no había trabajo.

Tuve al menos tres empleos diferentes en ingeniería antes de incorporarme a una agencia de publicidad digital, en la que trabajé en el desarrollo de sitios web. Aquí conocí a colegas más creativos que me ayudaron a encontrar mi camino en la vida», reflexiona sobre aquella etapa. Sin embargo, fue un drama personal lo que llevó a Fin DAC hacia el arte. «Cuando cumplí 40 años, rompí con mi pareja, con la que había pasado diez años de mi vida y había tenido dos hijas. La situación se convirtió en un infierno, tanto que tuve que recurrir a abogados para poder ver a mis hijas. Así es como empecé a crear arte [...]. Necesitaba un lugar al que poder escapar de todo aquel caos y de mi mundo destrozado», reconoce. En aquel momento se vio obligado a enfrentarse a sí mismo y tuvo que intentar comprender quién era en realidad: «La razón por la que no me había convertido antes en artista residía en mis dudas y temores, las cuales me habían impedido desarrollar mi creatividad [...]».

Fue entonces cuando Fin DAC empezó a pintar mujeres asiáticas, cosa que hizo por dos razones principales: «Me di cuenta de que no había muchas representaciones positivas de mujeres asiáticas. Se veían imágenes de cortesanas y *geishas* estereotipadas, como las de la "flor de loto", o de mujeres amargadas, llenas de ira y resentimiento hacia el mundo, calcadas de la "dama del dragón". También fue bastante popular en su momento *Miss Saigon*, una reinterpretación teatral musical de *Madame Butterfly*, de Puccini. Decidí que era hora de ir más allá de todos aquellos estereotipos; pensé que era hora de darles a las mujeres asiáticas una imagen nueva, diferente».

Al principio y durante algún tiempo, Fin DAC mantuvo su anonimato. «En los inicios, firmaba mis obras con seudónimo, o mejor dicho, con un logotipo en forma de dragón. Este animal es un elemento importante de la cultura irlandesa y también figura en el nombre de Dragon Armory Creative, un sitio web en el que estaba trabajando con un amigo chino. Me gustaba lo de tener una identidad secreta; me hacía sentir como una especie de superhéroe [...]», recuerda el artista. Más adelante, Dragon Armory Creative, reducido al acrónimo DAC, y una forma abreviada de su nombre real, Finbarr Notte, dieron lugar al seudónimo por el que se le conoce hoy: Fin DAC.

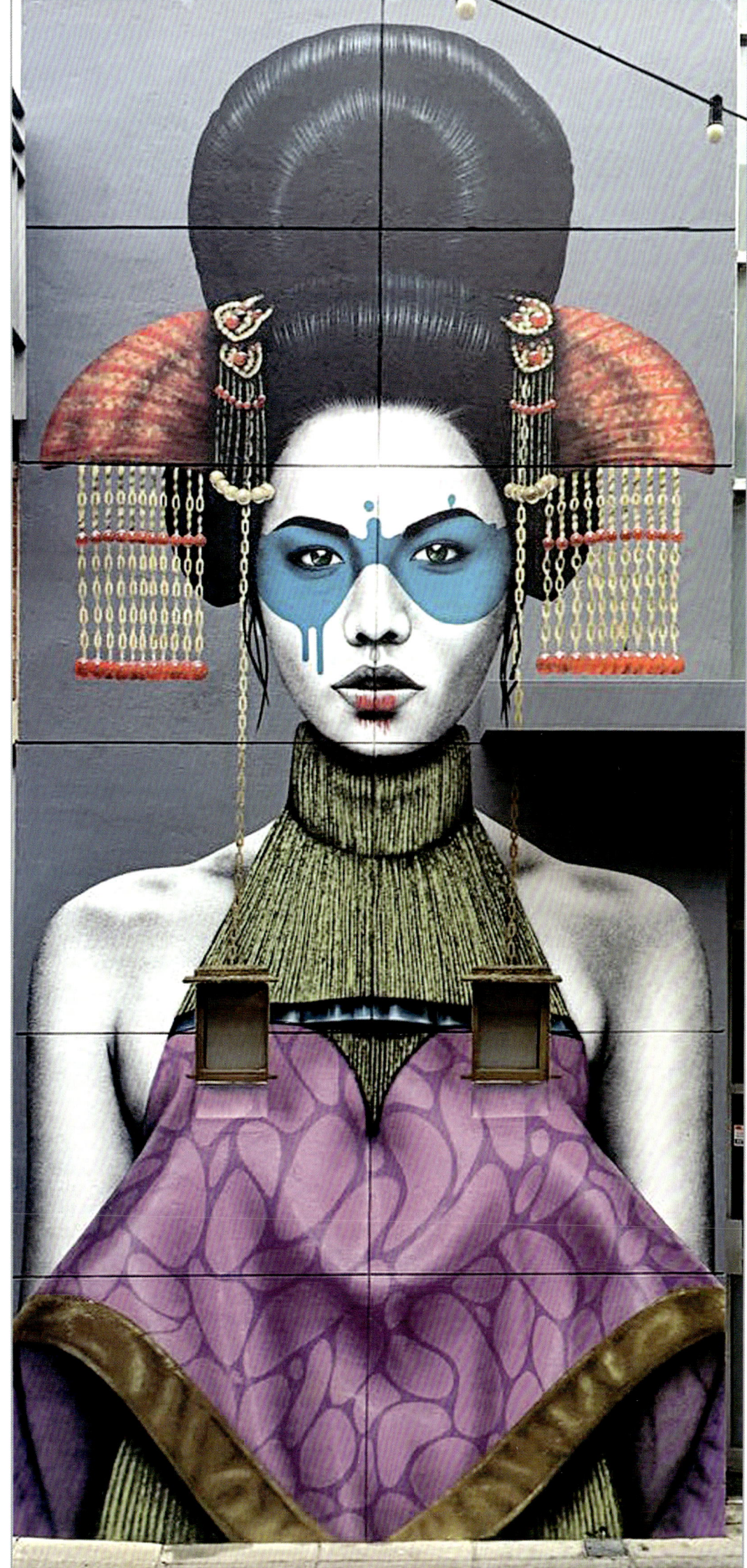

84 ZALUUOKHIN: Adelaida, Australia, 2018. Fotografía de Lou Chamberlin.

85 QUIET MOMENT OF CONTEMPLATION: St Charles Centre for Health and Wellbeing, Acton, Londres, Reino Unido. Fotografía de Dan Weill.

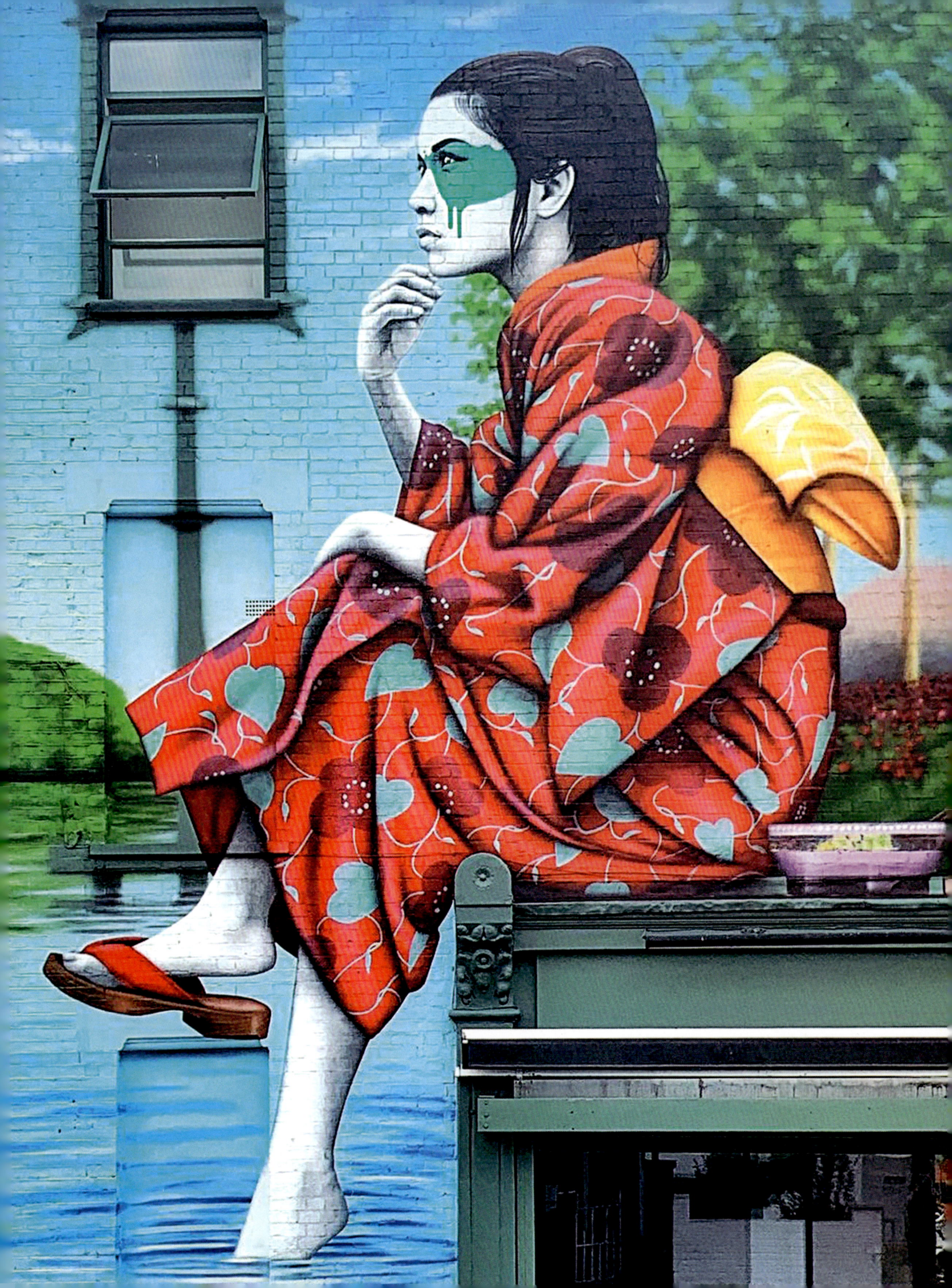

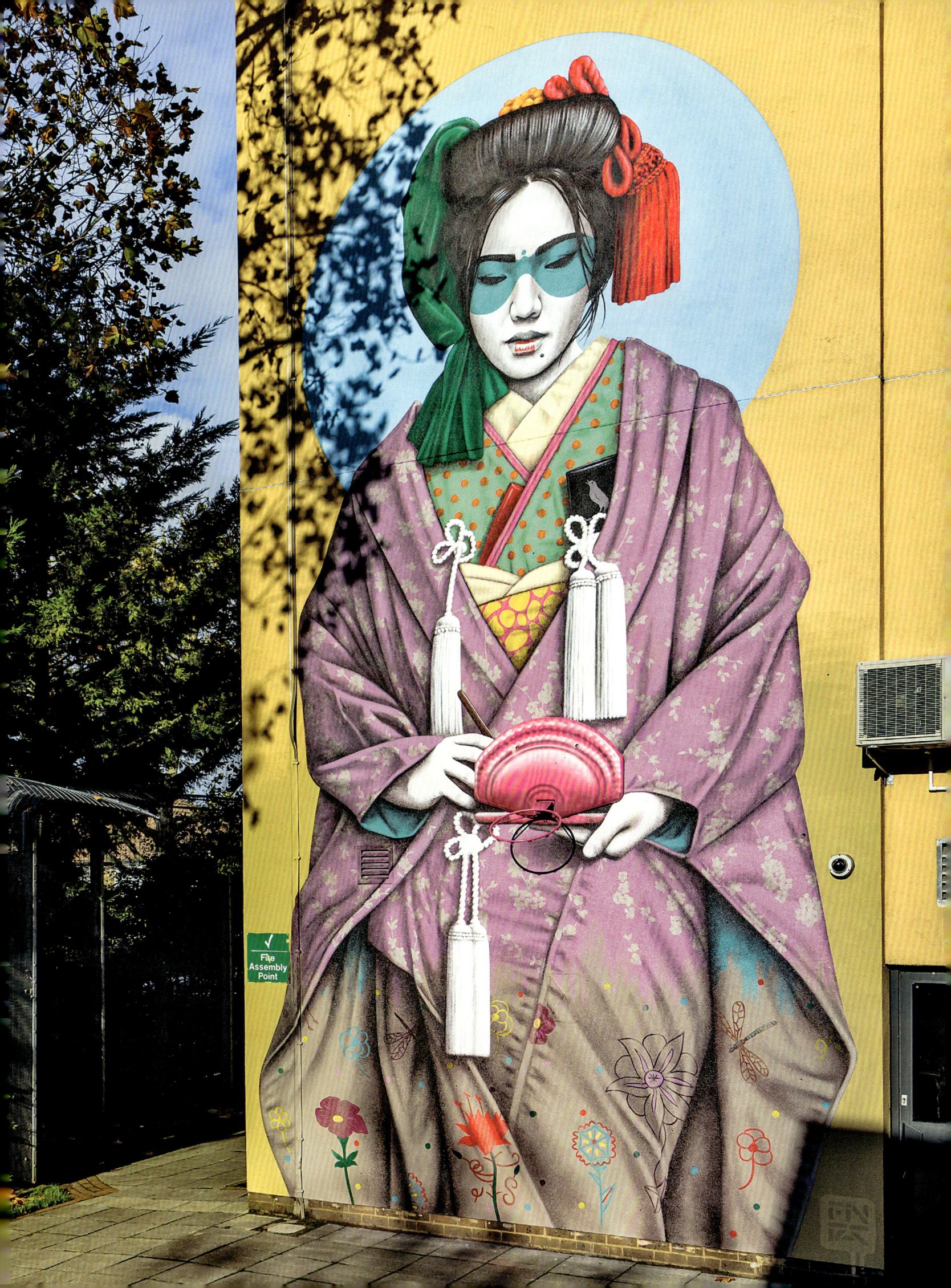

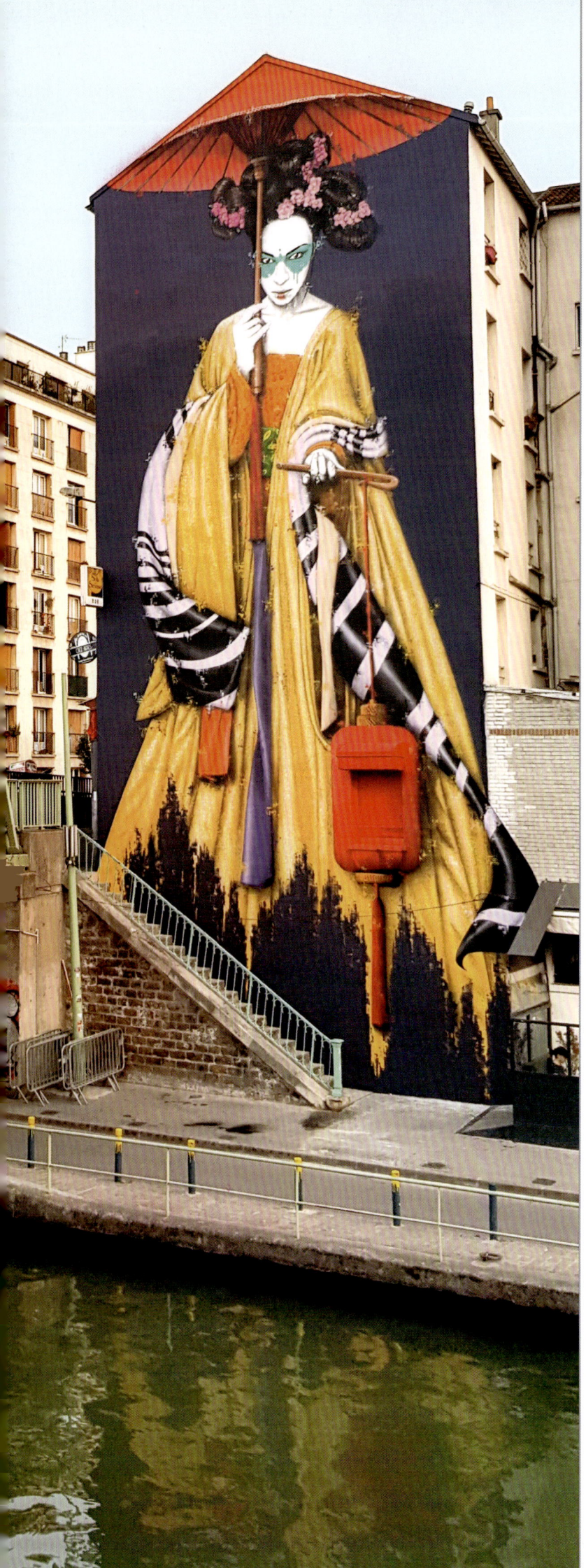

«Gracias a lo que había ahorrado con mi trabajo de ingeniero, pude viajar durante todo un año. Al principio me llevaba plantillas y material para trabajar en las calles de todo el mundo [...]. Pero las paredes en las que pintaba eran cada vez más grandes. Trabajar de forma ilegal dejó de tener sentido para mí», agrega.

Tal y como cuenta Fin DAC, el éxito no tardó en llegarle: «En el mundillo de la publicidad digital había estado rodeado de colegas jóvenes que sabían generar mucha energía positiva y que fueron un estímulo constante para mí. Así que decidí participar en uno de los CANS Festival de Londres, donde conocí a muchos artistas que trabajaban con plantillas. Llamé la atención de inmediato [...]».

Debido a su enorme popularidad y a los elevados precios que alcanzan sus obras (con estimaciones de alrededor de un millón de libras durante su primera exposición individual, celebrada en Londres en otoño de 2021), a Fin DAC lo han comparado con Banksy, comparación a la que él se opone por completo: «No es más que una treta para captar la atención de la gente; en realidad, mi obra no tiene nada que ver con la de Banksy. A diferencia de su arte, el mío apuesta por la belleza y la estética; es positivo y totalmente apolítico», explica.

«Siempre he sido un *outsider*, y no me asusta serlo ni siquiera en el entorno del *street art* —asegura Fin DAC—. «Mi forma de pintar *street art* es muy diferente a la de muchos otros artistas; además, trabajo más a la manera de un pintor tradicional, sobre todo en la forma en que remato las figuras. No es que planifique los colores que vaya a utilizar, sino que dejo que se desarrollen y alternen de forma orgánica», reflexiona.

Aunque a Fin DAC le encanta el *street art*, su arte se acerca más al contemporáneo que al urbano. «No veo una gran diferencia entre una pintura ejecutada en una pared y una hecha sobre lienzo. Para mí, el único arte que cuenta es el que es bello y, como tal, inspirador. El arte es lo único que me hace feliz. Es algo de lo que no me di cuenta hasta que empecé a crear: hasta ese momento, no entendía que me había arriesgado a desperdiciar el potencial más rico que me había dado la vida. Sin embargo, no creo que nada ocurra por casualidad. Mi formación como ingeniero mecánico se pone de manifiesto cada vez que pinto un gran mural, ya que hace falta un plan más técnico y específico. Huelga decir que sé que pinto para mí y no para hacer felices a los demás [...]. Ahora sé que al menos puedo intentar hacer cosas aunque no me sienta muy capaz de hacerlas. Y es esto lo que me ha granjeado más éxitos hasta ahora», concluye.

En 2012 decidió dedicarse a tiempo completo al arte y a la creación de, en su mayor parte, de obras «legales», incluidos los grandes murales, que era para lo que recibía más encargos.

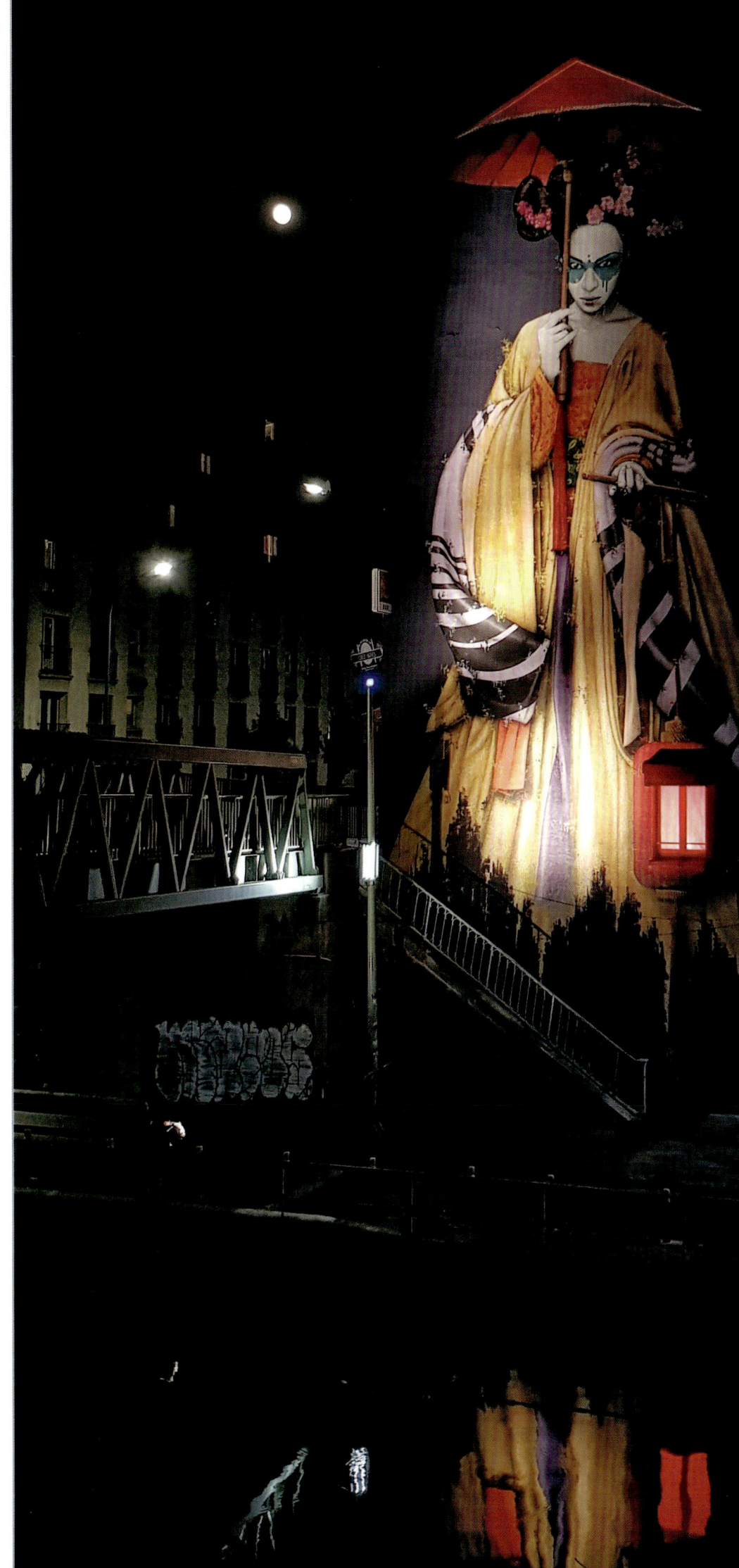

86 y 87 DENGJU: París, Francia, 2018. Fotografía de Toorop.

fnnch

GENIO DEL POP

«En mi arte me atraen los personajes que transmiten algo positivo, que evocan recuerdos de mi infancia, que me hacen sonreír o que suscitan algún tipo de nostalgia agradable. Además, como al principio casi siempre hacía street art *de forma ilegal, quería que al menos la gente sonriera en vez de enfadarse al ver mis obras».*

Ya sea mediante la expresión frente al gran público a través de Internet o entre los gurús de Silicon Valley, fnnch ha conseguido que el *pop* vuelva a estar muy de moda. Estamos ante un artista totalmente independiente: no trabaja ni con galerías de arte ni con museos, sino que prefiere asociarse con empresas y organizaciones. A todo el mundo le encantan sus dispensadores de miel con forma de oso, que, impresos en papel o dibujados en lienzos o paredes, asoman por las ventanas de todo el mundo y han sido un éxito arrollador que se hizo viral al instante en la red. «Fue una idea sencilla pero exitosa: pedirle a la gente que los pusiera en sus ventanas y, así, crear una comunidad mundial «molona» [...]. ¿Que por qué me decanté por ellos?

»Me gustó su forma y me pareció genial la idea de vender miel en recipientes de plástico con forma de oso. Me encantaron y pensé que era un sentimiento que podría compartir con muchas otras personas —afirma—. Mis ositos llevan sombreros de diversos personajes: cocineros, astronautas, bomberos, piratas, magos y surfistas [...]. La variedad de personajes no tiene límites [...]. Durante la pandemia de CO-VID-19, se me ocurrió ponerles mascarilla a todos [...]. ¡Fue un éxito instantáneo! Lo cierto es que no pretendo promover mensajes concretos ni apoyar ideas políticas específicas; lo que quiero hacer es utilizar todos los medios que estén a mi alcance para experimentar nuevas formas tanto de difusión como de creación y para atraer al mayor número posible de personas al *street art*», añade. Mientras tanto, sus ositos con el aspecto de Mark Zuckerberg, Daniel Ek y Tobias Lütke se han vendido por 38,88 Ethereum (unos 60 000 euros), y el 20 por ciento de la recaudación se ha destinado a GiveDirectly para apoyar la lucha contra la pandemia de COVID-19. Con todo, para fnnch es importante mantener oculta su identidad. «Me gusta pasear por las calles de San Francisco y ver cómo mis ositos me observan desde las ventanas de mis vecinos, ¡pero prefiero que nadie sepa quién soy!», afirma con convicción.

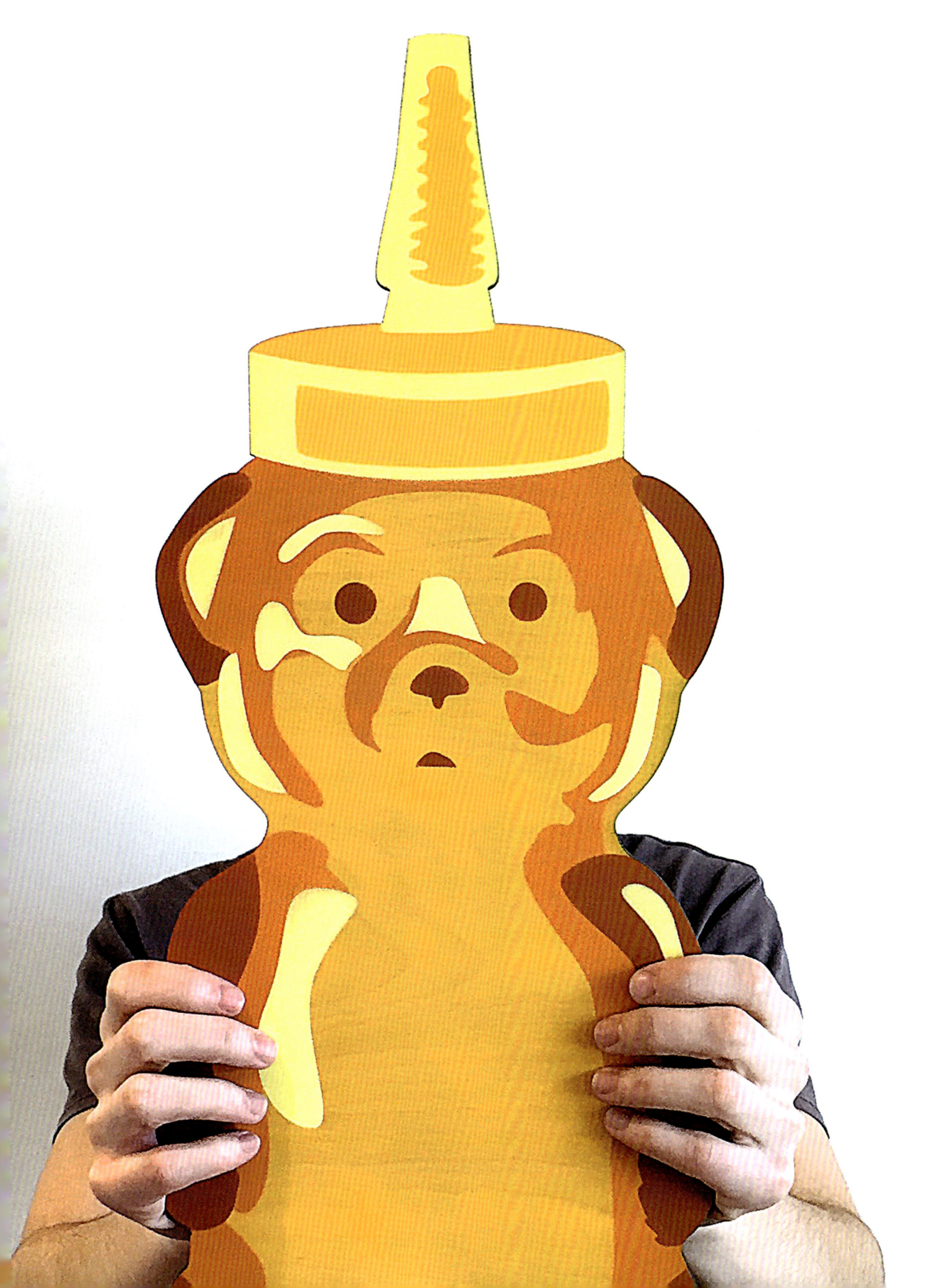

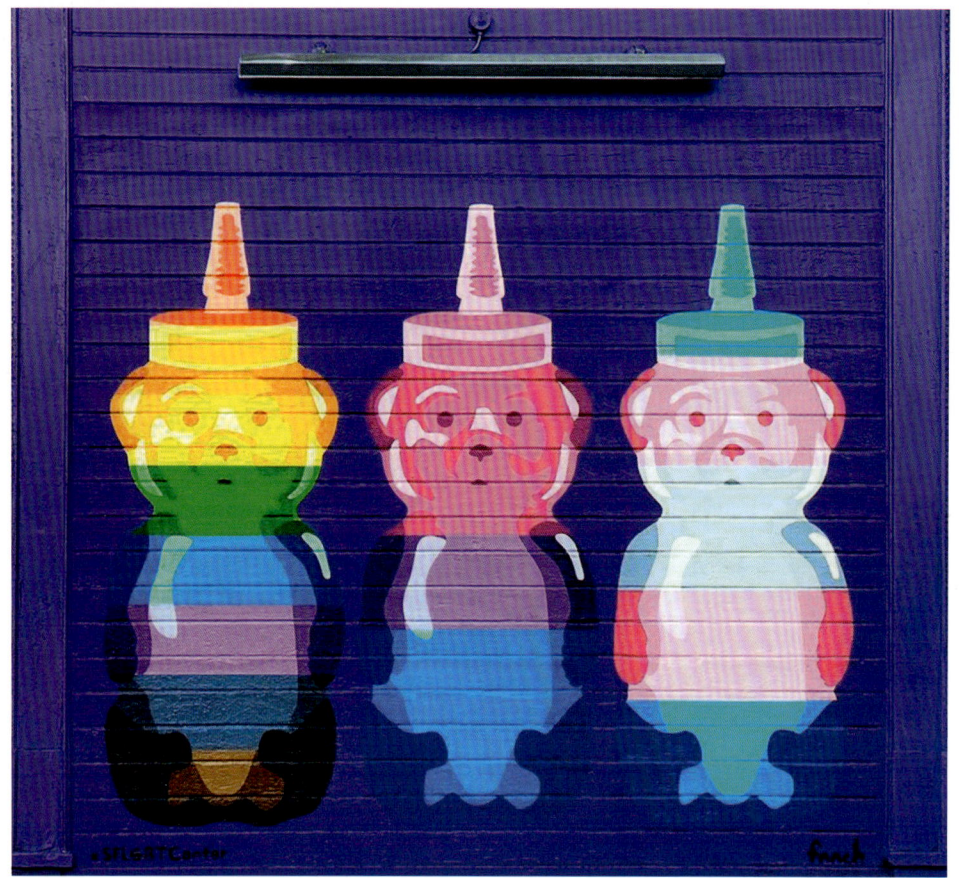

La trayectoria de fnnch difiere de la de muchos artistas: estudió Economía y Matemáticas en la Stanford University, en la cual también fueron alumnos Sergey Brin y Larry Page, cofundadores de Google, y donde, sin lugar a dudas, se le desarrolló el olfato para los negocios.

«Lo más importante para mí es la sencillez. Al final, suelen ser las ideas más sencillas las que han alcanzado un éxito increíble e inesperado, y este ha sido el objetivo de todos mis personajes y temas. Al principio hacía cosas divertidas en las aceras inspirándome en Jeremy Novy, que es un artista de San Francisco. Podían ser dos huevos fritos, la marca de carmín de un beso, marca que más adelante se convertía en una boca, uno de mis temas más famosos [...]. Más adelante, en 2019, se me ocurrió hacer para el Burning Man una escultura gigante de metal con forma de boca, cortada con láser y pintada a mano.

»Además de esto y de los ositos, están mis flamencos rosas y las criaturas marinas, lo cual da testimonio de mi compromiso con las cuestiones medioambientales», explica.

fnnch empezó a realizar ilustraciones a los 14 años, época en la que trabajó como ilustrador en una empresa de videojuegos, un proyecto colectivo en el que estuvo involucrado hasta los 18. «Me introduje en el mundo del arte gracias a mi madrastra, que era escultora, aunque descubrí el *street art* gracias a grandes artistas como Banksy, C215 e Invader, a quienes empecé a seguir en Internet. Fue de Shepard Fairey de quien tomé la idea de fabricar distintos productos (camisetas, tazas, chanclas, mascarillas y, claro está, lienzos) a partir de mis obras, de ahí que ahora tenga importantes asociaciones con diversas empresas.

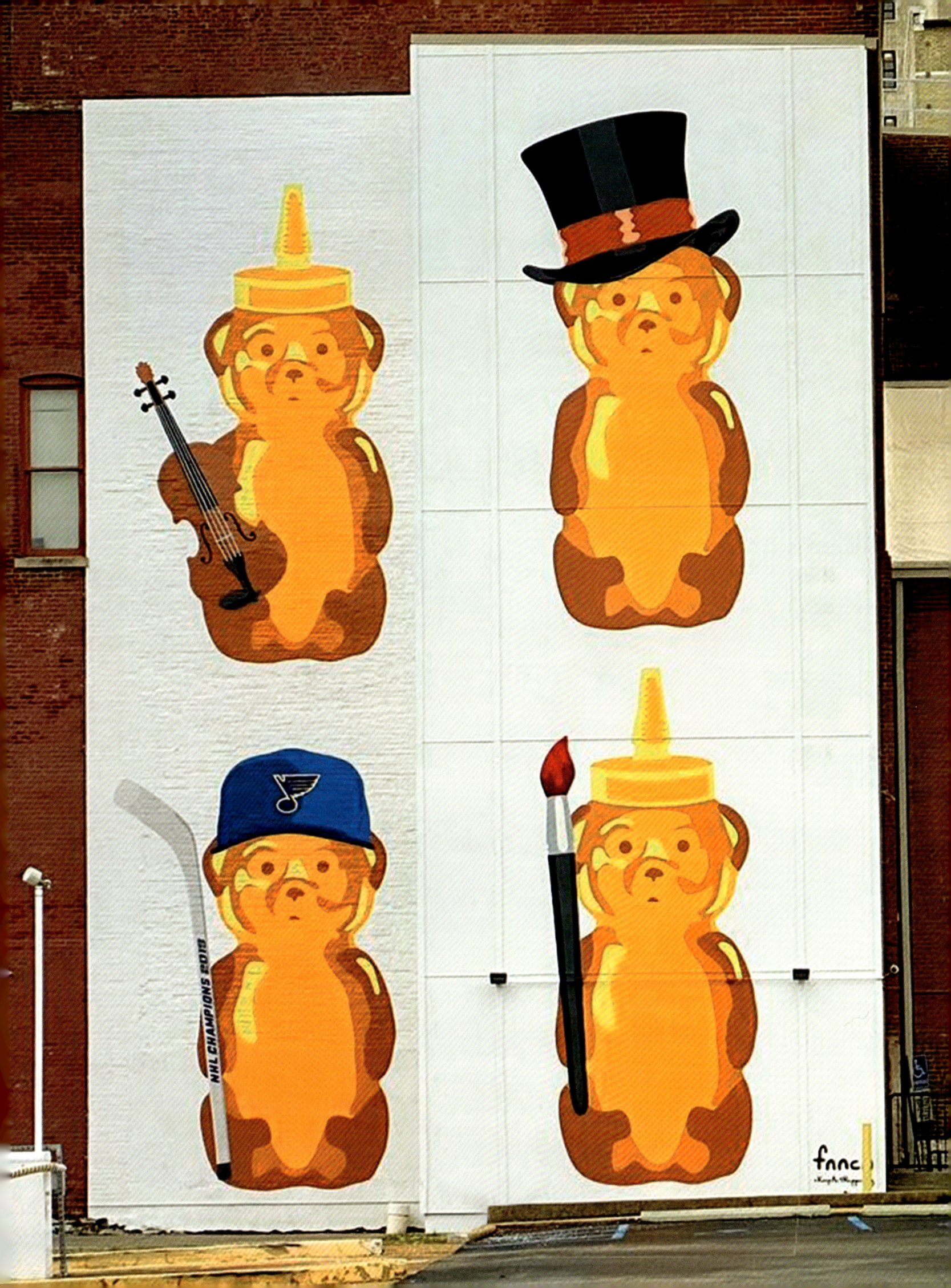

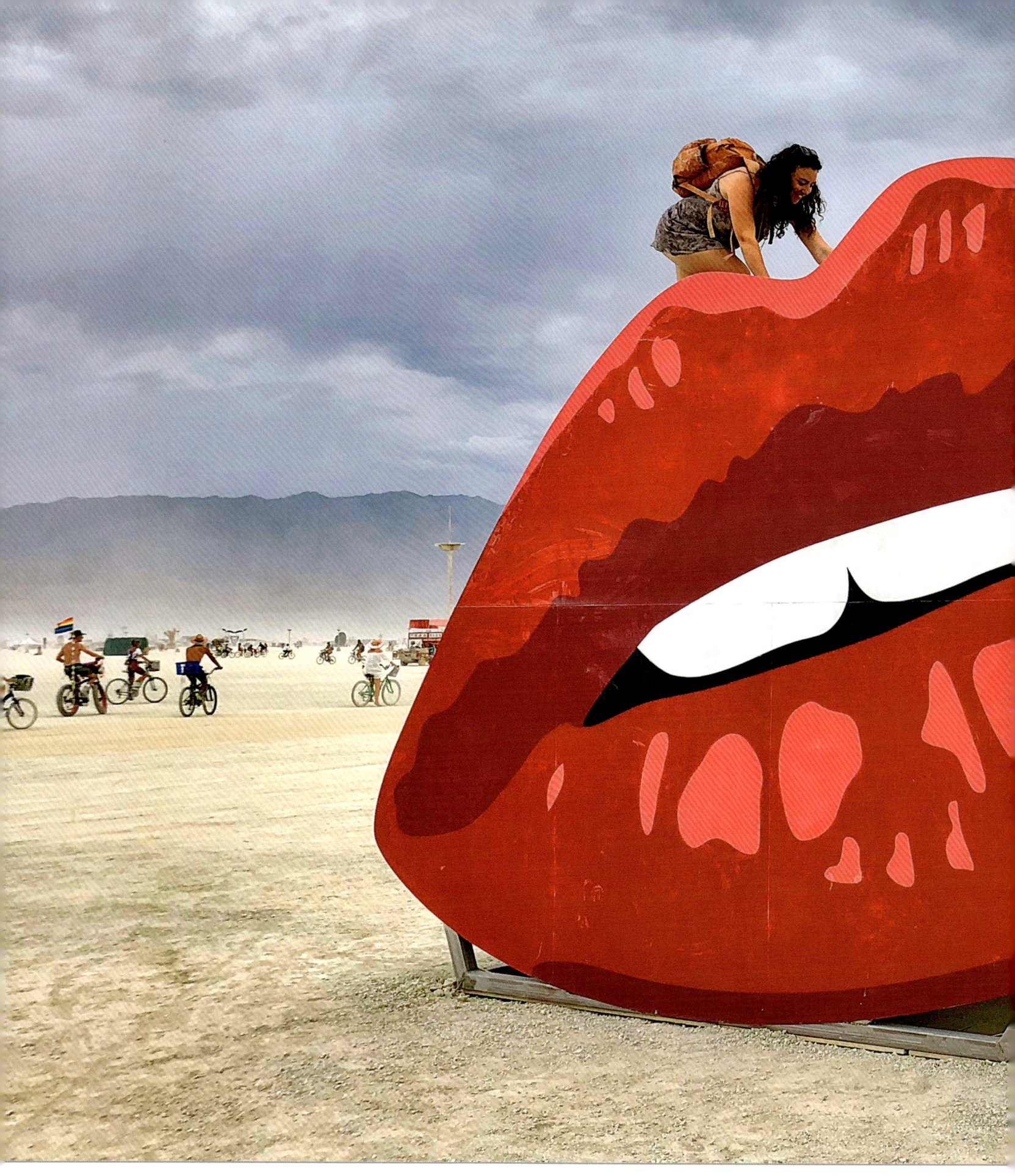

La escultura TILTED LIPS, creada para la edición de 2019 del Burning Man.

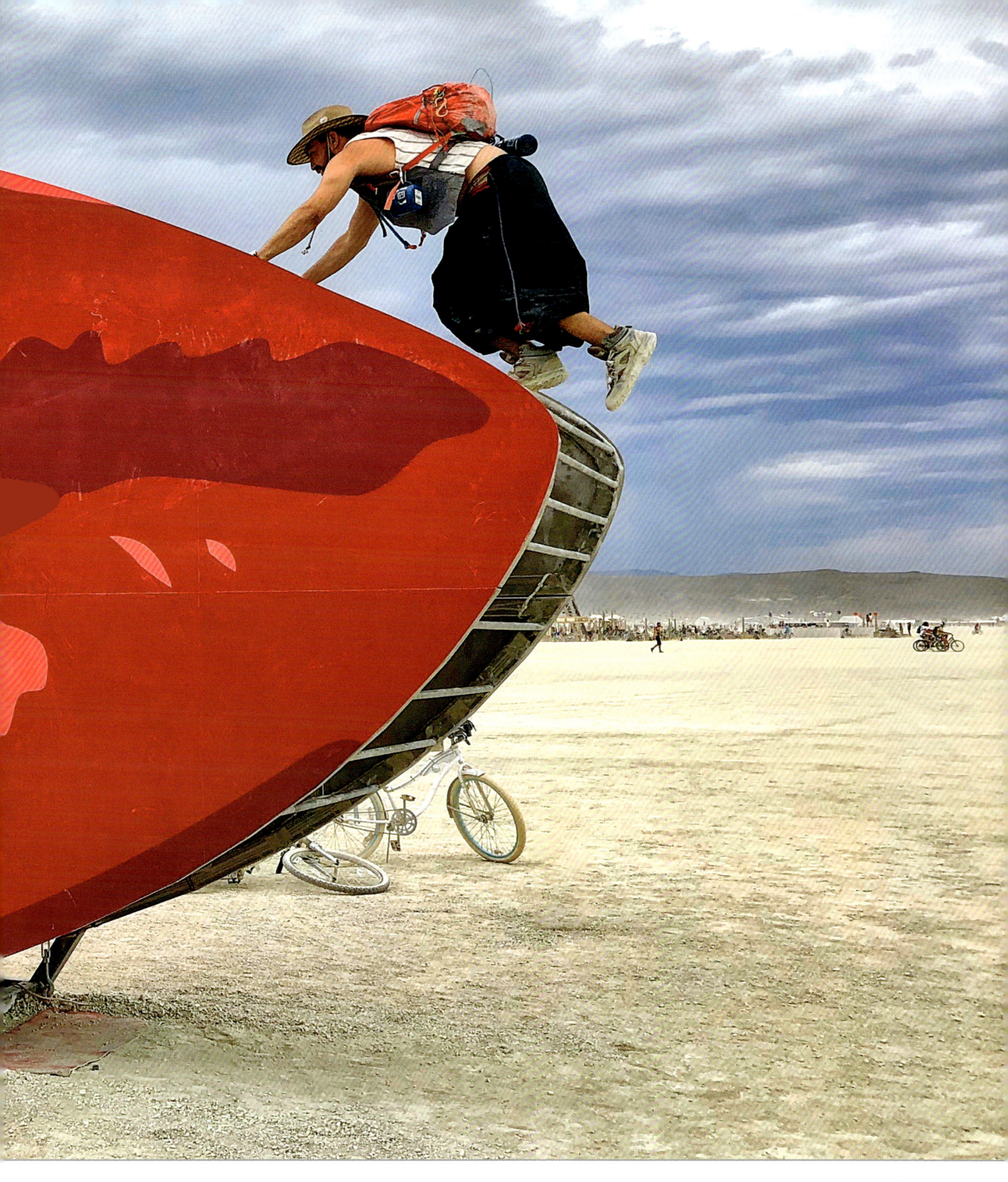

»De Jeff Koons aprendí a ser comercial, y de Andy Warhol a utilizar imágenes y objetos *pop* y a no temer las críticas de nadie. Aunque sigo admirando a Banksy por el legado artístico que ha conseguiro crear, creo que la nueva generación debe ser innovadora y buscar nuevos caminos que remitan cada vez más al mundo de la tecnología y a las posibilidades que esta ofrece», explica.

Los estarcidos de fnnch destacaron al instante en el mundo del *street art*, ya que el artista supo adaptar su pasión por el *pop* a sus habilidades como ilustrador digital de una manera muy original.

¿Sus utensilios de trabajo? «Pintura en aerosol, pero también Wacom, una tableta gráfica japonesa que me permite dibujar directamente en el ordenador, en impresora digital o en un *newsletter*, lo que considero incluso mejor que las redes sociales. A quienes critican y me acusan de ser demasiado "moderno", les respondo con las palabras de un gran artista, Pierre-Auguste Renoir: "Sin la pintura en tubos, no habría Cézanne, ni Monet, ni Pissarro ni nada de lo que los historiadores del arte acabaron llamando 'impresionismo'". Además, conviene recordar que, en aquella época, la pintura en tubos fue una auténtica revolución en el mundo del arte y que los artistas de elite la despreciaron porque la consideraron "tecnología moderna"».

¿Su sueño? «¡Hacer un arte que, como la música, pueda llegar a todo el mundo en un instante! E intentar cambiar la percepción del espacio público por parte de la gente y las instituciones».

94: Murales en la estación de Sheridan Avenue de Chicago, Illinois, Estados Unidos.

95: Murales en una casa particular de San Francisco, California, Estados Unidos.

96-97: Diversas piezas murales, de street art y visuales en San Francisco, Hong Kong, Los Ángeles, Saint Louis y en el Burning Man.

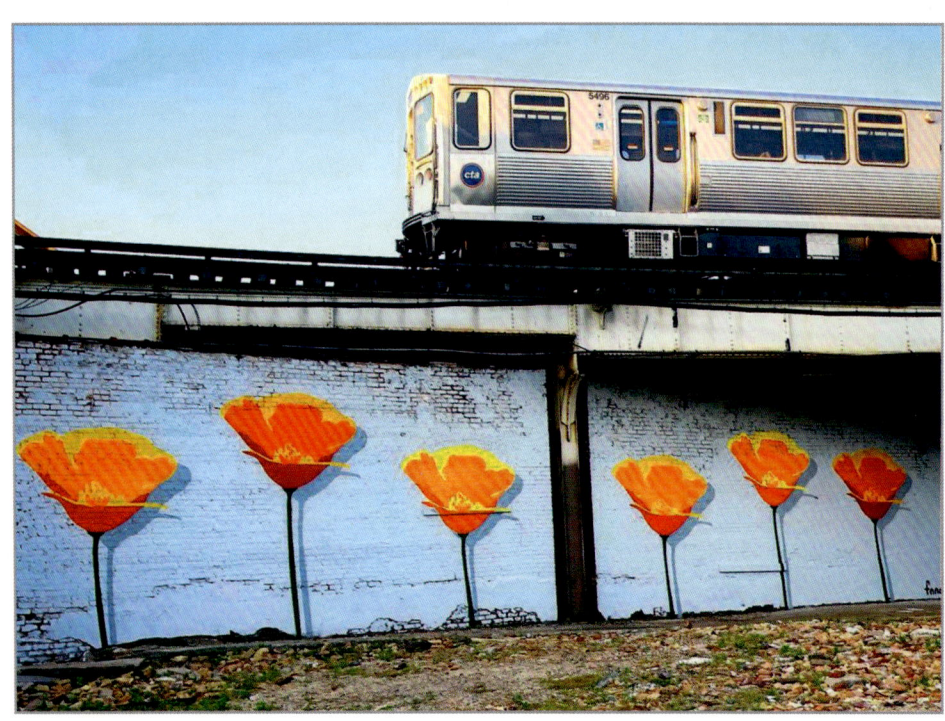

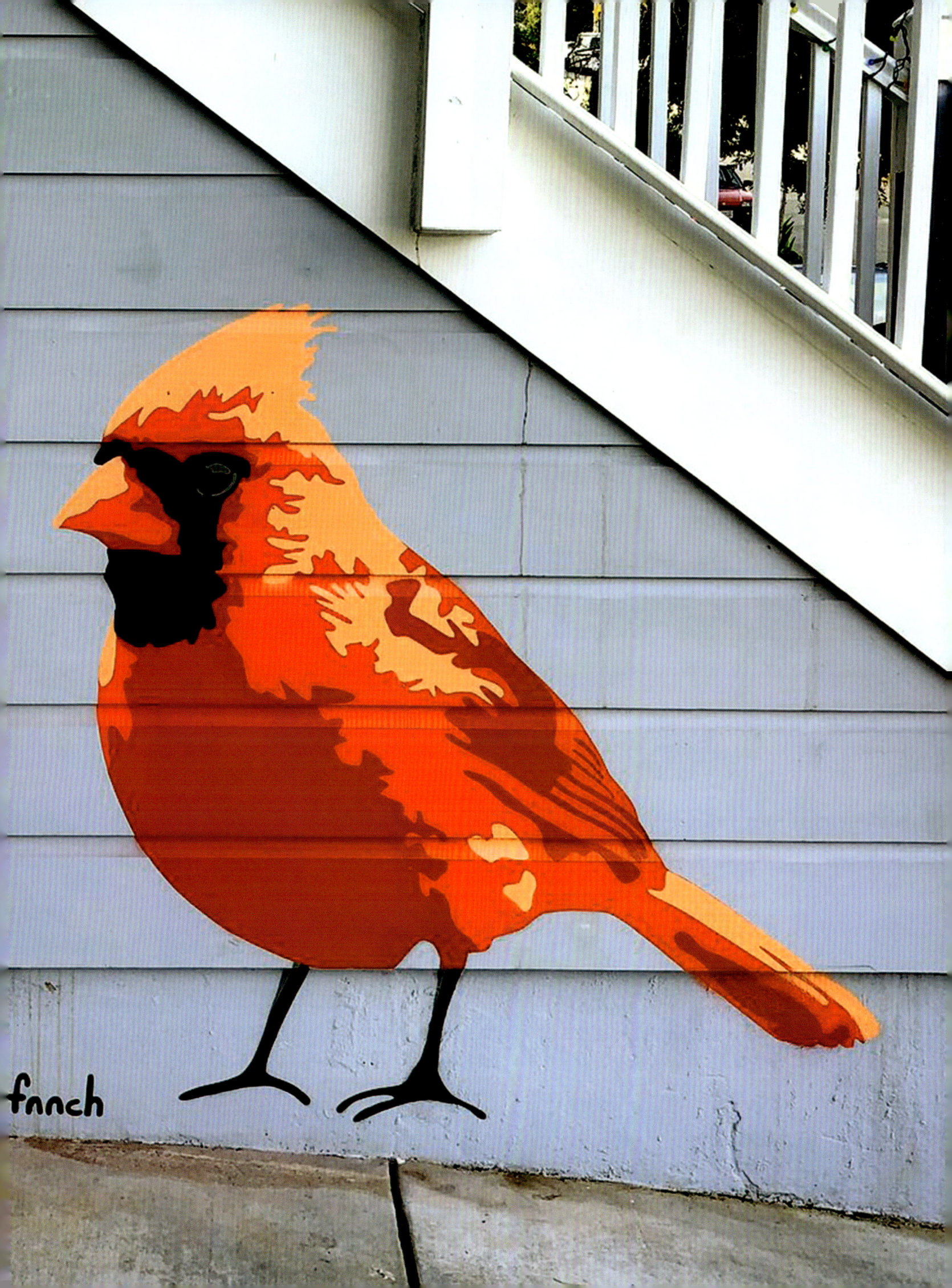

«Me gusta pasear por las calles de San Francisco y ver cómo mis ositos me observan desde las ventanas de mis vecinos, ¡pero prefiero que nadie sepa quién soy!», afirma con convicción.

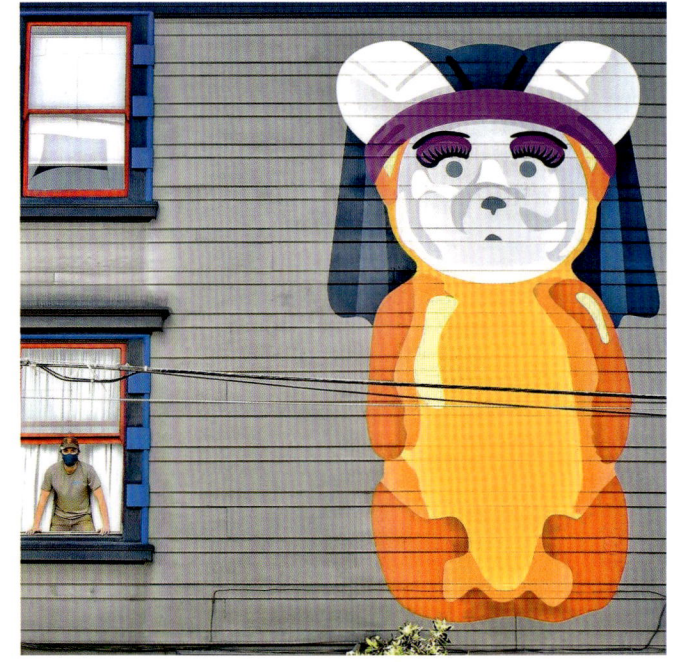
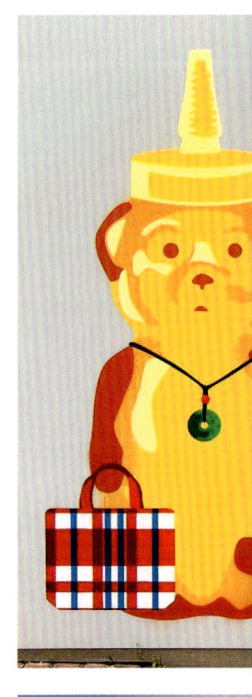
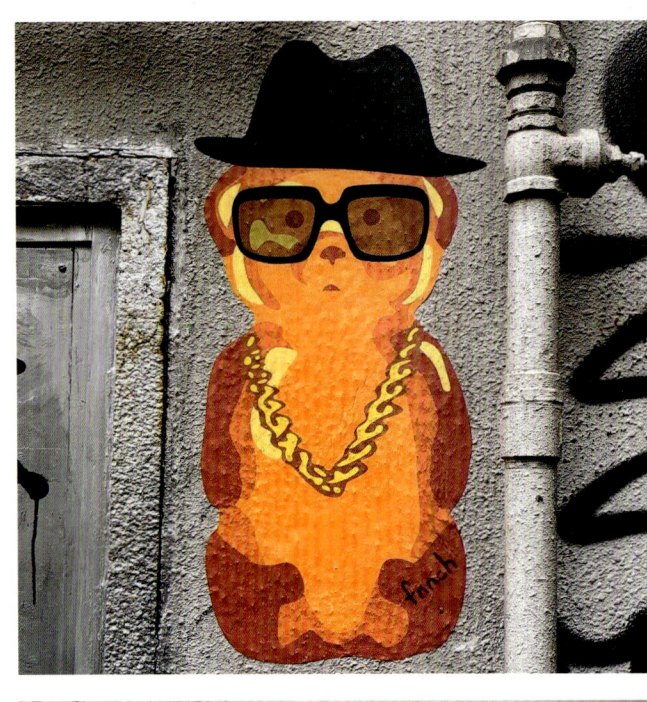
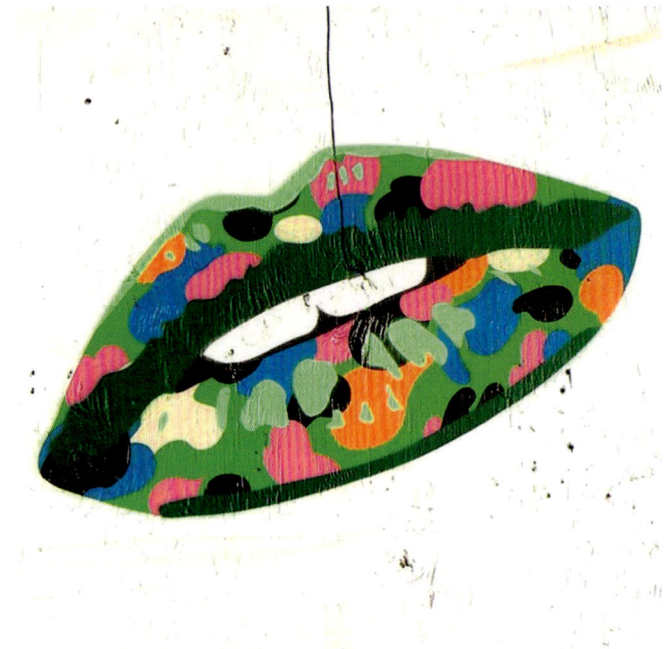
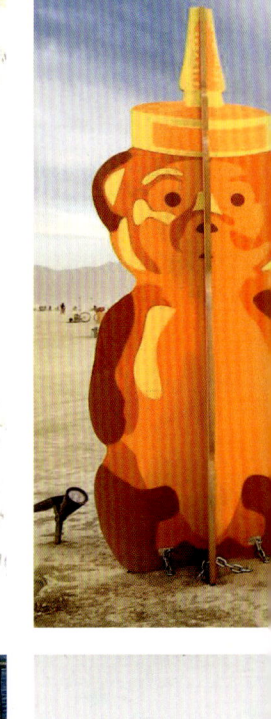
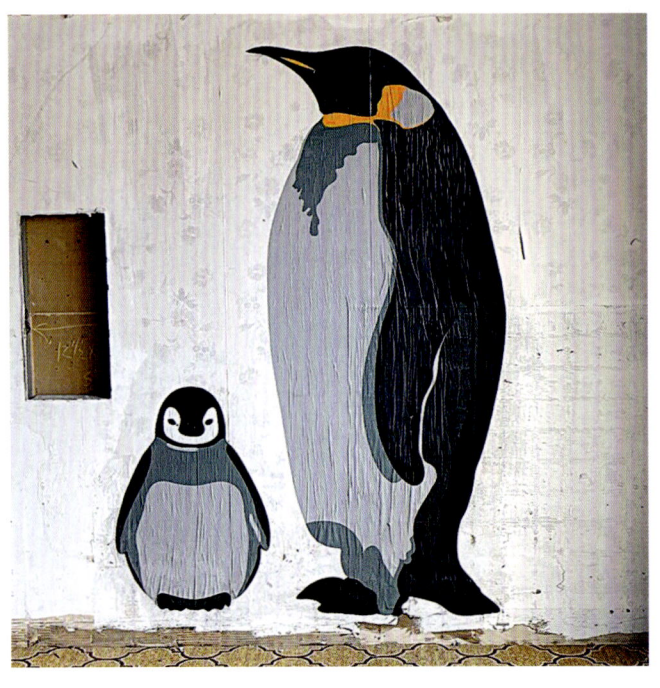
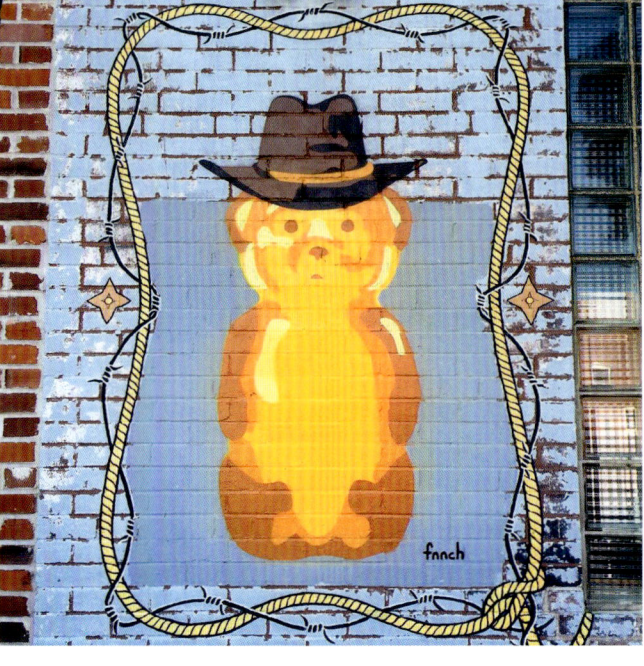
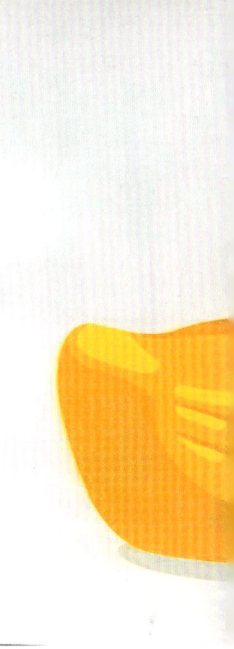

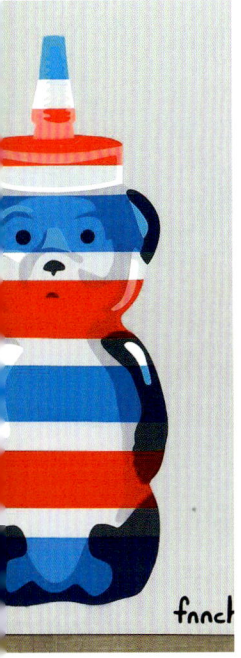
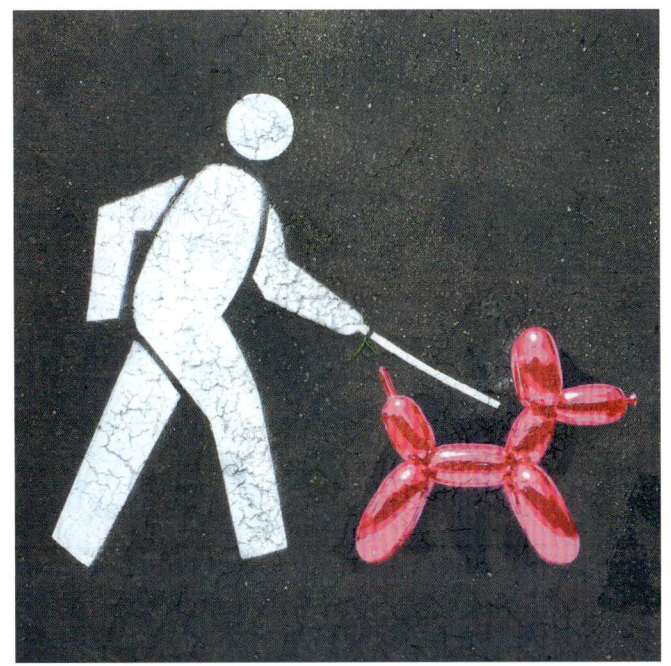
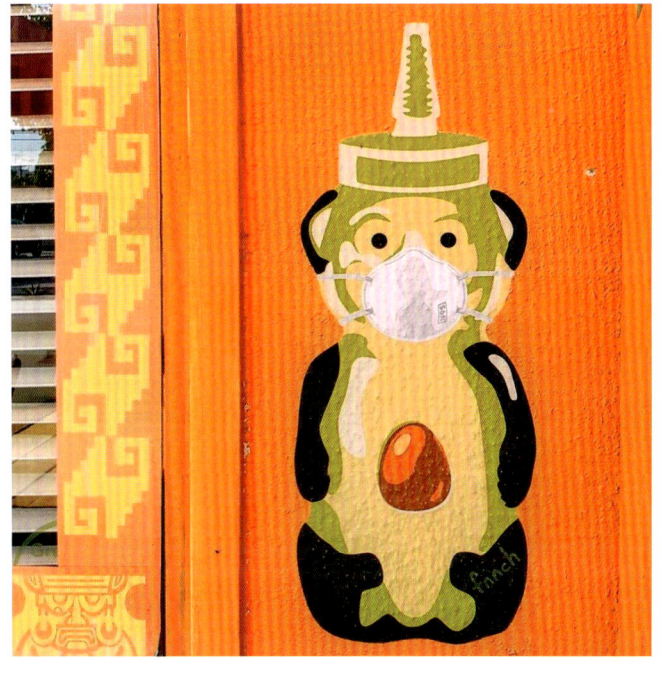
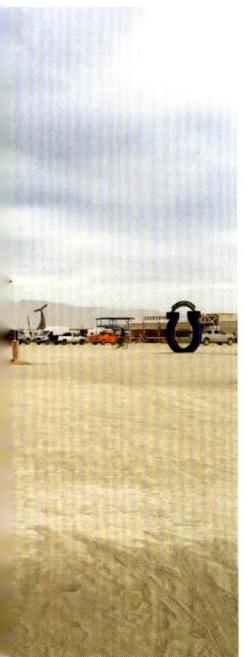
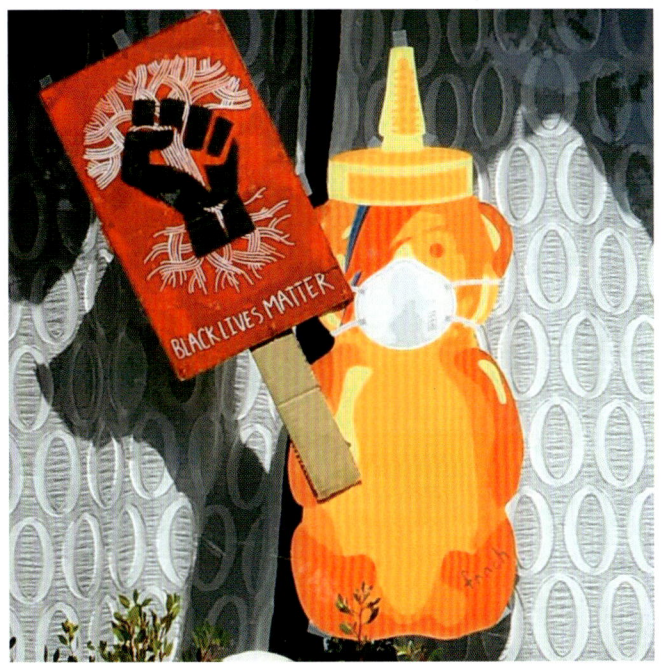
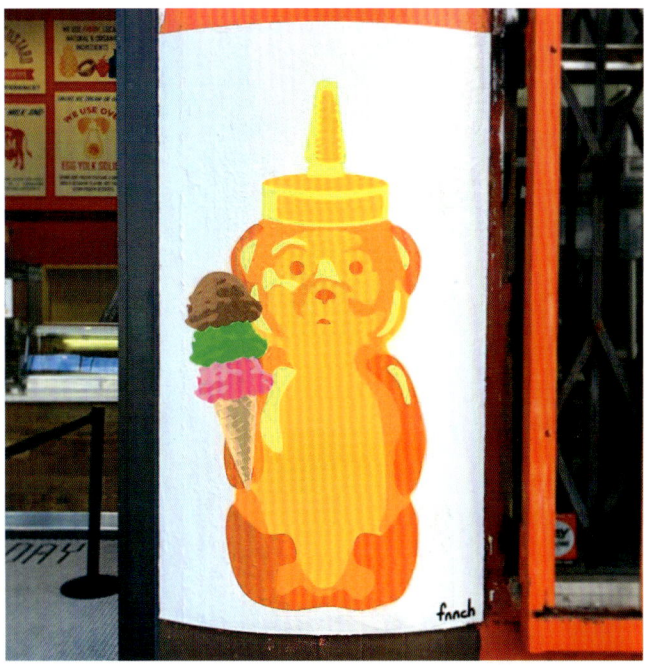
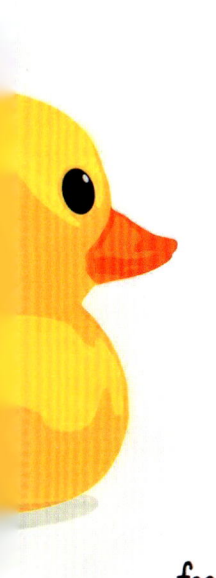
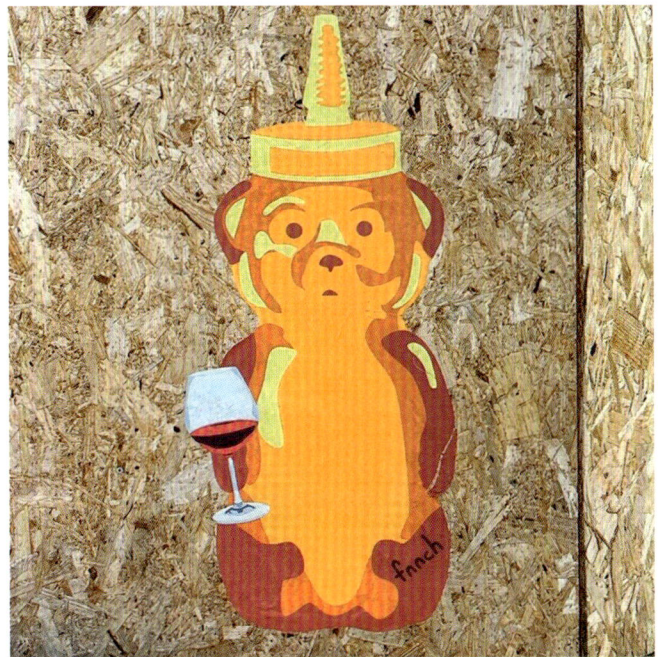
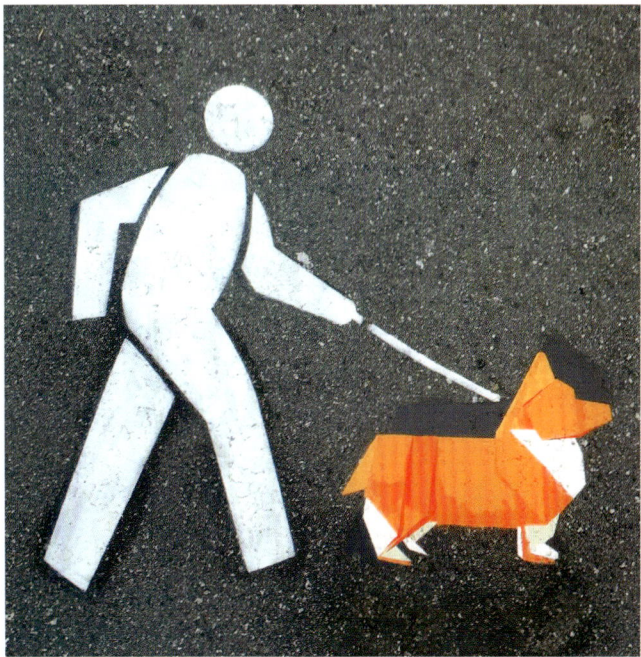

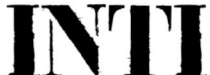

INTI

PORTAVOZ DEL ALMA HISPANOAMERICANA

«El arte es un concepto de fronteras elásticas que pueden contraerse o ampliarse en función de los intereses de quien lo disfrute».

Para INTI, el arte es una mera cuestión de interpretación: «Existen muchas formas de expresión más allá de la esfera del arte que bien podrían considerarse obras de arte, del mismo modo que hay algunas piezas que se presentan como arte a las que apenas sí se les puede dar un valor superior al de los materiales utilizados para crearlas. Hemos tenido muchos genios que han abierto nuevas vías estéticas, que han sabido interpretar (con un lenguaje original) el momento histórico que les ha tocado vivir. Podemos considerarlos artistas, vanguardistas o alquimistas.

»El problema es que los que han dado esos saltos "cuánticos" representan una ínfima minoría de los que consideramos artistas. Para todos aquellos que, como nosotros, sueñan con crear nuevas formas estéticas y expresivas acordes con los tiempos, no queda más remedio que esperar que se acaben dando resultados similares [...]. Mientras tanto, seguimos experimentando, aprendiendo de otros la fórmula alquímica perfecta —asegura el artista antes de hacer una breve pausa y añadir—: Por ahora prefiero no utilizar la "etiqueta" de artista, que es lo que necesita el mercado para vender un nombre, y no una obra».

A Inti Castro se le conoce en el mundo del arte como INTI, nombre de origen quechua que significa «Sol» (de hecho, Inti es el nombre del dios inca del Sol). INTI guarda una relación muy estrecha con sus raíces chilenas; sus murales, repletos de colores intensos, fuertes y vibrantes, están impregnados de emociones y sensaciones, de una misteriosa energía, pero sobre todo de la cultura, la historia y las tradiciones de Hispanoamérica. Sus personajes y temas, poseídos por un vehemente activismo político, van de la vida a la muerte, de la religión a la magia, del pasado al presente. INTI es el portavoz de la fértil historia cultural de Hispanoamérica frente al capitalismo global.

A través de su arte, INTI nos recuerda las brutalidades del pasado, la turbulenta historia política de Chile y los problemas de injusticia y pobreza que aún le corroen. Nacido en Valparaíso en 1982 y criado en una familia dedicada a la música y las artes plásticas, INTI comenzó a hacer grafitis a los 13 años y se enamoró de las calles desde el principio, ya que le ofrecían infinitas oportunidades para experimentar y explorar.

«Todos hemos hecho "arte" de pequeños [...]. Es solo que algunos no hemos dejado de hacerlo. En algún momento, decidí dedicarme a esto, pero quizás el día de mañana me dedique a otra cosa», observa.

INTI durante la creación de una pieza. Fotografía de Eze Muller.

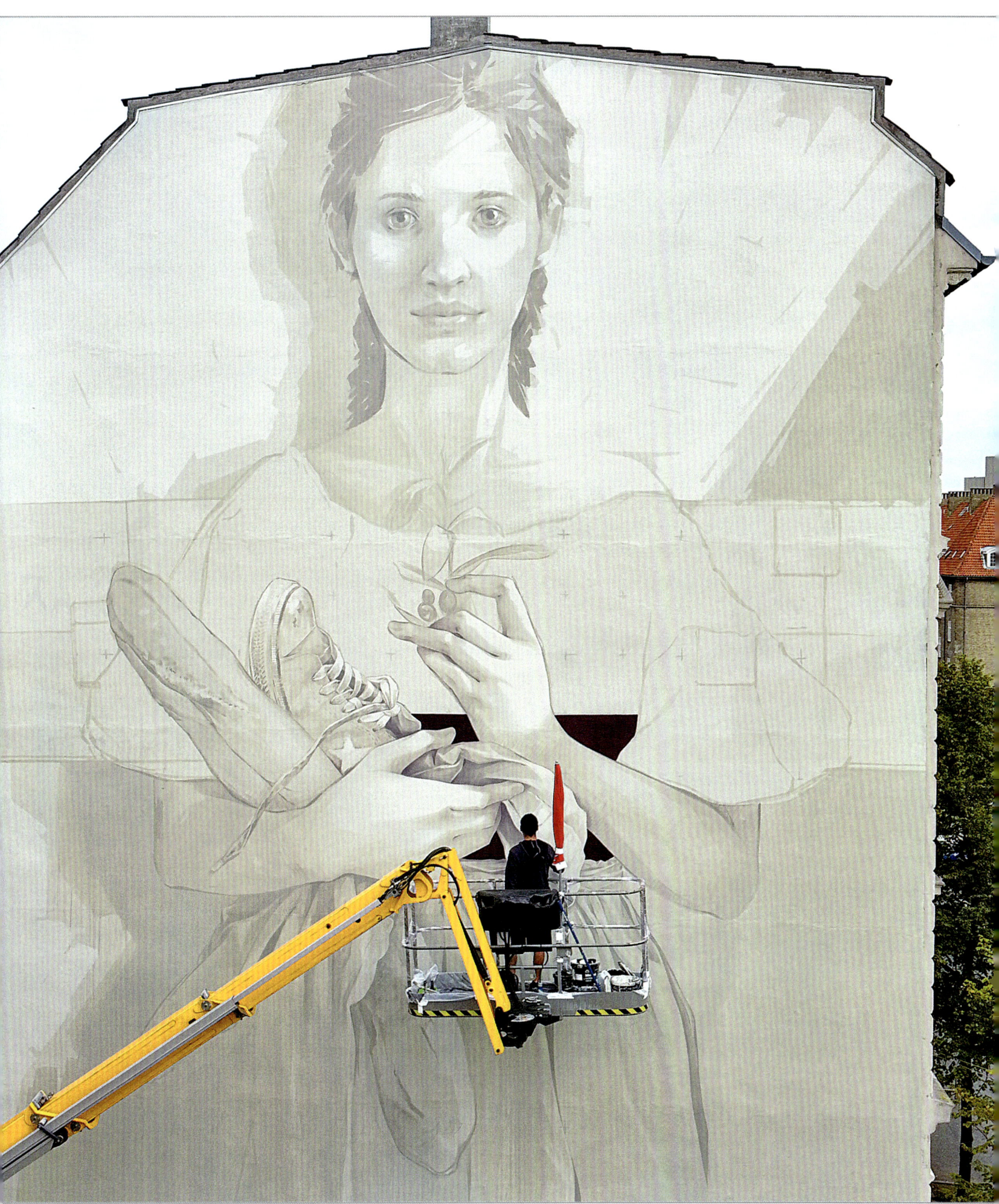

«En el futuro espero depender cada vez menos de las colaboraciones con galerías de arte y trabajar más en espacios públicos, que es donde las obras adquieren un significado especial. Tengo la convicción de que toda obra merece un período previo de estudio e investigación, y un plazo de entrega distinto del que ofrecen hoy en día los festivales y los encargos», afirma con un tono algo crítico pero con la esperanza de que las cosas cambien.

INTI sabe bien lo difícil que es convertirse en artista; pertenece a la generación que creció en un Chile que sufría los problemas causados por la dictadura de Pinochet y la injerencia extranjera en la política y la economía del país. Antes de esa oscura etapa, el país había disfrutado de una fértil cultura con movimientos de vanguardia en diversas disciplinas, pero las fuerzas políticas en el poder acabaron con ellos y enviaron a muchos artistas al exilio. Según INTI, la generación pos Pinochet mira por un lado al pasado y a las antiguas tradiciones y, por el otro, a un futuro lleno de esperanza en un Chile multicultural que resurge con gran esfuerzo de sus cenizas.

«Chile tiene una larga historia de *street art*, cuyos pioneros, a finales de la década de 1960, fueron las brigadas muralistas, entre las que destacó la Brigada Ramona Parra, asociada al Partido Comunista. Con la llegada de la dictadura, se borraron todos los murales, pero ya se había descubierto el poder de las paredes como instrumento de comunicación con el pueblo», recuerda INTI. Así, cuando, a principios de la década de 1990, Chile se liberó del régimen de Pinochet, la cultura grafitera explotó e INTI pasó a formar parte de todo aquel movimiento.

Las calles se convirtieron en el lugar y el soporte a través del cual podían difundirse mensajes y oírse voces sin censura ni control. A la luz de lo que había vivido, ¿qué cualidad valoró más? «La empatía —responde sin dudarlo—. Vivir en un mundo conectado nos permite acceder a otras realidades, comprendernos como parte de un todo.

»Lo interesante de América es que está conformada por comunidades de todo el mundo mezcladas con los habitantes nativos de estas tierras. Sin embargo, esta extraordinaria situación puede acarrear problemas en cuanto a la identidad. Yo mismo suelo preguntarme quién soy. Y esta pregunta, para la que aún no he encontrado una respuesta definitiva, me obliga a una búsqueda constante de mí mismo y alimenta mi arte».

INTI también ha empezado a cuestionarse el concepto de espacio público. Está convencido de que para ocuparlo de forma legítima hay que pensar detenida y responsablemente qué y por qué se quiere crear en él. «Para mí, hacer murales es una forma de apropiarme del espacio y presentárselo a la gente», afirma. INTI le concede además una gran importancia al carácter sincrético de la sociedad hispanoamericana, carácter que dio origen a esa cultura mestiza que se ha convertido en el símbolo mismo de la resiliencia y conforma la base de la cultura hispanoamericana posmoderna.

Su interés por las culturas amerindias le lleva a dedicarle tiempo a viajar y conocer la mitología, los símbolos, los colores y las costumbres de las poblaciones indígenas. Tras haber entrado en contacto con estos pueblos y escuchar relatos de sus antiguas tradiciones, ha acabado por sentir que estas culturas forman parte de su propia alma. «Una vez que sales de Chile y te olvidas de las fronteras, que no son más que líneas en un mapa, te das cuenta de que todo el continente es tu país, porque la cultura no sabe de fronteras. Una vez que conocí los códigos culturales de los distintos pueblos hispanoamericanos, me sentí cómodo "jugando" respetuosamente con ellos en mis obras», afirma. Así, INTI ha elegido diversos símbolos, como el maíz, las calaveras y los pimientos, pero también las balas (una referencia a la historia revolucionaria del continente), para crear su propio lenguaje sincrético.

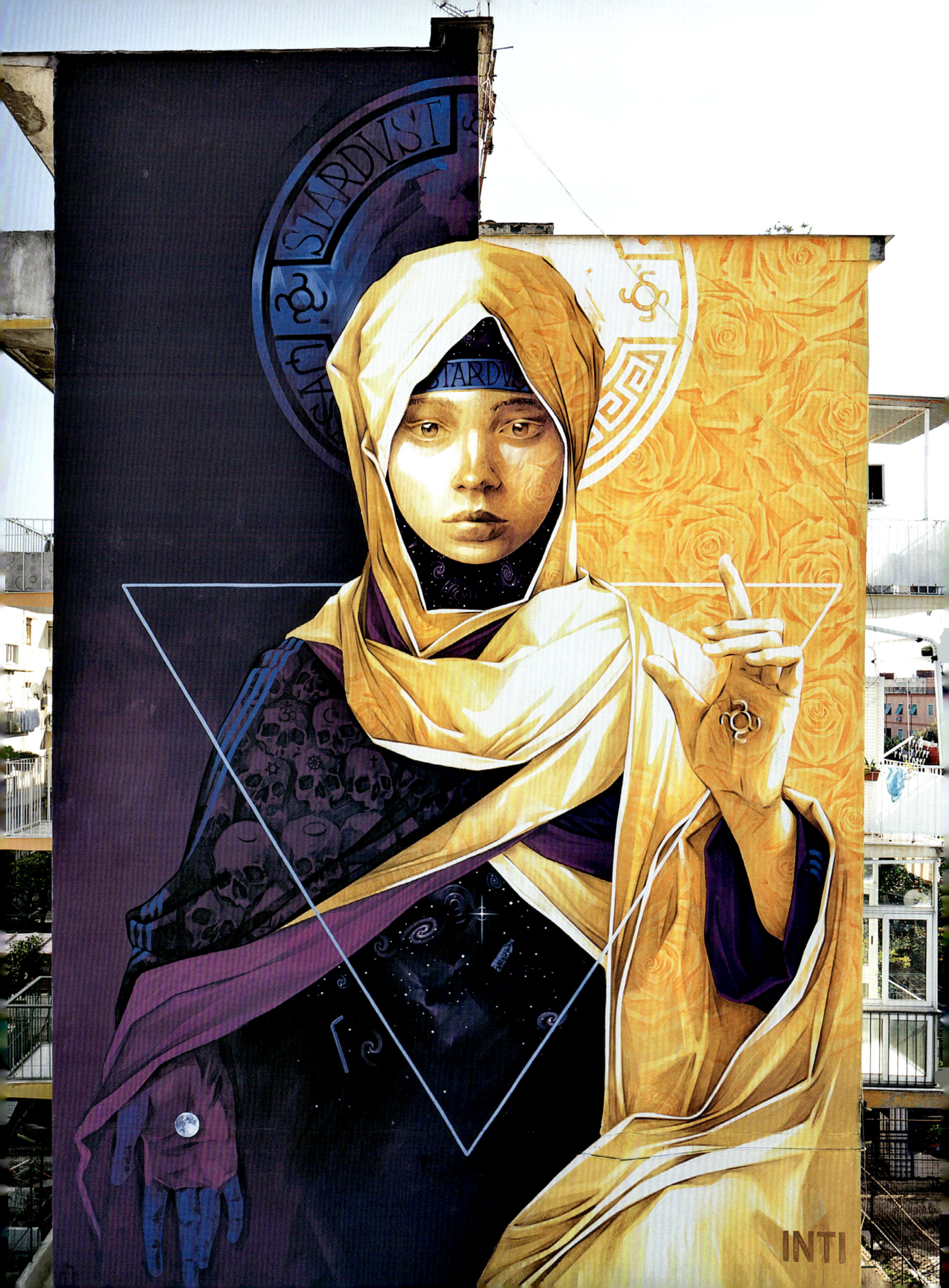

«Rezo por una sociedad que sepa aprovechar la diversidad de conocimientos y convertir las diferencias culturales en fuente de aprendizaje y forma de enriquecer nuestra comprensión del mundo y de la humanidad desde distintas perspectivas y con múltiples facetas».

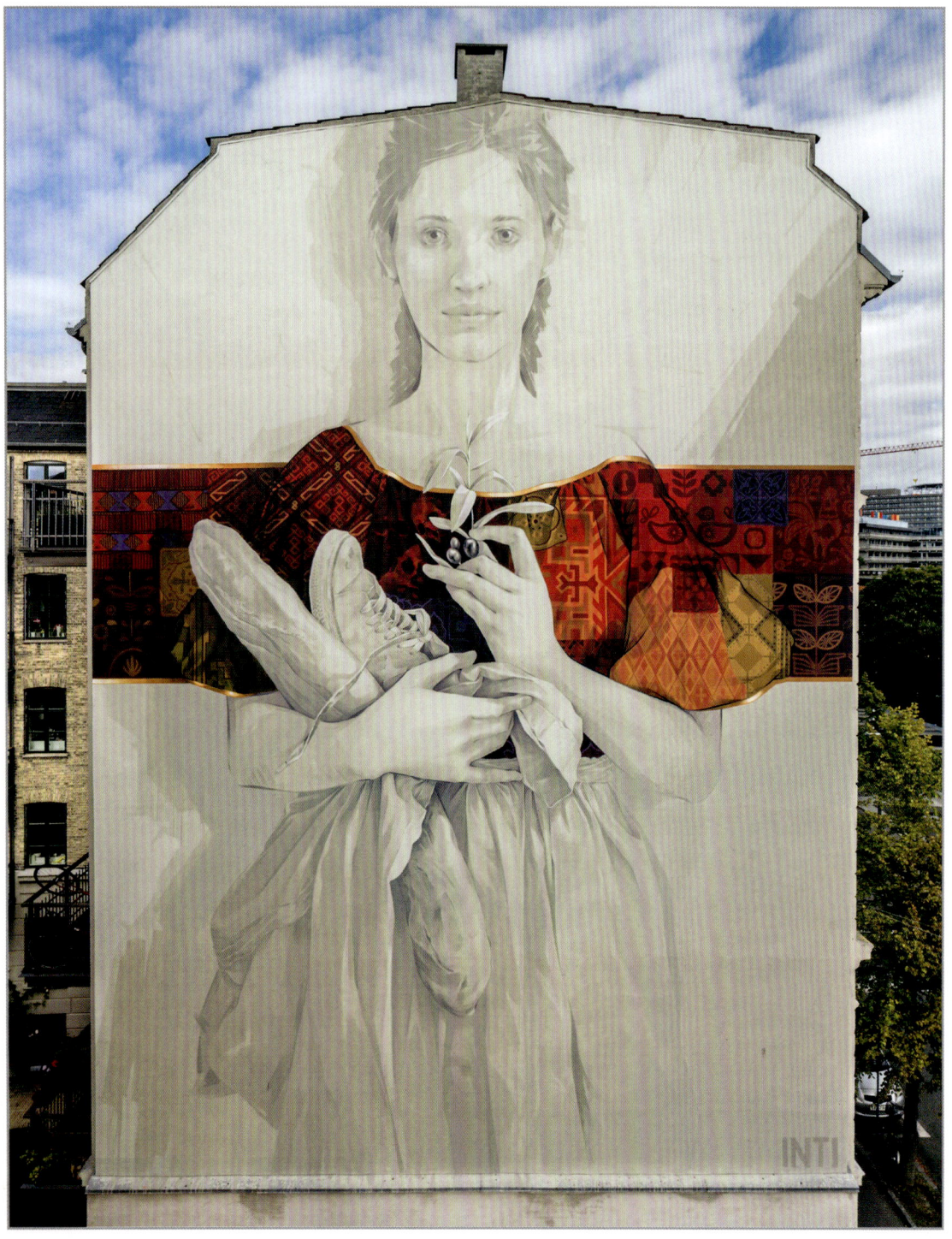

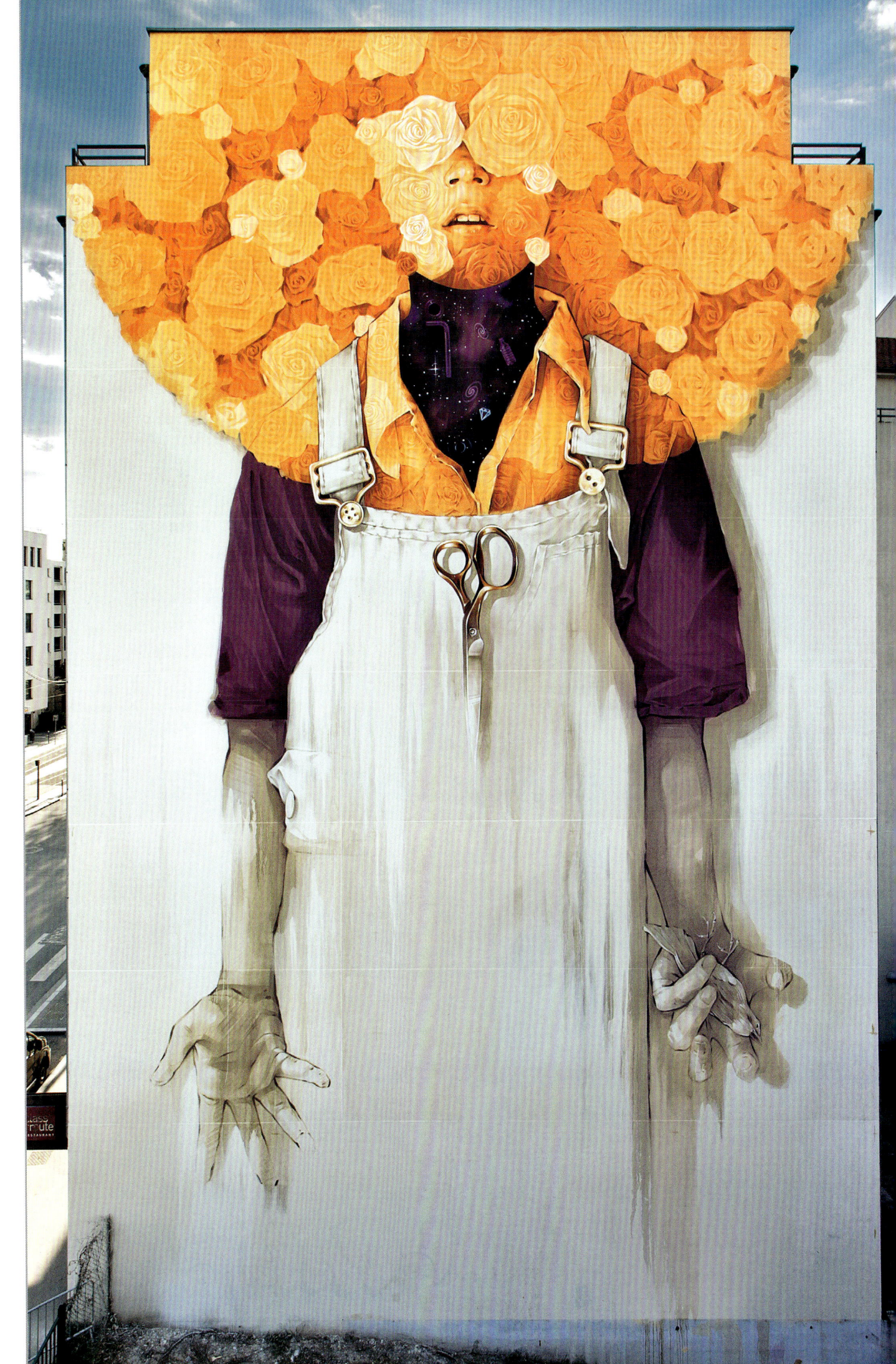

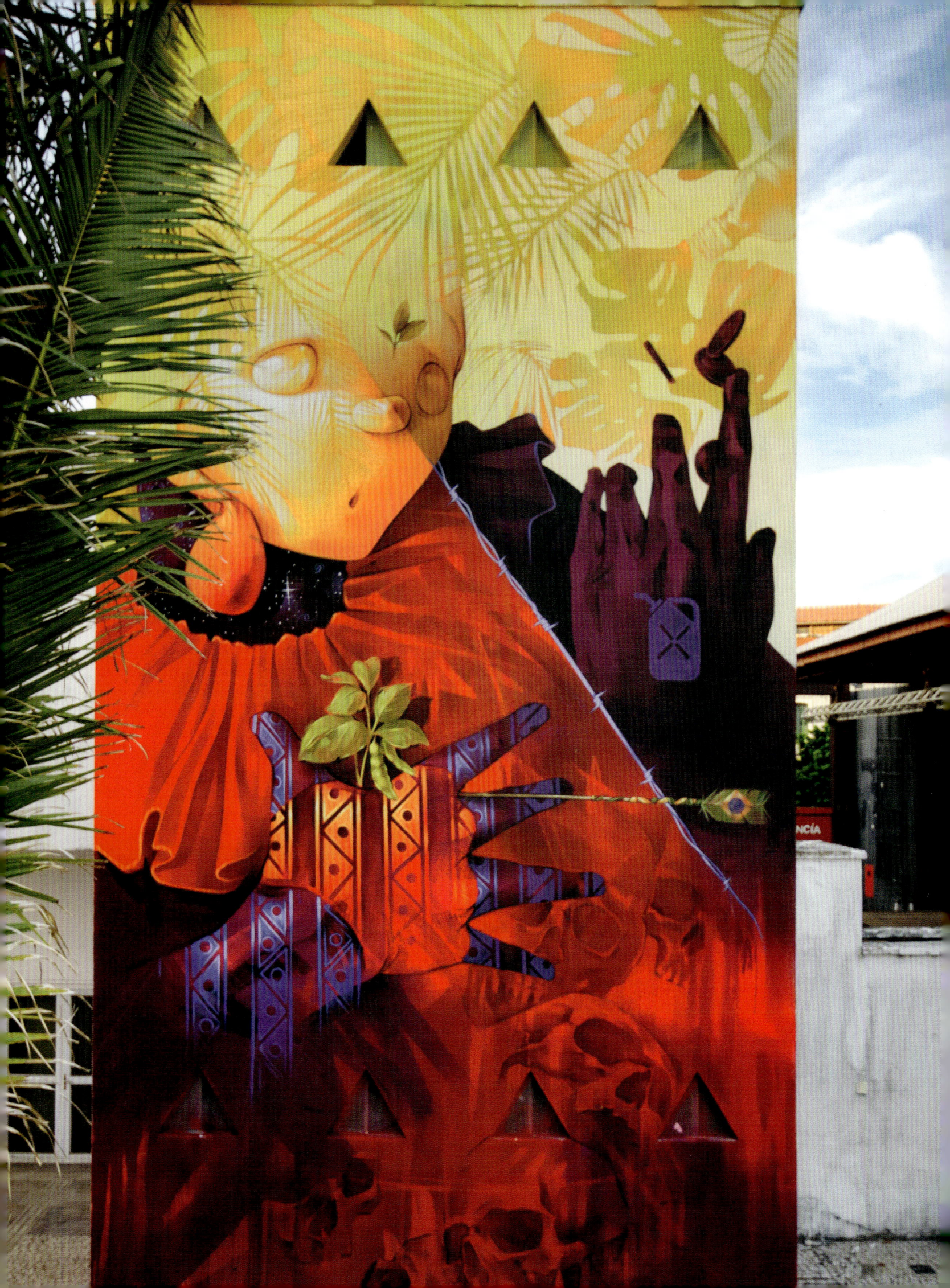

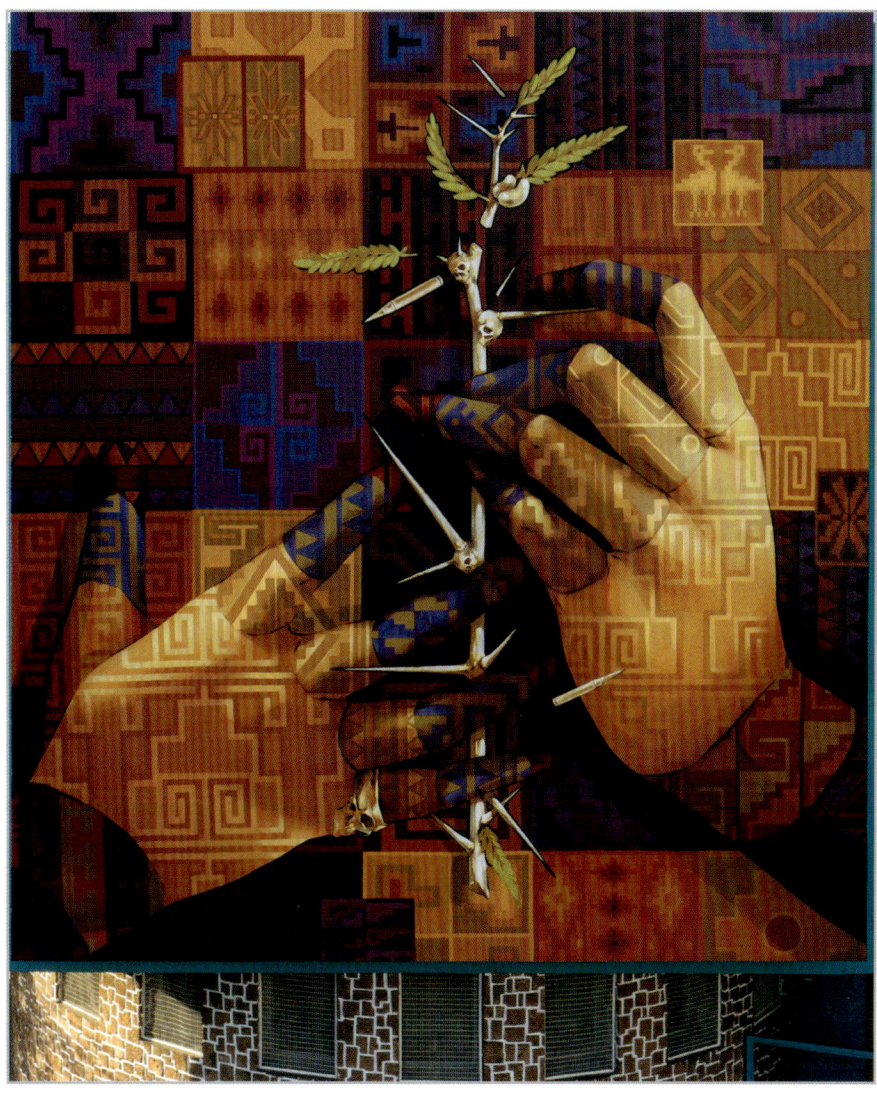

Durante sus viajes, INTI se topó un día con la figura del *kusillo* (una especie de bufón o payaso de carnaval cuyos orígenes se sitúan en el Altiplano boliviano) caminando y bailando por las calles con un traje cosido con telas variadas y adornado con diversos materiales, tanto antiguos como contemporáneos. Para INTI, esta figura, que representa tanto la pobreza material y la riqueza cultural que surge del encuentro de lo antiguo y lo nuevo como la fusión de pueblos muy diferentes, es la metáfora perfecta de sus procesos mentales.

INTI siente que su misión es la difusión del sincretismo hispanoamericano y la revalorización de la cultura de esta región en todo el mundo. En la actualidad, movido por la idea de que ha desarrollado una visión más amplia y global, ha empezado a experimentar y examinar opciones y formas lingüísticas más universales y a engendrar y alimentar lo que denomina «sincretismo global». Para materializar esta visión, INTI utiliza y reelabora la iconografía de diversas culturas a fin de generar nuevas fusiones y combinaciones, pero también nuevas oposiciones, como la que se da entre ciencia y religión. «Rezo por una sociedad que sepa aprovechar la diversidad de conocimientos y convertir las diferencias culturales en fuente de aprendizaje y forma de enriquecer nuestra comprensión del mundo y de la humanidad desde distintas perspectivas y con múltiples facetas. Ya veremos a dónde me lleva todo esto [...]», reflexiona el artista.

104 GREEN GOLD: Fortaleza, Brasil, 2018.

105 TAMARUGO: Iquique, Chile, 2021.

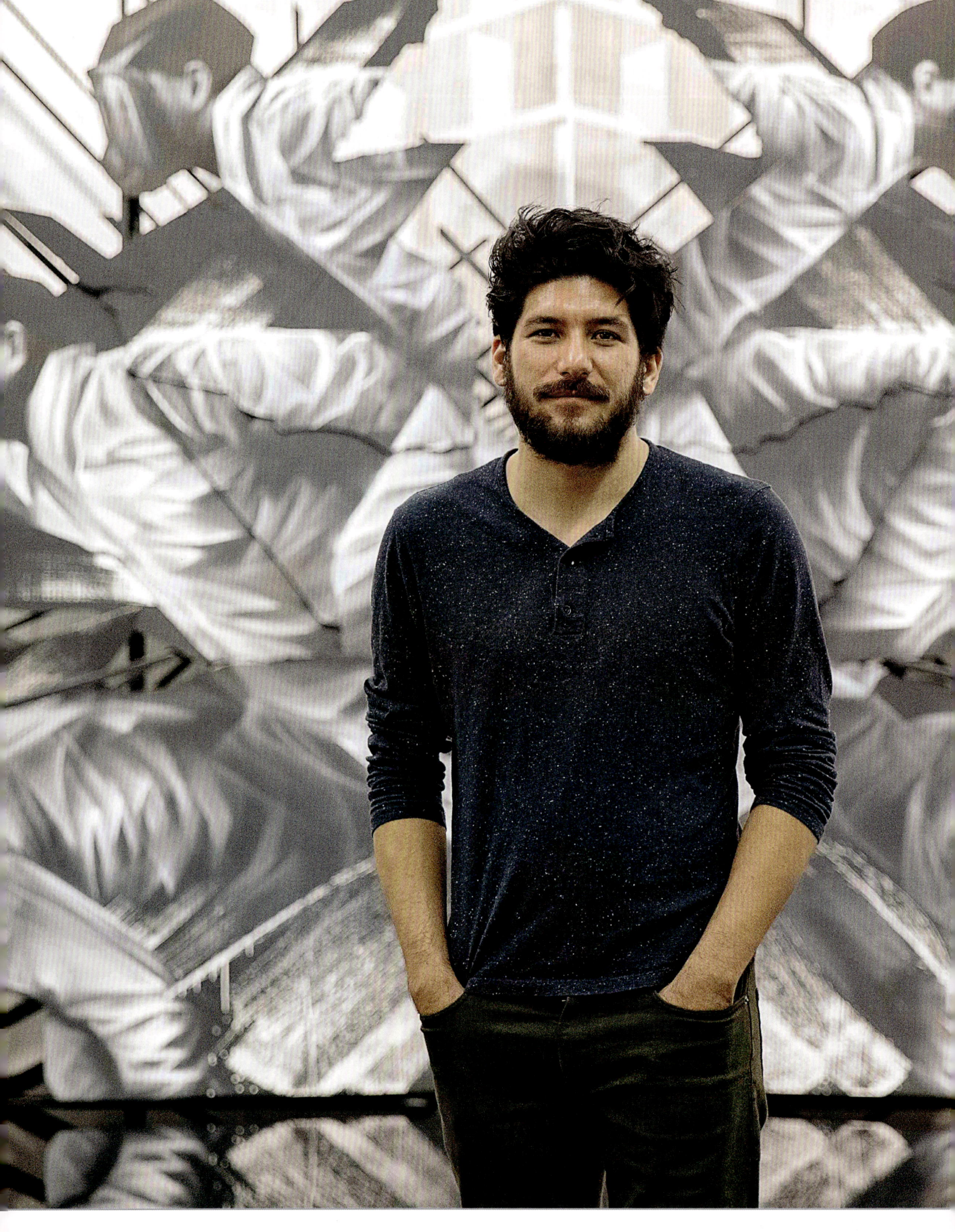

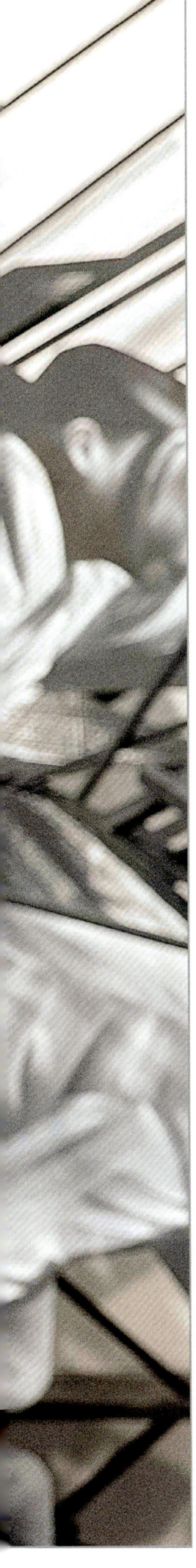

LI-HILL

EXPERIMENTOS CON LA ABSTRACCIÓN
Y MALABARES SIMBOLISTAS

«El arte implica la materialización de una forma de expresión en el soporte que sea: una pintura, una fotografía, una pared [...]. El arte implica darle forma a un concepto, a una expresión, al esbozo de una idea, implica afirmar quién eres y dónde estás en ese preciso momento».

Pintura, ilustración, estarcido, elementos escultóricos... Figuras, animales, leyendas mágicas y tradiciones implícitas en formas increíbles con el poder de hipnotizar por su búsqueda de la línea... Figuras que, fantasmales, se ciernen sobre las paredes... La obra de Li-Hill abarca estos aspectos y muchos otros. Imprevisible, misterioso y sensual, su arte resulta a veces onírico y otras veces realista. Aunque sus personajes suelen nacer en las paredes, después parecen emerger de ellas y vibrar en el aire, como si quisieran seguirnos hasta la intimidad de nuestra alma y nuestra mente. Li-Hill, canadiense-estadounidense pero ciudadano del mundo, actúa a la manera de un ilusionista que pinta unos maravillosos hechizos mágicos capaces de dejar huella en el corazón. Trabaja a base de figuras más pequeñas que repite en ráfagas, como si fueran una secuencia de imágenes en una instantánea fotográfica continua proyectada sobre enormes murales.

Examina la industrialización, la relación de la humanidad y la ciencia, la innovación... «En mi arte, el grafiti se mezcla con la pintura figurativa clásica, el diseño gráfico, la escultura, la *action painting*, así como con diversos objetos y elementos que me encanta juntar [...]. Para mí, todos son instrumentos a través de los cuales señalar los devastadores efectos de la cultura capitalista en la psique individual, la complejidad del rápido desarrollo de nuestra era y su efecto en la humanidad», sostiene.

Sus obras luchan por comprender, desentrañar, reparar y resolver misterios existenciales y de la sociedad contemporánea. Sus imágenes distorsionadas representan la impronta que deja la cultura capitalista occidental a escala mundial.

Aunque estudió en la OCAD University, en Toronto, Li-Hill está convencido de que lo ha aprendido todo gracias a la experiencia y a la experimentación. A base de desdibujar las fronteras entre las disciplinas impuestas por el mundo del arte, ha inventado un nuevo estilo, un aluvión de imágenes, emociones y revelaciones de una apabullante belleza que reflejan un frágil equilibrio.

«Empecé pintando como todo el mundo en este ámbito, y con el tiempo aprendí a ser no solo artista, sino también alguien que experimenta. Quería inventar algo nuevo; me sentía, ante todo, un innovador [...]», reflexiona.

Fotografía de Li-Hill realizada por Tado Cern.

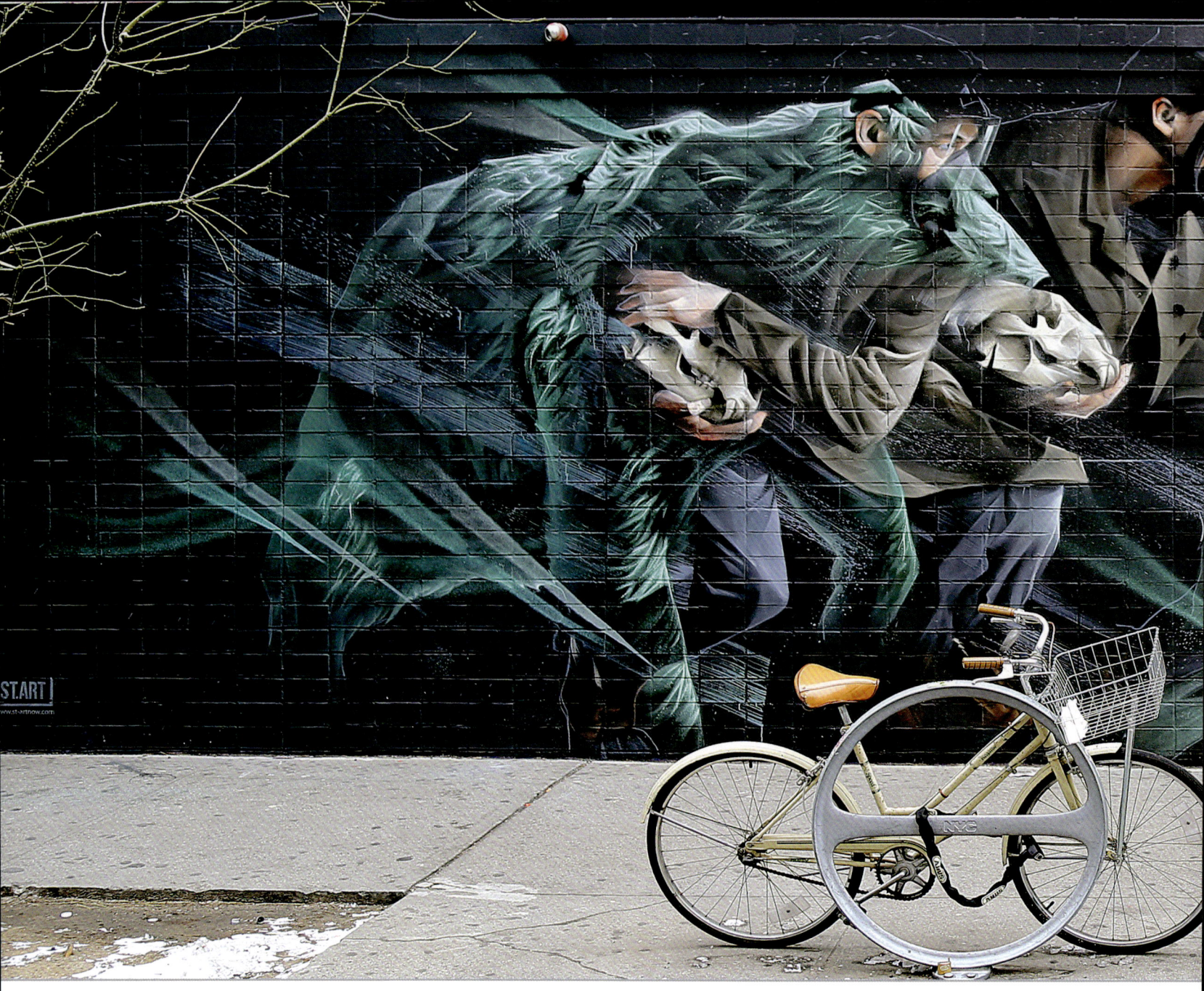

Su pasión por el arte se remonta a la niñez: «Mi madre también era pintora; nuestra casa era un almacén de objetos de todo el mundo, un gabinete de curiosidades al que siempre estuve "expuesto". Aunque mi madre no era artista profesional, amaba el arte. Estudió Arquitectura y Urbanismo porque sus padres la convencieron de que nunca ganaría lo suficiente para mantenerse si se dedicaba al arte. Esa era la creencia de la anterior generación, pero mis padres, por el contrario, siempre me apoyaron y me animaron a hacer lo que quería [...]. Me considero muy afortunado en este sentido», admite.

Entre los 15 y los 16 años, Li-Hill empezó a dedicarse en serio al arte, al que se consagró con energía y pasión al tiempo que se basaba en el más puro instinto. «Cuando tenía 13 años, me encantaba pasear por Toronto en monopatín, así fue como me aficioné a las calles, al grafiti, al rap, y enseguida empecé a disfrutar mezclando diversos estilos [...]. Las calles han tenido una gran repercusión en todo mi trabajo creativo», afirma.

Los numerosos viajes que ha hecho alrededor del mundo han sido clave en su desarrollo artístico. «Si bien nunca me entusiasmó demasiado el estudio en sí, cuando estaba en Europa me pasaba el día en los museos, luego elegía una pintura y trataba de reproducirla, la dibujaba por la noche, y eso ayudó bastante a mi formación. Estudié Arte y Diseño durante un año y luego me fui a Australia, donde me uní a un grupo de grafiteros. Fue un intercambio de lo más interesante; además, fue entonces cuando me involucré de forma activa en el *street art* [...]. Y, desde aquel momento, esa ha sido mi dirección», afirma. De vuelta en Toronto, Li-Hill completó sus estudios, pero en aquella época la ciudad estaba más centrada en los grafitis que en los grandes murales.

«Todavía recuerdo cómo, de niño, me ponía de puntillas para echarle un ojo a los grafitis de los vagones de metro [...]. Aunque al principio Toronto no estaba muy abierta al grafiti y al *street art*, las actitudes han cambiado con el transcurso de las décadas y la ciudad los ha acogido bastante bien. Siempre ha sido una ciudad

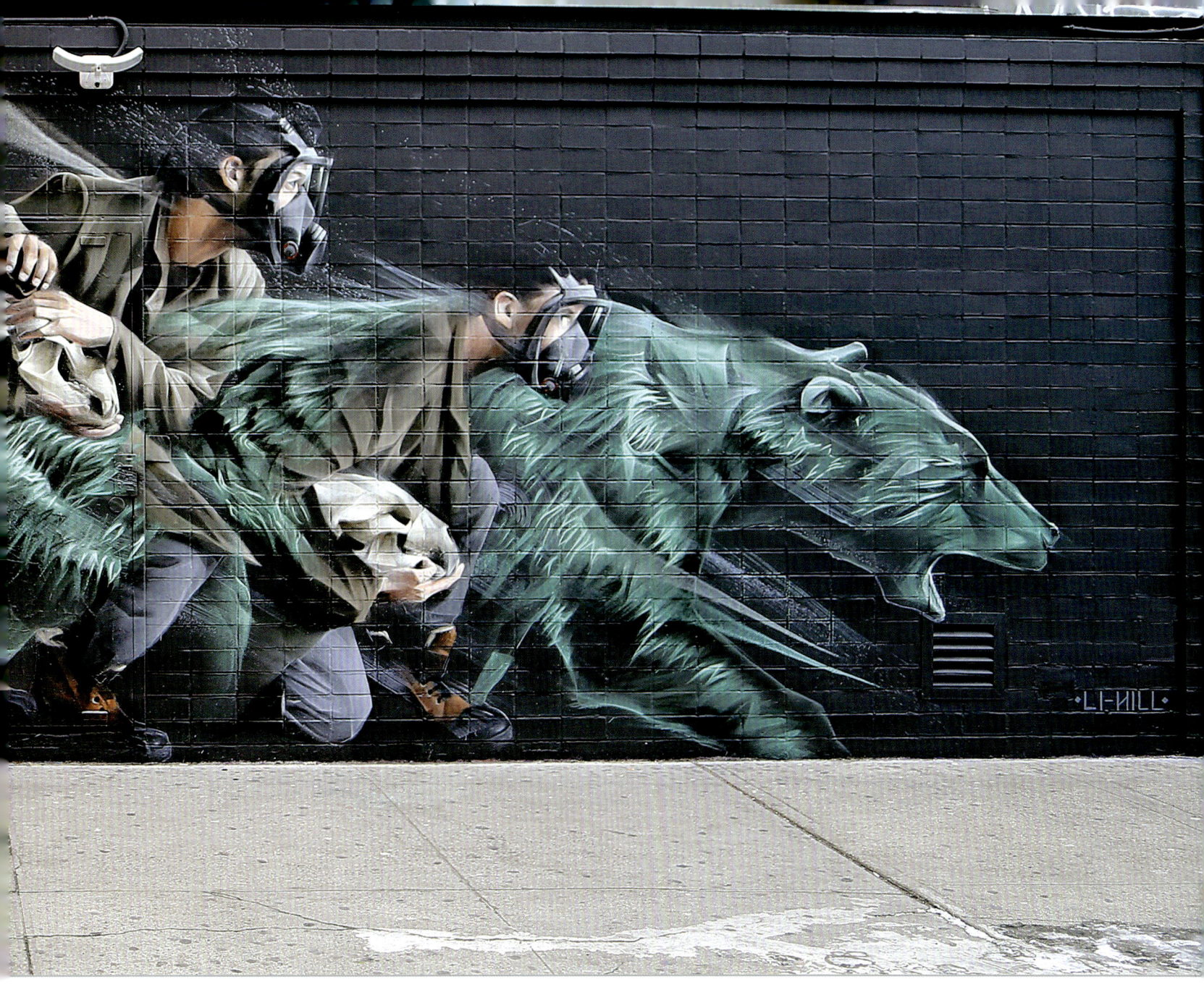

bastante liberal y creativa, y el *street art* no tardó en dejar su impronta agresiva y salvaje por todas partes. La comunidad lo recibió con los brazos abiertos. Y aprendí a practicarlo [...]. Formaba parte de la nueva generación, que quería desarrollarse, distinguirse. En lo que a mí respecta, he intentado romper con las reglas y limitaciones de la estética clásica para dar cabida a otras ideas, inquietudes y elementos con objeto de intentar algo diferente. Al principio, trabajé en grandes almacenes y edificios abandonados, pero después me fui directamente a la ciudad [...]», recuerda.

Aunque Li-Hill siempre se ha sentido ligado a Toronto, no cabe duda de que vivir en otros lugares, como Nueva York durante ocho años, y luego Berlín y Londres, le ha inspirado su deseo de desafiar todos los límites. «Salirme de la zona de confort no fue fácil al principio. Me llevó a dar rienda suelta a mi creatividad de nuevas formas, así como a dar con enfoques e ideas más contundentes a fin de llegar a un público más amplio [...]. ¿Qué es lo que más me interesa de ser artista? Que se puede trabajar en cualquier sitio [...]», asegura con tono enfático.

Li-Hill respeta el espíritu libre y poco convencional del *street art*. «Me encanta la idea de que el *street art* y los murales incorporen cualquier tipo de obra y de estilo sin vínculos con el mundo académico o los museos. Me encanta que atraigan a gente que quizá no tenga tiempo para dedicarse al arte [...]. El arte público encarna el triunfo de la igualdad», explica el artista.

APPARITION OF THE PAST: Nueva York, Estados Unidos, 2017.

Basada en una visión de un futuro posapocalíptico, en el que todos los ecosistemas han colapsado, esta imagen de una historia aún no escrita sirve de metáfora de los peligros de nuestro tiempo y del que vendrá.

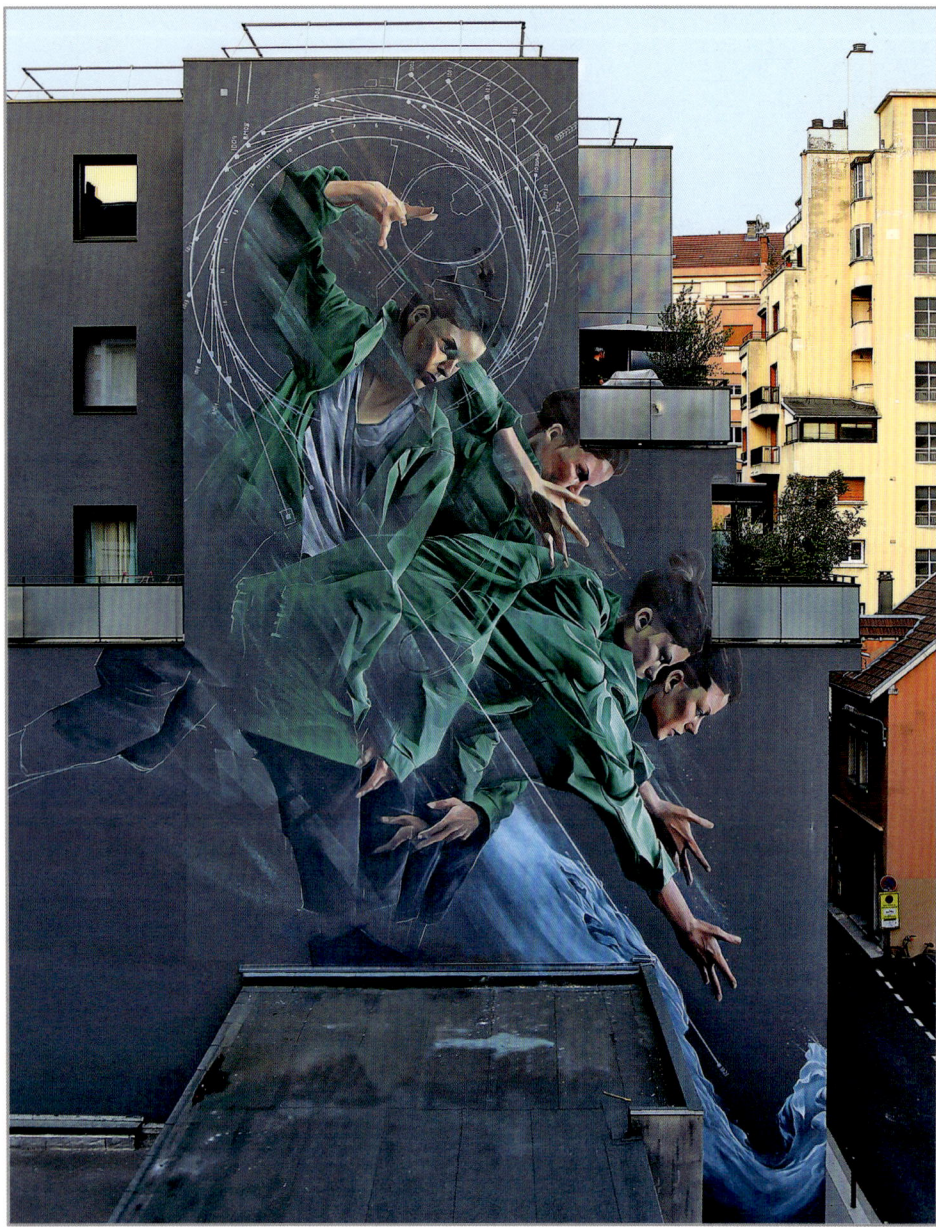

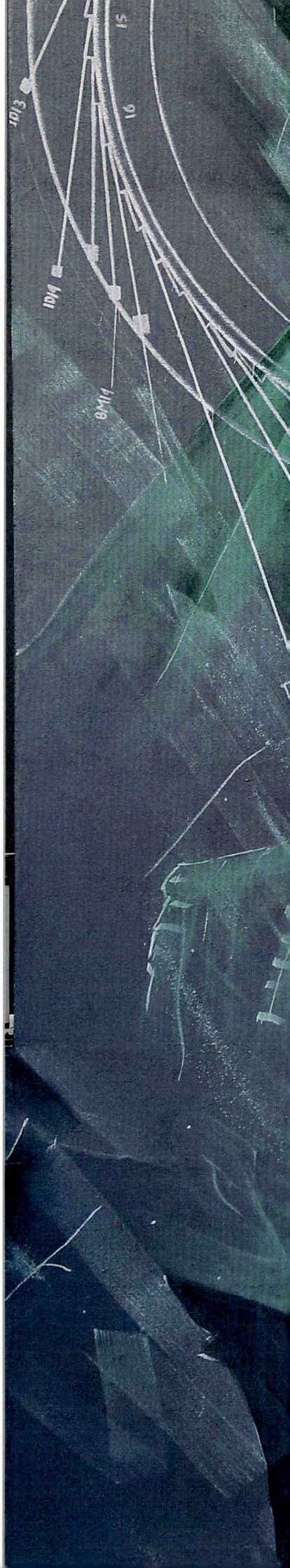

Su arte está repleto de increíbles y majestuosos simbolismos que invitan a reflexionar. «A lo largo de los años, he estudiado y creado diversas formas iconográficas, he profundizado en las razones por las que pintaba y en el significado de lo que surgía de ello, desde mi elección del color y de las proporciones hasta mis decisiones a la hora de delinear la perspectiva y la forma [...]. Me atrae el arte figurativo, y trabajar en las calles me ha hecho establecer un contacto directo con la gente, así como dotar a mis figuras de sentimientos, visión y emociones más intensas».

Li-Hill recuerda cómo le inspiró el libro de Rebecca Solnit titulado *River of Shadows: Eadweard Muybridge and the Technological Wild West*. «La autora examina la California del siglo XIX a través de la historia del fotógrafo Eadweard Muybridge tratando de comprender cómo el lugar se convirtió en un eje cultural y un centro de innovación tecnológica.

---

110 y 111 PROCESS OF ACCELERATION: Grenoble, Francia, 2019.

Las figuras, que extraen agua de un río y utilizan la energía en aras de la innovación, sirven de alegoría del progreso tecnológico del ser humano a lo largo de la historia.

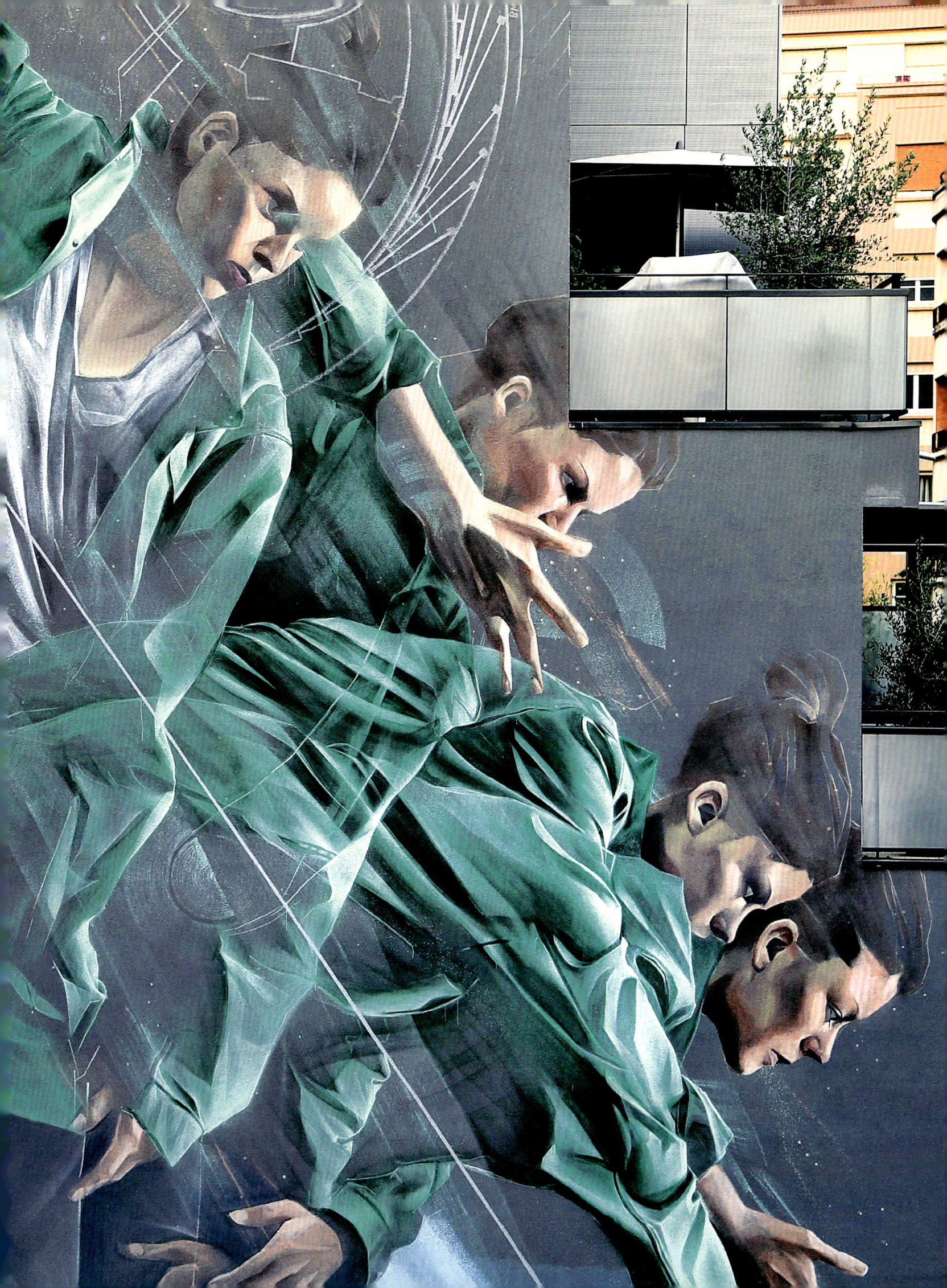

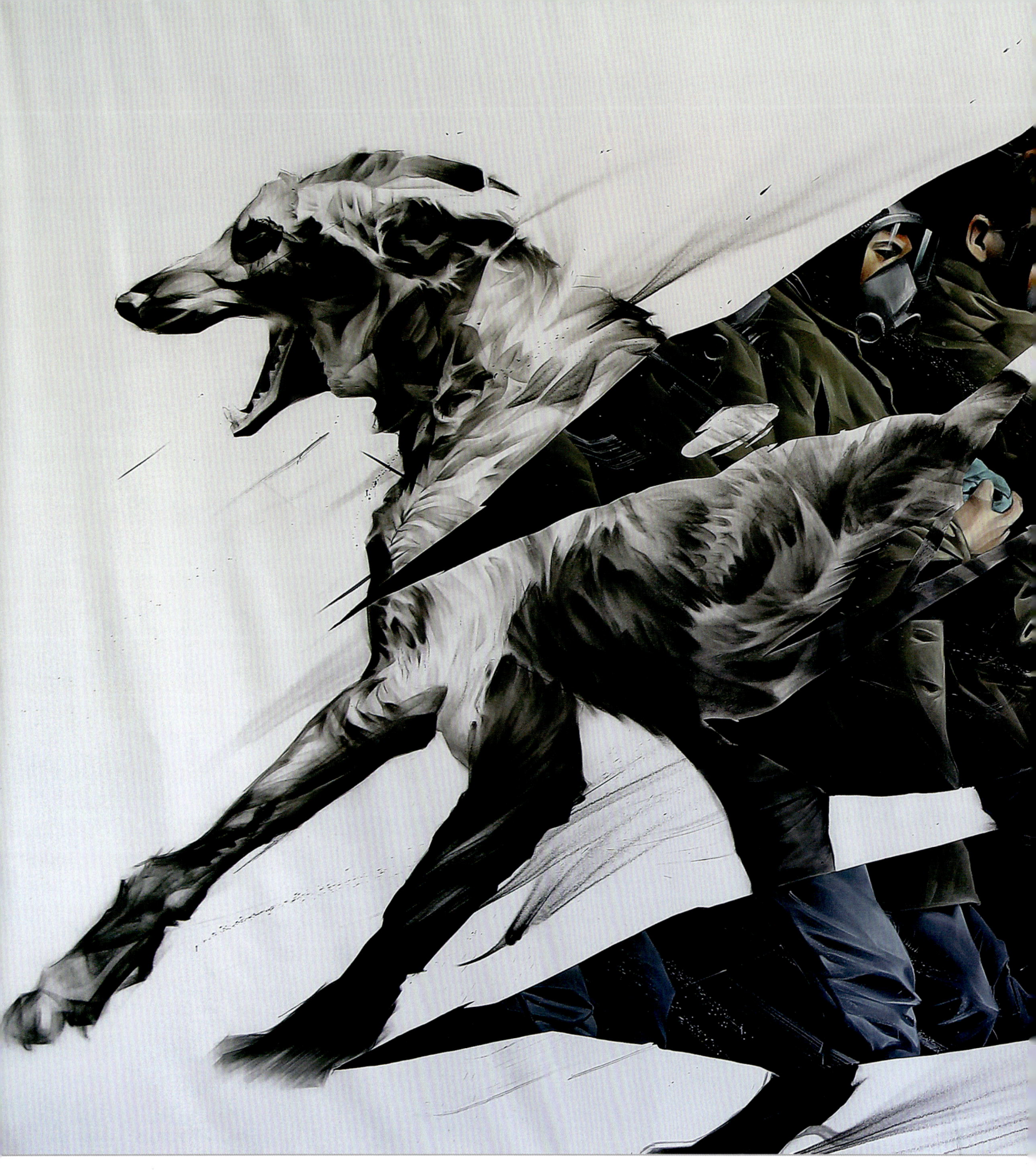

SEVERED VISIONS: Ámsterdam, Países Bajos, 2018.

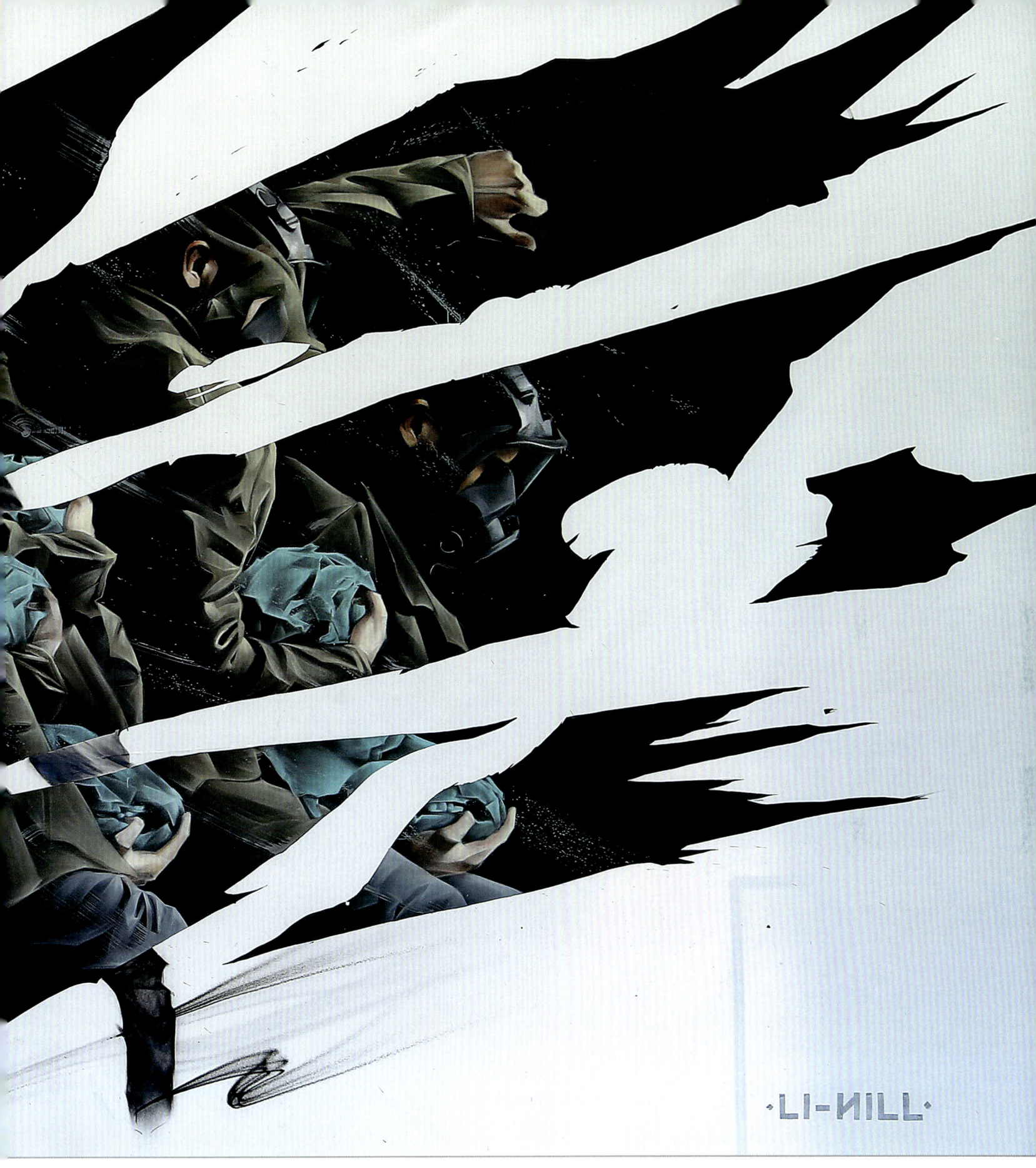

«Me atrae el arte figurativo, y trabajar en las calles me ha hecho
establecer un contacto directo con la gente, así como dotar
a mis figuras de sentimientos, visión y emociones más intensas».

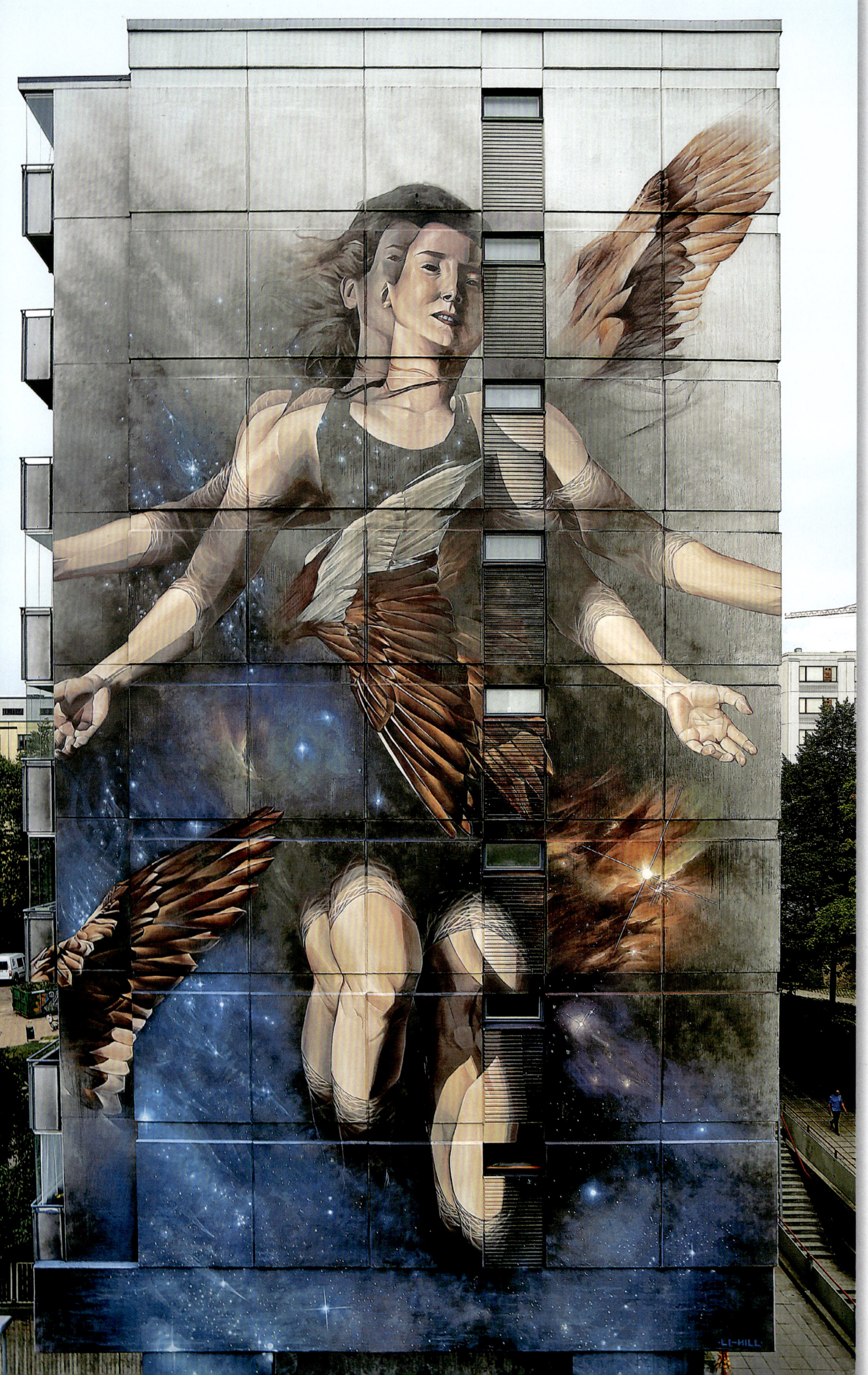

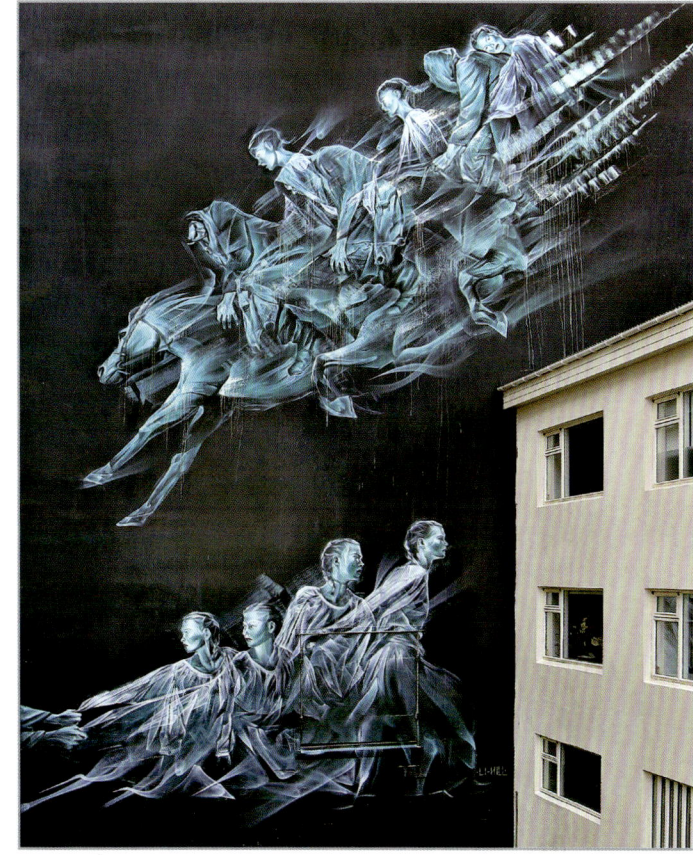

114 ILMATAR: Stinsgatan, Finlandia, 2018.

Inspirada en el Kalevala, epopeya nacional en la que se narra la historia de Ilmatar, la madre primordial de la mitología finlandesa y que, con su acción, contribuyó al auge de la cultura del país.

115 DEACON OF DARK RIVER: Reikiavik, Islandia, 2015.

Para esta pieza, realizada en colaboración con músicos islandeses, me inspiré en la canción de John Grant «Pale Green Ghost» y me mantuve en la línea del ambiente teatral de una antigua historia popular islandesa titulada «Djákninn á Myrká» («El diácono del río oscuro»).

»Me intrigó la idea de que "solidificar" el movimiento pudiera generar un instante que pueda examinarse, que el propósito del arte fuera congelar el tiempo y las emociones durante un instante. Detener ese preciso momento nos hace reflexionar sobre a dónde vamos y por qué, y nos ayuda a comprender nuestras motivaciones e impulsos», explica el artista.

Para Li-Hill, el arte tiene una misión especial y una visión política concreta. «Me rijo por la idea de que lo que llamo "arte de fusión" en imágenes es capaz de captar la atención de la gente, inducirla a reflexionar, descubrir significados ocultos o menos evidentes y dirigirse más allá de lo obvio para entrar en lo ambiguo. Detrás de todo este simbolismo se oculta también un gran significado político», prosigue.

Incluso los animales, muy presentes en todas sus creaciones, poseen un profundo valor: «Los animales fueron mi primer recurso para hablar de los problemas climáticos y medioambientales y de evocar historias y leyendas. En muchas de mis obras aparecen como fantasmas y representan un mundo futuro en el que la naturaleza se vuelve hostil, un mundo en el que los humanos han perdido la conexión con ella».

En cuanto a las figuras humanas, a menudo surgen de los encuentros que han marcado su vida de manera diferente. «Algunos de los personajes que pinto son amigos, a otros los invito a mi estudio para fotografiarlos y luego retratarlos. A veces le pido a la gente que represente el amor o la frustración a su manera, y después mezclo las imágenes para crear lo que busco [...]», explica.

El color desempeña una función simbólica concreta en la obra de Li-Hill. «Al principio pintaba solo en blanco y negro, y así lo hice durante siete años. Quería producir algo neutro, científico; pensé que así me resultaría más fácil congelar la acción. Mi posterior decisión de incluir el color me obligó a concretar más lo que quería decir y representar: de ahí que las figuras se hayan vuelto más reales y tangibles. Todo está en un estado de evolución constante», aclara.

Li-Hill recurre así a nuevas formas de expresión, como, por ejemplo, las instalaciones, que, en su opinión, representan el futuro y el progreso: «Me gusta alterar las barreras y el progreso, profundizar en el aspecto psicológico y explorar el entorno que me rodea. Las instalaciones son un reto [...]. Me llevan a aumentar mi implicación como activista, a explorar más temas como el cambio climático, la historia del colonialismo, la crisis del capitalismo [...]. Creo que la innovación y la tecnología son un medio para investigar el mundo que nos rodea. Creo que es ahí donde está el futuro», concluye.

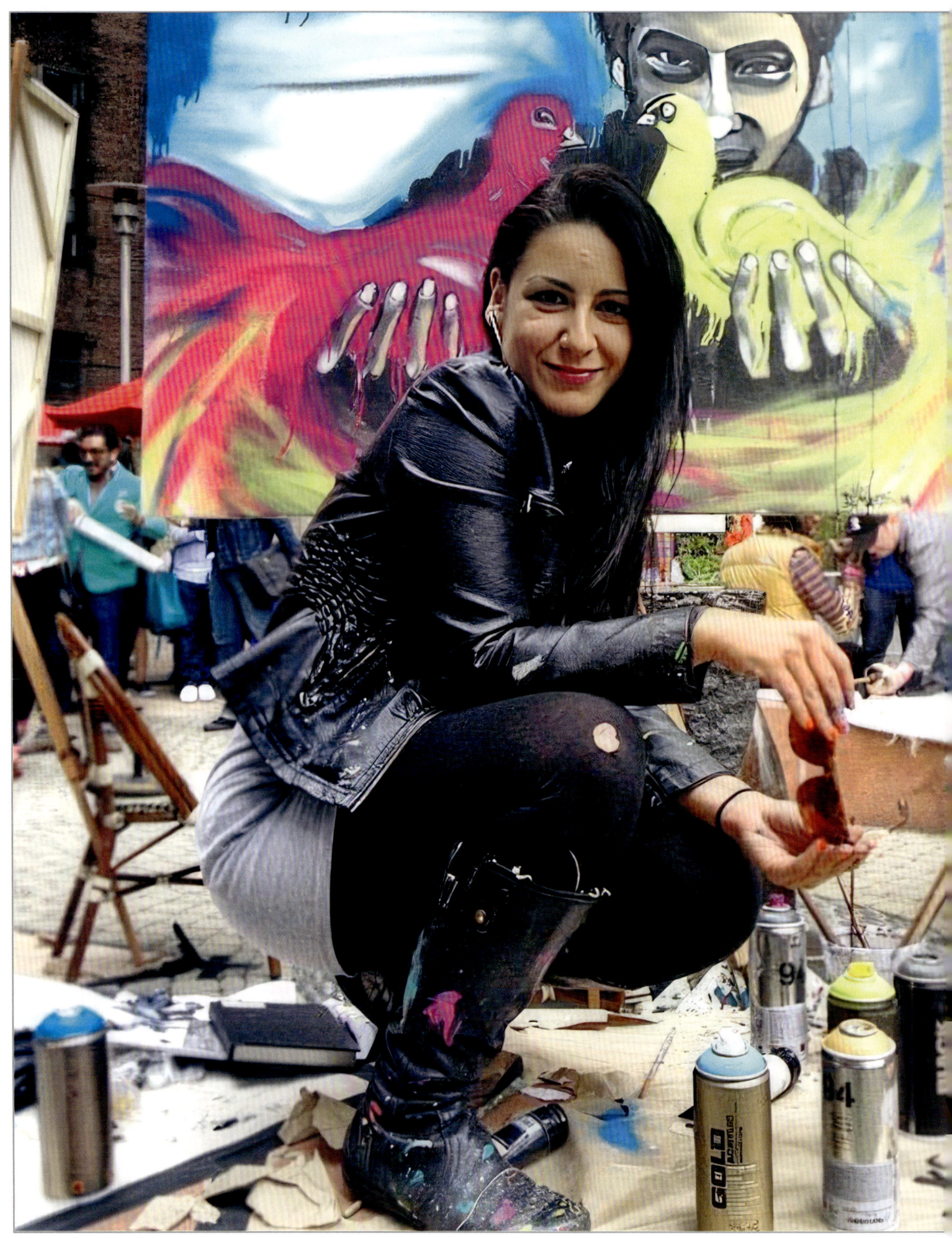

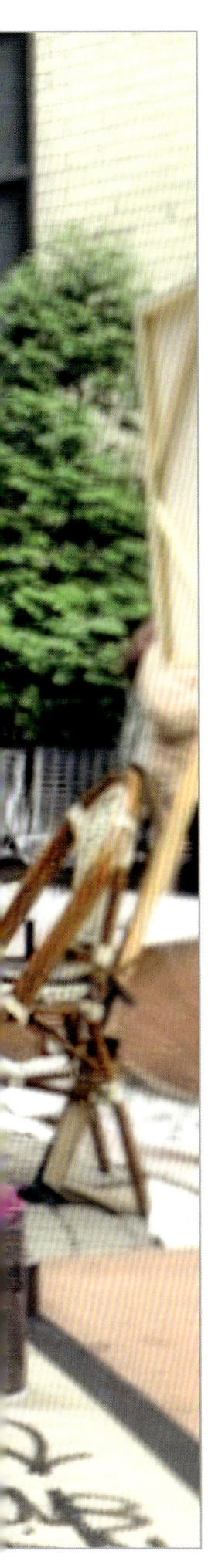

DANIELLE MASTRION

NARRADORA DE LA JUSTICIA SOCIAL, LOS DERECHOS HUMANOS Y LA IGUALDAD DE LA MUJER

«No sabría decirte qué es exactamente el arte para mí [...]. Siempre cuento una historia: la historia de una persona, de un lugar, de un barrio [...]. Quiero que mi obra represente algo que tenga significado y que sirva a un propósito educativo».

Además de una gran artista, es una persona extraordinaria. Sus palabras describen su arte como si fuera un poema preñado de significado, intenso, apasionado, hermoso. Entre los vivos colores que emplea y que resplandecen en las paredes como un espejismo de luz en un desierto urbano, descubrimos muchos rostros de mujeres, algunas famosas, otras extraordinarias. Danielle Mastrion sobre todo quiere concienciar e inspirar a la acción en este mundo, que ve lleno de contrastes, pero, aun así, maravilloso. «Quiero utilizar mi talento para hacer el bien [...]. De ahí que haya hecho muchos retratos inspirados en figuras universalmente reconocidas como símbolos de la justicia social —reflexiona—. El artista y activista Spike Lee es una figura que ha ejercido una enorme influencia en mí. Nací y crecí en Sheepshead Bay, un barrio de Brooklyn. Siempre he admirado el cine de Spike Lee, cuyos colores recuerdan a los de las pinturas. [...] Además, trata de un tipo de vida de barrio que conozco muy bien, y está repleto de personajes que parecen haber salido del mundo real. Entonces, un día, empecé a trabajar con él, y fue como un sueño hecho realidad. No cabe duda de que influyó en toda mi carrera y de que me llevó aún más hacia el activismo [...]». En concreto, Spike la invitó a trabajar en la edición especial de aniversario del DVD *Do The Right Thing* (*Haz lo que debas*), lanzada por The Criterion Collection. «Hice un gran mural en la fachada de 40 Acres & a Mule Filmworks, el estudio de producción que tiene en Fort Greene, considerado el nuevo Harlem de Nueva York, en un Brooklyn que estaba en pleno renacimiento creativo. El mural figuró en la carátula del DVD. Spike me pidió que hiciera dos pinturas para el folleto que acompañaba al disco, y luego me los compró para su colección personal. Nuestra colaboración no se quedó ahí, sino que continuó con otros proyectos —recuerda, dejando claro lo importante que ha sido para ella trabajar con otros artistas a los que admira y en los que se inspira—. Es precisamente este espíritu comunitario el que ha aumentado mi deseo de implicarme cada vez con en el espacio público. En primer lugar, siempre he pintado rápido y a gran escala. Pintar sobre lienzo es algo que haces solo para tus ojos, pero cuando te dedicas al *street art*, tienes que hacerlo más para los demás que para ti misma.

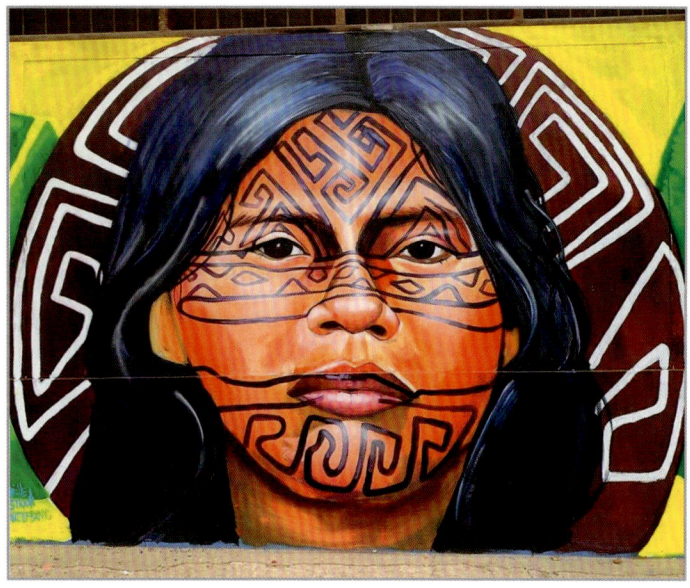

»De ahí que considere importante representar a los activistas. Pinto a figuras famosas que puedan inspirar a otras personas o que hayan hecho cosas extraordinarias; quiero que se las conozca y que se reconozca su valor. No son celebridades, pero sin duda son héroes: uso mi talento para rendirles homenaje. Quiero darles voz. No estoy en política ni represento a ninguna asociación sin ánimo de lucro, pero quiero utilizar el arte para invocar el cambio, para ayudar a los demás; por ello intento colaborar con muchas organizaciones comprometidas con la protección de los derechos humanos y del medio ambiente y que apoyan otras causas en las que creo», aclara la artista.

Danielle apoyó el movimiento Black Lives Matter y, comprometida con diversos proyectos de este tipo, trabajó en 2012 con la organización Brave House & GenEquality. Aspira a hacer algo positivo.

Danielle es además una activista que aboga por la igualdad de derechos de la mujer, pues sabe lo difícil que sigue siendo hoy en día que a las mujeres se les reconozcan sus méritos en el mundo del arte. «A lo largo de mi carrera he padecido demasiados abusos y acoso mientras pintaba en las calles [...]. Aunque es verdad que nunca he sufrido discriminación a la hora de asignarme un trabajo, por razones de seguridad personal nunca he podido trabajar de noche, como sí hacen muchos hombres», señala. Danielle detesta cuando la gente se refiere a ella como *female artist* («mujer artista»)... «A los hombres nunca se les define así. Estoy orgu-

llosa de ser mujer y de trabajar en este ámbito, pero quiero que se me considere artista, sin más. Espero que cada vez haya más mujeres activas en esta profesión y que, así, no tardemos en alcanzar la igualdad», sostiene. Se siente mentora de la nueva generación. «De las muchas figuras importantes que me han ayudado, guiado e inspirado, la más importante para mí ha sido Meres One, comisario del histórico proyecto 5POINTZ en Long Island City, Queens. Fue él quien, en 2012, me dio mi primera pared para que la pintara con aerosol: aunque era la primera vez que utilizaba esta técnica, estaba convencido de que crearía algo mágico —explica—. «Hoy en día vivo rodeada de una sólida comunidad de mujeres artistas, amantes del arte, escultoras, fotógrafas, músicas: trabajamos juntas y nos damos apoyo mutuo en nuestros proyectos. Además, he empezado a dar clases de vez en cuando, y esta actividad me está dando muchas satisfacciones», señala.

Danielle recibió formación clásica en pintura, pero después se introdujo en el *street art* por su cuenta. «Decidí matricularme en la Parsons School of Design de Nueva York porque, además de ser una institución prestigiosa, me ofrecía la posibilidad de estudiar pintura al óleo, dibujo y diseño.

118 CERÁMICA: Pucallpa, Perú, 2019.

119 MY FLOWER LADY: Nueva York, Estados Unidos, 2016.

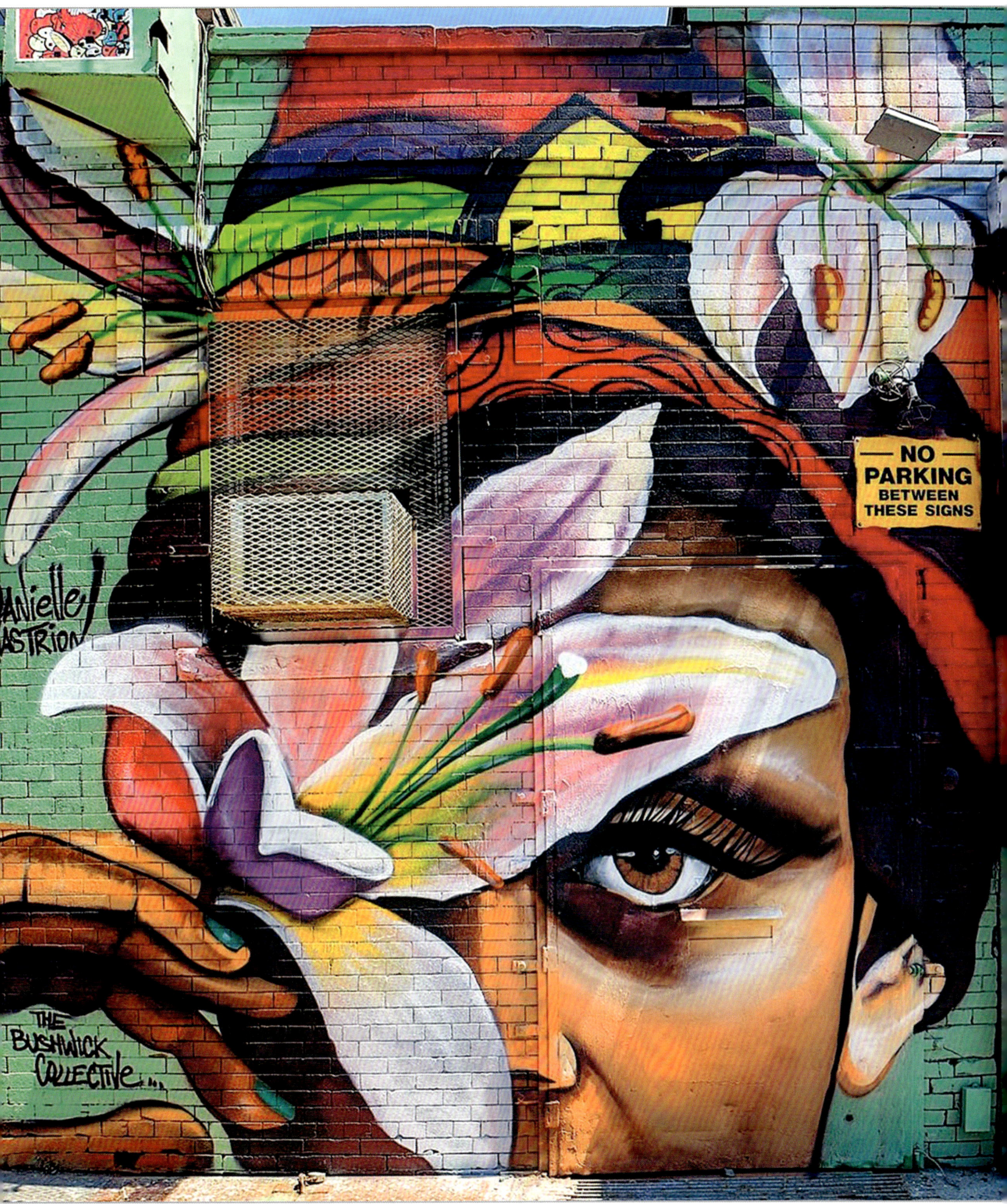

Hoy en día, cuando me pongo a trabajar empiezo con una fotografía o haciendo un boceto [...]. A veces hago fotografías, a veces me dejo inspirar por cosas que descubro navegando por Internet. Tengo la convicción de que nunca se deja de aprender, por eso no dejo de intentar perfeccionar mi técnica», afirma.

En el arte de Danielle, los colores adquieren un profundo significado: «Me encanta pintar con colores vivos y utilizar muchos colores. Estoy segura de que es algo que, además, le llama la atención a personas que por lo general no se detienen a mirar y no comprenden la capacidad del arte para despertar emociones. En invierno, Nueva York puede ser muy gris durante meses. Espero que la contemplación de mis colores brillantes en las paredes pueda evocar alegría, ayudar a quienes están deprimidos, hacer que todos se sientan mejor. Para mí, los colores brillantes simbolizan la felicidad».

Danielle creció en Brooklyn en las décadas de 1980 y 1990, cuando Nueva York estaba llena de grafitis y color. «En cuanto al *street art*, mi primera fuente de inspiración vino sin duda de las propias calles y de lo que veía en las paredes, aunque mi madre desempeñó un papel crucial en mi desarrollo artístico.

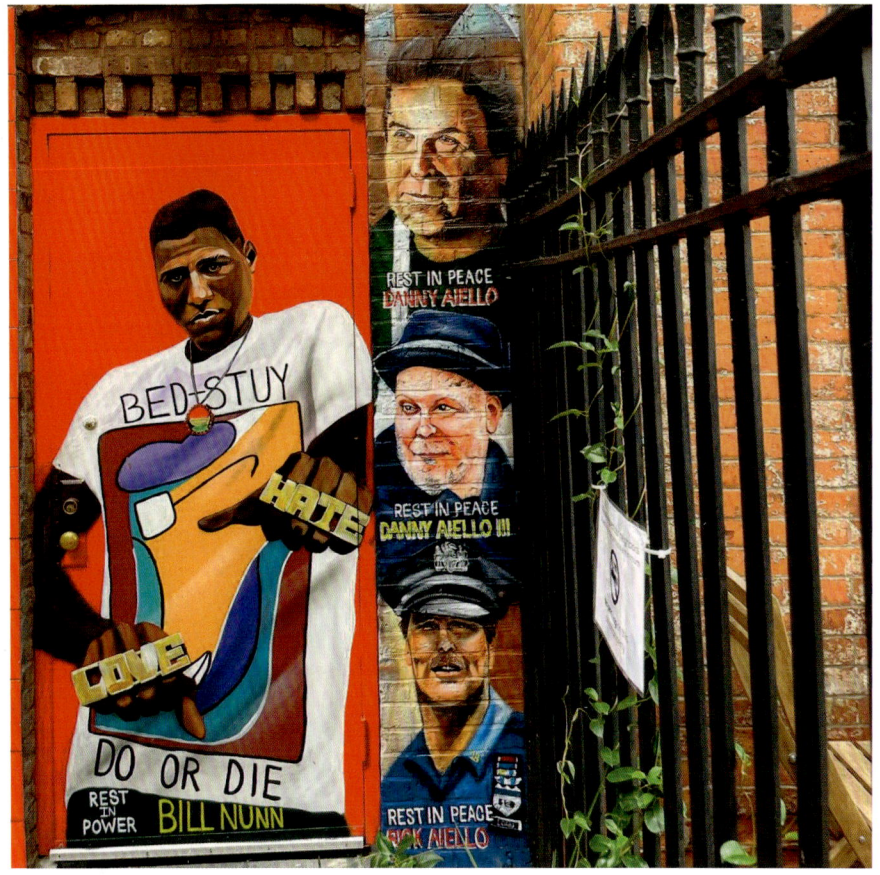

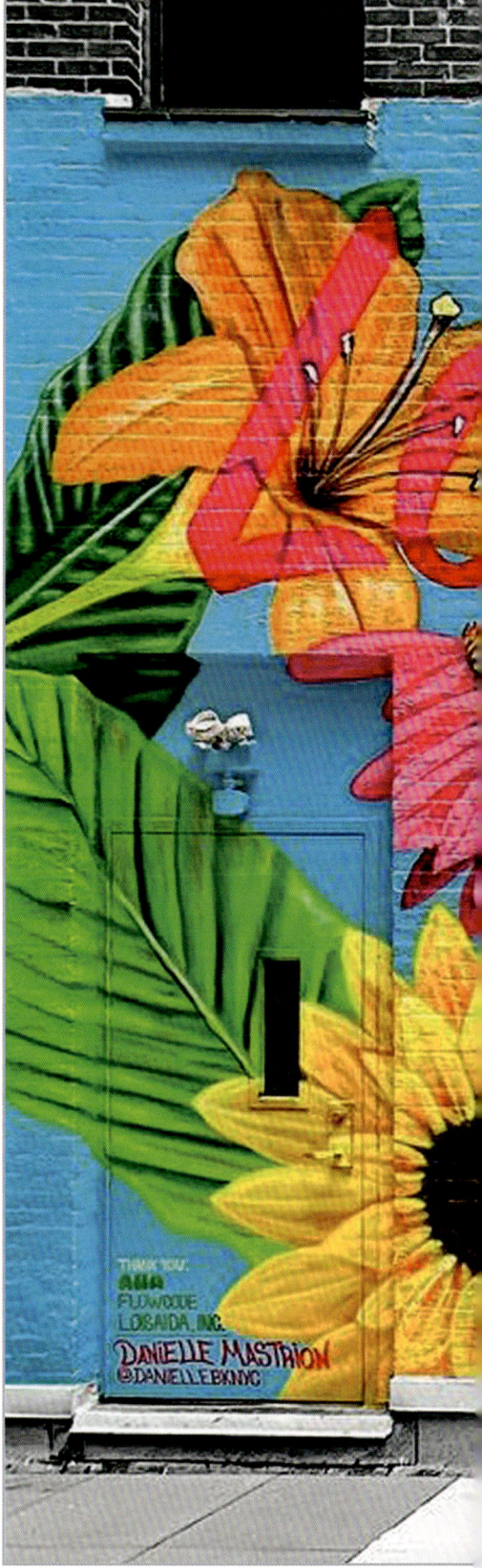

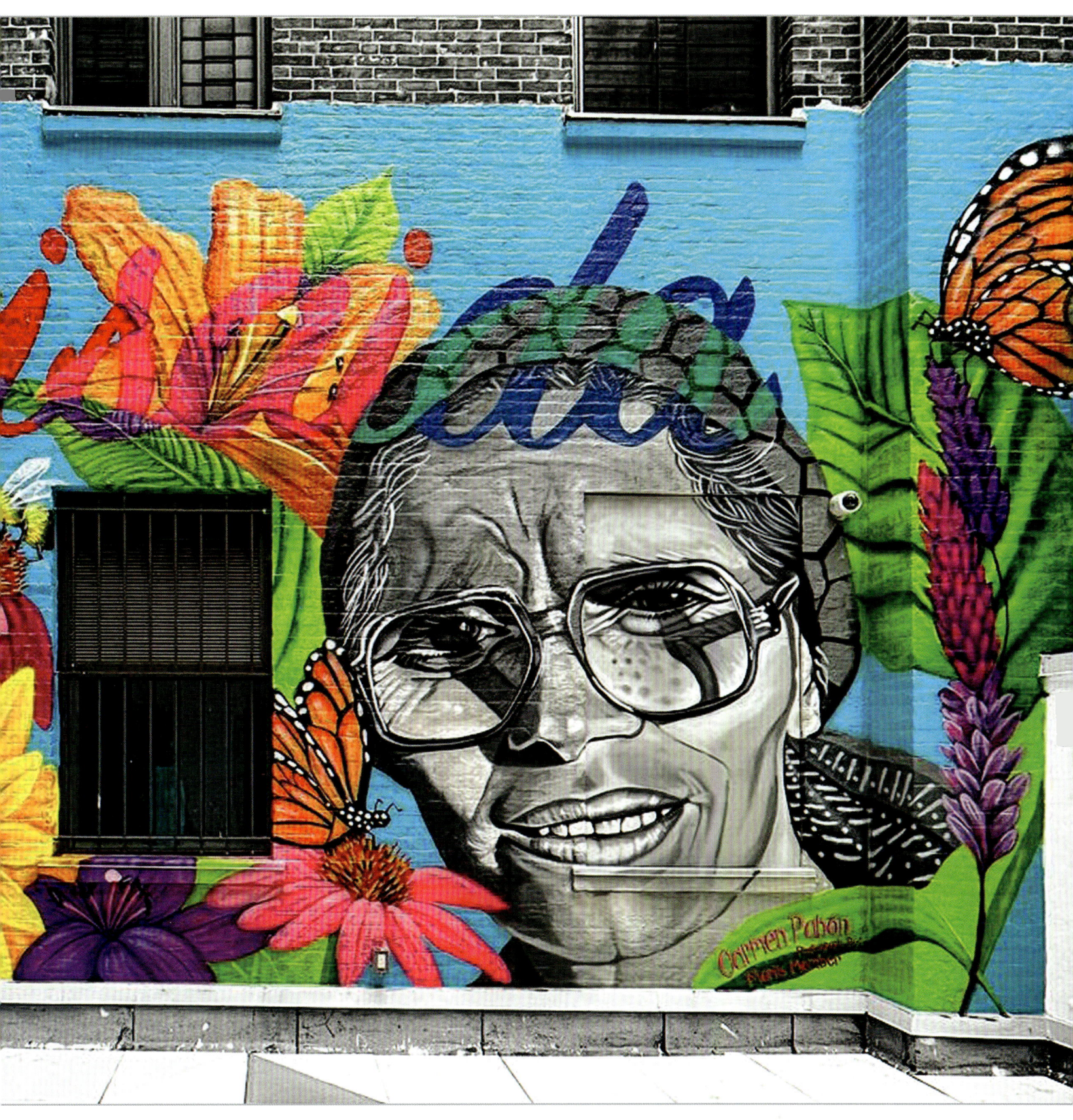

120 DO THE RIGHT THING ANNIVERSARY: Nueva York, Estados Unidos, 2019.

120-121 CARMEN PABÓN: ciudad de Nueva York, Estados Unidos, 2021.

«No estoy en política ni represento a ninguna asociación sin ánimo de lucro, pero quiero utilizar el arte para invocar el cambio, para ayudar a los demás [...]».

»De hecho, me llevaba cada semana a un museo de Nueva York, y las obras que pude admirar en el MoMA o en el Metropolitan Museum of Art me atravesaron el alma [...]», recuerda.

«Estoy muy agradecida por haber nacido en una ciudad tan excepcional. Nueva York es el lugar más diverso y ecléctico del mundo, y es de una multiculturalidad absoluta: las más variadas tradiciones, culturas, religiones y lenguas coexisten aquí en un conjunto armonioso. Nueva York ha sido y sigue siendo terreno fértil para los movimientos artísticos y para el fomento de todas las formas de expresión creativa. Es una ciudad que rezuma magia y en la que puede suceder cualquier cosa en cualquier momento. Además, está Coney Island, están la playa y el mar, y muchos artistas. Aquí se siente el deseo de expresarse y crear. Soy una enamorada de Coney Island; es un lugar con el que siento una conexión especial».

Danielle sabe que seguirá trabajando en paredes, aunque no le importa hacerlo en las galerías, donde le gusta organizar atractivas exposiciones. «Desde luego que soy consciente de que las galerías de arte no atraen a mucha gente y que son más elitistas. Por eso pongo mi arte al alcance de todo el mundo con el *street art*, el cual, estoy segura, siempre formará parte de mí. ¿Mi deseo? Trabajar en muchos proyectos nuevos en todo el mundo, no solo en mi Nueva York, que ya he cubierto de murales y color [...]. Quiero ampliar mis conocimientos y mi experiencia, quiero evolucionar y seguir mejorando», concluye.

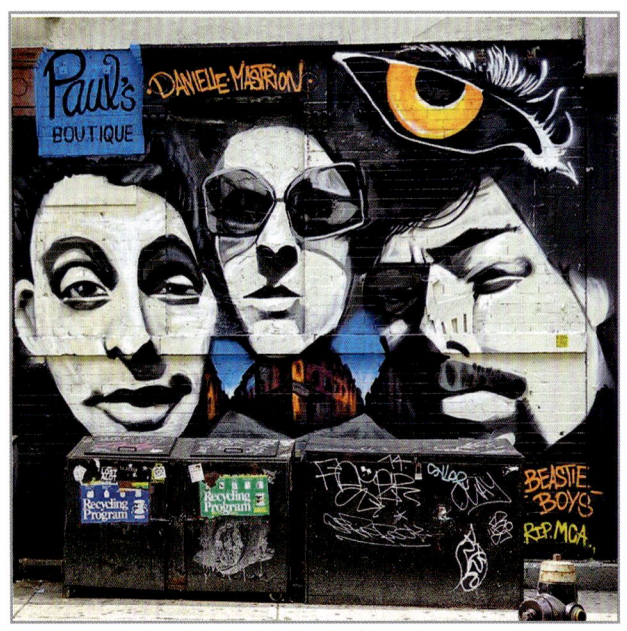
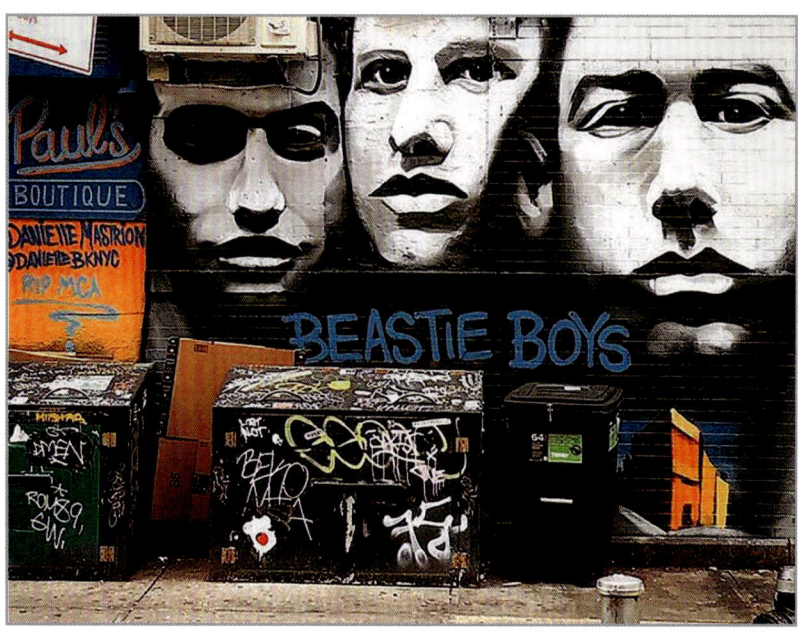

122 y 123 BEASTIE BOYS: ciudad de Nueva York, Estados Unidos, 2013-2014.

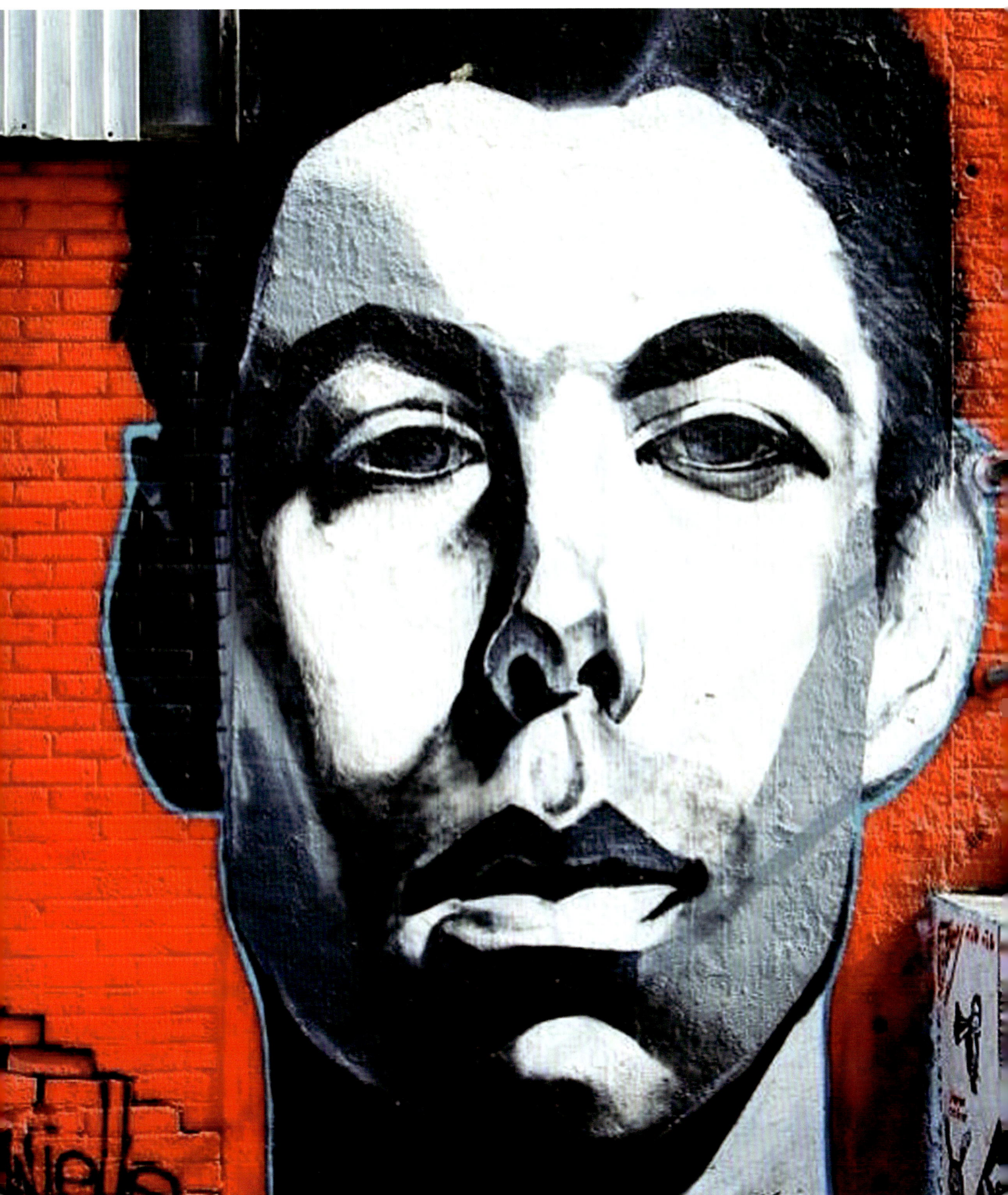

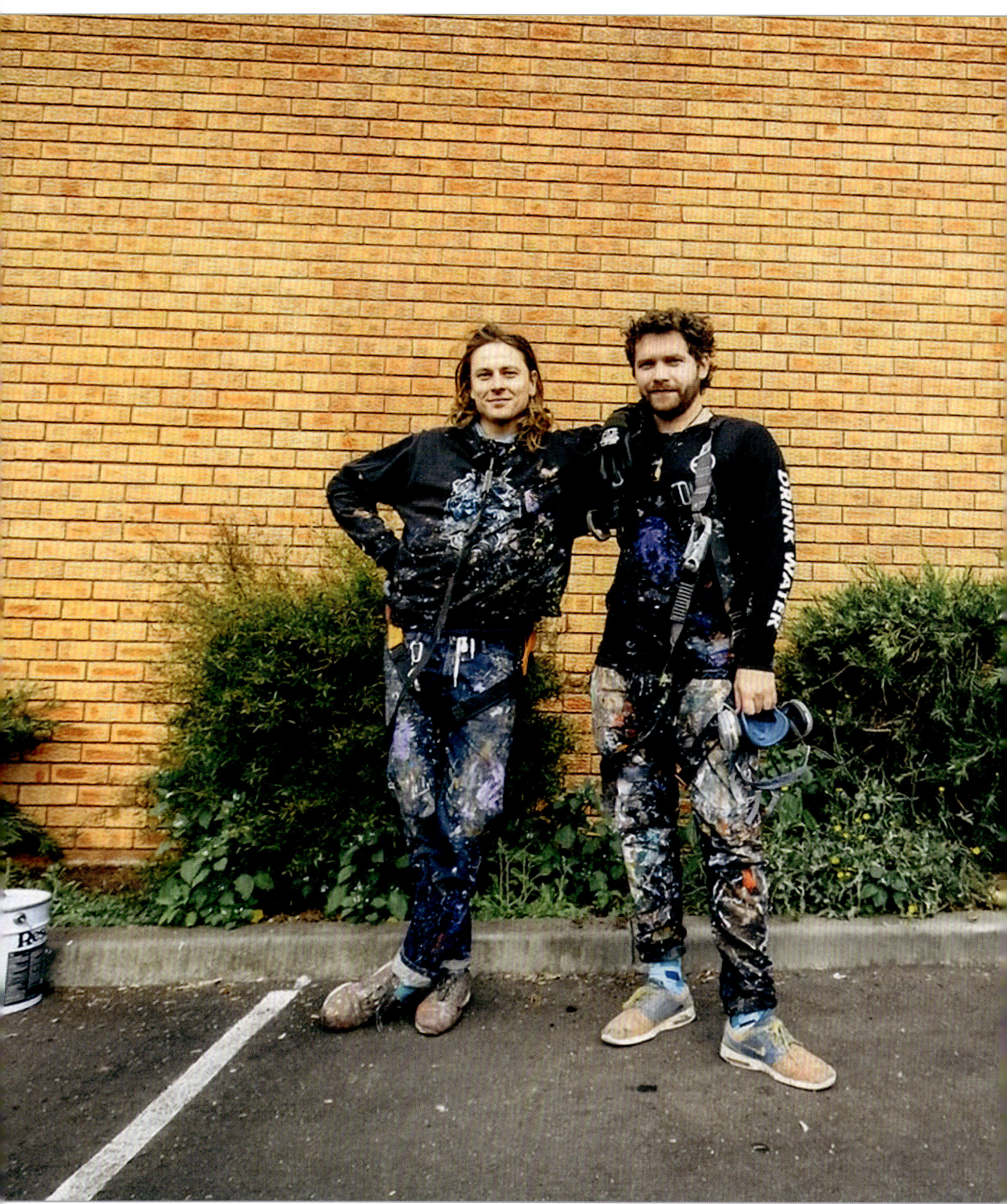

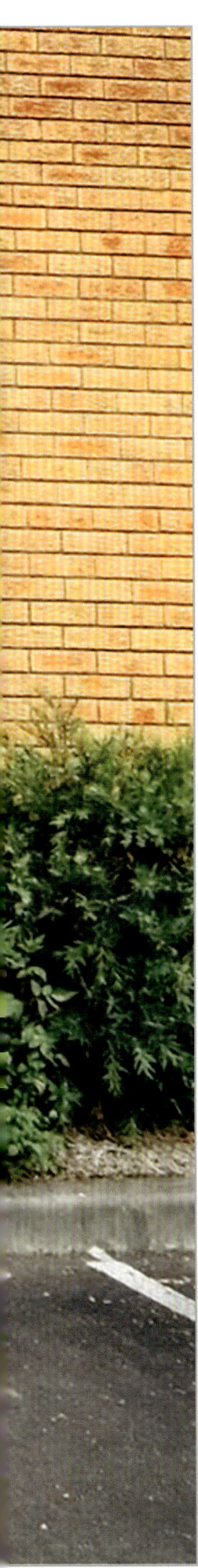

SCOTT NAGY & KRIMSONE

PROFETAS DE LA FLORA Y LA FAUNA
Y DE LA IMAGINACIÓN CREATIVA

«Preferimos que nos califiquen de artistas. Nos consideramos artistas
multidisciplinares y muralistas más que practicantes de street art.
Nuestro estilo está influido por el surrealismo, por la flora y la fauna,
y le prestamos especial atención a la luz y al color».

Este dúo conforma una voz colectiva que aboga por la naturaleza y el mundo animal, del que se sienten custodios; son profetas de colores intensos y tenebrosos, de luces y sombras, equilibristas tan capaces de evocar universos exóticos y lejanos como de suscitar sensaciones mágicas y fascinantes.

Krimsone es una artista multidisciplinar que experimenta sobre todo con pintura en aerosol. «Mis creaciones artísticas se centran en la flora y la fauna; he desarrollado un estilo fantasioso, repleto de complejos motivos compositivos y con mucho color. Rara vez trabajo con un punto de referencia tangible y concreto. Prefiero sacar las ideas de mi imaginación y transformarlas en formas físicas, signos, colores», explica la artista.

Scott Nagy también se considera artista multidisciplinar y, sobre todo, pintor. Le encanta hacer retratos, los cuales tienen un estilo singular y destacan por su habilidad en el manejo de los contrastes y su imaginación, de la que a menudo surge su fascinación por la noche y por el lado oscuro. «Mis retratos están hechos con una especial atención a los detalles. Me encanta jugar con técnicas de iluminación, como el claroscuro, que se relaciona con la moda actual del tenebrismo en el arte», afirma. «Krimsone y yo nos criamos juntos en las Blue Mountains, un parque nacional al oeste de Sídney, en Nueva Gales del Sur, Australia —explica Scott—. El parque está repleto de hermosas montañas y bosques de eucaliptos. Se trata de un lugar realmente mágico y especial, hogar de muchos artistas que acuden a él en busca de inspiración y donde, según la tradición popular, aún hay brujas [...]. La magia y lo sugerente de estas tierras vírgenes son increíbles».

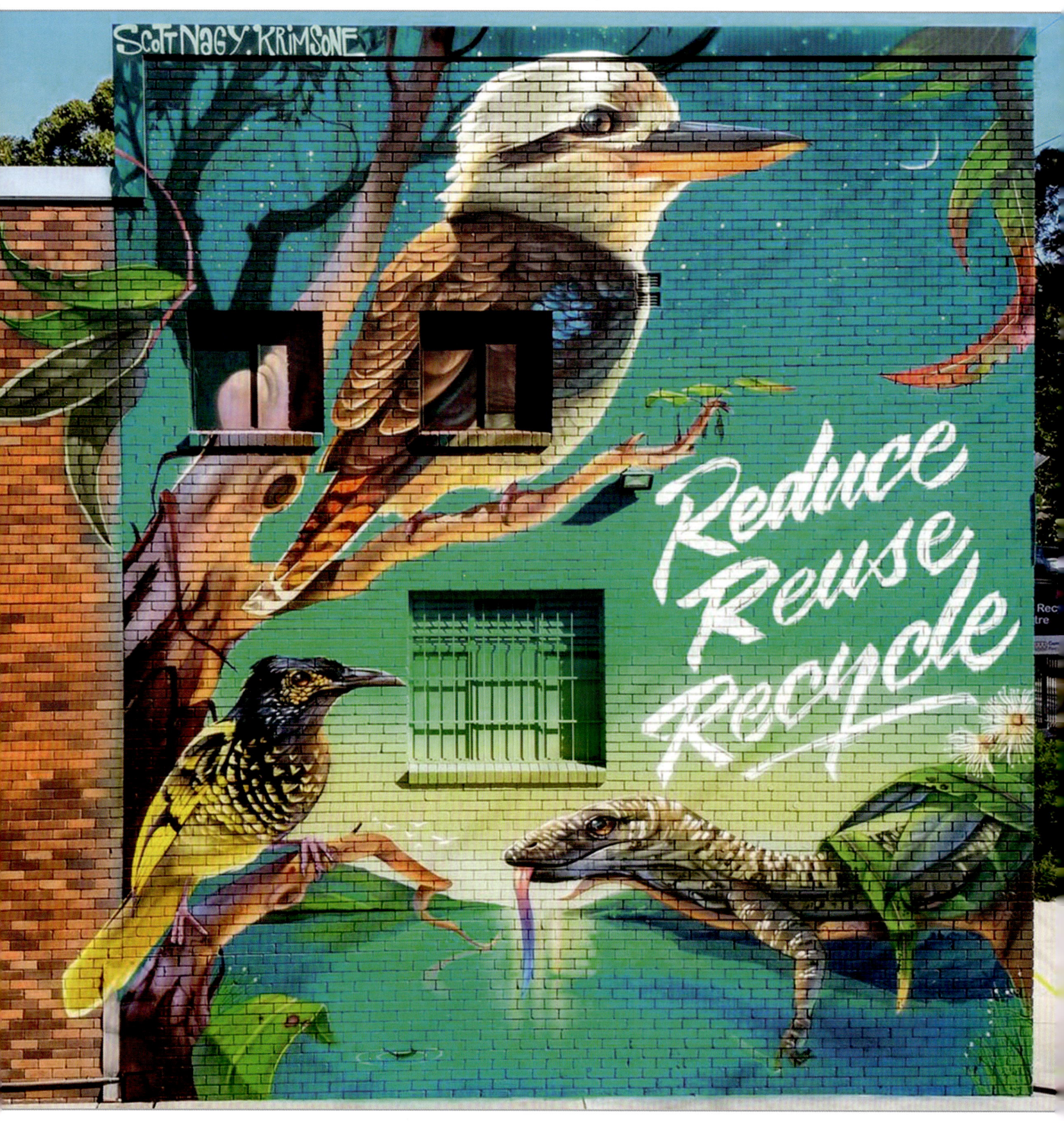

126 COMMUNITY RECYCLING CENTER: *Thornleigh, Australia, 2020.*

127 WATER TOWER: *Milbrulong, Australia, 2020.*

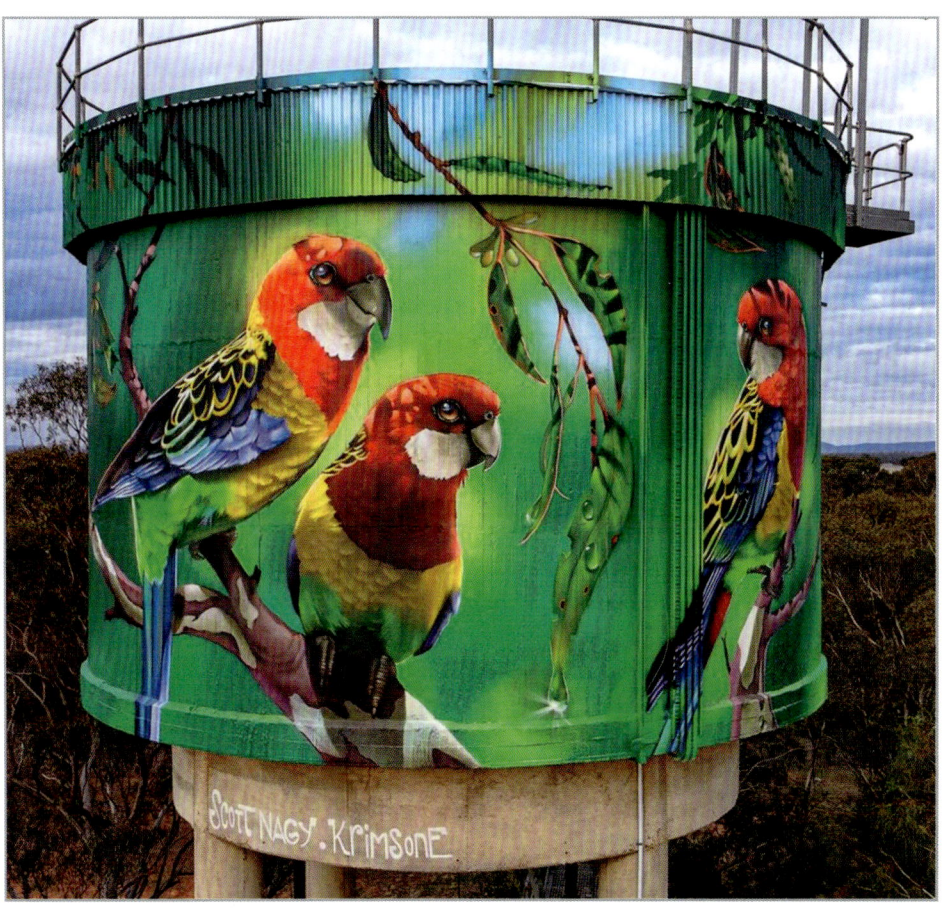

Las Blue Mountains deben su nombre a las gotas de aceite azul que hay en la atmósfera y que proceden de la densa vegetación de eucaliptos, en cuyas ramas se detienen a descansar loros multicolores y otras criaturas exóticas. «Nos hemos inspirado en la naturaleza de nuestra tierra. Nos hemos acercado a las artes a través del grafiti y de la escena artística relacionada que se desarrolló justo en esas montañas cuando éramos jóvenes. Después pasamos a los murales y a las bellas artes a base de estudiar y pintar, pero seguimos aferrados a nuestras raíces», prosigue Scott. «Aprendí a pintar con aerosol gracias a los artistas con los que tenía contacto, y me enamoré enseguida de la técnica», señala Krimsone. Tras trasladarse a Sídney, estudió en la National Art School de Darlinghurst, donde aprendió teoría y técnicas artísticas tradicionales. Después se licenció con especialización en grabado, técnica que es a la que más se dedicó en aquellos años. No obstante, siguió pintando en las paredes y fue sintiendo cada vez más entusiasmo por el arte de la pintura mural. «Para mí, el arte tiene muchos significados y diversos objetivos. Es una válvula de escape creativa. Es una herramienta que me permite entrar en contacto conmigo mismo. Quiero reflexionar y, luego, poder transmitir mi experiencia personal a través de mi arte, como si fuera una ventana a mi alma, a mi esencia más íntima. Pero para mí lo más importante es el mero acto de crear una obra y saborear la sensación de libertad que me proporciona», explica Krimsone.

«El arte tiene ese mismo significado para mí. Intento crear un mundo en el que el espectador pueda entrar y una atmósfera que se pueda explorar», explica Scott. Empezó a pintar de niño con aerosol junto a algunos de los grafiteros locales más famosos. Más adelante estudió Bellas Artes en el Nepean Arts and Design Center, donde aprendió a prac-

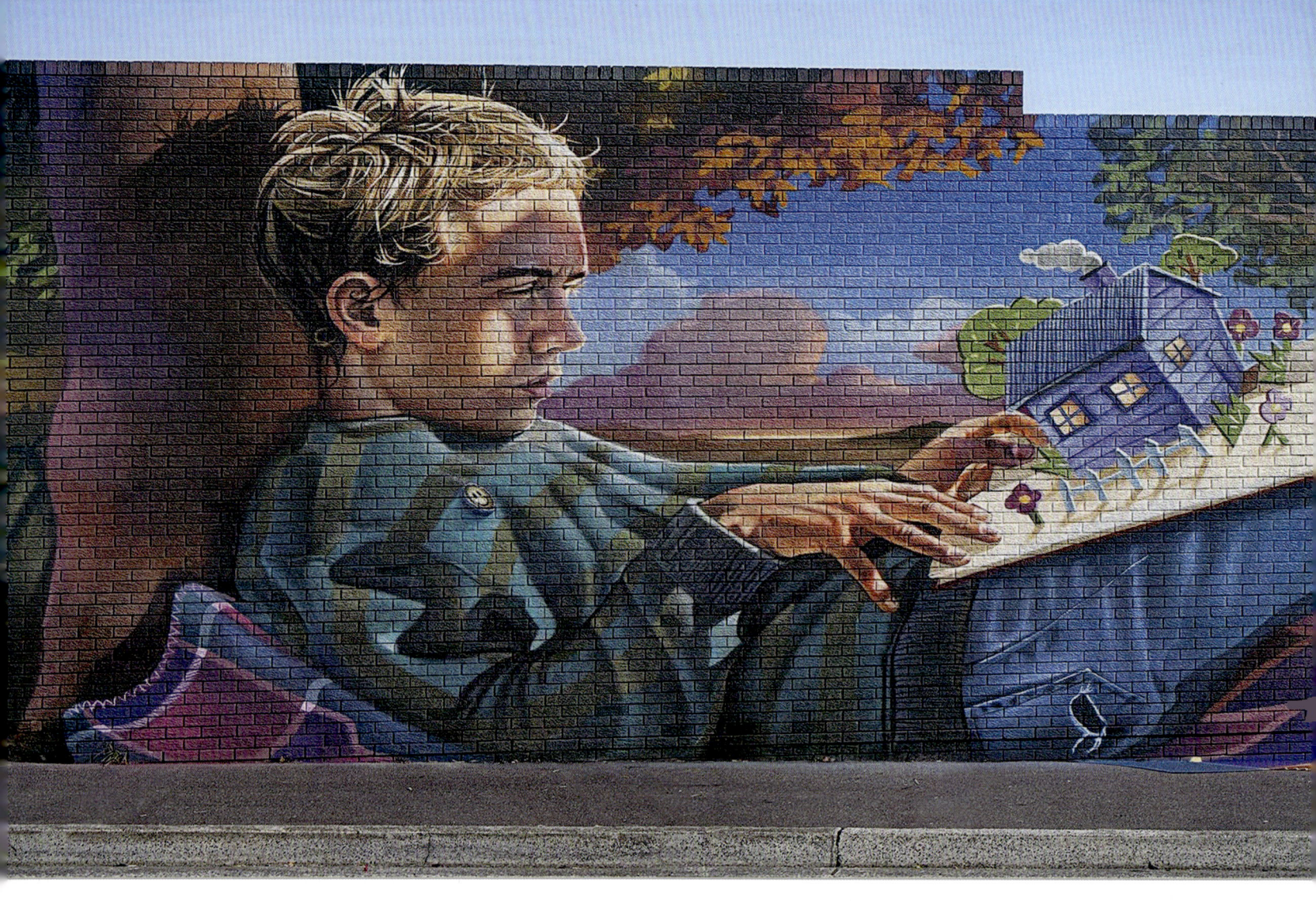

ticar gran cantidad de estilos pictóricos tradicionales al tiempo que perfeccionaba el uso del color y profundizaba en el conocimiento de la perspectiva. Desde 2015 pinta murales para la organización sin ánimo de lucro Street Art Murals Australia (SAMA). «Disfruto con el proceso de adaptarme a las instrucciones de los clientes y me encanta pintar en espacios públicos, donde mi obra forme parte de la comunidad», explica el artista.

Las raíces y los motivos de la colaboración de Scott y Krimsone son profundos. «Empezamos a pintar grafitis juntos cuando éramos muy jóvenes, y nuestro estilo evolucionó de forma natural a partir de aquellas primeras experiencias. Aunque por lo general trabajamos juntos, también abordamos por separado encargos o ámbitos de estudio que nos gusta explorar por nuestra cuenta», señala Scott.

Las obras del dúo destacan por el uso del claroscuro, por la inspiración que toman del tenebrismo y del surrealismo y por el excepcional uso expresivo que hacen de estimulantes, emocionantes, embriagadoras y osadas formas y colores. «Nos gusta pintar (por lo general, con una óptica romántica) relatos coloridos y oníricos que hablen de la relación entre el ser humano y la naturaleza», explica Scott.

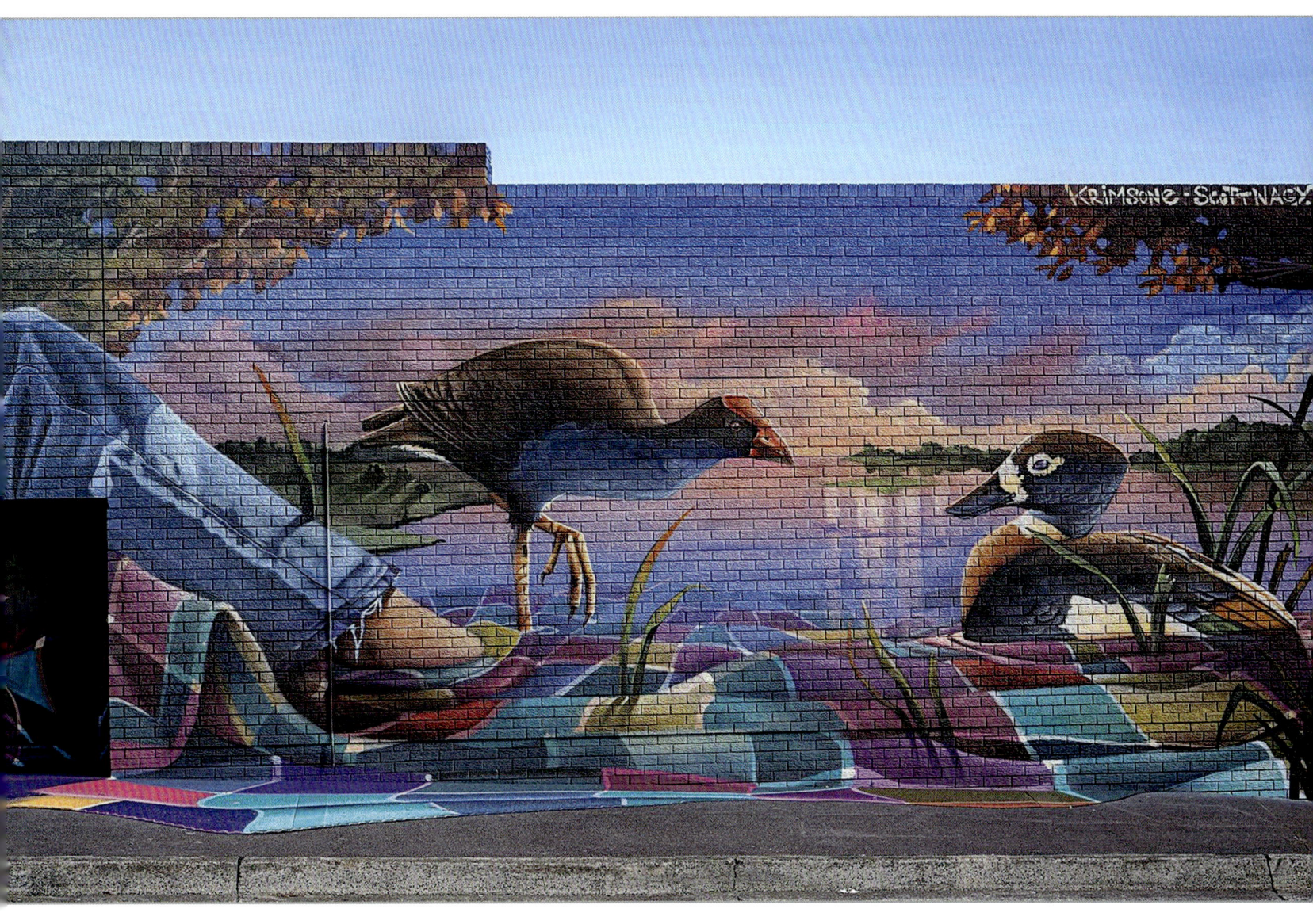

Y los colores (brillantes, intensos, fuertes y potentes) forman parte de la forma que tienen de comunicarse con el mundo. «A los dos nos fascinan los colores, y cada vez que pintamos aprendemos más sobre ellos. Intentamos utilizar el color para crear ambiente y darles vida a nuestras escenas. Siempre que intentamos ceñirnos a una gama cromática tenue, a menudo acabamos seducidos por colores más vibrantes y tendemos a utilizar todos los del arcoíris», admite Scott.

La inspiración del dúo procede de un amplio abanico de fuentes muy diversas. «A veces viene del mundo natural, otras de un contexto social o de un acontecimiento concreto; urdimos historias en nuestra cabeza e intentamos representarlas con ayuda de nuestra imaginación», dice Scott a la hora de esbozar el proceso de desarrollo que utilizan, el cual se basa en valores y criterios que ambos comparten de una forma apasionada.

128-129 *DAY DREAMER: Albion Park, Shellharbour, Australia, 2021.*

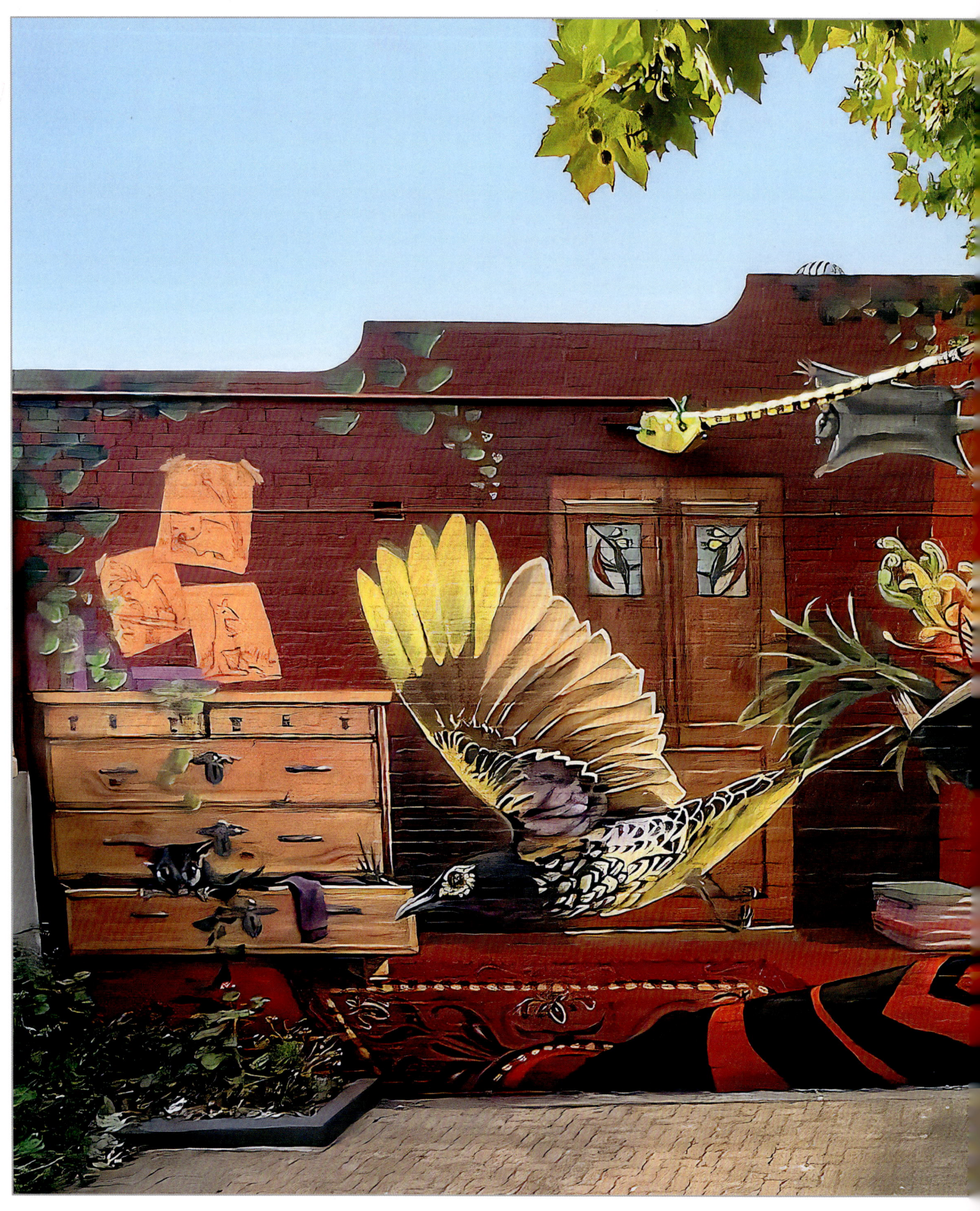

130–131 BEDTIME STORY: Barraba, Australia, 2021.

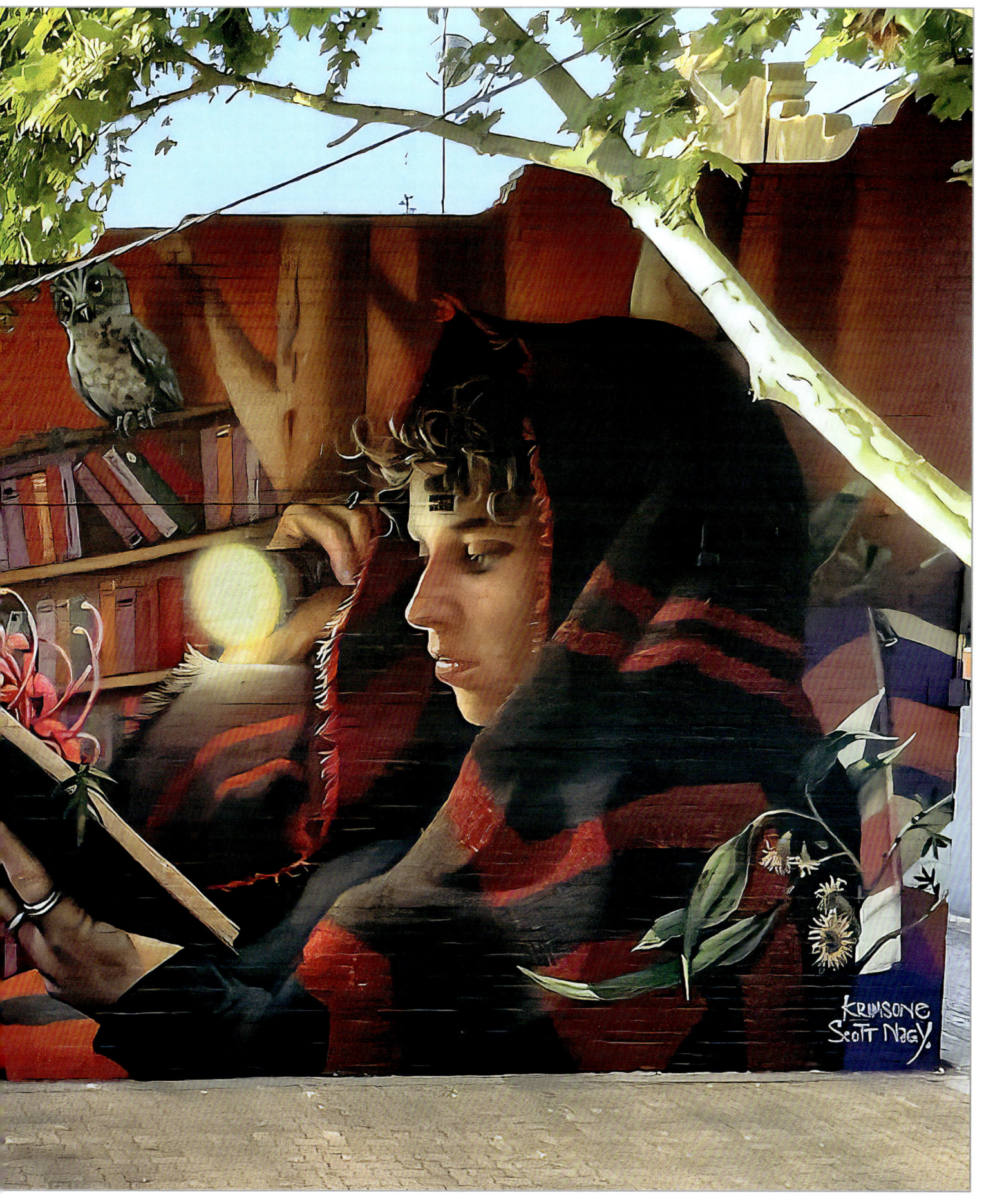

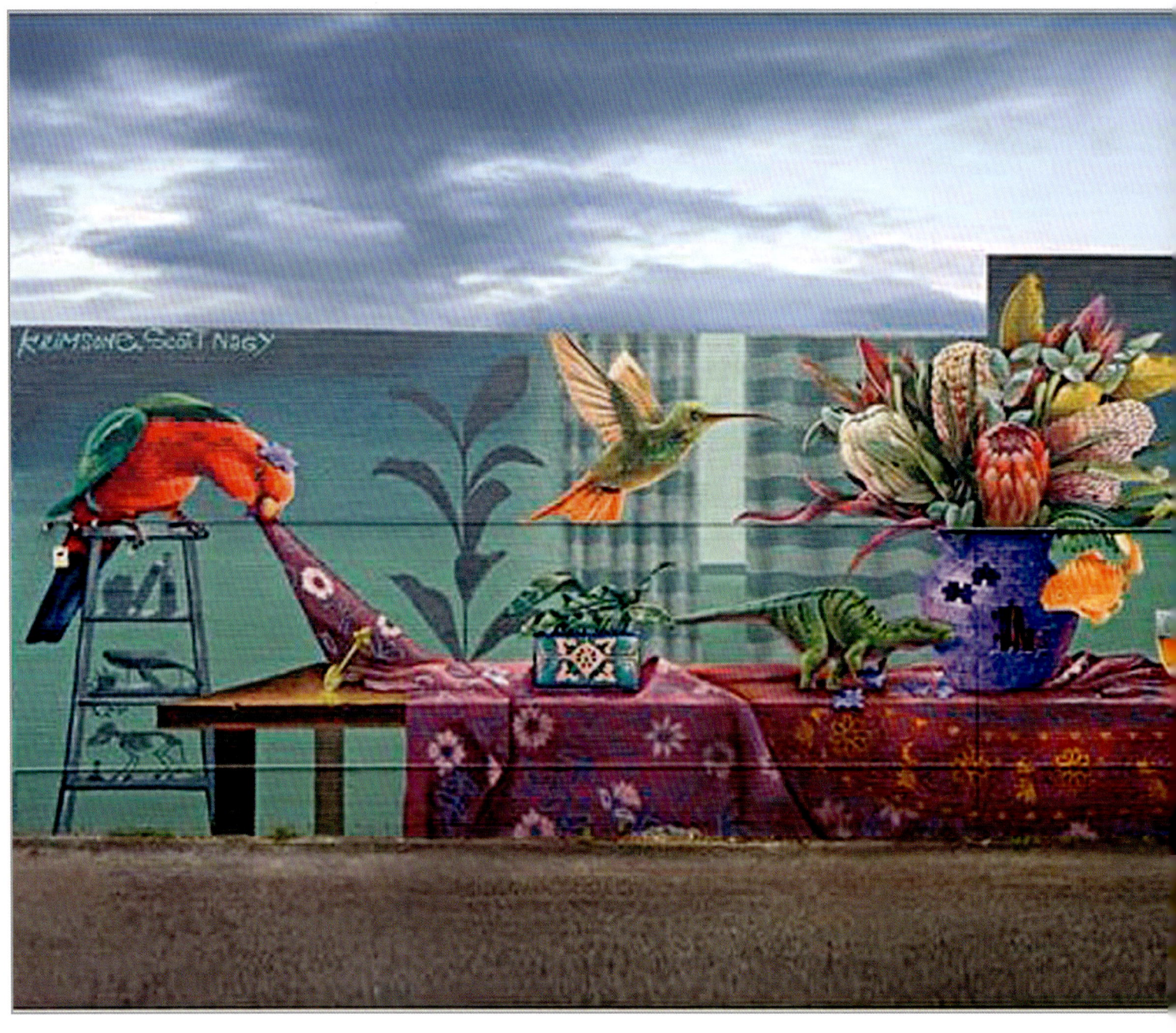

«A los dos nos fascinan los colores, y cada vez que pintamos aprendemos más sobre ellos. Intentamos utilizar el color para crear ambiente y darles vida a nuestras escenas. Siempre que intentamos ceñirnos a una gama cromática tenue, a menudo acabamos seducidos por colores más vibrantes y tendemos a utilizar todos los del arcoíris».

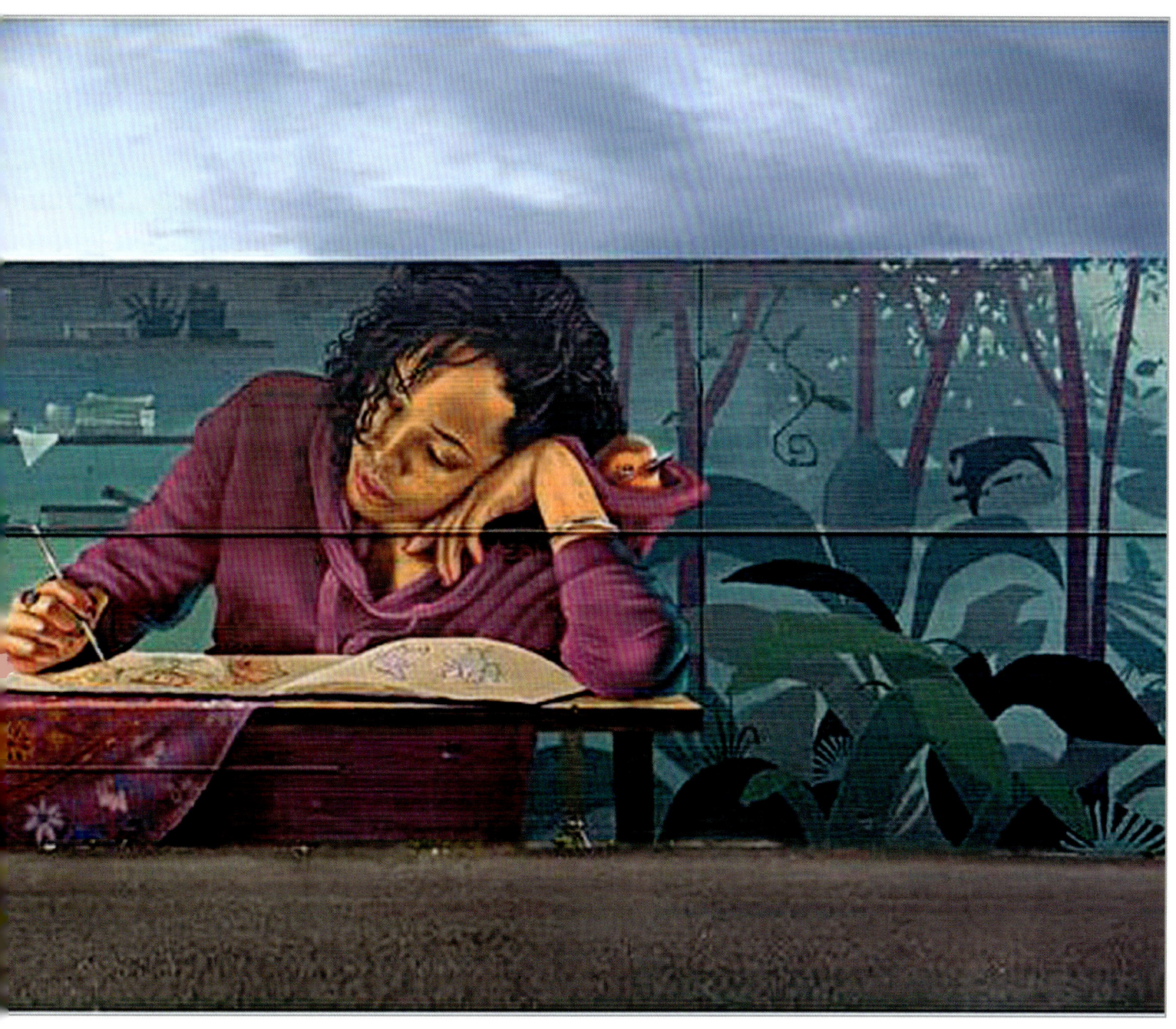

«Apreciamos el medio ambiente y respetamos el lugar del que procedemos. Además, disfrutamos de lo que la vida nos ofrece y hacemos todo lo posible por no ajustarnos a las normas convencionales sobre cómo se debe vivir. Nos enorgullecemos de pensar de forma diferente e intentamos reírnos y tener la mente abierta con todo lo que experimentamos», afirman tanto Scott como Krimsone, como si cada uno fuera el *alter ego* del otro. Lo cierto es que son la prueba viviente de que la colaboración productiva de dos mentes y espíritus que comparten valores, principios e ideas puede dar lugar a algo verdaderamente extraordinario y poderoso: un torbellino de creatividad que, como el batir de las alas de una mariposa, es capaz de cambiar el mundo a través de sus vibraciones.

122-123: Sídney, Australia, 2021.

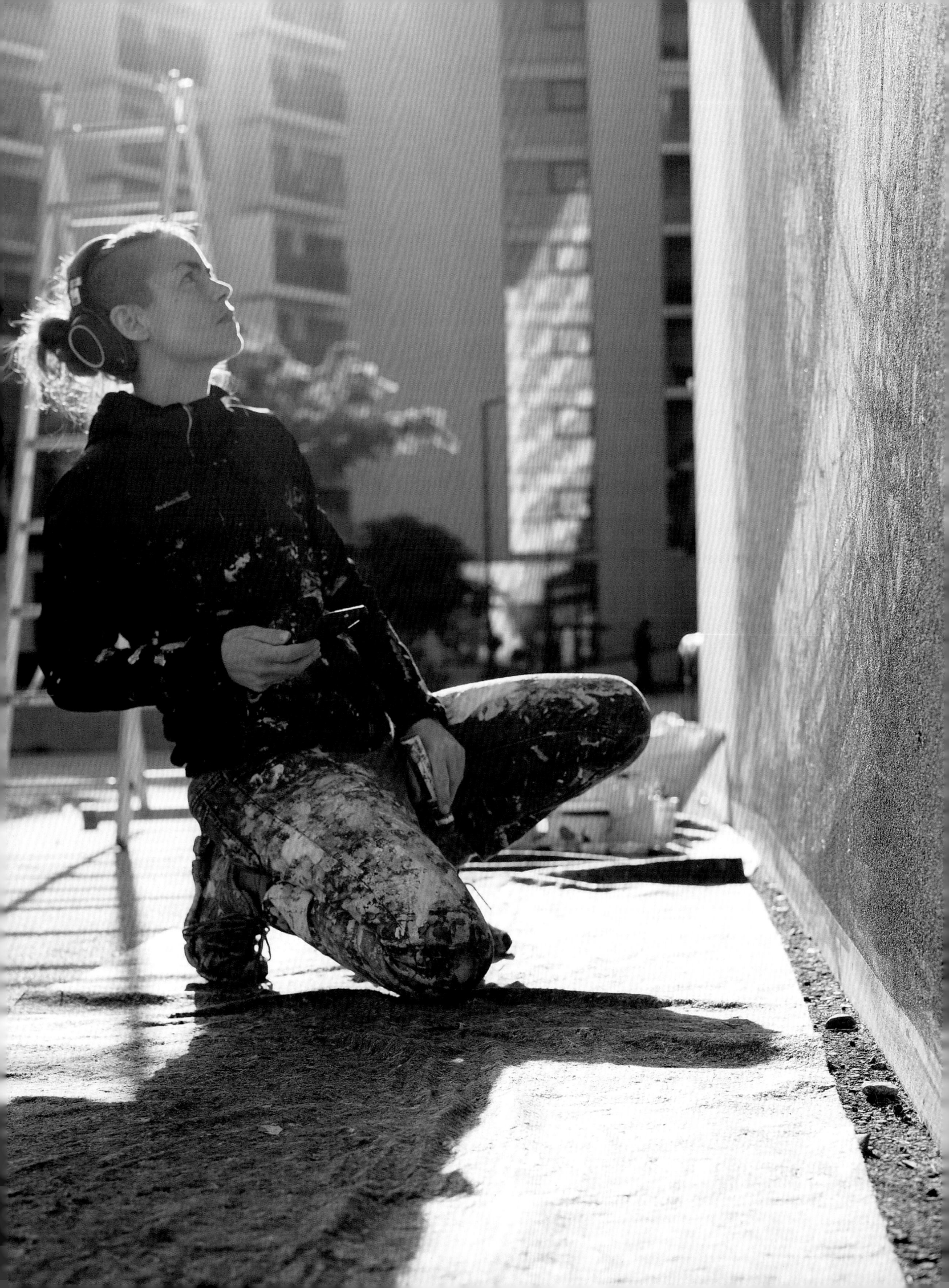

JACOBA NIEPOORT

INTERPRETACIÓN DEL LENGUAJE CORPORAL EN LA CONEXIÓN ENTRE NATURALEZA Y HUMANIDAD

«El arte implica comunicación, pero no solo con los demás: es comunicación conmigo misma, un examen interno que me acerca a la comprensión de los matices del mundo natural que me rodea».

Todo arte se basa en la creencia de que la conexión lleva a una mejor comprensión de uno mismo, de los demás, del mundo y de la naturaleza que nos rodea. La conexión es una herramienta para la resolución de los problemas sociales: puede y debe acabar con todo sentimiento de división o indiferencia, ha de superar y vencer los prejuicios y la injusticia y, a la vez, intentar conferirle una nueva humanidad a lo alienado, a lo amargado. Jacoba Niepoort es capaz de desnudarse, de analizar en profundidad sus emociones más intensas y a veces más dolorosas, de recoger, como si de un diario se tratara, sus pensamientos y sentimientos más personales y expresarlos en su obra con una vulnerabilidad que le confiere universalidad y, por lo tanto, la capacidad de generar una infinita y apabullante sensación de empatía. La artista se centra en el cuerpo humano, el cual siente que tiene un vínculo inextricable con la naturaleza, metáfora universal de la existencia. «Nací en Dinamarca, en una granja en el campo, y a los 11 años me trasladé con mi madre y mis hermanos a Massachusetts, Estados Unidos. Por aquel entonces vivía en mi propio mundo de fantasía [...]. Tenía solo 11 años y aquel cambio de vida tuvo un profundo efecto en mí, lo cual se ha reflejado en toda mi trayectoria artística [...]. Fue en ese momento cuando de repente tomé conciencia de nuevos mundos y perspectivas», recuerda.

Jacoba le presta especial atención al cuerpo humano, y el entrelazamiento de sus formas a menudo hace pensar en una sinfonía íntima del espíritu y la naturaleza. Unión de manos, cuerpos sin rostros reconocibles, brazos y piernas, sus figuras flotan sobre las paredes de edificios enteros, entre pinceladas de pintura translúcida, contrastes de blanco y negro y ligeros toques de marrones que recuerdan al color de la carne. En otros lugares, estos elementos se enredan en un laberinto de líneas monocromas que evocan la complejidad de la psique humana y el anhelo que tiene de una sensación de interconectividad ilimitada.

URBAN ART FESTIVAL STYRIA: Graz, Austria, 2020. Fotografía de Jagoda Cierniak.

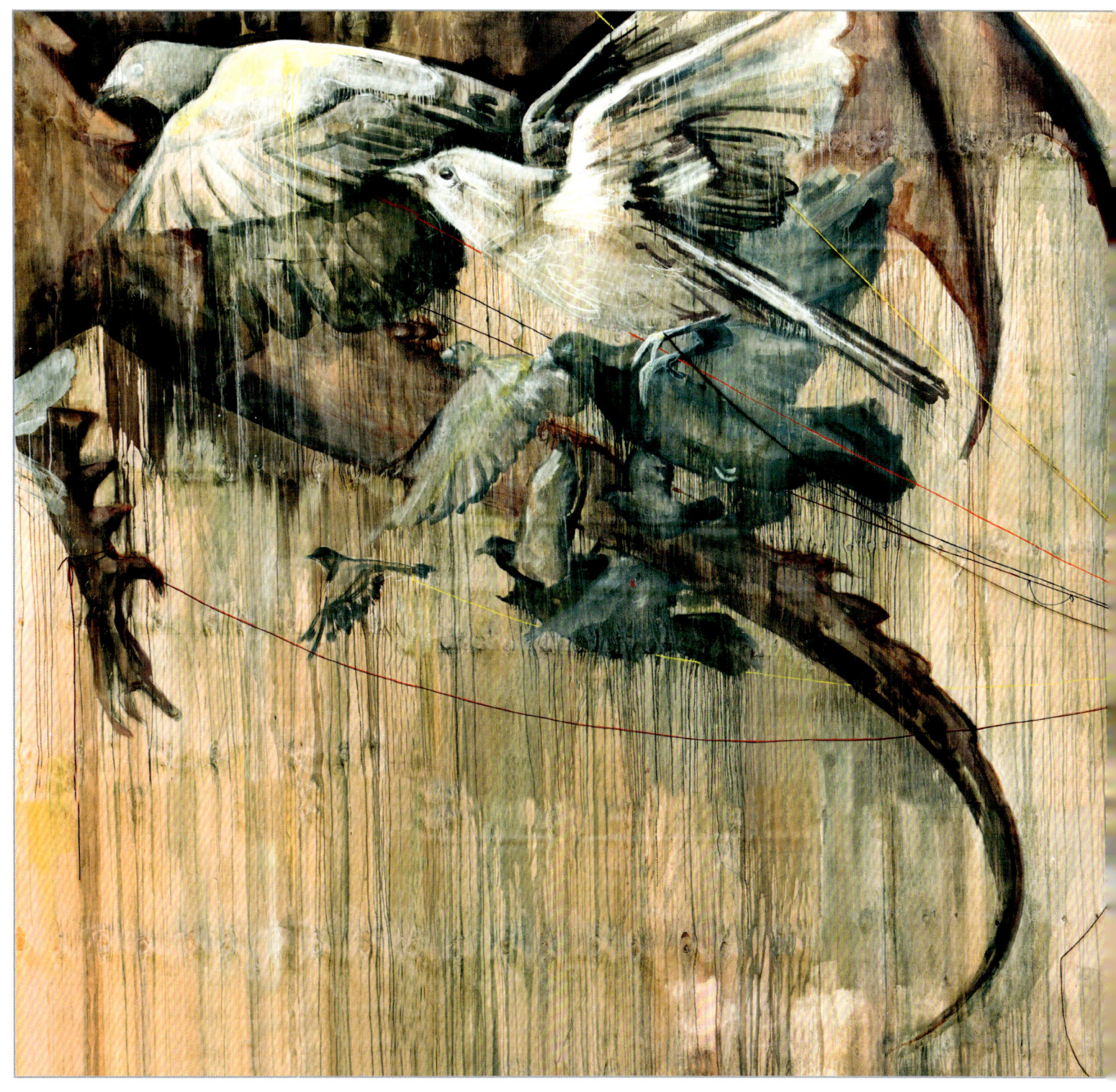

«La inspiración me llega en el silencio. En el momento
en que estoy meditando, mi ego ya no es el centro
de atención, ya que la frontera entre lo que está dentro
y lo que está fuera se atenúa».

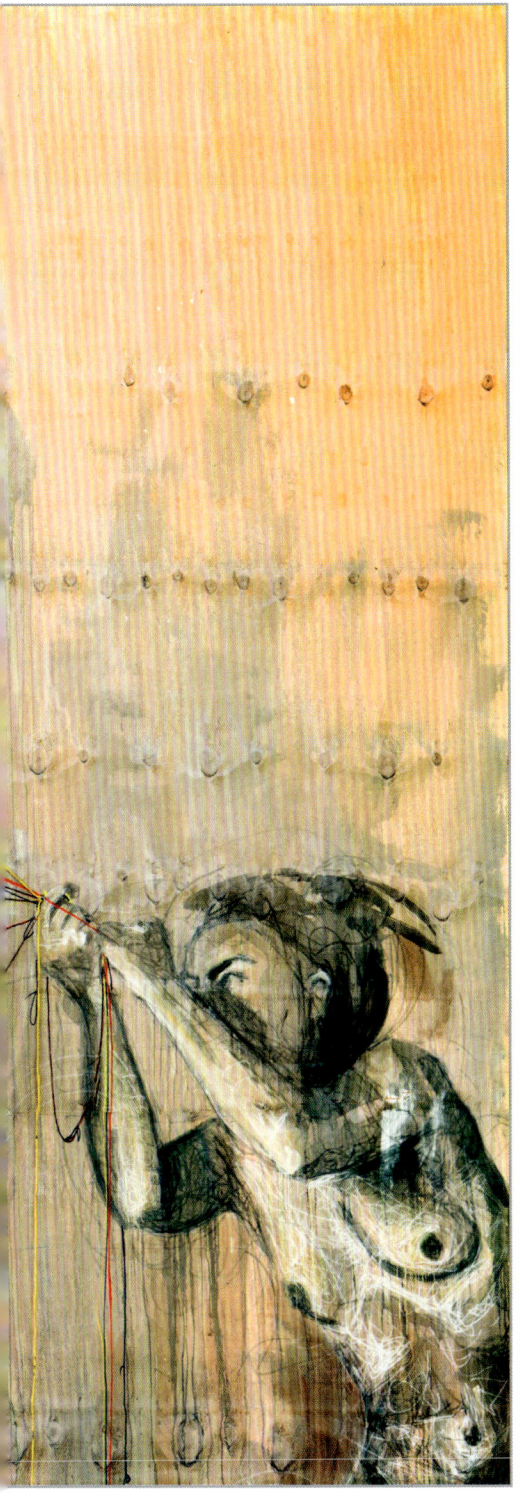

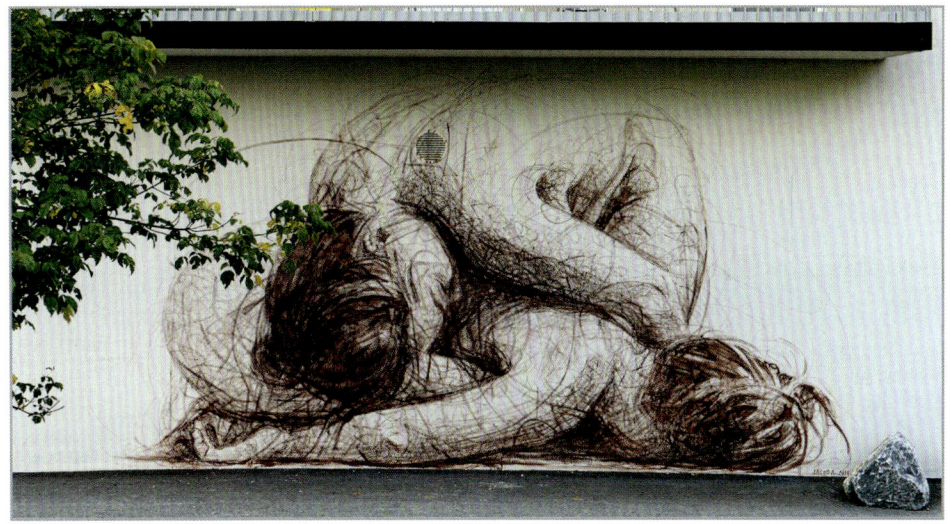

«De niña y de jovencita siempre dibujaba mucho; en la escuela, solía quedarme sola en el aula durante el recreo y esbozaba formas sobre el papel con el bolígrafo. Mi padre pintaba y mi abuelo era arquitecto; aunque está claro que ambos tuvieron una gran influencia en mí, siempre he pasado tiempo a solas explorando los entresijos de mi alma, de mi ser, y emprendiendo una búsqueda introspectiva que aún continúa —confiesa la artista—. Para mí, el arte es una forma de comunicarme con los demás [....]. Recuerdo que hacía cajitas de papel para socializar con mis compañeros de clase incluso antes de poder hablar su idioma [....]. Esta inclinación hacia la introspección me llevó a emprender un camino más académico antes de dar un giro completo y volver a las artes», añade.

Jacoba crea imágenes compuestas a partir de fotografías y bocetos de personas y paisajes; las figuras que crea le ofrecen al espectador una sensación de apertura, a veces con una pizca de tímida curiosidad, pero también de integridad moral, tanto si las plasma en papel como en lienzo o en la fachada de un edificio. Pintar a gran escala es una auténtica obsesión para ella; las calles le sirven a menudo de «patio de recreo», pues sabe que son el lugar de las masas, con las que desea establecer contacto.

«Siempre me he sentido dividida entre el mundo de las galerías y las calles. Empecé a dedicarme al arte en la escuela secundaria, pinté mis primeros cinco murales entre los 18 y los 19 años, en la propia escuela, y realicé mi primer mural en un espacio público (en la pared de un orfanato de México) a los 20. Jamás he trabajado de forma ilegal. Siempre he intentado trabajar de acuerdo con las normas, y, aun comprendiendo cómo saltármelas, me he mantenido dentro de los límites de lo legal para explorar la libertad que hay dentro de ellos».

Muchas de las ideas de Jacoba han surgido de intensos procesos de meditación que le permiten visualizar las imágenes que luego reproduce. «Mi vida experimentó un gran cambio en 2017, cuando asistí a mi primer retiro de meditación y observé silencio absoluto durante unos diez días.

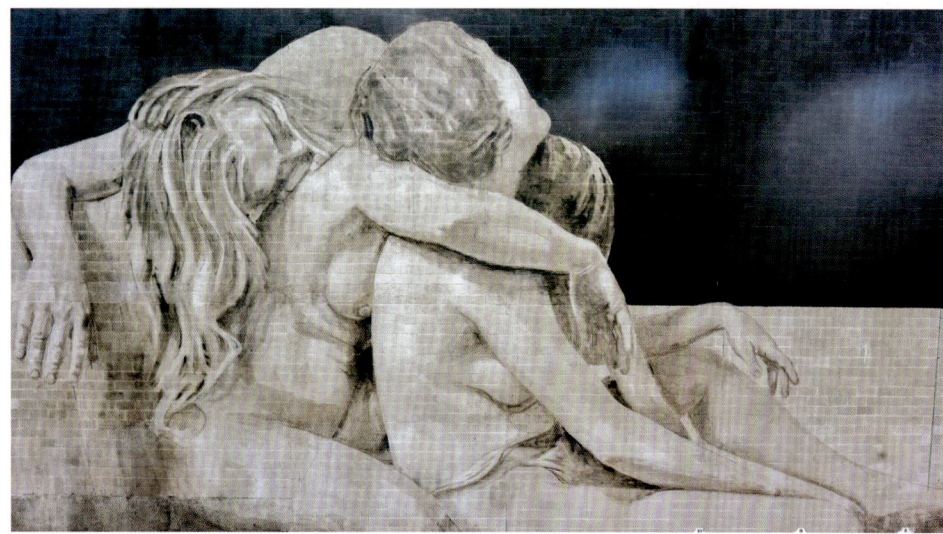

>>Fue en España, cerca de Madrid; después fui a otros retiros en Austria y Suecia. La inspiración me llega en el silencio. En el momento en que estoy meditando, mi ego ya no es el centro de atención, ya que la frontera entre lo que está dentro y lo que está fuera se atenúa. Las imágenes que visualizo en esos momentos son una fuente primordial de inspiración para mí, como también lo son las que surgen de mis interacciones cotidianas con el mundo exterior. Cuando, por ejemplo, doy un paseo por el bosque, puedo fijarme en unas ramas que se tocan y están enredadas como en una conversación íntima, y la mente me lleva al instante a un abrazo o a unas manos que vacilan antes de rozarse. Otras veces, me detengo a observar la complejidad de las raíces que emergen del suelo y, de repente, me vienen a la mente brazos y piernas en un suave encuentro de cuerpos>>, explica.

Siguiendo el hilo de su sensibilidad, Jacoba llena paredes de imágenes de cuerpos apoyados unos sobre otros que recuerdan a formaciones naturales, rocas y montañas, extremidades en forma de ramas que se entrelazan, cuerpos que parecen montículos de tierra. También recurre a formas humanas que se funden y se desvanecen en campos y bosques, en un juego suave pero singular que parece aventurarse en un territorio más turbio, en el que, además de la belleza, se perciben el dolor y el sufrimiento, la tenacidad efímera del momento. Hay veces en las que sus figuras tiran de hilos rojos que parecen venas que se extienden desde los cuerpos y que los transforman en una especie de marionetas suspendidas por los brazos o las piernas. <<La madre naturaleza no es algo distinto de nosotros. El hecho de que en mi obra figuren árboles, montañas o grandes extensiones de hierba suele ser un recordatorio de ello>>, reitera.

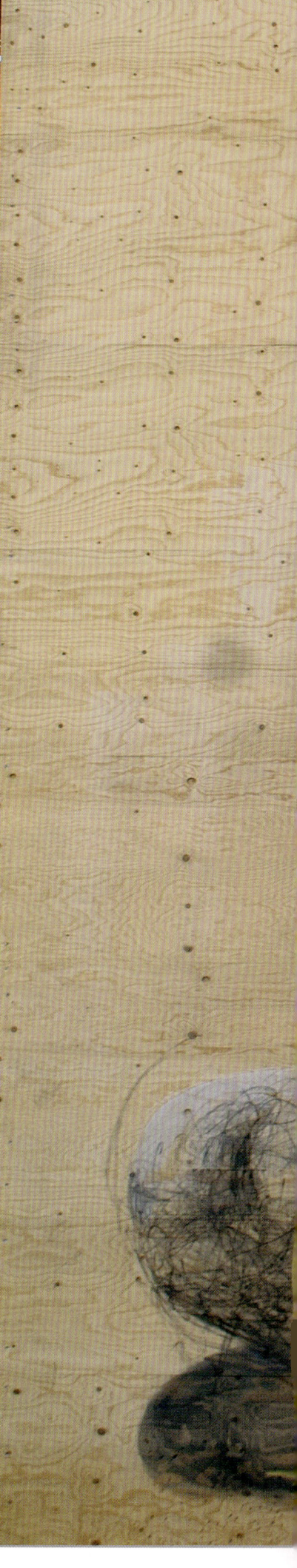

138 NUART ABERDEEN: Aberdeen, Reino Unido, 2022. Fotografía de Doug Gillen.

138-139 AARHUS STREET ART FESTIVAL: Aarhus, Dinamarca, 2017. Fotografía de Benjamin Christensen.

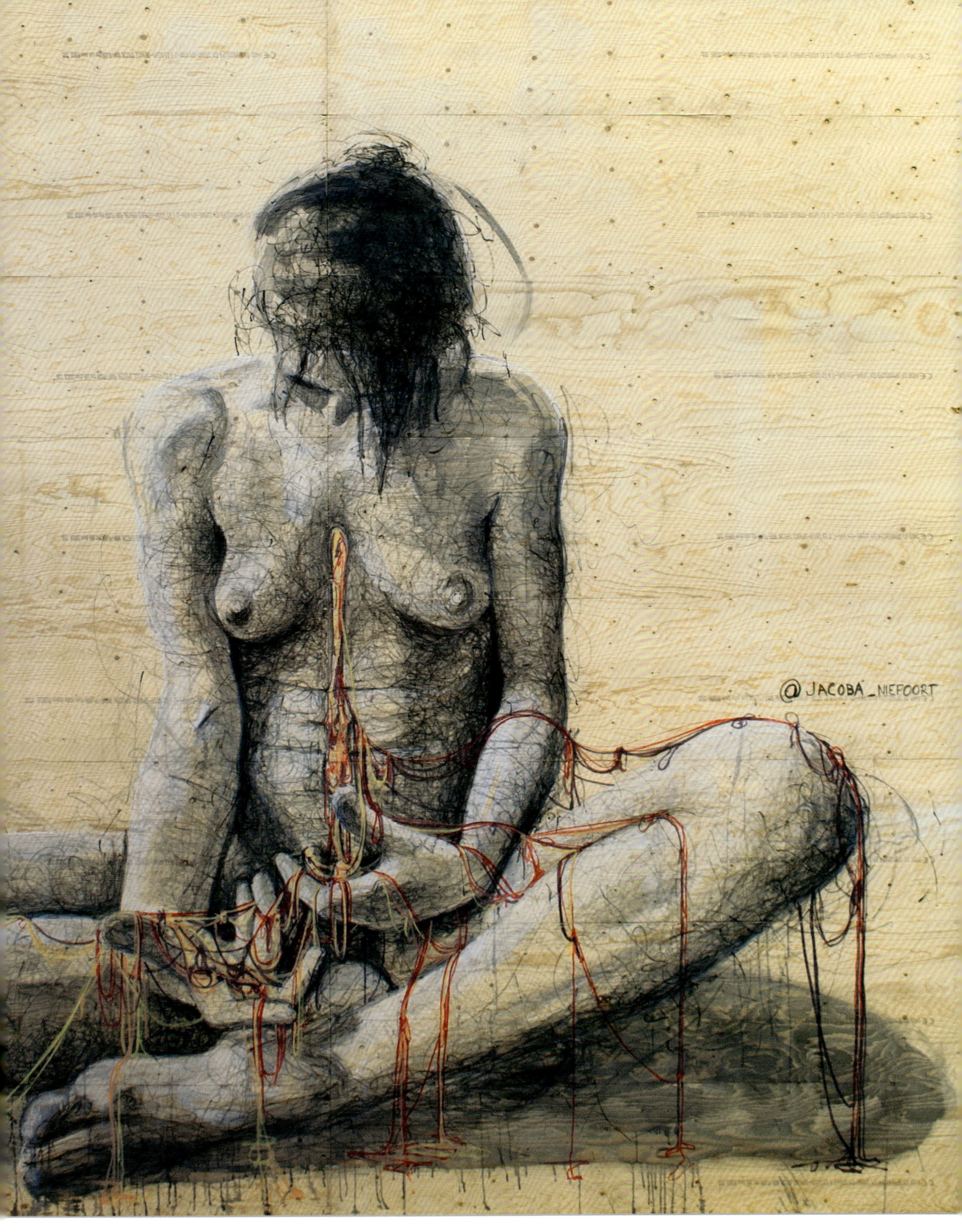

@JACOBA_NIEFOORT

139

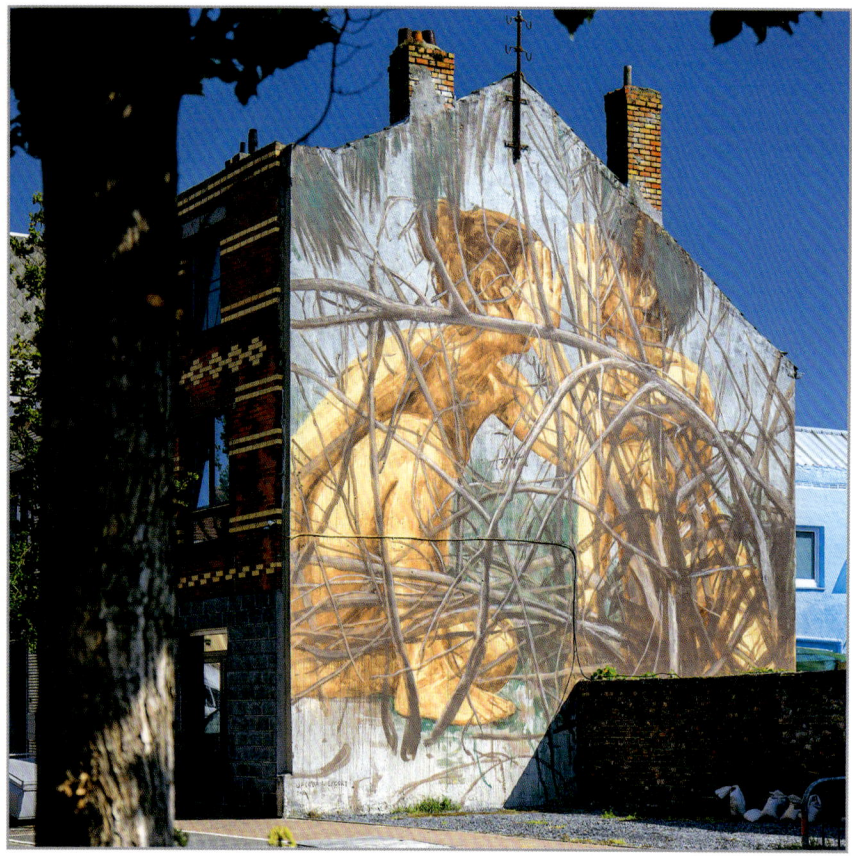

«Es habitual que no delinee los rasgos de los rostros humanos, ya que no quiero que la atención recaiga en la expresión facial, en la edad o en otros elementos que no son importantes para mí: la atención debe recaer en lo que hacen los cuerpos y las manos o en cómo interactúan», subraya.

Jacoba se siente influida de forma especial por la escritora Clarissa Pinkola Estés y su libro *Women Who Run with the Wolves* (*Mujeres que corren con los lobos*). «Me gusta la forma en que logra reunir y contar historias (muchas de las cuales pertenecen a tradiciones y sabidurías indígenas) y luego reelaborarlas a su manera para mostrar la estrecha relación que hay entre la humanidad y la naturaleza. Tal vez esté intentando conseguir algo parecido con mi arte —señala Jacoba—. Para mí es importante compartir experiencias en su forma cruda y eliminar todo rastro de superficialidad del arte. Ser sincera y estar abierta. Aunque a veces me influyen las historias de los demás, lo más habitual es que sean las mías propias, y ocurre que a veces otros se sienten conectados a ellas como si fueran suyas. Las imperfecciones de la tinta y de las pinceladas también forman parte de todo este proceso y me acercan a los matices de la propia humanidad. Lo más importante para mí es la sencillez, por eso intento integrar el color en el espacio sin que nunca resulte excesivo: es así como los murales pasan a formar parte del entorno en el que se crean».

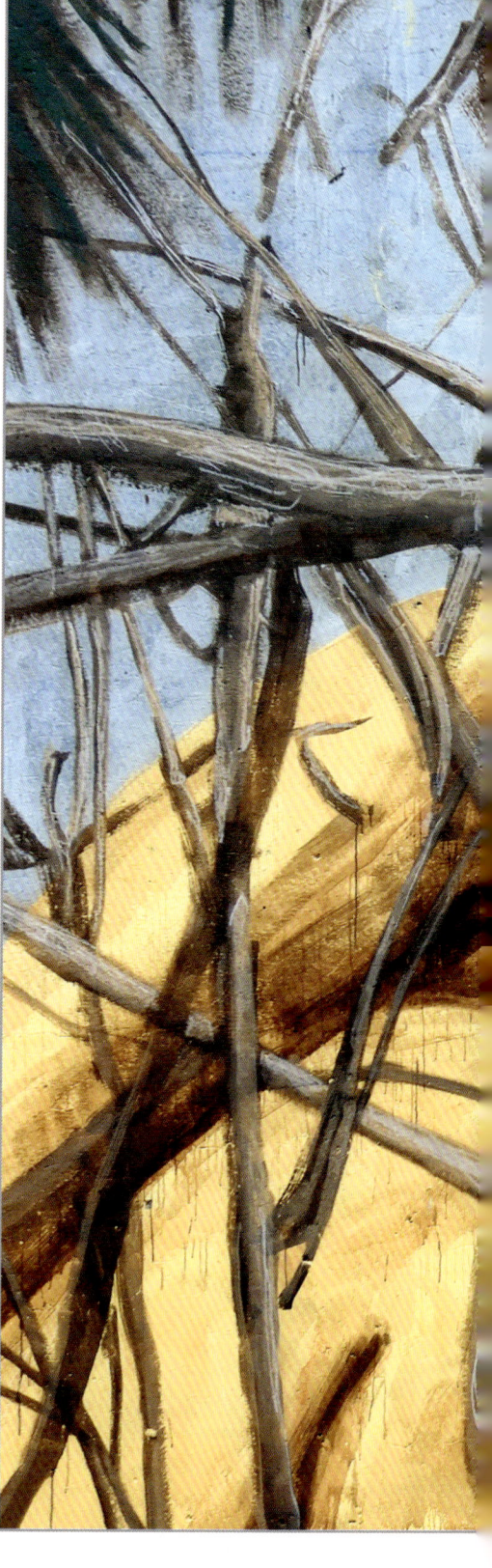

140 y 140-141 THE CRYSTAL SHIP: Ostende, Bélgica, 2021. Fotografía de Jules Césure.

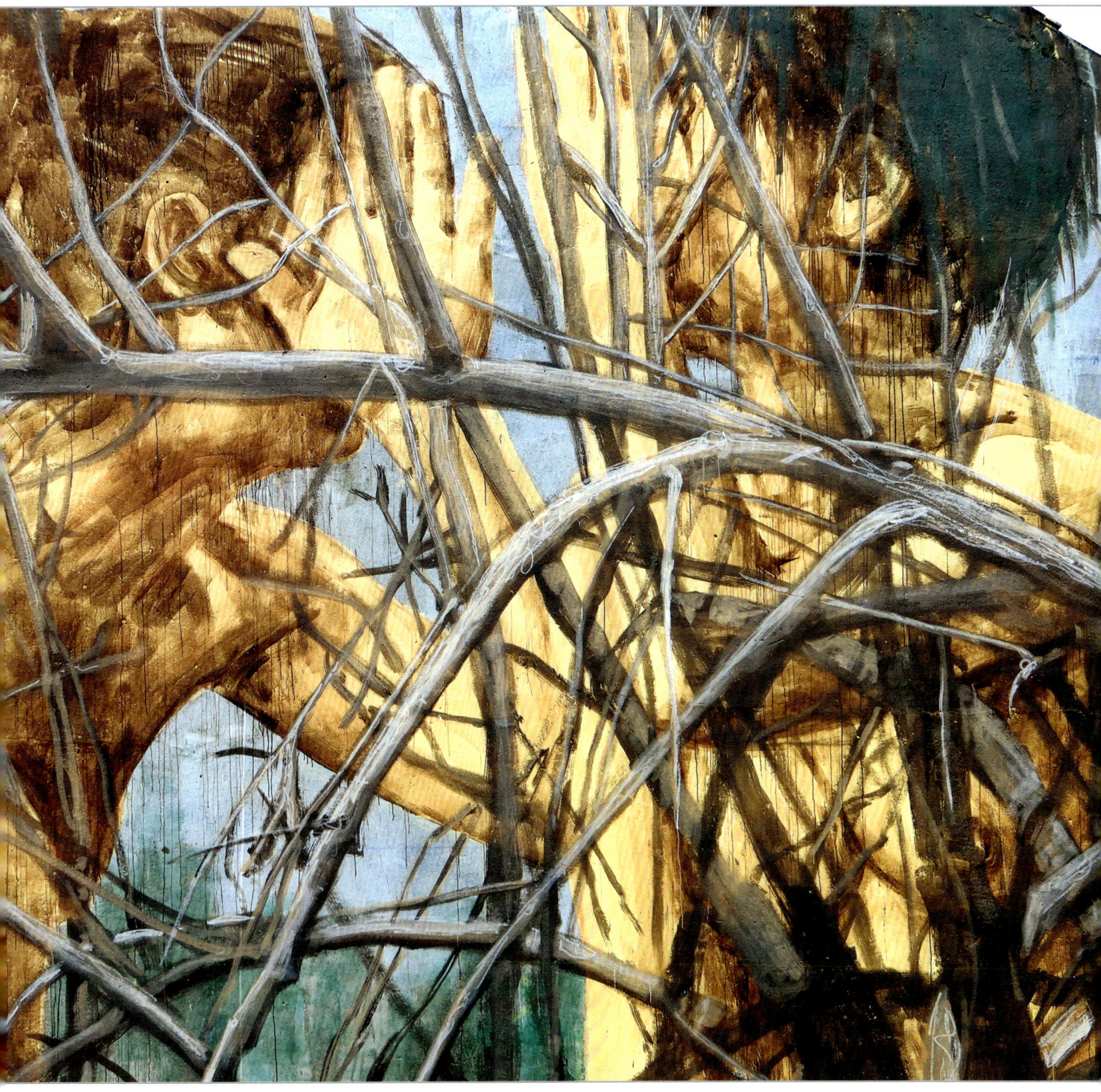

«Es habitual que no delinee los rasgos de los rostros humanos, ya que no quiero que la atención recaiga en la expresión facial, en la edad o en otros elementos que no son importantes para mí: la atención debe recaer en lo que hacen los cuerpos y las manos o en cómo interactúan [...]».

BRANDAN «BMIKE» ODUMS

TRANSFORMAR EL MUNDO A TRAVÉS DE LA EMPATÍA

«El arte es comunicación. El arte es un proceso de transformación, pero no para cambiar la forma en que nos vemos a nosotros mismos, sino la forma en que nos vemos los unos a los otros. El arte es un medio para lograr un futuro mejor. El arte es imaginación. El arte es un mecanismo de supervivencia».

«They tried to bury us. They did not know we were seeds» («Intentaron enterrarnos. No sabían que éramos semillas»). Estas poderosas palabras del poeta griego Dinos Christianópoulos, preñadas de significado, figuran junto al retrato de un niño afroamericano pintado de azul sobre un fondo vibrante y adornado con un collar en el que pone «Light» («Luz»). «Me pareció la mejor frase para conseguir que la comunidad se uniera en un momento difícil», afirma Brandan "BMIKE" Odums. Brandan representa el fervor político de la actual generación de activistas estadounidenses negros. Alcanzó gran popularidad tras pintar de forma ilegal una serie de murales en los que, además de figurar líderes afroamericanos de los derechos civiles, incorporó grafitis. «Mi principal fuente de inspiración son los grandes idealistas afroamericanos del pasado, como Malcolm X, Martin Luther King y Mohamed Alí. Representan mi propia tradición; forman parte de mí. En mi opinión, el arte debe tener una función y un objetivo: mi proceso creativo gira en torno a esta convicción», sostiene el artista.

Todo se remonta a su educación: «Respeto la idea de estar al servicio de los demás porque, además de haberla aprendido de quienes considero mis modelos, se me educó con este principio en mente. Mi padre estuvo en el ejército al servicio del Gobierno; después se hizo pastor y se puso al servicio de una comunidad», explica.

Brandan nació en California, pero sus padres procedían de Nueva Orleans, ciudad donde vive y trabaja en la actualidad y que fue fundamental en su formación como persona y artista. «Jamás habría llegado hasta aquí sin Nueva Orleans. Es una ciudad artística [...]. Hay grandes murales que la gente se detiene a mirar, músicos de *jazz* que improvisan mientras todo el mundo se detiene a escuchar y pinturas destinadas a ser contempladas que asoman por la ventana de una galería de arte [...]. Mires donde mires, ves arte. Nueva Orleans es una comunidad de artistas. Nueva Orleans es una ciudad pobre pero que ha comprendido la repercusión que el arte puede tener en las personas al ayudarlas a crecer, evolucionar y transformarse.

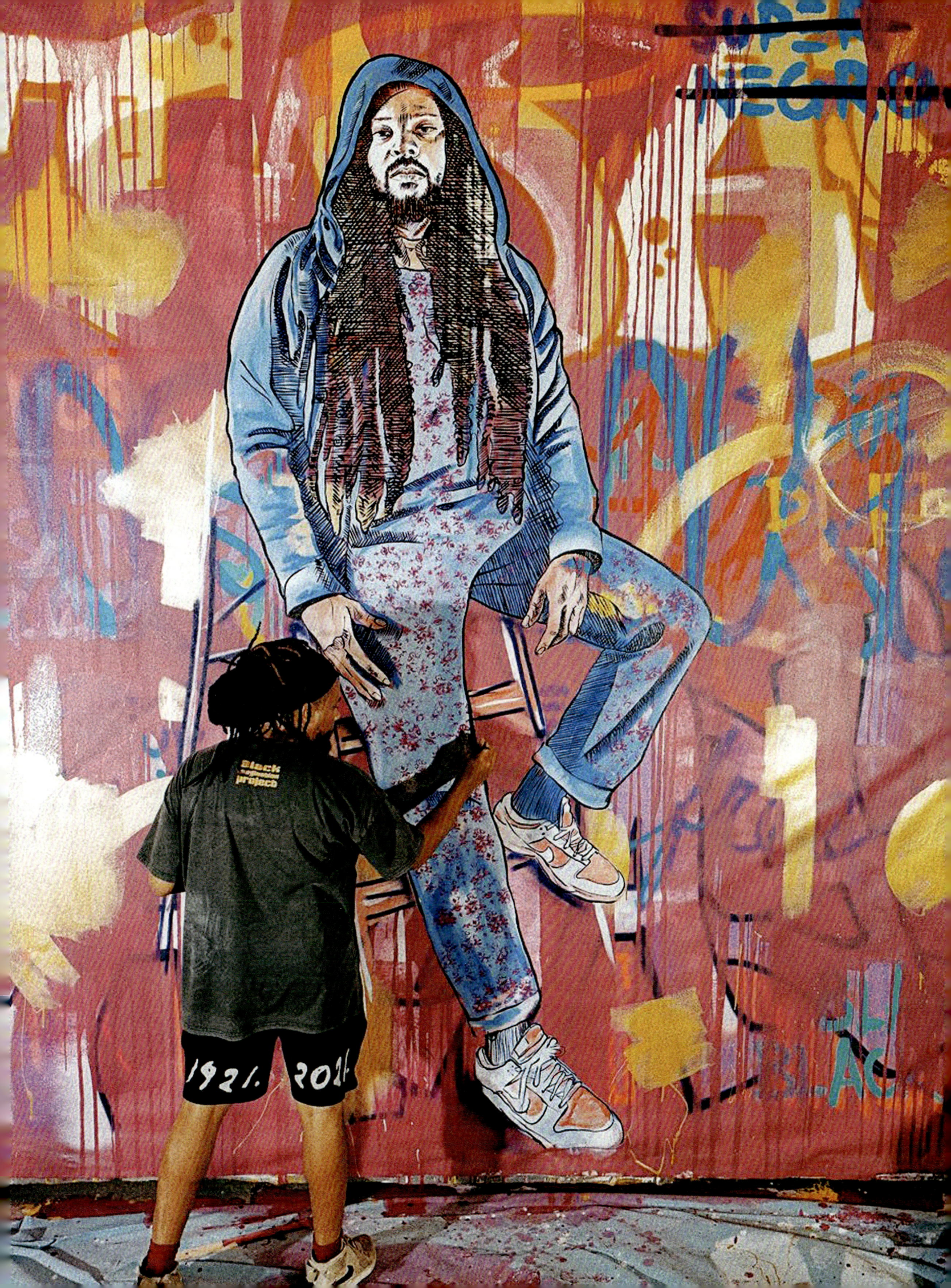

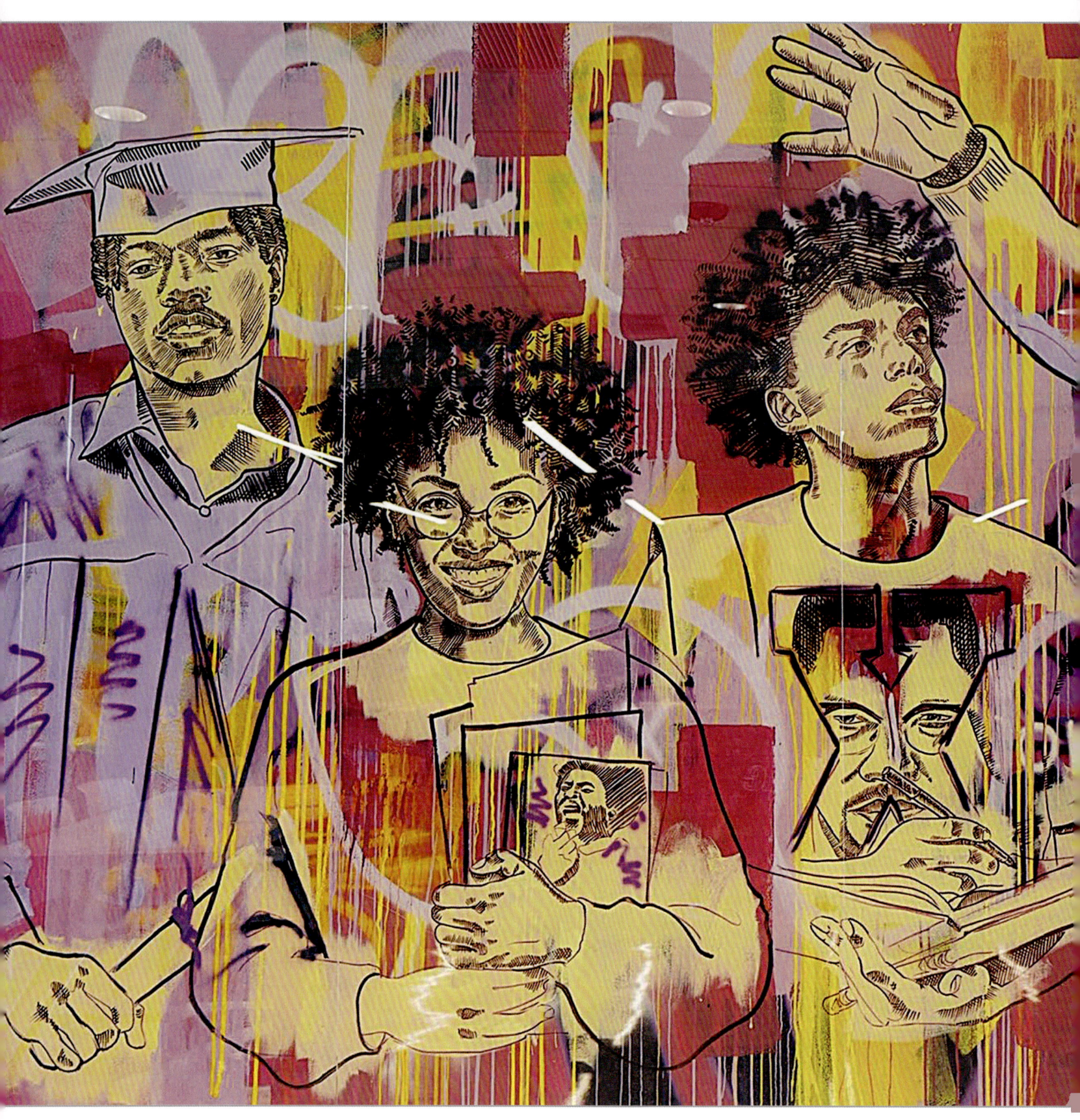

144-145 *MURALES PER EDNA KARR HIGH SCHOOL: Nueva Orleans, Luisiana, Estados Unidos.*

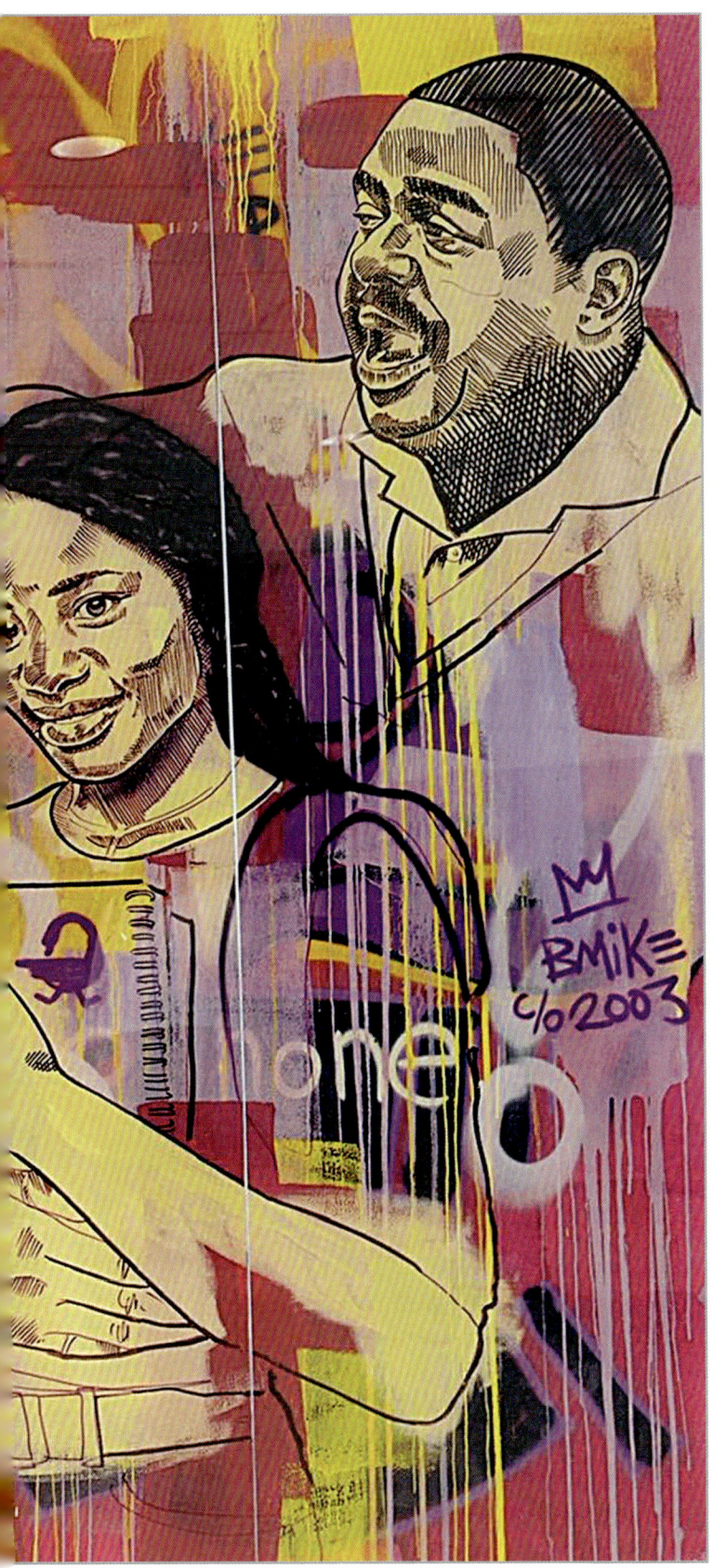

» Nueva Orleans está impregnada de historia, como demuestran sus edificios, a menudo decrépitos, deteriorados por el tiempo y con las paredes descoloridas.

» Nueva Orleans destaca por su intrépido e ingenioso pueblo, el cual ha hecho de la resiliencia un deber cívico y moral. Nueva Orleans es tierra de caminantes que, como el río Misisipí, no cesan de buscarse a sí mismos, que vienen aquí a encontrarse o reinventarse [...]. Nueva Orleans es un lugar donde confluyen e interactúan personas, culturas e ideas —afirma—. Nueva Orleans me inspira a imaginar, y todo artista debe ser capaz de generar su imaginación. Vive en su imaginación», remata con tono enfático.

Brandan descubrió el *street art* durante las trágicas secuelas del huracán Katrina. «Lo cierto es que mi viaje por el mundo del *street art* empezó mucho antes —recuerda—. Cuando mi padre se alistó en el ejército, viajamos mucho y vivimos en distintos lugares y países, desde Carolina del Norte a California, y desde Japón a Corea. De niño aprendí a asimilarme a los nuevos mundos sociales y culturales en los que me veía obligado a instalarme cada vez y a buscar mis dimensiones en mundos desconocidos. Y el arte se convirtió en mi forma de conectar con los demás y de hacer amigos.

Mis profesores me adoraban porque se me daba muy bien dibujar, y me decían que llegaría a ser un gran artista, aunque por aquel entonces no entendía muy bien lo que significaba eso [...]. Además, al ser afroamericano, y como en aquella época no había redes sociales, no veía ejemplos de artistas negros; no tenía ni idea de cómo podía seguir esta carrera [...]. Pero lo cierto es que estaba "hambriento" de arte y aprovechaba todas las oportunidades que tenía para aprender y estudiar [...]. Así las cosas, mi primera formación en este ámbito fue académica», recuerda.

Cuando Brandan tenía 12 o 13 años, su padre se jubiló y la familia regresó a Nueva Orleans. «Así que decidí matricularme en el New Orleans Center for Creative Arts, donde estudié Artes Visuales. Me especialicé y me metí de lleno en el cine y el vídeo, y hubo un tiempo en el que creí que ese sería mi camino. Hacía videoclips para mantenerme. Fue justo después del Katrina cuando muchos artistas plásticos, raperos, músicos y actores de todo el mundo acudieron aquí para ver los grandes espacios abandonados (convertidos en apocalípticos por las huellas de la tormenta) en los que podían rodar vídeos, filmes, documentales [...].

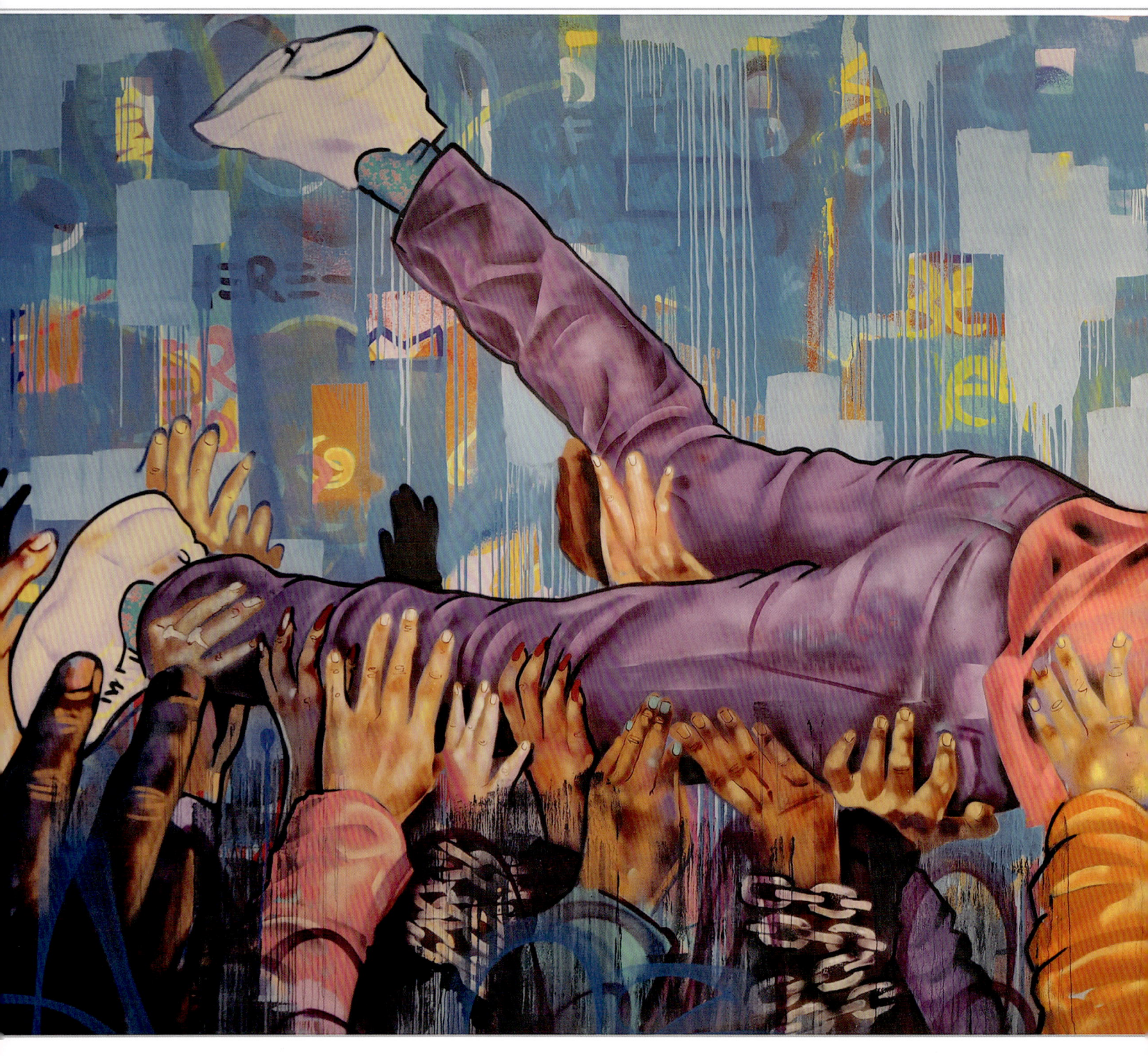

»En aquellos días era frecuente que, durante mis paseos por la ciudad cámara de vídeo en mano, me viera rodeado de hermosos graftis [...].

»En aquel momento, intentaba comprender el poder de los medios de comunicación y la importancia de contar historias para, así, amplificar las voces que creía que debían escucharse», explica. A diferencia de otros artistas, que al acudir a la ciudad solo pensaron en las cualidades estéticas de su arte entre los escombros, Brandan no podía permanecer indiferente ante la devastación y, sobre todo, la desesperación de la gente.

«Casi todas las personas que lo habían perdido todo y que no sabían si podrían volver a sus casas eran, como yo, negras. Podrían haber sido mis hermanos, tíos, amigos [...]. Sus rostros me hablaban desde fotografías enmarcadas que, con demasiada frecuencia, quedaban pisoteadas bajo mis pies, desde álbumes familiares que caían en mis manos, desde los recuerdos de una vida cotidiana ahora perdida (una realidad que había sido, que podía discernir entre los escombros, y que me dejó dolorosas cicatrices en el corazón) [...]», admite con un fondo de pena aún en la voz.

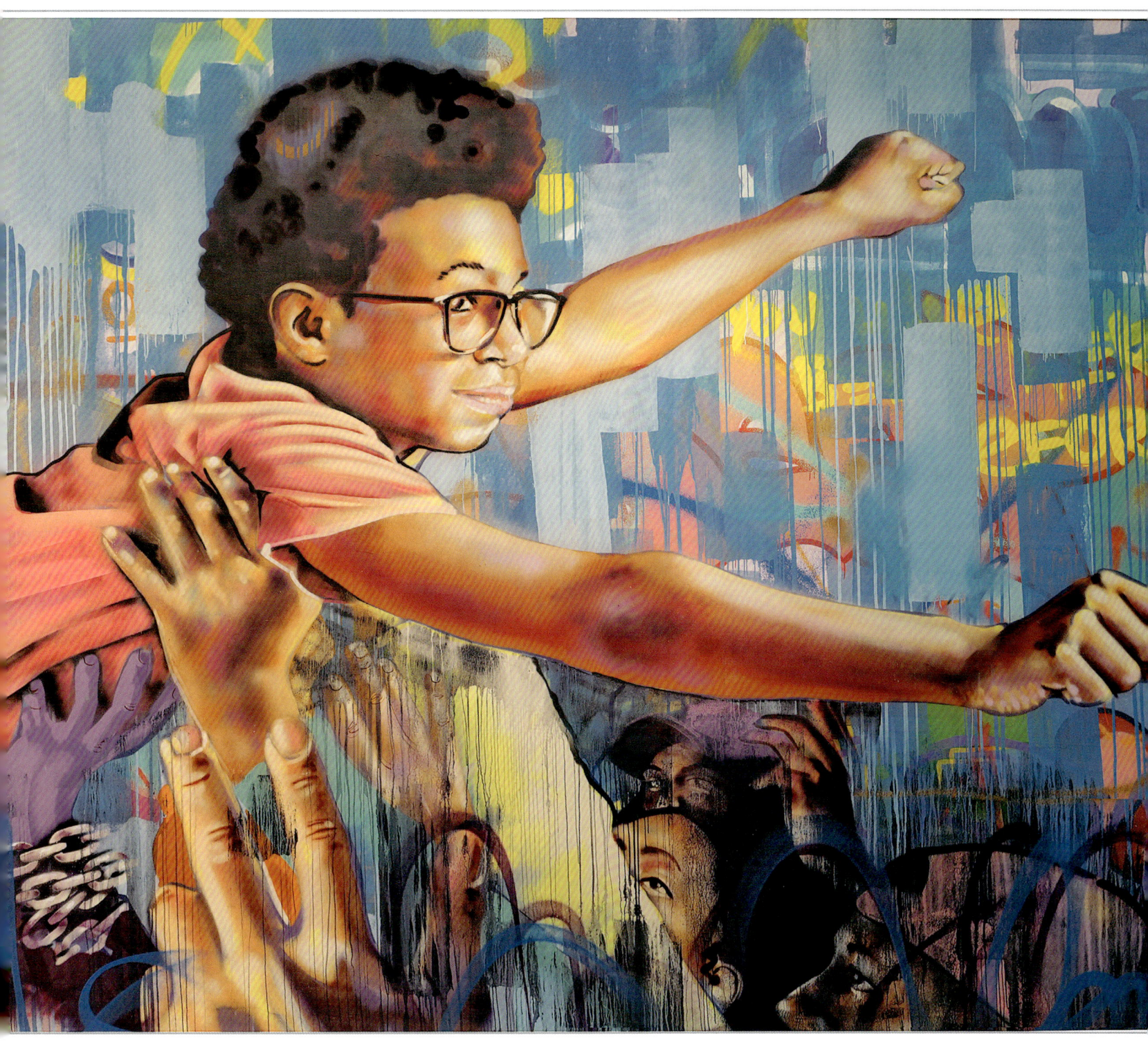

146-147 FAMILY TREE: Nueva Orleans, Luisiana, Estados Unidos, 2020.

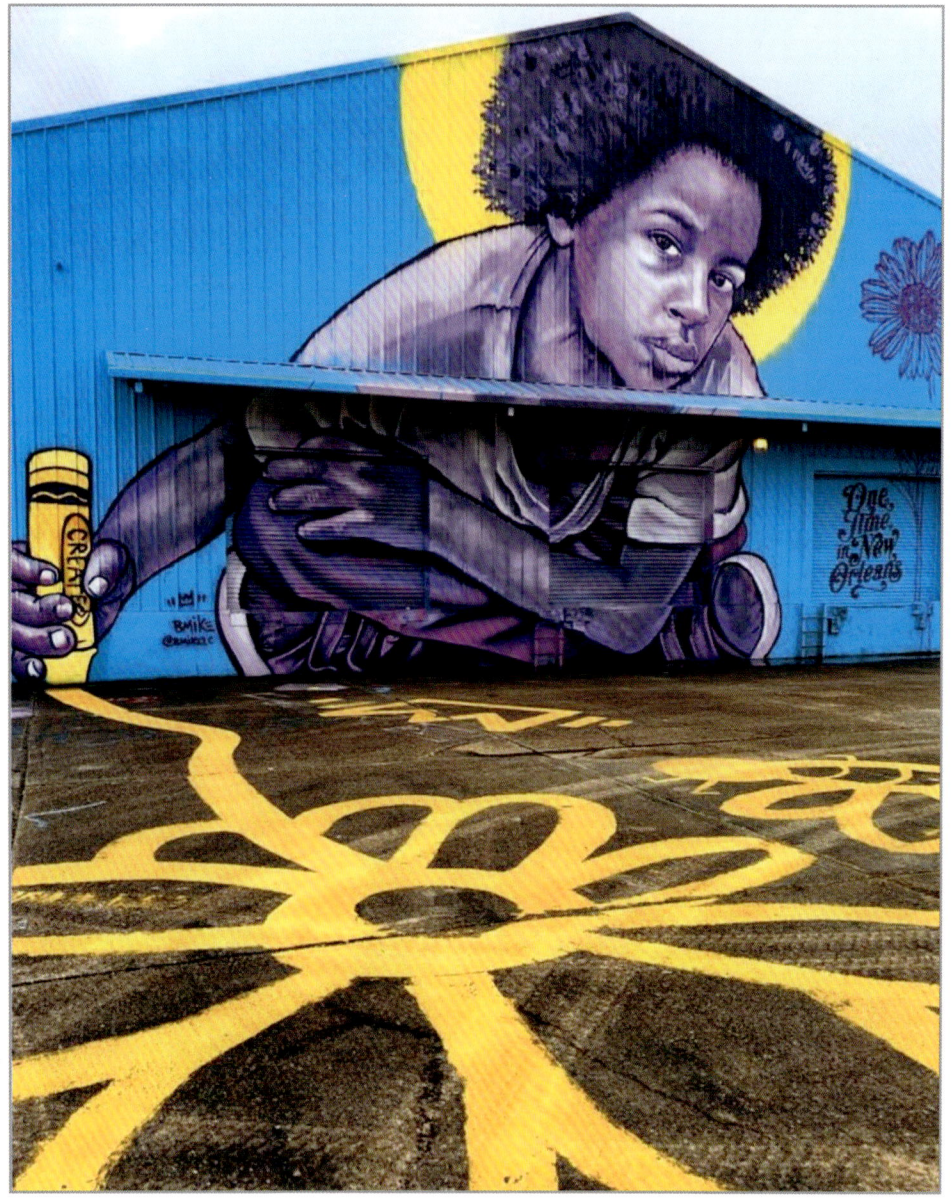

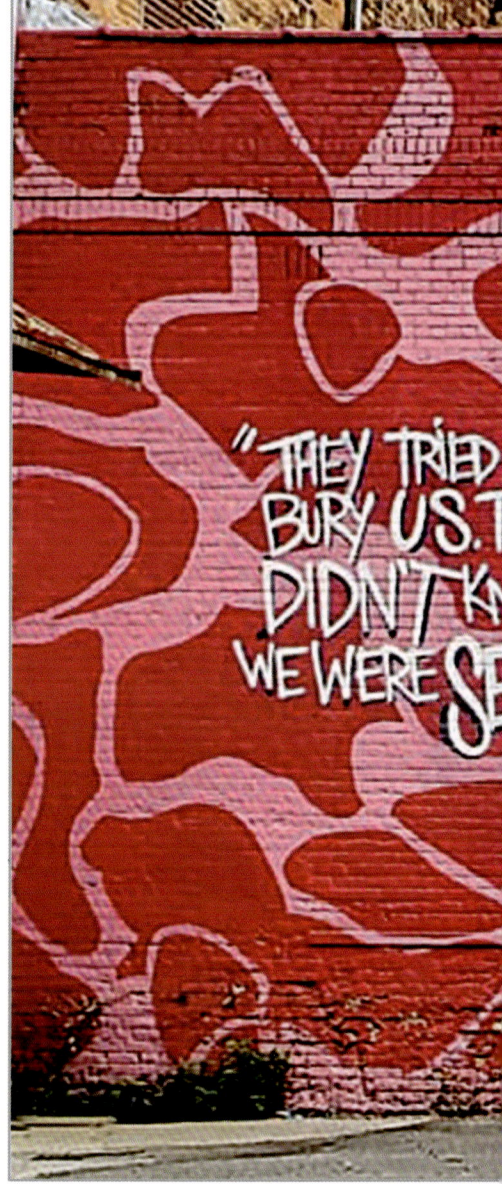

Fue entonces cuando Brandan se inspiró para hacer grafitis y *street art*. «Quería ver retratos que pudieran ser bellos y significativos para la gente de esta comunidad si, un día, volvía [...]. Fue de ahí de donde surgió la idea de buscar inspiración en importantes figuras históricas y emblemáticas del pasado afroamericano [...]», explica el artista.

Brandan reconoce que empezó con pinturas en aerosol, esbozando letras y grafitis que más adelante convirtió en retratos que evolucionaron por arte de magia hasta convertirse en un mensaje, en una historia que contar. «Fue el comienzo de un hermoso viaje, porque la gente hablaba de mi trabajo, que cada vez era más popular [...]. Estaba volviendo a mis raíces y me centraba en la resistencia negra, la belleza negra, la historia negra, las voces negras, las profesiones negras. Y fue precisamente la comunidad lo que me animó a seguir adelante. La gente me hacía preguntas, yo le hacía preguntas a la gente; eran cada vez más los que me escuchaban y me instaban a producir. Esta sucediendo algo mágico: vi cómo se producía el cambio hacia un mundo mejor gracias al poder del arte público. Ese era mi destino [...]», confiesa.

Su enorme *Project Be* surgió de toda aquella actividad después de que convocara a otros artistas para revitalizar el distrito de Bywater a base de cubrirlo de murales, grafitis y mucho, mucho color. Era como una galería pública abierta a todo el mundo. «El objetivo

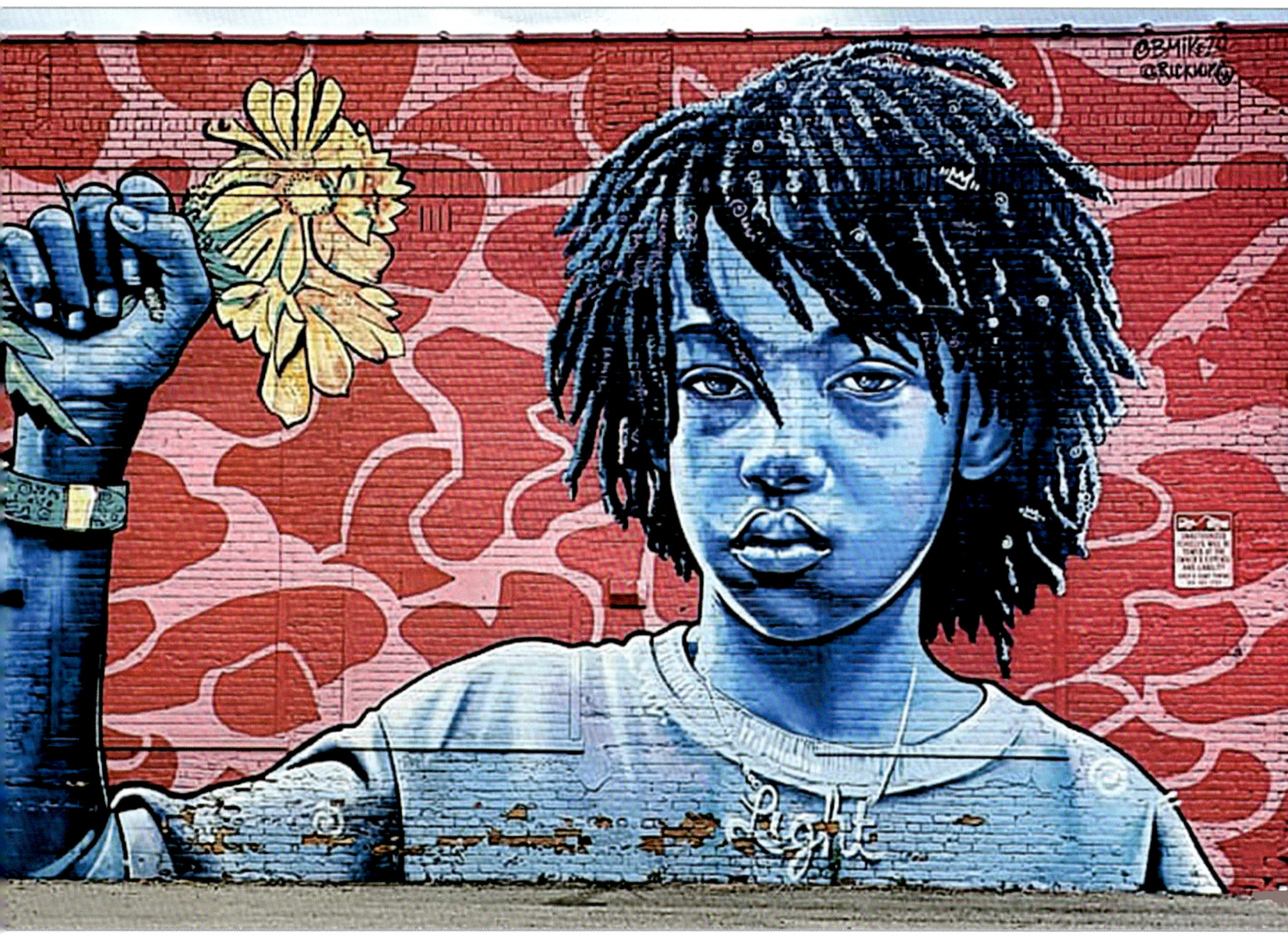

era transformar el espacio, glorificarlo para la comunidad y que fuera habitable de nuevo.

»Se estaba generando una "alquimia mágica" entre arte y activismo», afirma.

«Siempre me ha gustado trabajar con otras personas, ya que vengo de la cinematografía y la industria de los efectos visuales, donde las obras son siempre el producto del trabajo de un grupo creativo y dinámico. Me parece más emocionante pensar en un coro que en una única voz, en una colaboración entre mentes y talentos diferentes. Mi otra prioridad actual es cómo enseñar y transmitir mis experiencias a las futuras generaciones de artistas, ya que estoy convencido de que no debemos ser egoístas y encerrarnos en nuestro propio mundo, del mismo modo que estoy seguro de la importancia de la historia que cada persona tiene que contar. De ahí que haya creado una fundación con la que trabajo para apoyar a artistas emergentes [...]. Tengo mucha fe en el futuro», asegura.

«Es en todo esto donde veo la auténtica razón de ser del arte: estar al servicio no de uno mismo y de nuestro propio ego, sino de los demás. Porque nuestra actitud hacia los demás es un espejo del ser humano que somos —señala—. Por eso no creo que haya tanta diferencia entre trabajar en una pared y en hacerlo en un lienzo; siempre intento hacer algo que no sea demasiado complejo y que esté al alcance de todos. Procuro ser explícito y directo en todo lo que tengo que decir. Quiero que todo el mundo lo entienda sin necesidad de intérpretes ni de formación académica. Los colores me vienen mientras trabajo; me encantan los tonos azules y morados, pero para mí el color no es una metáfora; la fotografía y la música son mis principales fuentes de inspiración [...]. Son acciones, son personas [...]», concluye con una mirada de infinita esperanza.

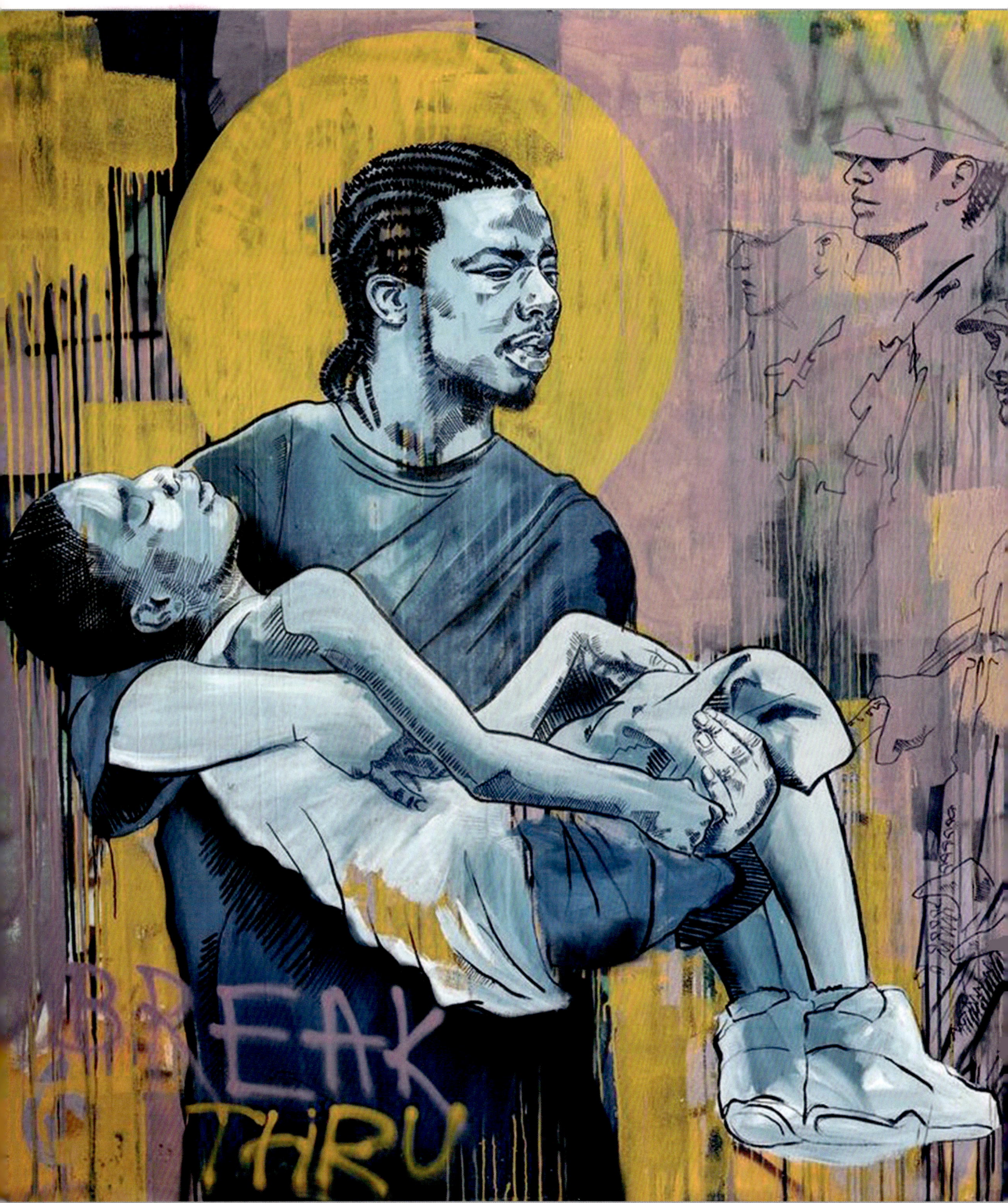

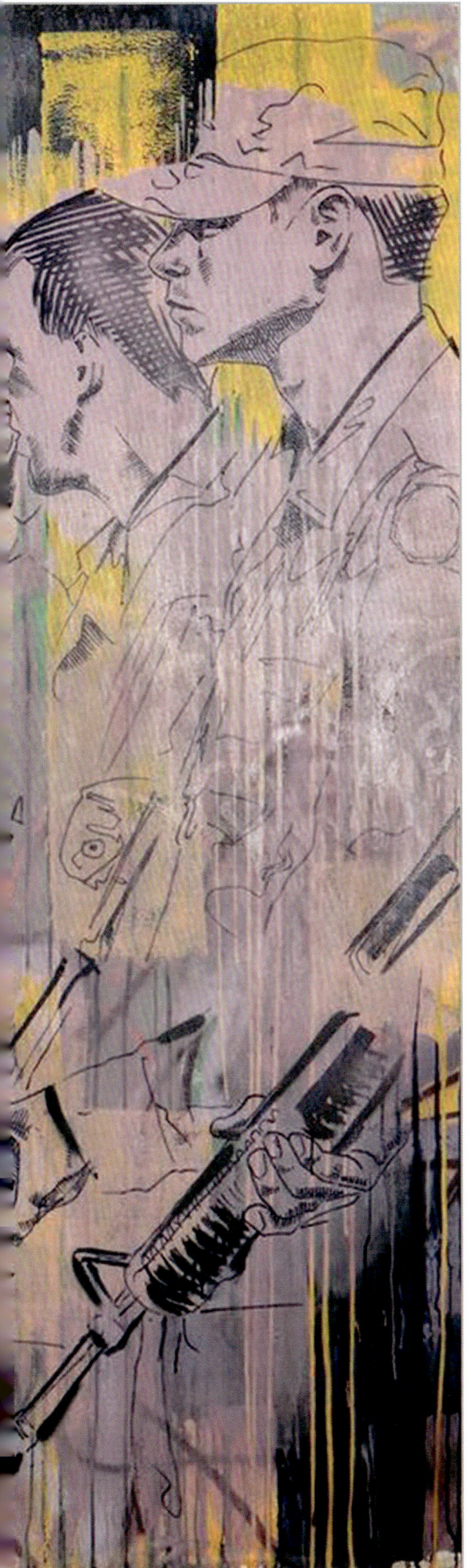

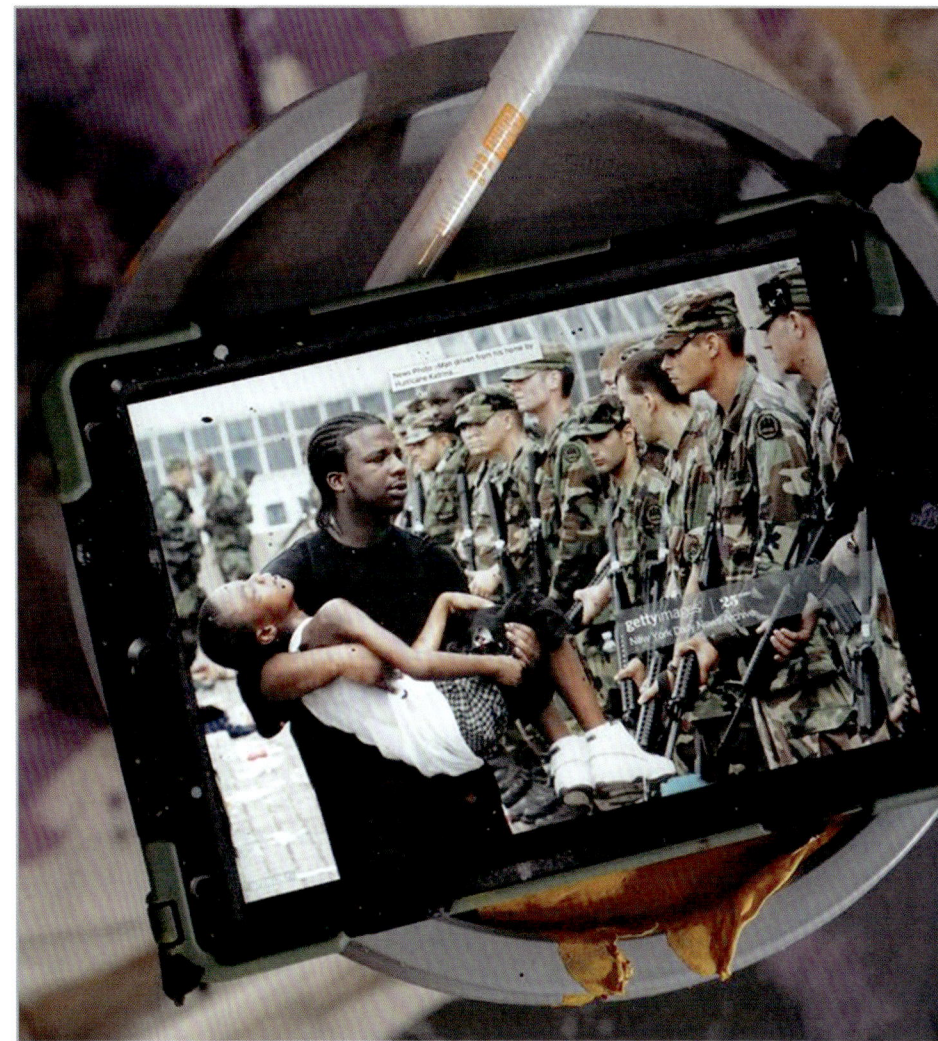

«Respeto la idea de estar al servicio de los demás porque, además de haberla aprendido de quienes considero mis modelos, se me educó con este principio en mente».

150-151: Nueva Orleans, Luisiana, Estados Unidos, 2020.

OKUDA SAN MIGUEL

EL ESPÍRITU DEL COLOR, EXPERIMENTOS
CON FORMAS GEOMÉTRICAS

«El arte lo es todo para mí, es lo que da sentido a mi vida; para ser feliz, necesito crear. Estoy centrado por completo en la creación, y es algo constante cada día de mi vida».

Su estilo, único e inconfundible, se caracteriza por una sucesión de coloridas formas geométricas que se unen para representar retratos, animales, figuras humanas, iconos religiosos... dentro de un festival de sensaciones y sentimientos, una celebración colectiva para los sentidos que enciende el alma. «El color es un elemento fundamental para mí [...]. Si vieras mi casa, si vieras mi armario, no te cabría duda. El color es una extension de mi obra; es puro y sencillo desde el punto de vista psicológico: necesito color y necesito crear para ser feliz. Vivo dentro de mis obras —señala Okuda San Miguel—. Mis retratos, ya sean de animales o de personas, hablan de universos personales e invitan a explorar y buscar dentro de uno mismo. Antes de mirar hacia fuera, tenemos que mirar dentro de nosotros». Okuda practica un profundo simbolismo en lo que se ha definido como «surrealismo *pop*». «Para mí, las formas geométricas son el futuro; nuestra generación está viviendo el paso de lo físico a lo virtual, y la geometría representa ese paso de lo orgánico a lo digital. Hay veces en las que mi lenguaje guarda más relación con la arquitectura que con la pintura: no es casualidad que pueda crear obras enteras a partir de las coordenadas de tres puntos en el espacio. Es como si hubiera anticipado algunos de los programas de modelado en 3D que se utilizan hoy en día», observa con el espíritu de un visionario.

Nacido en Santander, España, en 1980, Okuda se considera pintor y escultor, más que practicante de *street art*. Su país siempre ha ejercido una enorme influencia en su creatividad: «Estoy conectado con mi país en todos los sentidos aunque esté haciendo cosas por todo el mundo; quizá el hecho de haber empezado pintando en las calles se deba mucho al estilo de vida que tenemos en España, que nos empuja a disfrutar al máximo de la gente, del clima, de los espacios que compartimos todos en las ciudades. España es un país que te recibe con los brazos abiertos y siempre con una sonrisa; es un país que invita y comparte. En cuanto a lo compositivo, la tradición me ha influido desde el principio, una tradición que también abarca lo visual y que constituye algunos de mis recuerdos de la infancia. Y, como es natural, en cuanto al color, España es un país colorido y alegre, repleto de naturaleza y arte».

RETRATO. Fotografía @Elchino Po.

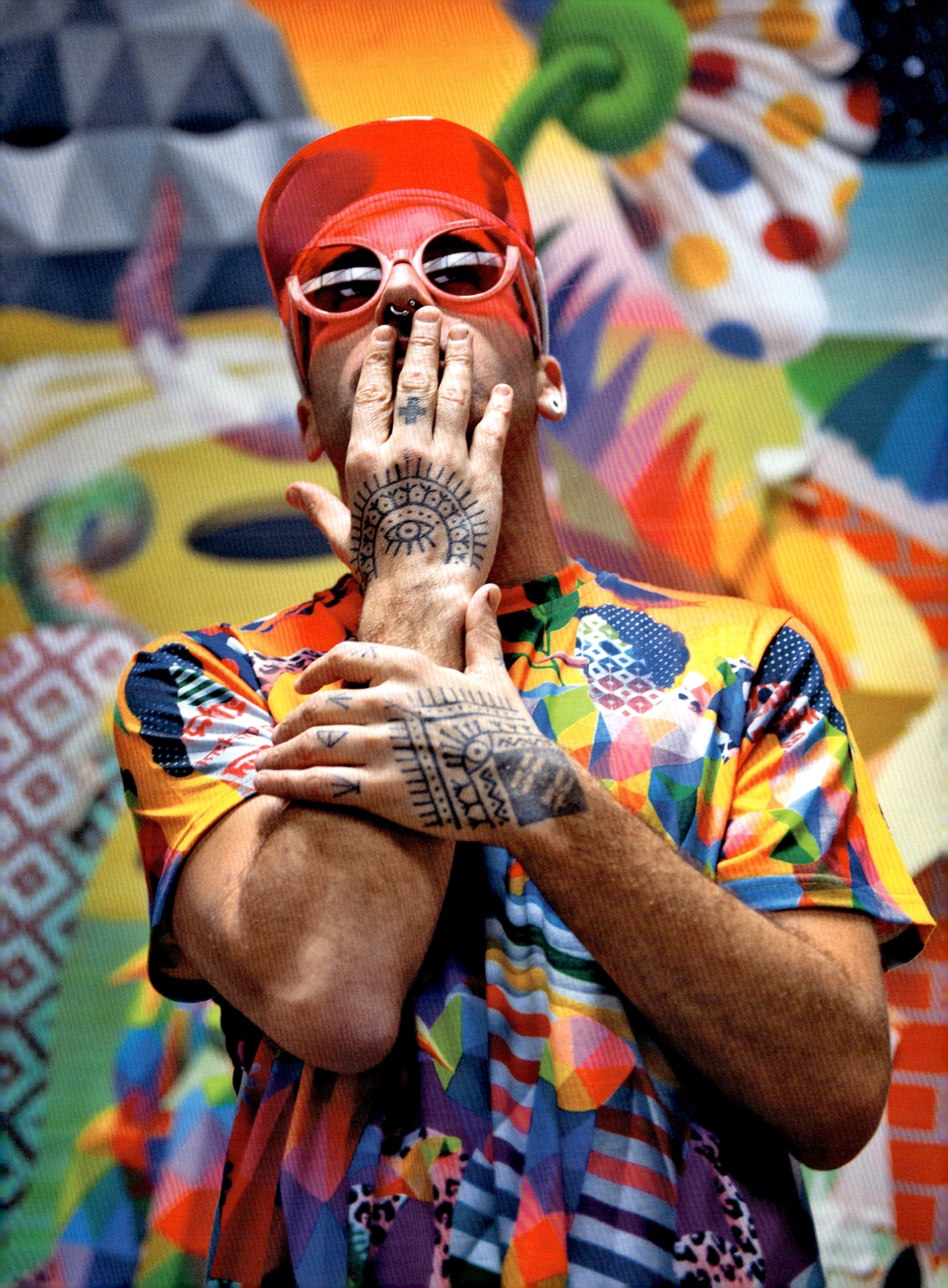

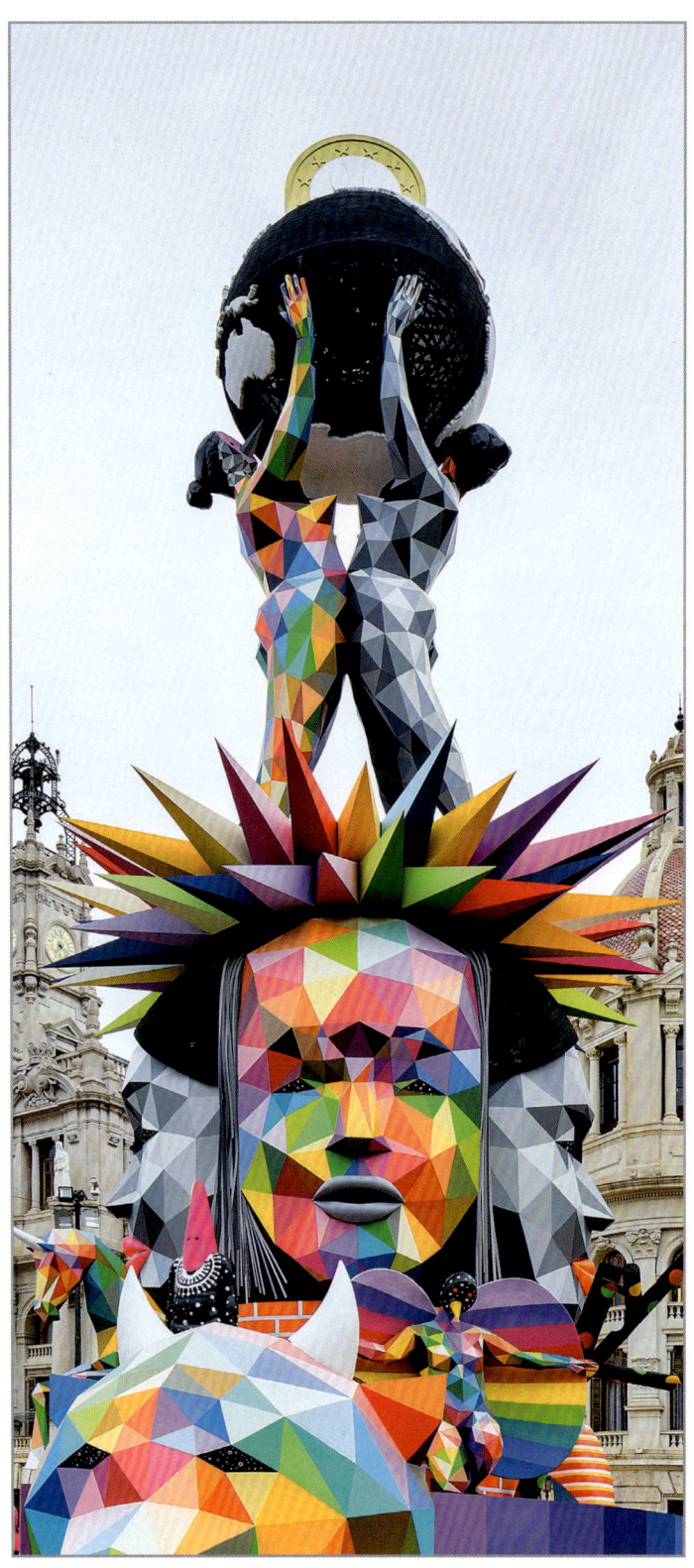

Los enormes murales de Okuda han suscitado admiracion en los cuatro puntos cardinales: en Estados Unidos, India, Mali, Francia, Japón, Chile, Brasil, Perú, Sudáfrica, México, Canadá, Marruecos, Ucrania... y, sobre todo, en España, donde, hacia 1997, realizó sus primeros grafitis en los trenes y las fábricas abandonadas de su ciudad natal. «Empecé a dibujar cuando era muy pequeño; en la escuela me pasaba más tiempo dibujando en mi cuaderno que escuchando al profesor», confiesa.

«A los 11 o 12 años, conocí a una persona en el restaurante de mi padre que me enseñó unas letras de grafiti que me despertaron interés en el acto. Más adelante me matriculé en un instituto de artes, donde comprendí que el mundo del arte era mi lugar. En 1999 me trasladé a Madrid para estudiar Bellas Artes, y completé mi formación académica en la Universidad Complutense», recuerda.

Okuda empezó a trabajar en 2007 tanto en el estudio como en las calles, lo que le llevó a participar en numerosas exposiciones. Sus primeras esculturas, siempre coloridas y compuestas de formas geométricas, datan de 2009. «La ciudad y sus plazas empezaron a llenarse de mis imágenes de calaveras, rostros, estrellas, cuerpos femeninos desnudos, aves [...]», añade.

Para él, sus esculturas, al igual que sus murales, pertenecen al mundo del arte urbano y nacen de su pasión por el *street art* y de su apremiante necesidad de compartir. No es de extrañar que las obras de Okuda sean con frecuencia el centro de atención de grandes festivales públicos: la gente se pasea alrededor de ellas hasta que se convierten en parte integrante de los colores y de la propia creación del artista. «Crear obras en espacios público te hace sentir una gran libertad. Esta libertad y la sensación de frescura que mis obras le confieren a las calles no se pueden describir con palabras [...]. Además, es muy especial que cualquier persona pueda disfrutar de mi obra sin tener que encerrarse en un espacio concreto, como pueden ser un museo o una galería de arte, y sin necesidad de tener conocimientos particulares. Es algo que también destacan otros practicantes de *street art* y que nunca me cansaré de señalar», afirma.

154 *EQUILIBRI UNIVERSAL: Valencia, España, Fallas de 2018.*

155 *THE NEW MONA LISA: París, Francia, 2017. Fotografía de Alamy Photo Stock.*

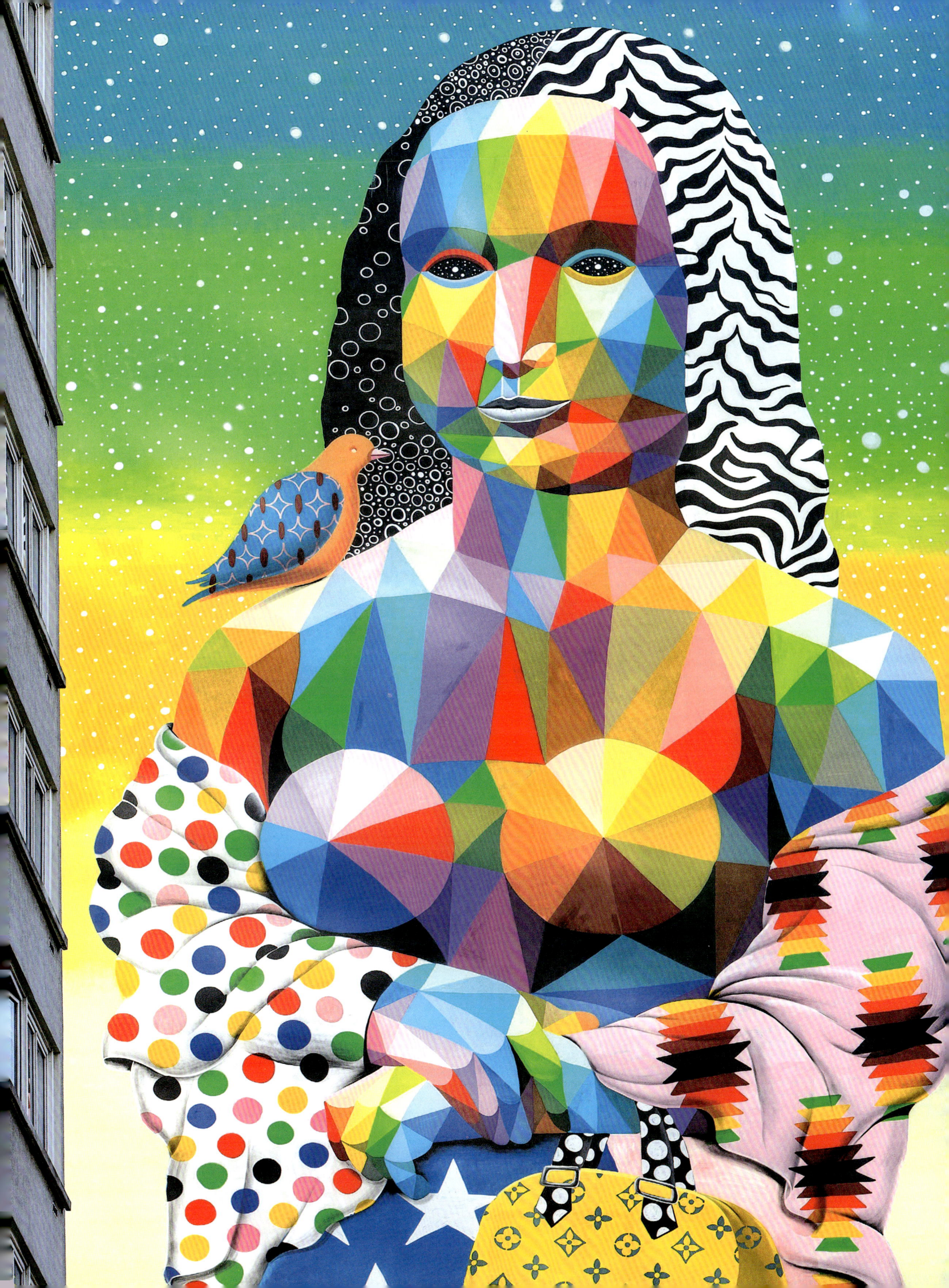

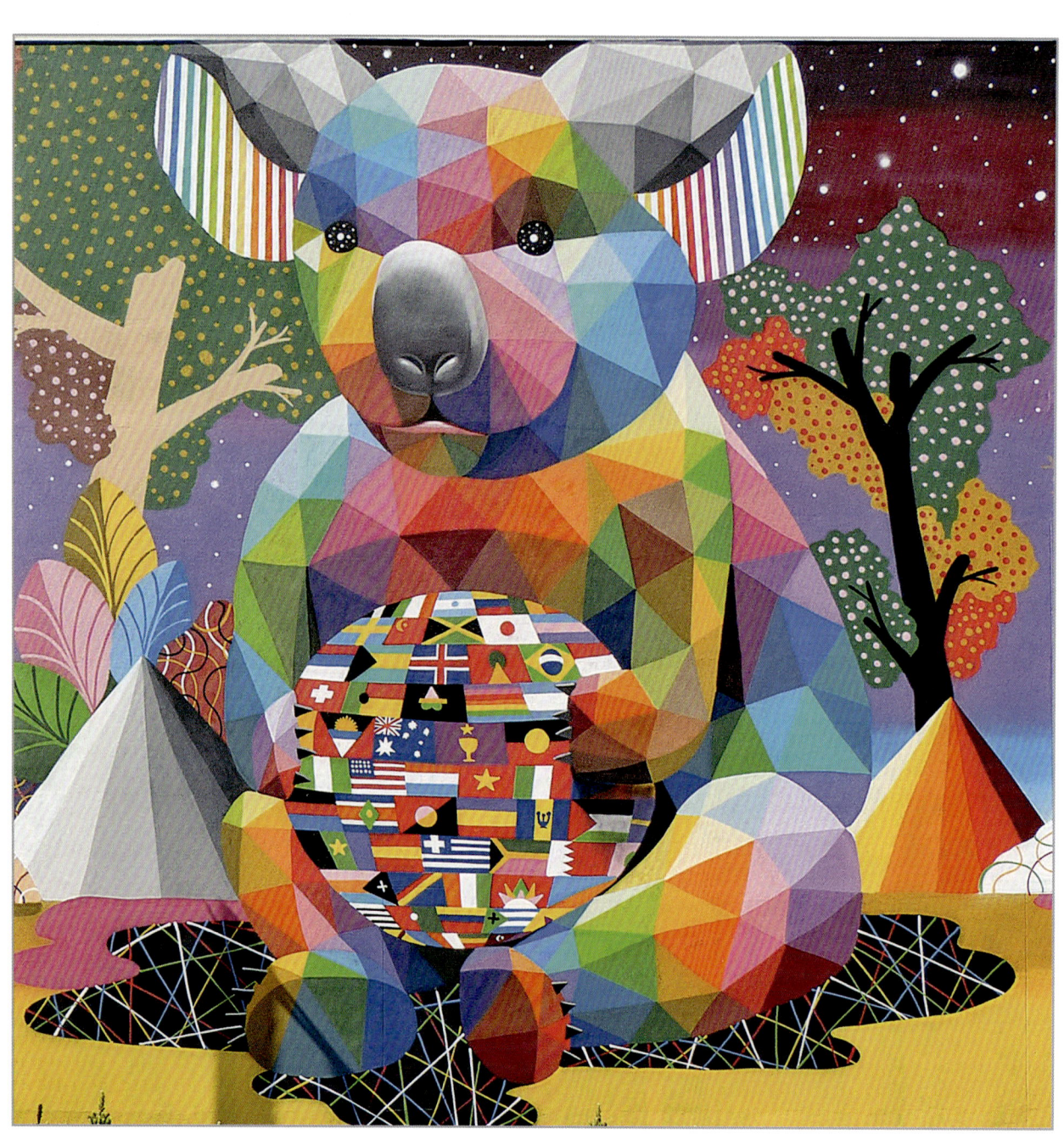

156 y 157 *KID KOALA PLAYING GOD* y *KANGAROO: Perth, Australia, 2017. Fotografía de Jeremy Storey (Spiderorchid).*

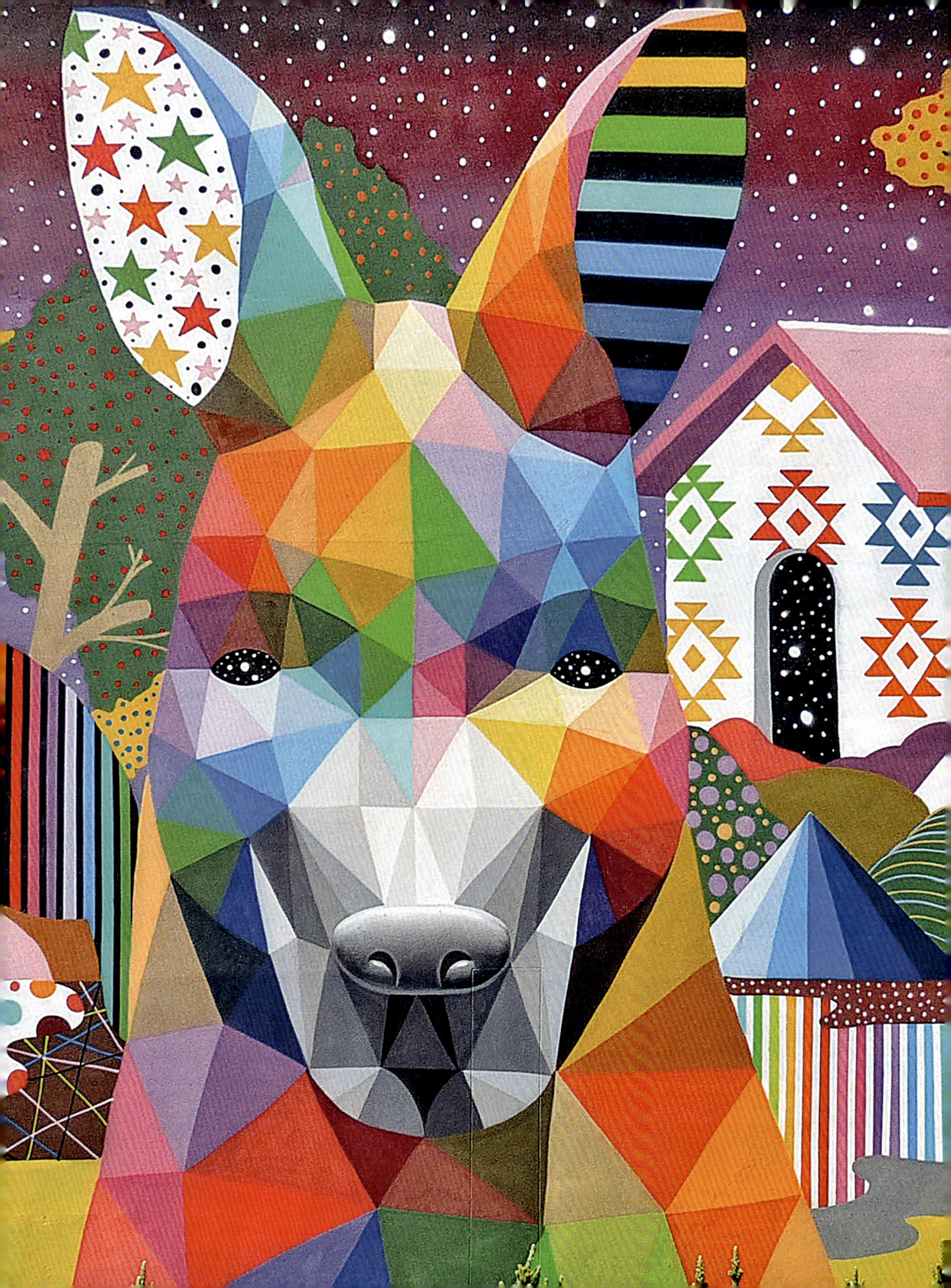

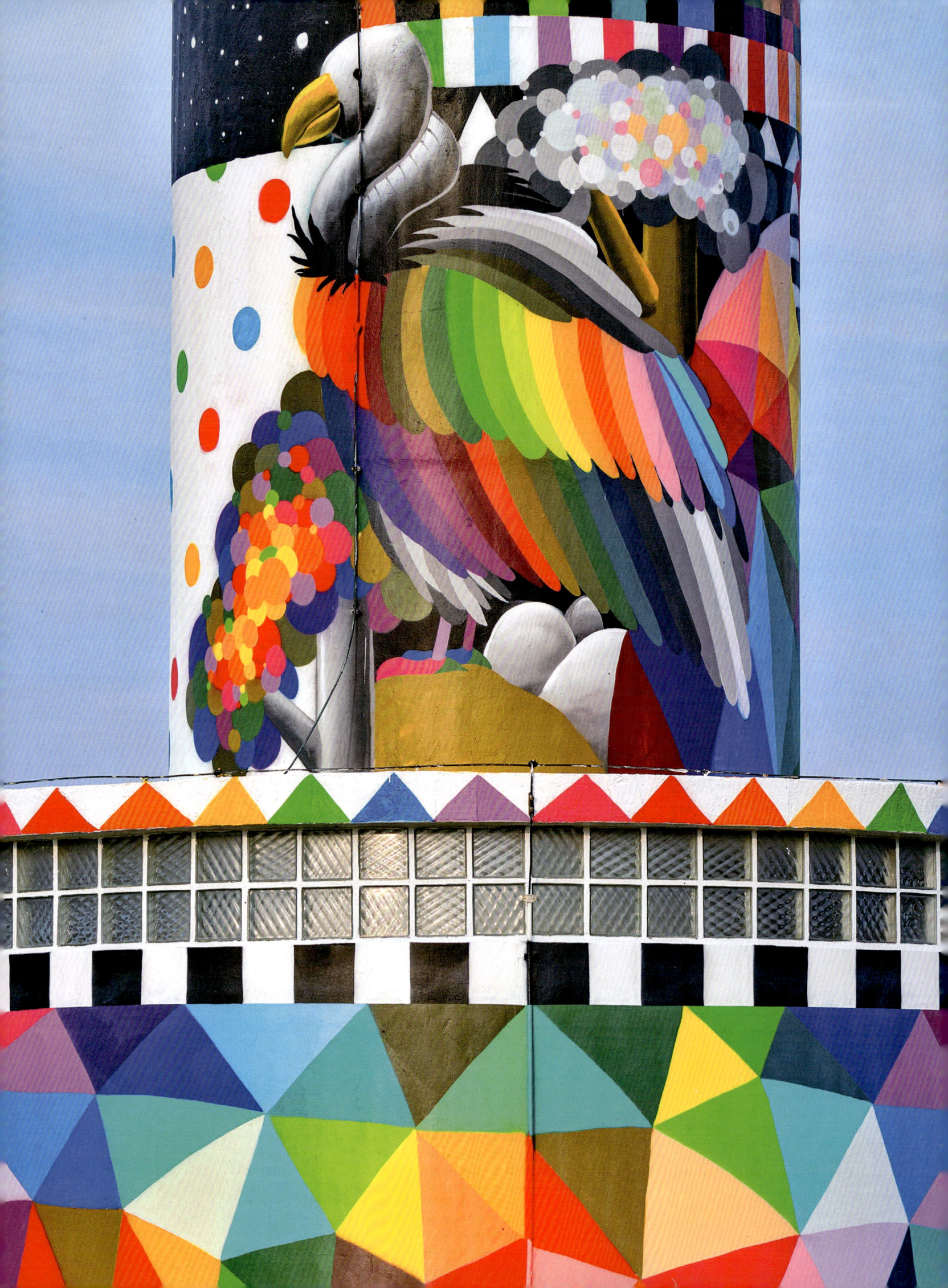

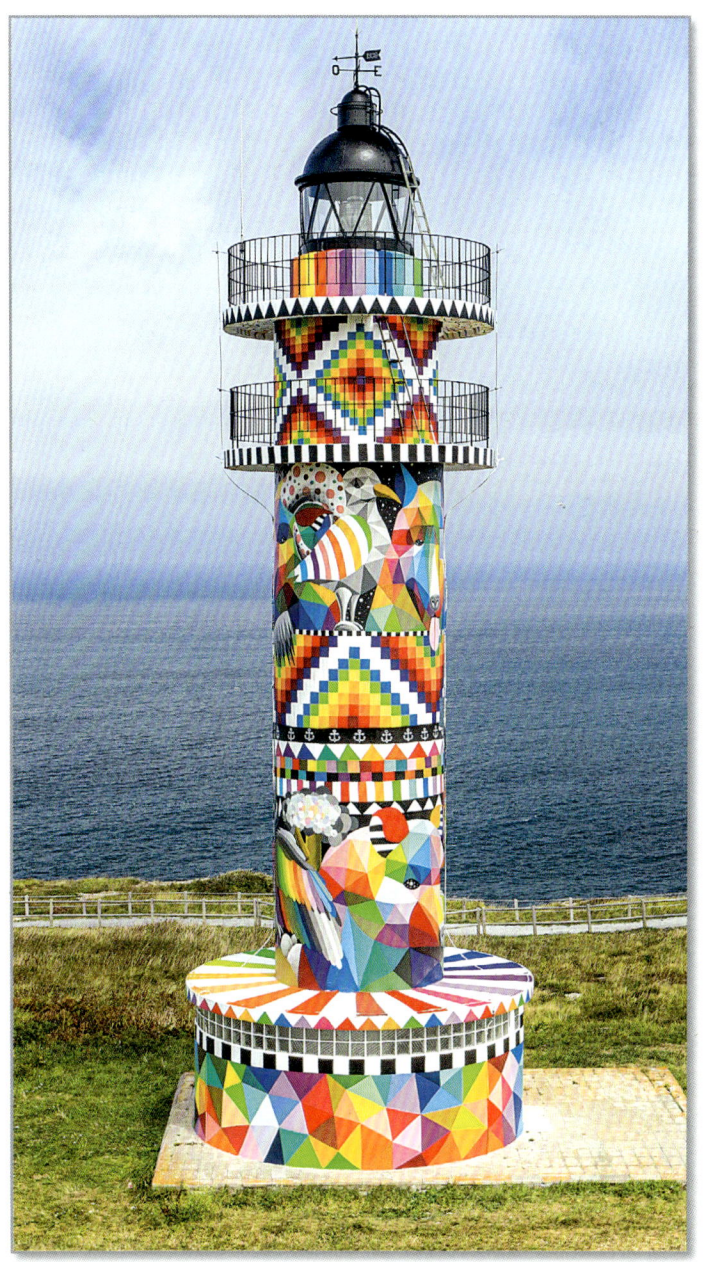

«También tiene una gran importancia para mi visión del *street art* el hecho de que se trata de una forma de arte que puede transformar espacios: hay mucho hormigón gris a nuestro alrededor y mucha publicidad en las paredes de nuestra ciudad, pero, para inspirarse, lo que la gente necesita es arte y cultura».

A Okuma le encanta experimentar y aprovecha todas las posibilidades que brindan las nuevas tecnologías. Aunque está muy orientado hacia el futuro, respeta el pasado. «Surrealismo *pop*, *pop art* [...]. Sí, a veces me he referido así a mi estilo, pero creo que, a estas alturas, no cabe duda de que abarca un universo más amplio. Mi obra tiene influencias de las diversas culturas que he conocido en el transcurso de mis viajes, las cuales están a punto de unirse y solaparse con el universo virtual que estoy desarrollando: de ahí que piense que algunas etiquetas del pasado ya no me definen [...]», explica con gran claridad. El cambio, además, es un aspecto integral de su proceso artístico. «Quiero seguir evolucionando, explorando nuevas direcciones en mis composiciones, en los formatos y técnicas que utilizo; quiero convertir a los demás en partícipes de mi obra y de mis procesos mentales; quiero compartir, reforzar mi identidad», subraya.

El mensaje de Okuda, concebido para evocar la alegría, la jovialidad y la paz en la gente, no conoce fronteras. Okuda quiere demostrar la creciente distancia entre la modernidad, cada vez más presente en la sociedad contemporánea, y las raíces más profundas de la humanidad. ¿Qué es lo que más ha influido en su arte? «Múltiples factores que proceden del *pop art*, la moda, el cine, la música, los colores y las luces y sombras de todas las culturas. A veces pienso en *El jardín de las delicias*, de El Bosco, o en *La Mona Lisa*, de Leonardo da Vinci; otras, en Max Ernst, Yayoi Kusama, René Magritte, Takashi Murakami [...]», reflexiona.

¿El futuro de su arte? «Lo veo muy centrado en el mundo virtual y en el entorno arquitectónico. Nuestro nuevo estudio, Factory of Dreams, se concibió para que pudiéramos trabajar en todas las direcciones [...]. Y todo esto ya está presente, porque muchos de nuestros proyectos toman esa dirección. Muy pronto se podrán ver en las calles de varias partes del mundo: en Corea, en China, en México [...]. No me cabe duda de que futuro será muy emocionante para mí y mi equipo, así como para quienes amen mi obra», promete. En el fondo, ¿no es precisamente en el corazón de la gente, en sus historias y sus tradiciones, que consisten en colores y emociones, en lo que se inspira el arte más bello?

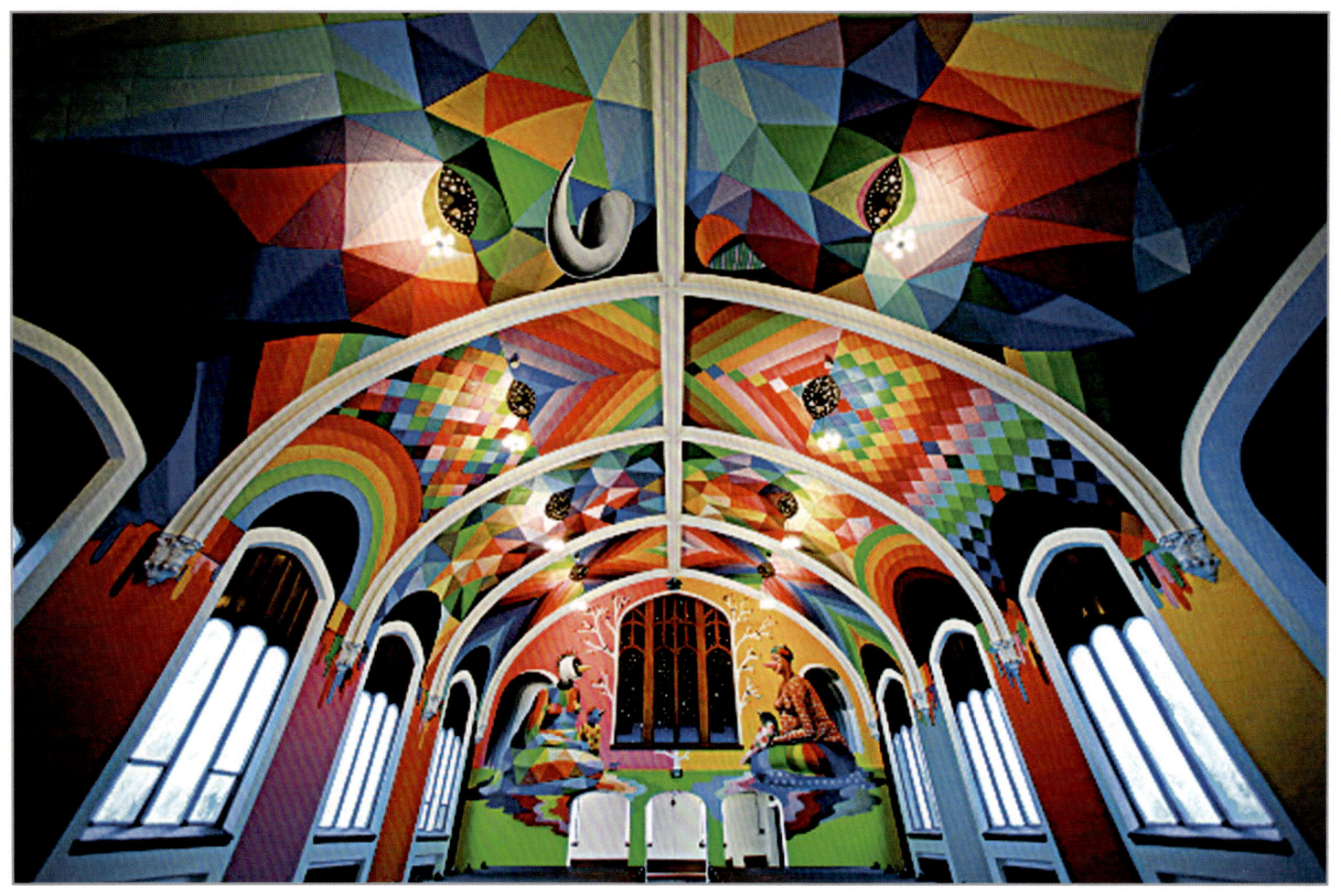

«Quiero seguir evolucionando, explorando nuevas direcciones en mis composiciones, en los formatos y técnicas que utilizo; quiero convertir a los demás en partícipes de mi obra y de mis procesos mentales; quiero compartir, reforzar mi identidad».

160 y 161 INTERNATIONAL CHURCH OF CANNABIS: Denver, Colorado, Estados Unidos, 2017.

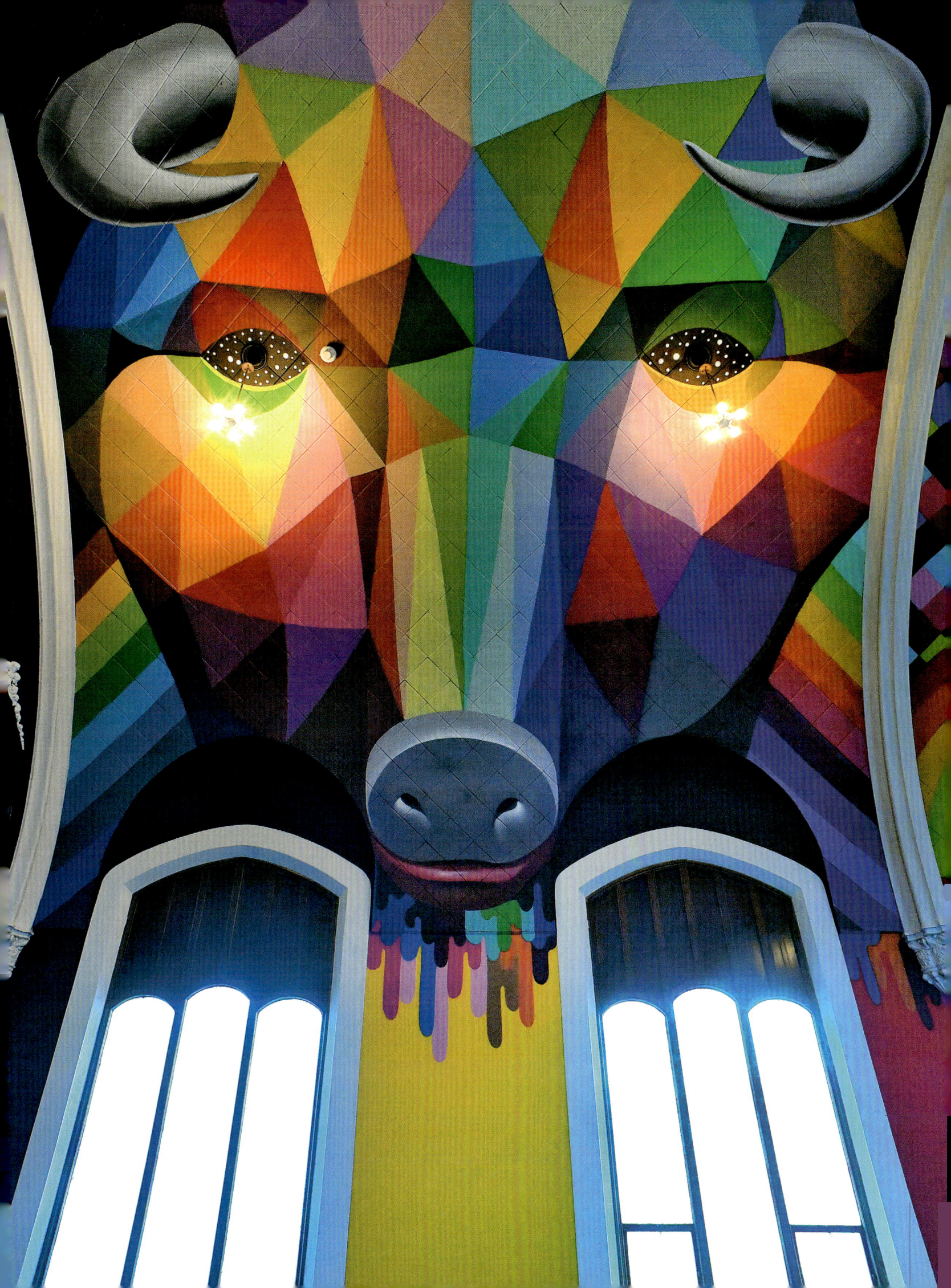

PHLEGM

DIBUJANTE ILUSIONISTA E INVENTOR DE UNIVERSOS
Y CRIATURAS EXTRAORDINARIOS

«¿Mi arte? En mi caso, siempre ha surgido a raíz de la profunda e inevitable sinergia entre el trabajo que he realizado y desarrollado en paredes y las ilustraciones que he plasmado en papel».

Además de haber convertido la ilustración y el cómic en una elaborada y poderosa forma de arte, ha creado un estilo único e inconfundible a base de reformular los cánones clásicos y desarrollar una nueva forma de creatividad y comunicación. Su nombre, Phlegm («flema»), procede de uno de los cuatro humores fundamentales del cuerpo según las teorías médicas del griego Hipócrates: sangre, flema, bilis amarilla y bilis negra. En la época de Hipócrates se creía que la flema (la mucosidad que generan las vías respiratorias) era el factor responsable del temperamento apático y carente de emociones. Y Phlegm, muralista y artista galés afincado en Sheffield, se identifica con esta idea.

«Creo que fue en la universidad cuando empecé a estudiar y a adentrarme en los rudimentos de las teorías de Hipócrates. Me interesó sobre todo la idea de que la mayoría de los rasgos mentales y físicos del ser humano tienen su origen en los cuatro humores de la medicina de la Antigua Grecia, cuyos niveles determinan la salud y la personalidad. Años después me planteé utilizar el nombre de Phlegm al firmar mis diez primeras tiras cómicas. Fue en aquel período cuando también despegó mi obra en el *street art*, así que lo único que hice fue mantener el nombre de Phlegm para esas creaciones [...]», recuerda.

Su relación con el arte resulta un tanto contradictoria y compleja. «Tengo una auténtica relación de amor-odio con el hecho de ser artista. Por un lado, no cabe duda de que resulta estimulante y maravilloso ver lo que puede hacer y transmitir el arte: puede plasmar una cierta poesía que las palabras no pueden captar; puede unir a las personas e inspirarlas, pero también generar disensiones y desacuerdos. Por otro lado, está el aspecto comercial del arte, el cual me cuesta aceptar», explica.

«A medida que uno se va haciendo popular, es gratificante saber que su obra tiene repercusiones, el poder de influir en la gente, pero al mismo tiempo es extraño ver que a la gente a menudo le impresiona más el valor monetario de la obra o la fama del artista. Creo que por eso siempre me he andado con pies de plomo y he trabajado en murales y he evitado las galerías», admite. El reconocimiento le llegó a Phlegm a través de sus cómics autopublicados. «Desde que tengo uso de razón, desde mi época escolar, siempre he querido ser artista.

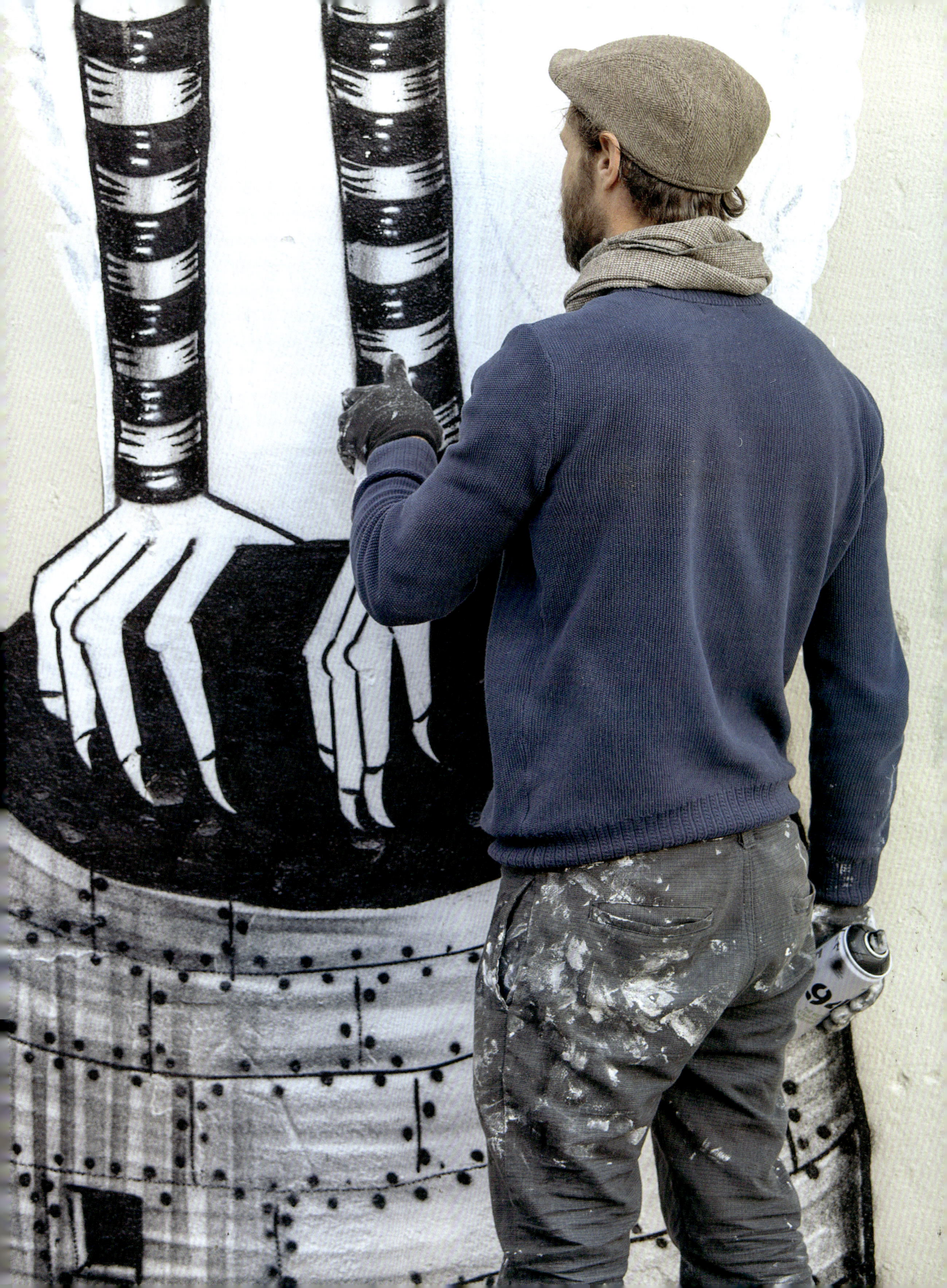

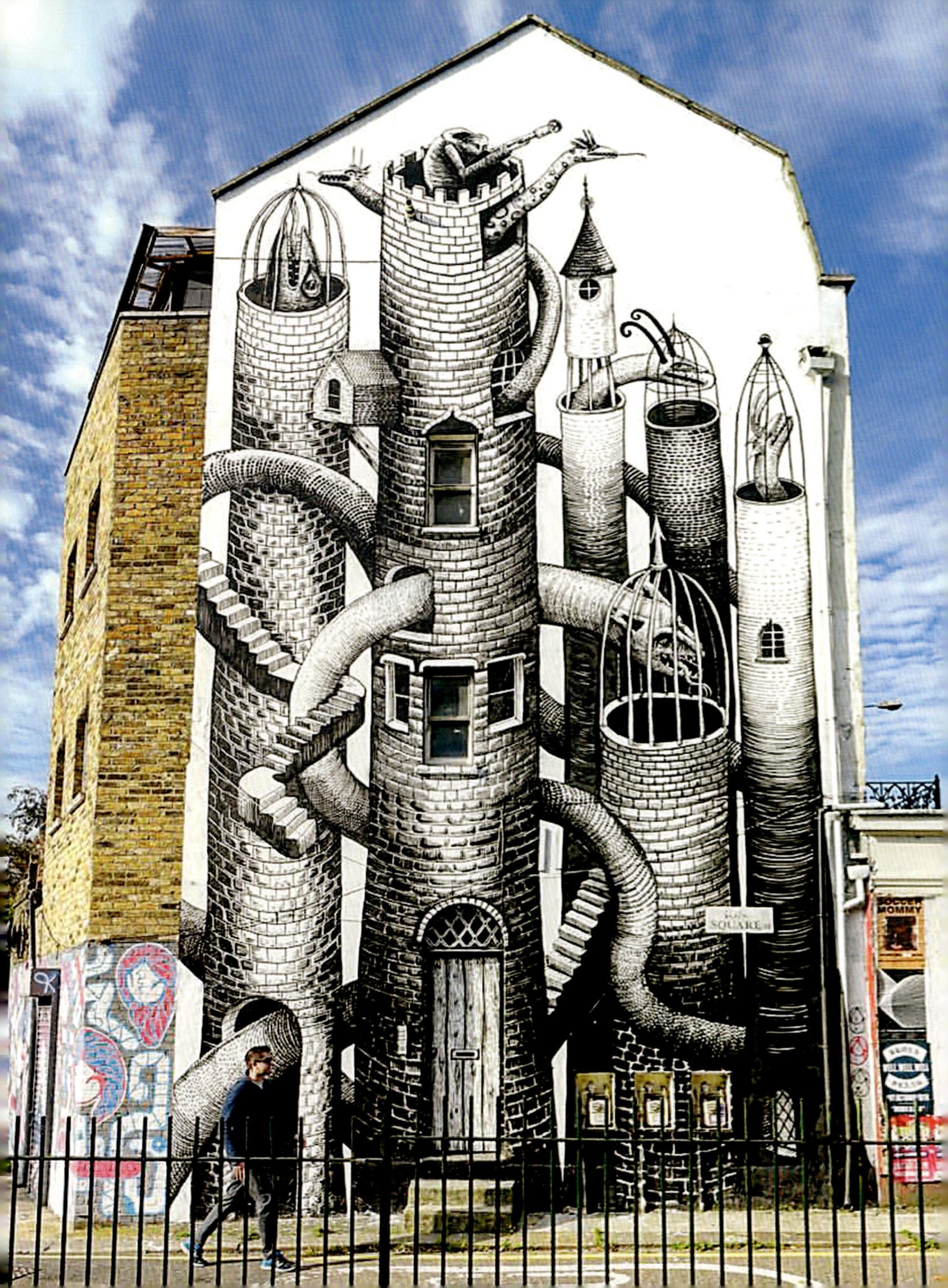

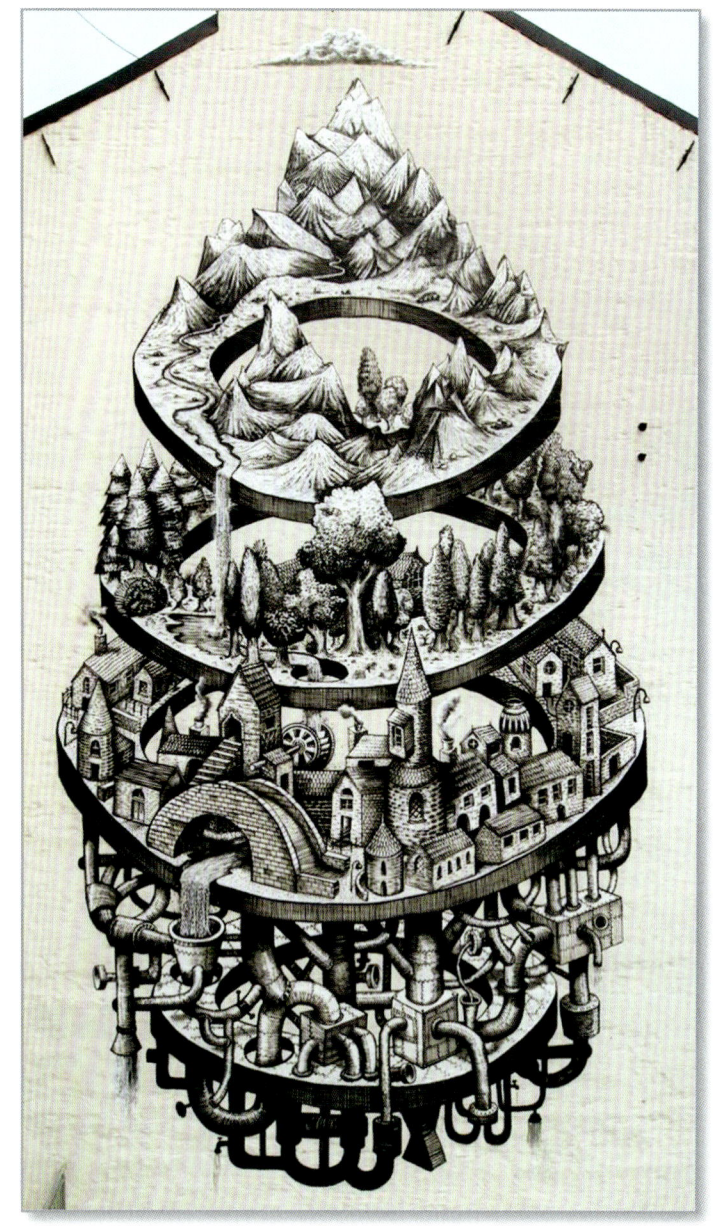

»Siempre he pensado que para mí dibujar es mucho más importante que "hablar" o, al menos, que parece más real y que está abierto a más posibilidades. Trabajar mis ideas con un bolígrafo siempre ha sido lo más natural para mí. Puedo detenerme y meditar sobre un tema todo el tiempo que quiera. Siempre he sido introvertido, y necesito pasar mucho tiempo a solas, por eso creo que para mí el dibujo no tardó en convertirse en un mundo separado e interno, un mundo que ha ido ganando concentración y complejidad a lo largo de los años», reflexiona, revelando su naturaleza reservada y cerrada.

Es precisamente en esos momentos de soledad interior en los que Phlegm encuentra la inspiración y la fuerza para tomar decisiones. «Estudié Escultura y Bellas Artes en la University of Leeds, en el norte de Inglaterra. En esa etapa de mi vida se consolidó de verdad mi desprecio por la naturaleza elitista e institucional del mundo del arte, aunque he de confesar que puede que mi actitud surgiera al principio de mi frustración por no poder acceder a ese entorno concreto. Al acabar mi escolarización, me metí de lleno en la cultura urbana del *skate* y en el difícil mundo de los grabados a pequeña escala. Publicar y crear libros a mano me pareció una buena forma de hacer lo que quería. Podía trabajar duro, no tenía que rendirle cuentas a nadie y podía funcionar de forma anónima», explica el artista.

Se inició en el *street art* de una forma muy instintiva y personal, acercándose a un mundo que le era familiar y en el que se sentía inmerso de forma natural. Phlegm cree que, a diferencia de los lienzos, que, en su opinión, cuelgan sin sentido en las galerías de arte, las pinturas hechas en paredes pasan a formar parte de la arquitectura de las ciudades y ejercen una influencia en la comunidad y en todo lo que tengan a su alrededor.

«Siempre me ha interesado mucho la historia. El arte medieval ejerció una indudable influencia en mis primeros trabajos. Aunque mis primeros personajes parecían monjes, cuanto más los pintaba en distintos escenarios arquitectónicos, más los distorsionaba».

«Con el *street art*, llegué prácticamente de forma automática al mismo mundillo artístico espontáneo y autogestionado que ya frecuentaba por aquel entonces. Aunque me llevó un tiempo adaptar mi estilo mural a lo que hacía en los libros, una vez que estas dos actividades se cruzaron, generaron en el acto una maravillosa y eficaz sinergia. Es algo que sigo percibiendo en mis libros y mis grabados. Una práctica artística alimenta de forma genuina a la otra [...]», señala.

Sus personajes, casi todos en blanco y negro, son singulares criaturas nacidas de su imaginación, como monstruos benevolentes y amistosos a los que les encanta explorar, observar, aventurarse en territorios nuevos y desconocidos. Se mueven en un universo también simbólico y fantástico, repleto de infinitos significados y sofisticados detalles de mundos desconocidos que remiten unas veces al pasado, otras al presente y otras al futuro. «Siempre me ha interesado mucho la historia. El arte medieval ejerció una indudable influencia en mis primeros trabajos. Aunque mis primeros personajes parecían monjes, cuanto más los pintaba en distintos escenarios arquitectónicos, más los distorsionaba. Siempre ha existido esta sinergia entre mi obra en las paredes y mis ilustraciones. Estiré y estiré las proporciones hasta llenar las paredes y luego empecé a copiarlas en mis ilustraciones. Cuanto más me interesaba por las técnicas de grabado, más intentaba emularlas en mis creaciones murales», afirma, revelando el secreto de todo su proceso creativo.

Incluso su decisión de trabajar en blanco y negro tiene un origen y un significado precisos. Muchos de sus grandes personajes, hoy a menudo pintados con aerosol en blanco y negro sobre enormes paredes, surgieron de sus tiras cómicas. Los materiales predilectos de Phlegm son la tinta china negra y la pluma.

166: *Forest Gate, Londres, Reino Unido, 2018.*

166-167: *Blackburn, Reino Unido, 2018.*

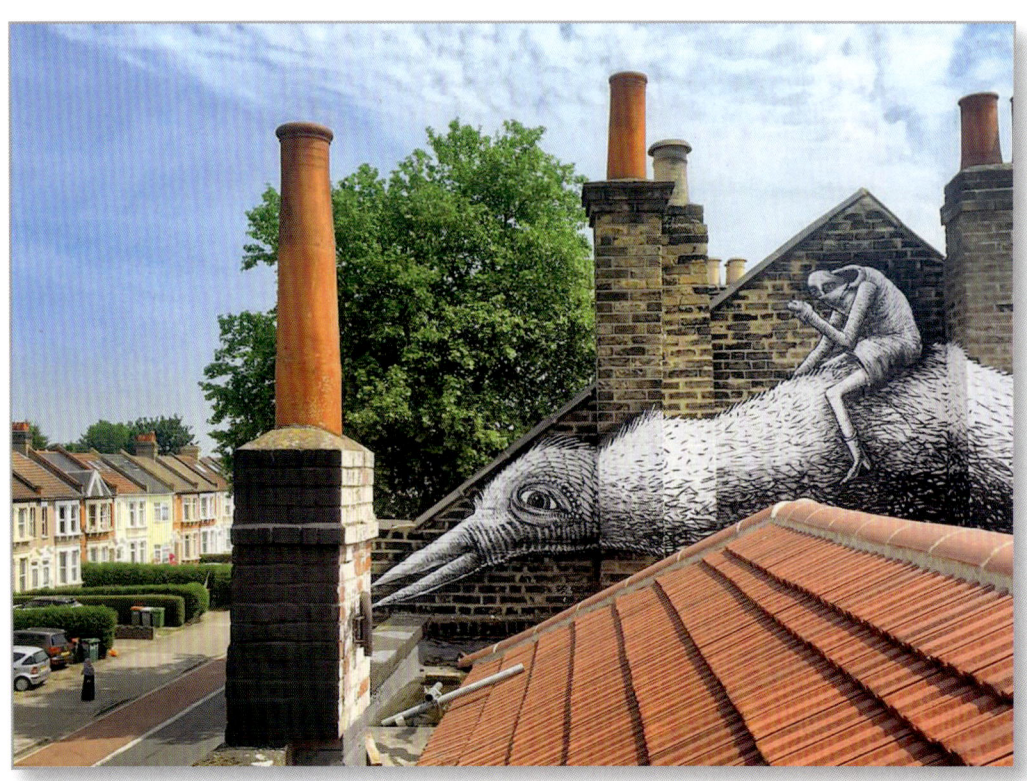

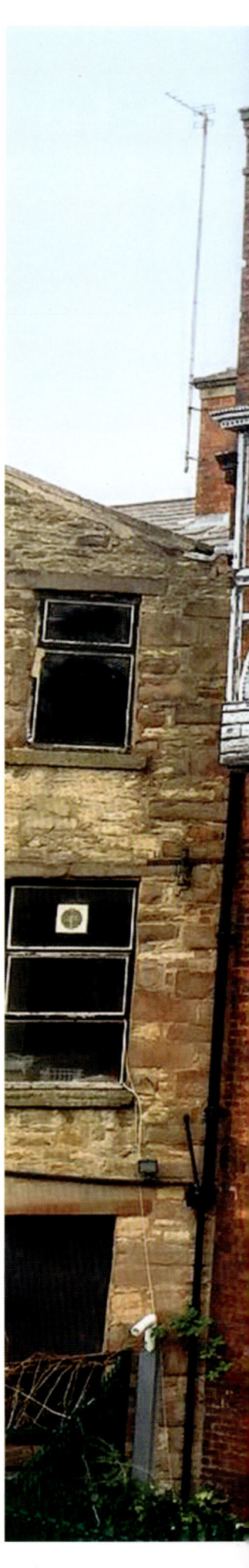

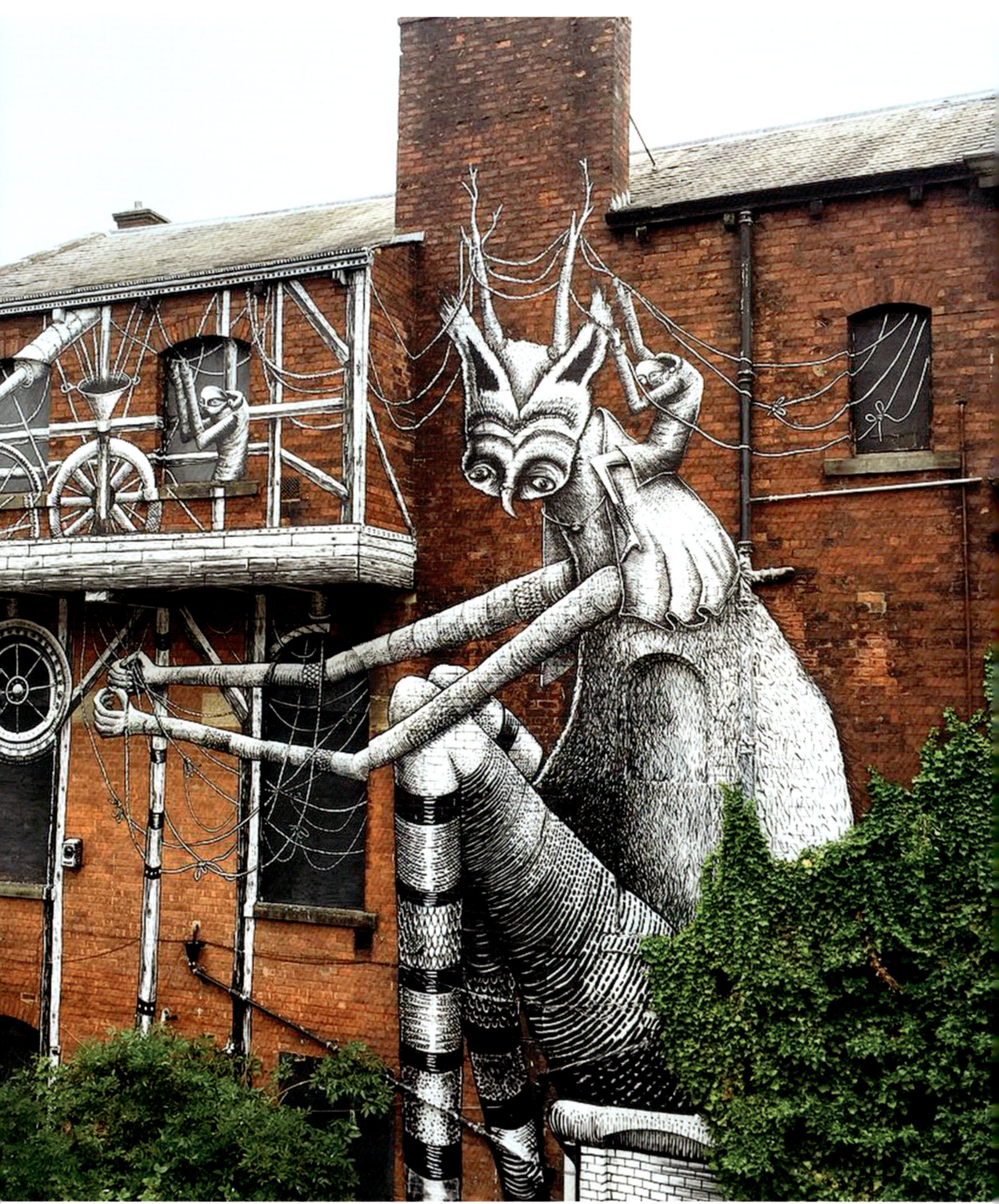

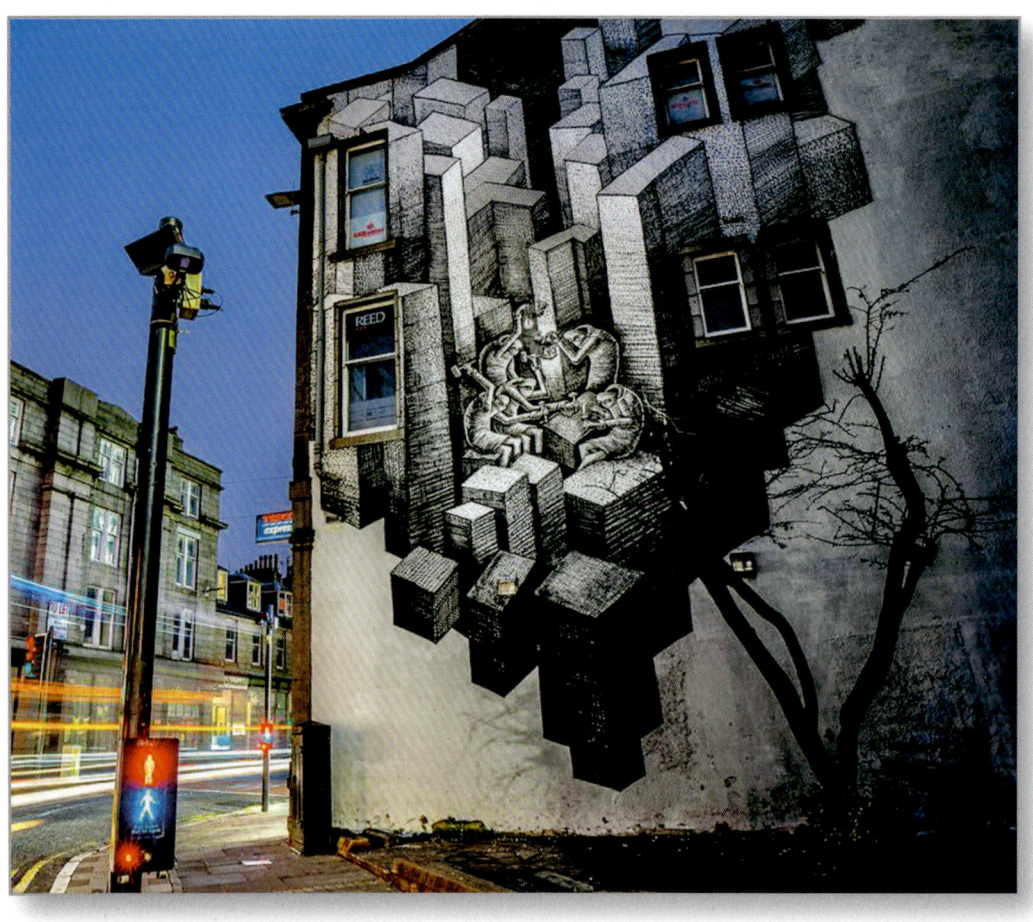

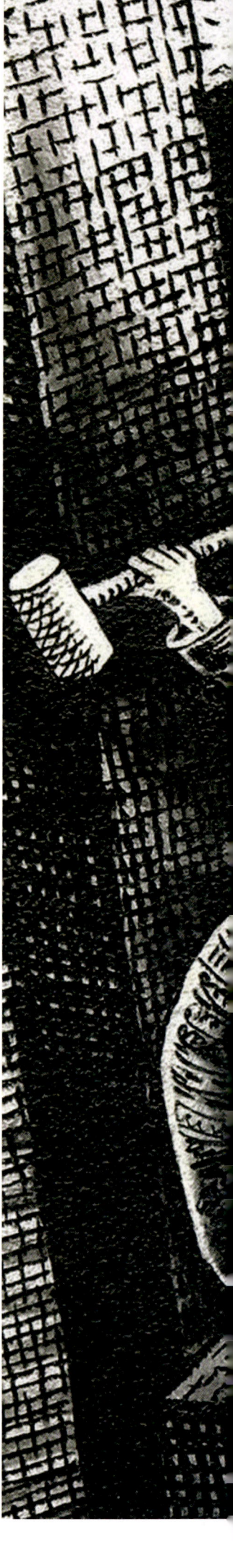

168 y 168-169 ABERDEEN NUART FESTIVAL: Aberdeen, Reino Unido, 2018.

«Empecé produciendo y autoeditando libros fotocopiados baratos. Seguí el mismo camino con mis obras en las calles, ya que así podía pintar a lo grande sin necesidad de muchos materiales. Siempre me ha interesado más la historia que los elementos visuales. El color me parecía una mera distracción o un intento de hacer algo llamativo. A medida que mi obra impresa fue evolucionando en los años posteriores, me enamoré por completo de la edad de oro del grabado en cobre, de la cual sigo enamorado», afirma.

Phlegm creció en Sheffield, conocida como Steel City («ciudad del acero») por la fuerte presencia de sus numerosas fábricas y edificios industriales, y no cabe duda de que sus orígenes dejaron una profunda huella en su arte. «Aunque ya no vivo en Sheffield, sí que lo hice durante mucho tiempo. Mis primeras experiencias de *street art* tuvieron lugar allí mismo, en las fábricas abandonadas de la ciudad. Había tantas acerías y enormes paredes cubiertas de vegetación que no sabía ni con cuál quedarme y pude pintar sin que me molestaran», recuerda.

A Phlegm le encanta experimentar y crecer tanto en el ámbito laboral como en el personal, los cuales, en cualquier caso, mantienen una estrecha relación, de ahí que se consagre a su arte centrándose en una continua búsqueda de sí mismo.

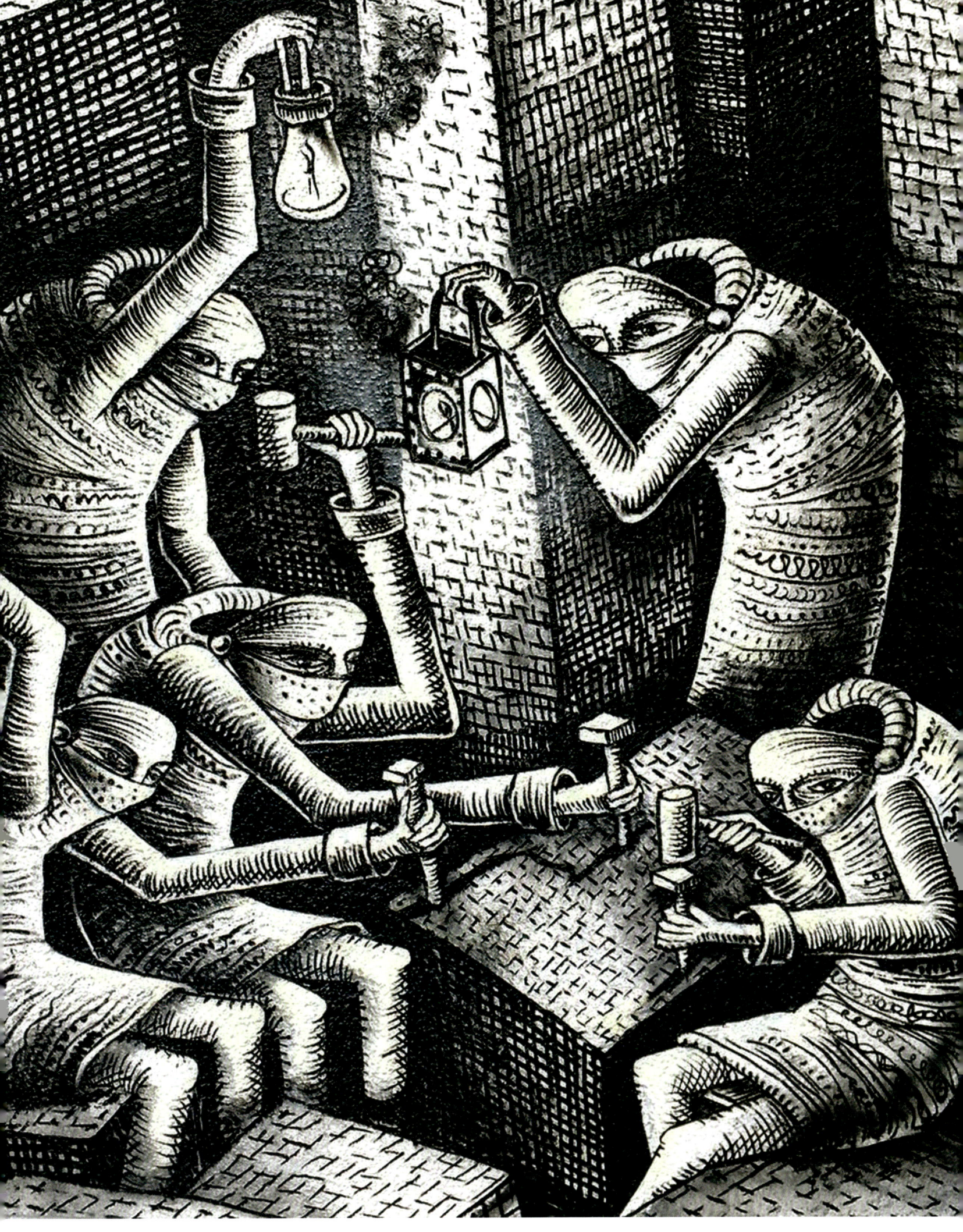

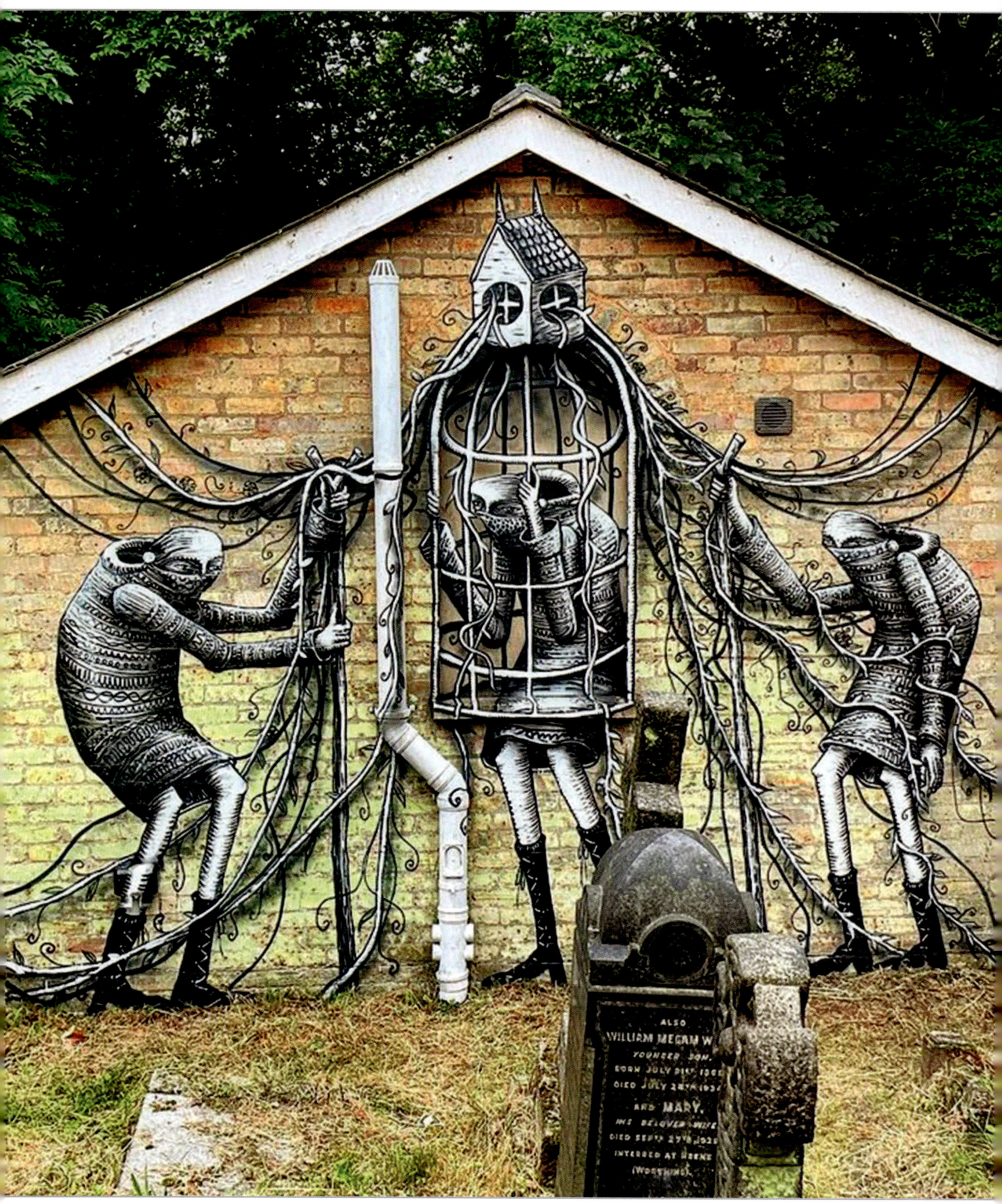

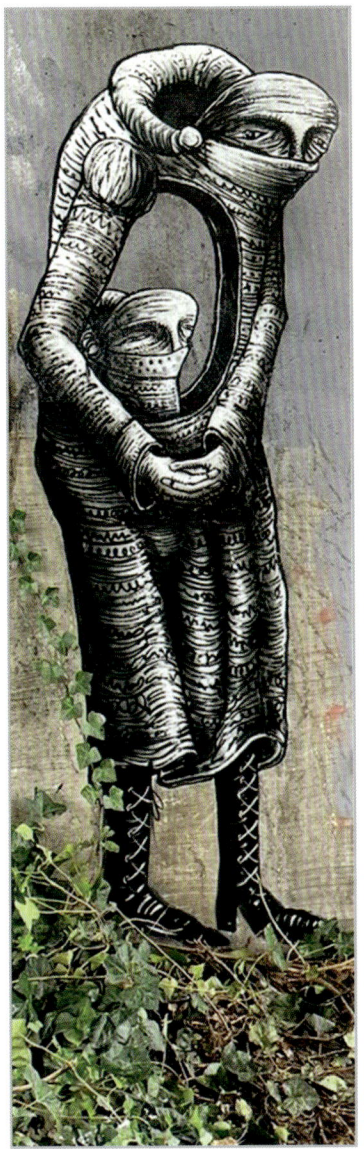
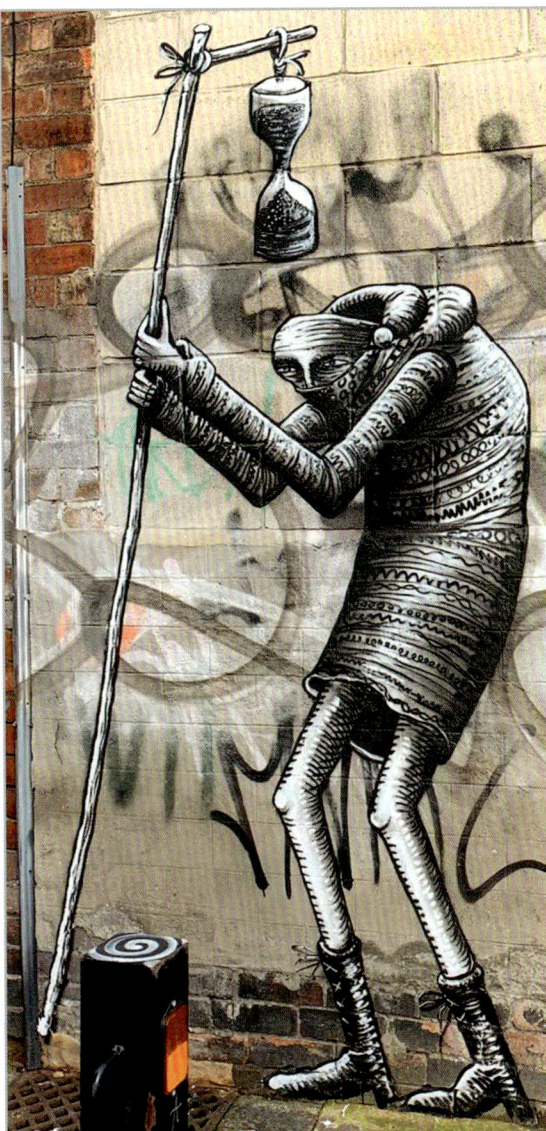
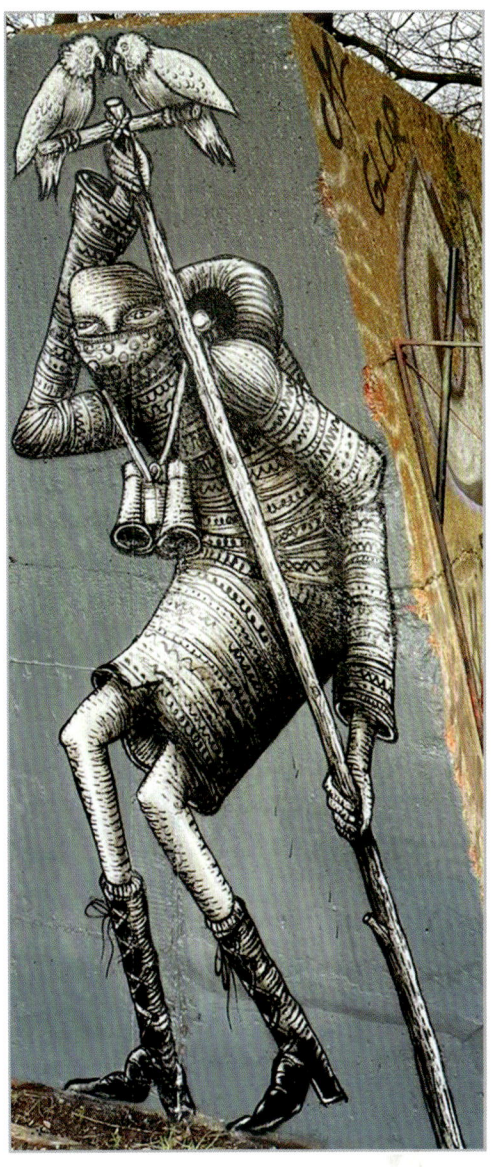

170 ST. PETERS IN THE FOREST:
Walthamstow, Londres,
Reino Unido, 2021.

171 (izquierda) PER UN AMICO,
2021.

171 (centro): Sheffield,
Reino Unido, 2019.

171 (derecha) LOVEBIRDS: Londres,
Reino Unido, 2021.

«En el futuro quiero cerrar el círculo y terminar algunas novelas gráficas en las que llevo trabajando unos cuantos años. Tengo un cajón lleno de proyectos que empecé hace tiempo y en los que sigo zambulléndome siempre que mis compromisos me lo permiten. Tengo cientos de páginas inéditas en carpetas. Me gustaría sacar tiempo para mí para poder aislarme, perderme y terminar esas historias», dice con esperanza. En cuanto a la visión que tiene de su arte, añade lo siguiente: «No creo que mis obras transmitan un gran mensaje. La verdad es que no me creo capacitado para decirle a la gente cómo tiene que pensar. Intento crecer cada día, y cada día refino mis ideas a través del trabajo. A veces me siento lleno de amor y esperanza; otras, deprimido y aterrorizado. Todo lo que pienso y siento gira en torno a qué es ser humano y estar vivo en este momento, y espero que, de un modo u otro, esto se perciba en mi obra. Soy una persona muy motivada y apasionada, y, cuando se trata de mi arte, mi entusiasmo es inagotable. Me gusta pensar que si yo creo con firmeza y tengo esperanza en algo, a los demás les llegará parte de esa energía».

NATALIA RAK

INVOCADORA DE LA POESÍA OCULTA, HADA DE LA IMAGINACIÓN

«Siempre he sabido que quería ser artista, ya que estoy convencida de que el arte puede expresarse de diversas formas. Siempre he creído que las descubriría todas, y luego iría más allá [...]».

Se dice que cuanto más intensas son las emociones, más intensa es la magia. Los personajes de Natalia Rak parecen proceder de mundos encantados y misteriosos; atentos y amables, observan y cautivan a través de una fusión de vivos colores, formas y ambientes que evocan el mundo de las fábulas, la naturaleza y la poesía, de las visiones y las pasiones. Natalia Rak es una maestra en lanzar hechizos a las paredes. Este poder emana de su apabullante sensibilidad, que hace que sea casi clarividente, resulte muy instintiva y esté repleta de pasión. Para ella, el arte siempre ha sido un universo fantasmagórico en el que sumergirse lejos de la realidad y embelesarse en su propia imaginación... «Fui una niña con una enorme sensibilidad que miraba el mundo con otros ojos —relata Natalia—. Me fascinaba todo lo que veía y, sobre todo, los efectos de la luz. He sido muy creativa desde pequeña, también porque crecí en Polonia a finales de la década de 1980, un país en el que aún no estábamos expuestos al contenido de los medios de comunicación, como sí se está ahora. También por ese motivo me vi impulsada a dar rienda suelta a mi imaginación e inventar juegos y personajes a base de reutilizar diversos materiales», añade. Aparte de todo esto, hay algo especial que, como en un cuento de hadas, colaboró a avivar su imaginación y a sellar su destino. «Tenía un vecino artista que vivía en una colorida casa de madera. Me fascinaba su estilo de vida y su pasión por el arte. Sabía que era pobre y que había sacrificado su vida por el arte. Gracias a él, tomé conciencia desde muy joven de que el arte no daba dinero pero que podía ser la chispa con la que iluminar y alimentar mi propia vida», relata.

Nacida en 1986, Natalia estudió Bellas Artes en la Uniwersytet Łódzki, en Łódź, Polonia, donde se especializó en Artes Gráficas. Además de ser ilustradora, pintora y diseñadora gráfica y haber trabajado mucho sobre lienzo, es el *street art* lo que más enciende su alma. «En la universidad experimenté con numerosas técnicas, pero al final cambié los pinceles por los botes de aerosol, y los lienzos de lino por las rugosas paredes de lugares y edificios abandonados. Tras terminar mis estudios, me introduje en la escena del *street art* de Polonia y de otros países.

Arcugnano, Italia. Fotografía de Charlie Pix.

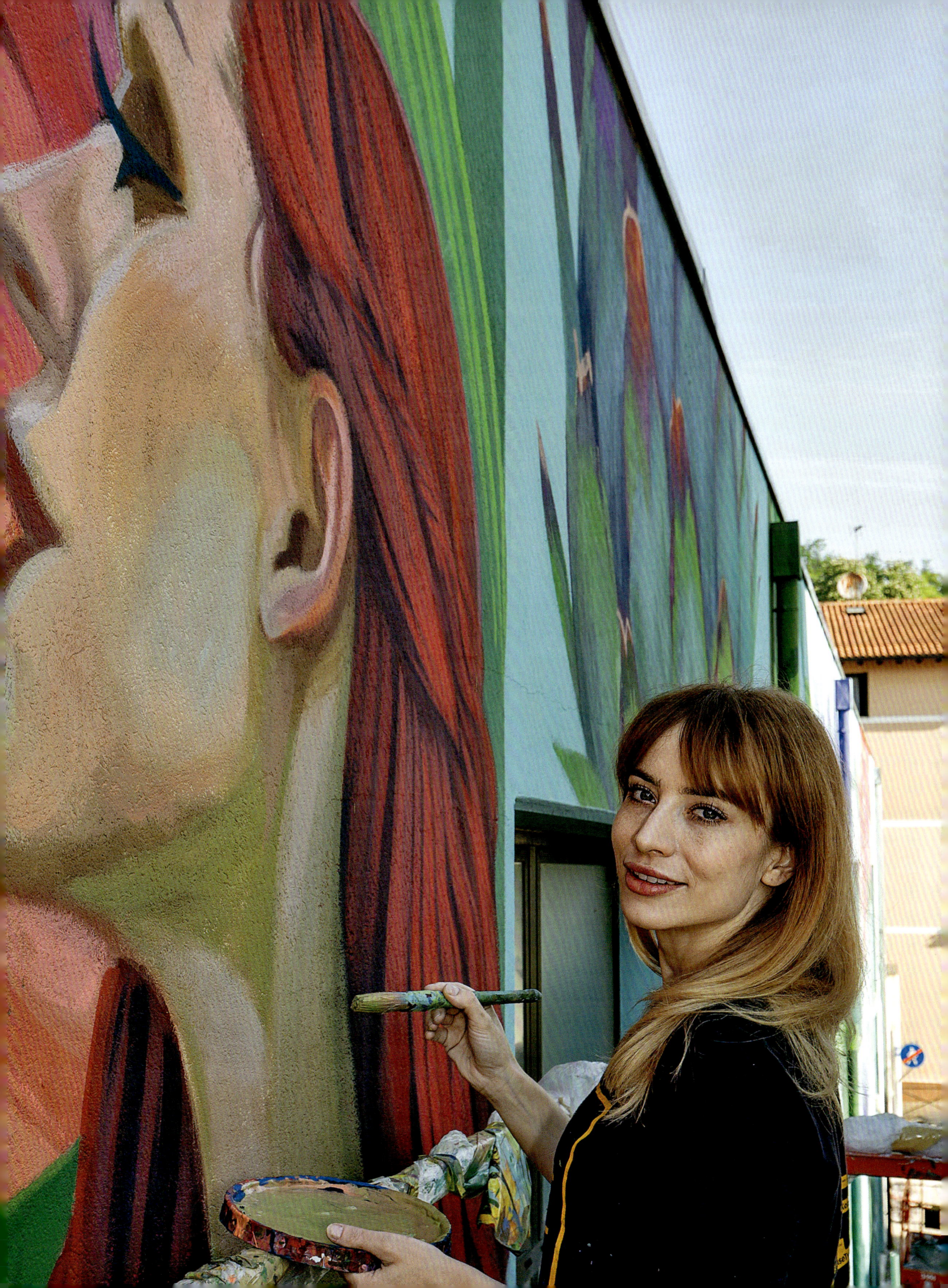

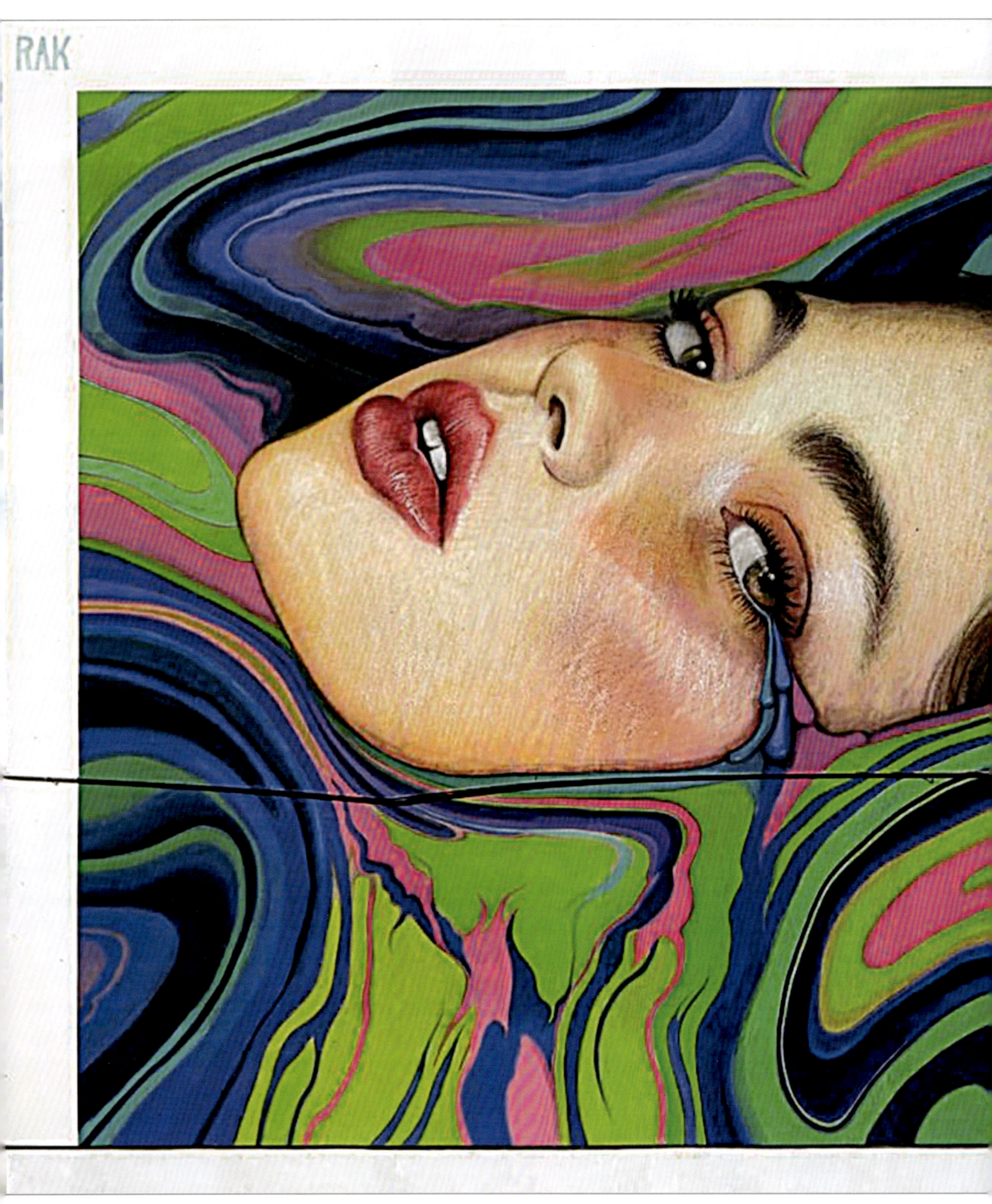

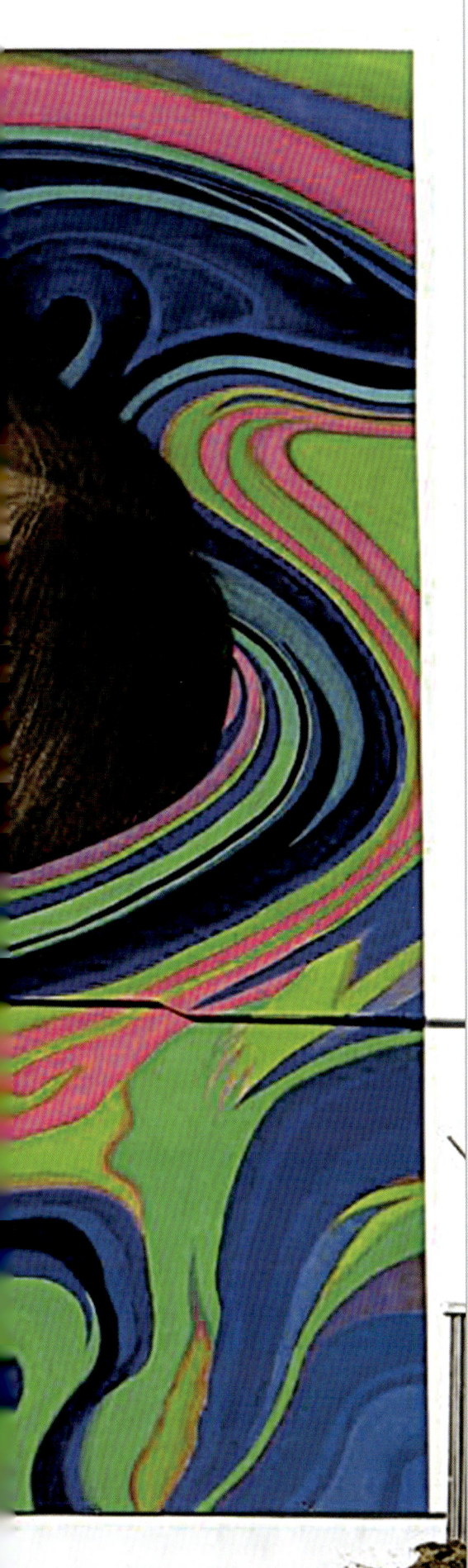

«Era habitual que en los festivales fuera la única mujer, y eso me impulsó a ser mejor persona y artista. Me encanta cuando la gente por la calle sonríe al ver mi trabajo y se olvida por un instante de la rutina diaria», admite.

Natalia se inspira en elementos variados, en innumerables situaciones y en diferentes pistas sin limitarse a un único sector, sino explorando, experimentando, trabajando para descubrirse a sí misma, empujándose hacia nuevos territorios, como una aventurera, una exploradora de los mil matices del alma. «Hay muchos filmes que me han inspirado, sobre todo algunos de animación que tienen un toque tétrico y finales sorprendentes. También he apreciado siempre la poesía como forma de abrir la mente a interpretaciones alternativas de la realidad con el uso de las palabras —afirma la artista—. Mi búsqueda constante de alimento para mi creatividad me ha llevado a estudiar ilustración y diseño de cómics. Además, sigo yendo a muestras y exposiciones cuando tengo ocasión, porque el arte sigue siendo una fuente de inspiración para mí. A veces descubro que he tenido la misma idea que otro artista, pero siento que debo transformarla y elaborarla a mi manera. En lo más profundo de mí sigo teniendo alma de niña, por eso los cuentos de hadas y las leyendas reviven a menudo en mis obras», admite.

DISSOLVE: Solnechnodolsk, Rusia, 2021.

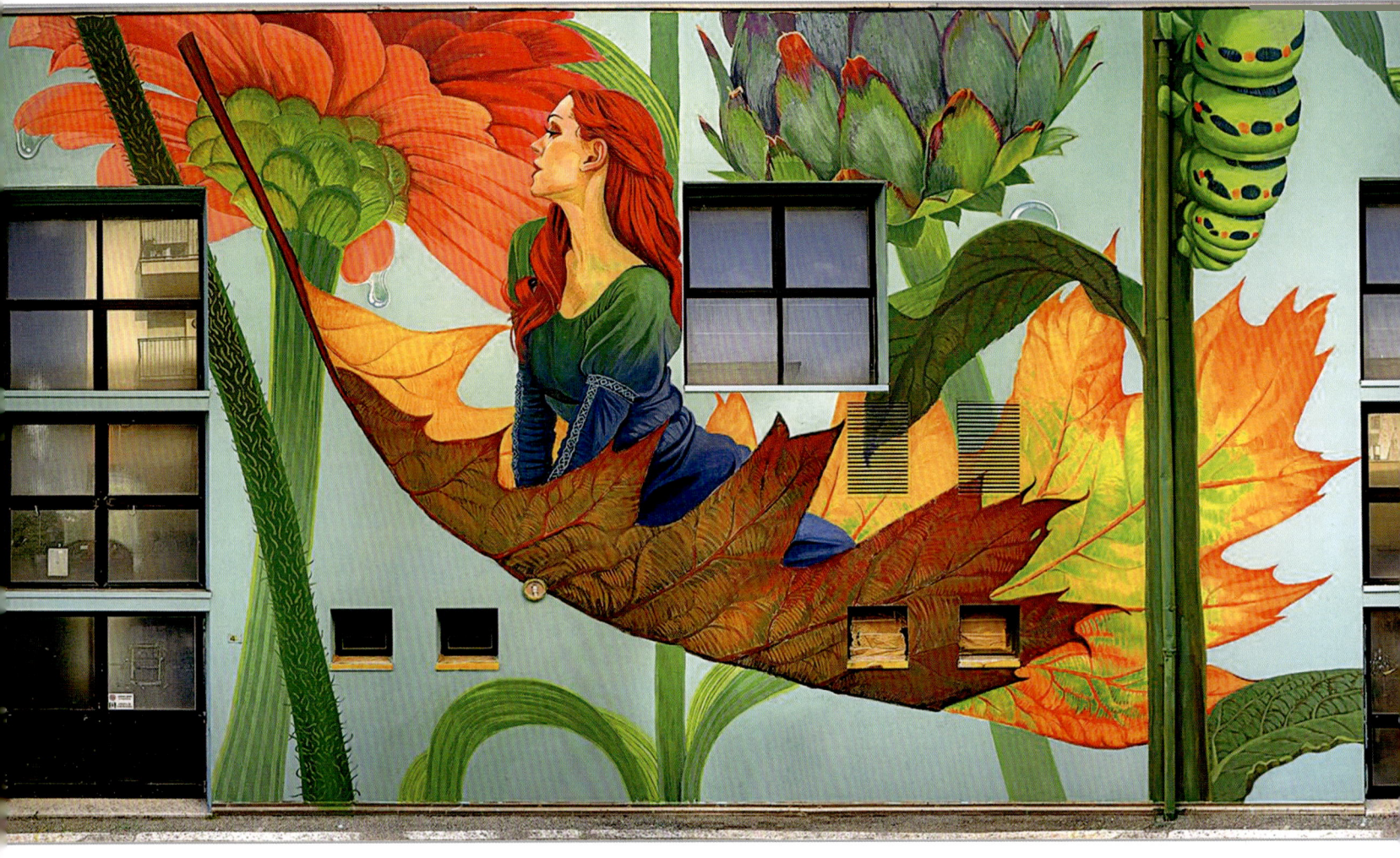

Y, en última instancia, Natalia ha encontrado su vocación, su propia dimensión, al seguir moviéndose dentro de esta atmósfera imaginaria y entre dos universos paralelos. «Para mí, el arte es una forma de expresar mi alma, el lado emocional de mi personalidad, a través del cual puedo dar rienda suelta a mi imaginación. Es la razón que tengo para seguir viva, algo que trasciende el mundo material», afirma.

Y por eso Natalia no tiene miedo de expresarse de una manera inusual, a veces con un enfoque por completo absurdo, jugando con los colores y atenuando sus límites naturales. «Aún recuerdo a uno de mis profesores de secundaria diciéndome que el blanco y el negro no eran colores de verdad.

»Por eso, para sombrear siempre he intentado utilizar otros colores, como el morado oscuro y el azul de Prusia, en lugar del negro. Además, me encantan los colores complementarios, los que se encuentran en lados opuestos del círculo cromático. Por ejemplo, me gusta combinar el azul con el amarillo, el morado con el naranja [...]. Siempre me han dicho que uso colores y combinaciones atrevidos, y creo que es eso lo que le confiere a mis obras un aire positivo», señala.

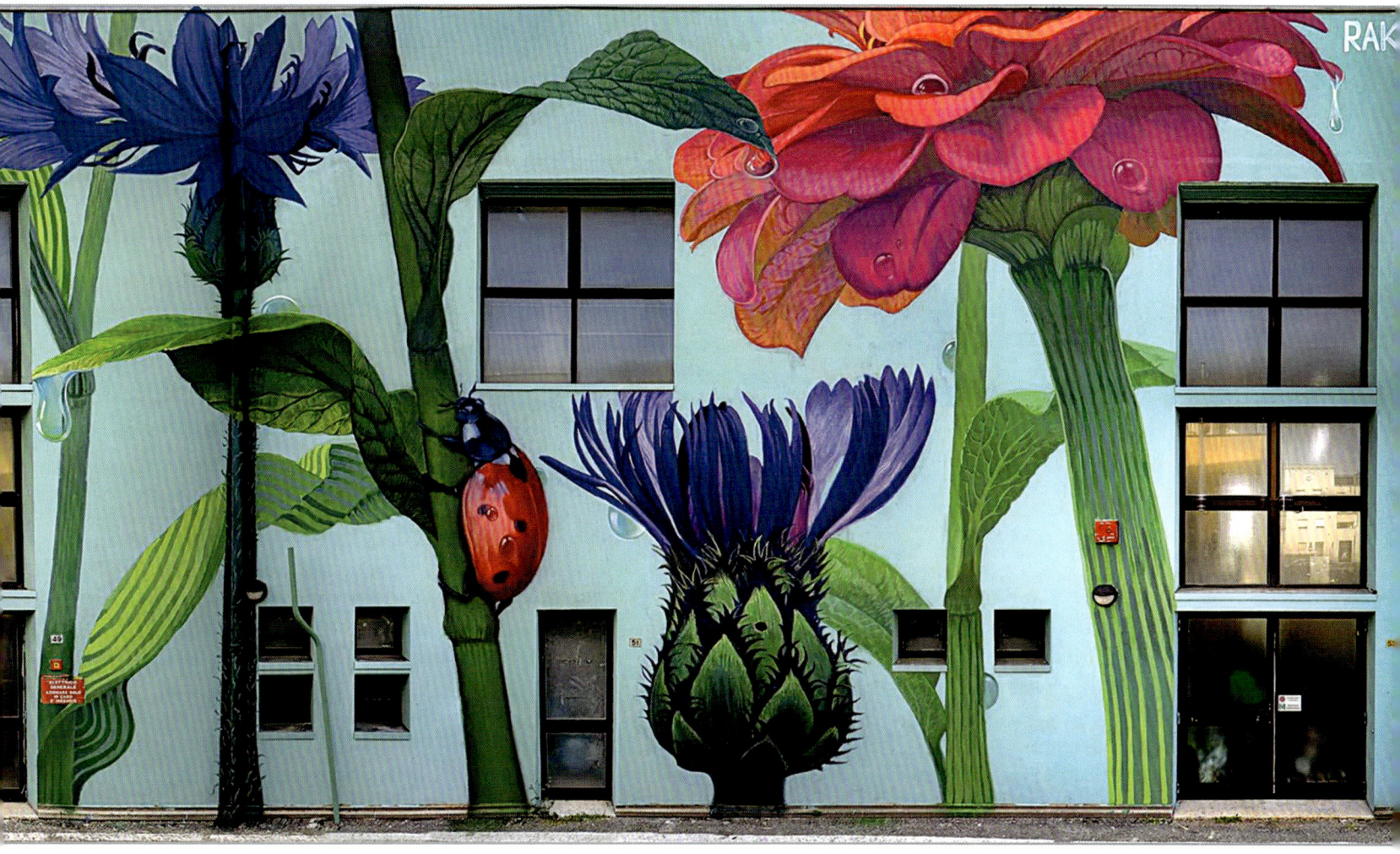

La naturaleza y los animales son una fuente inagotable de inspiración para Natalia, así como un incentivo para exponerse y desafiar los cánones clásicos del arte. «En lo que respecta a la naturaleza [...], crecí en un pueblo pequeño, y la naturaleza forma y ha formado siempre parte de mi entorno. Me hace sentir tranquila y relajada, a diferencia de la vida en la ciudad, donde nunca me siento a gusto.

»Creo que todos deberíamos volver a vivir en estrecho contacto con la naturaleza, y, a través de ella, encontrar nuestro equilibrio interior», sostiene la artista, en cuyo mundo ideal la gente percibirá por fin el valor supremo de la naturaleza, reinarán la positividad y la felicidad y todo se basará en el respeto y en el principio de igualdad universal. Su activismo en este sentido guarda una estrecha relación con el hecho de ser mujer en un entorno como el del *street art*, aún muy dominado por los hombres. Sin embargo, no teme poner de manifiesto su sensibilidad y su fragilidad; no tiene miedo de mostrarse tal y como es, sino más bien al contrario: está decidida a ser fiel a sí misma. «Creo que las emociones pueden representarse de una forma más natural en los rostros de mujeres.

HAPPILY LOST: Arcugnano, Italia, 2022.

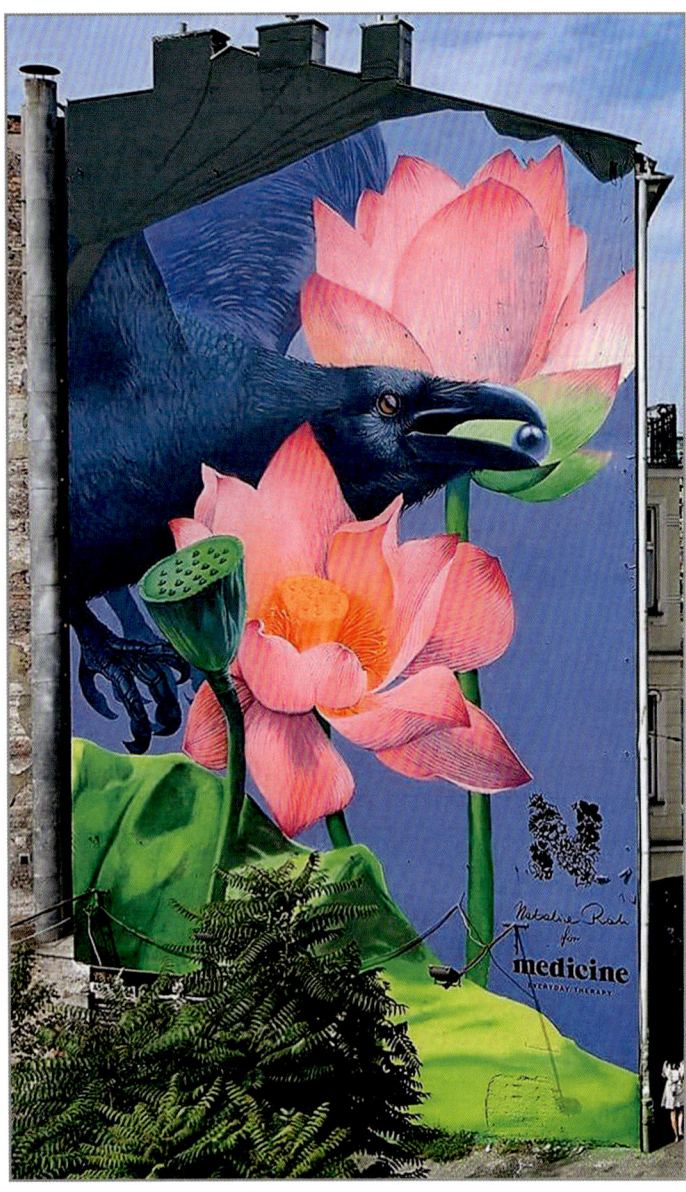

»Soy una feminista acérrima, y me complace ofrecer modelos positivos que puedan inspirar a las jóvenes», concluye, explicando su predilección por los temas femeninos. Así, no es de extrañar que sus mujeres, como ella, sean fuertes y valientes, capaces de representar la conquista de cualquier tabú, actúen como heraldos de un cambio radical y puedan dejar una huella indeleble en el alma de todos aquellos que se detengan a mirarlas y conseguir que sueñen y se olviden de sí mismos al menos por un instante.

178 y 178-179 BLACK PEARL: Cracovia, Polonia, 2018.

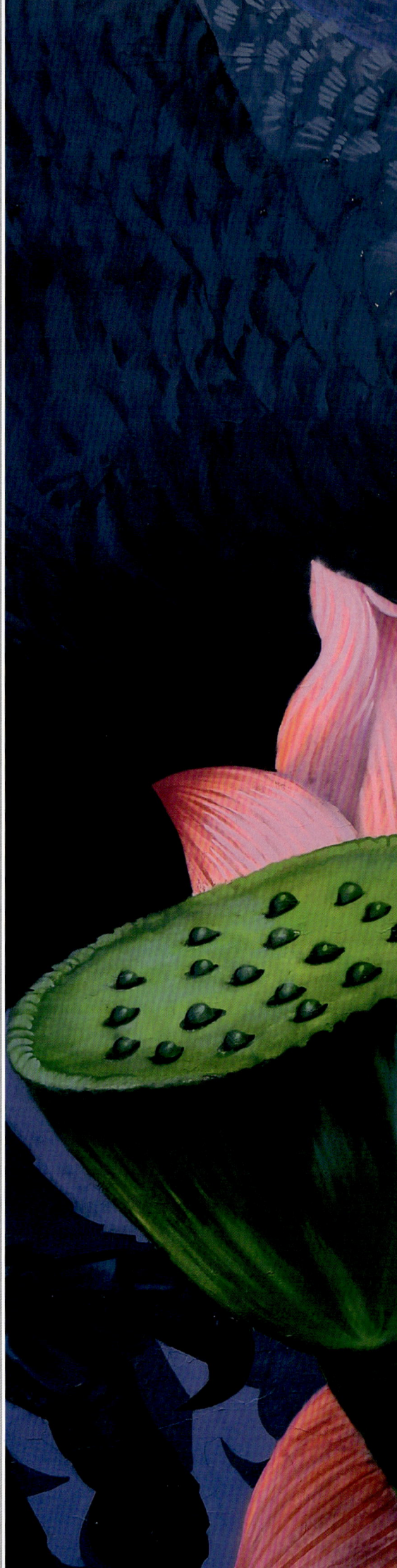

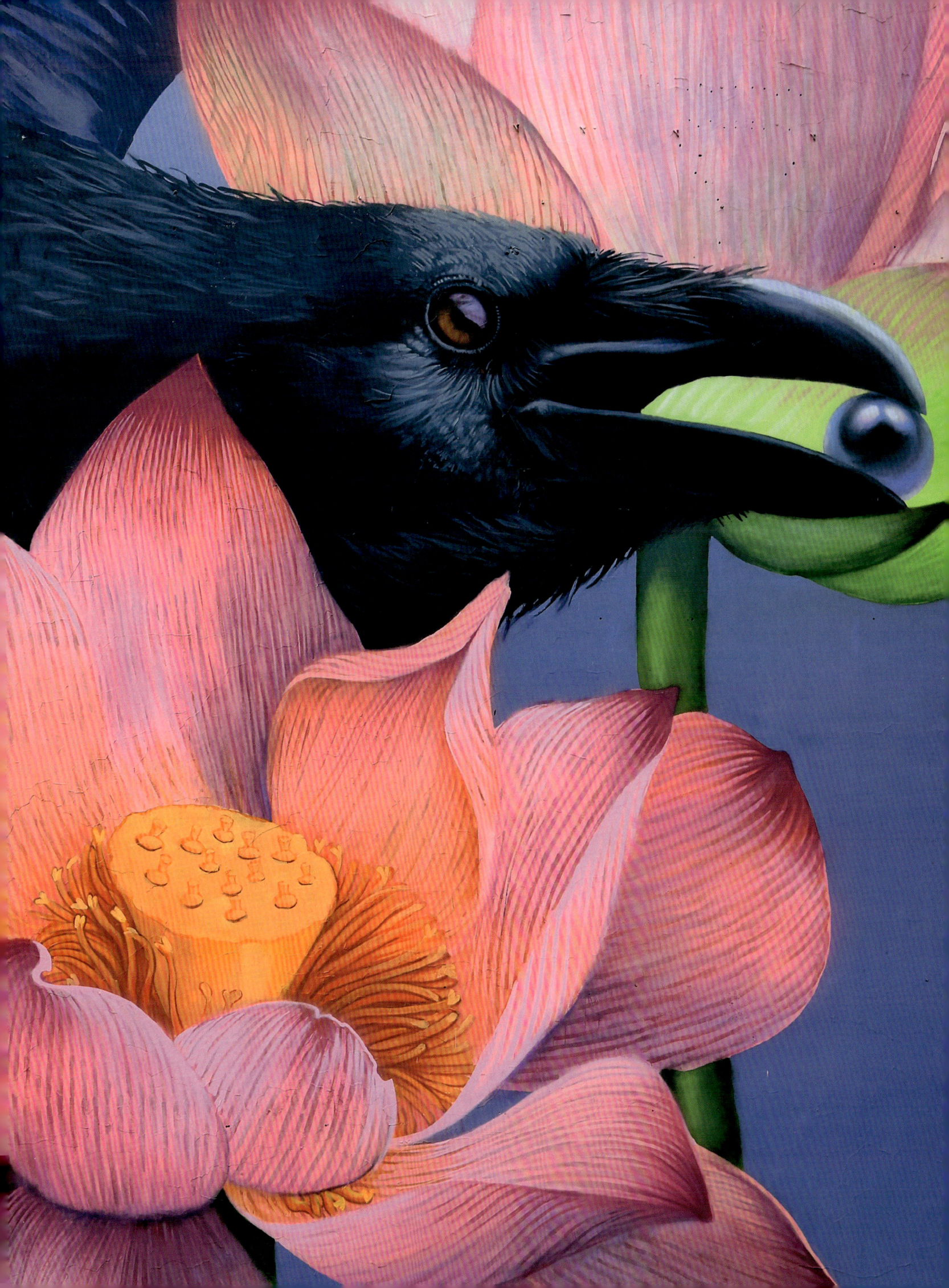

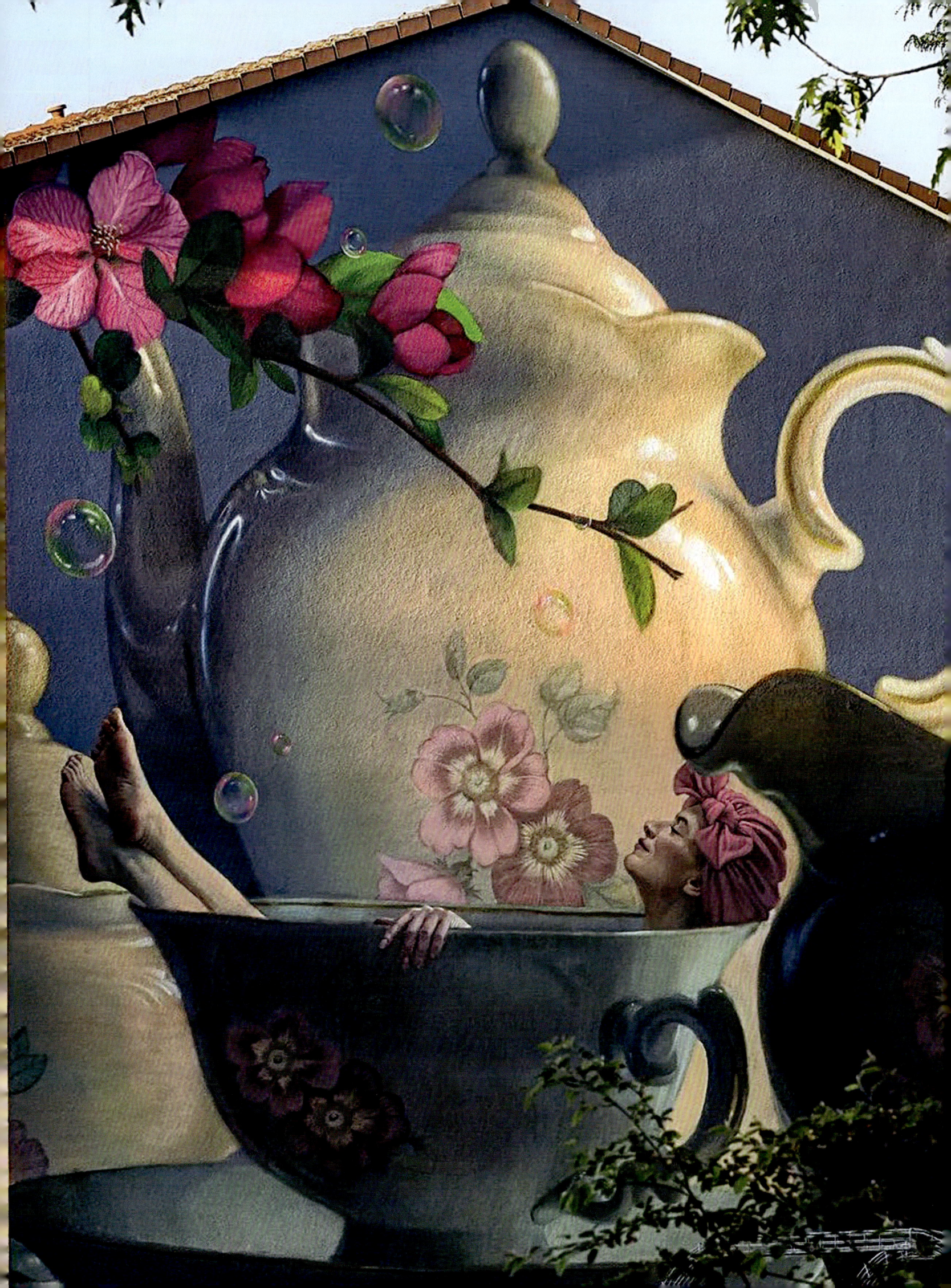

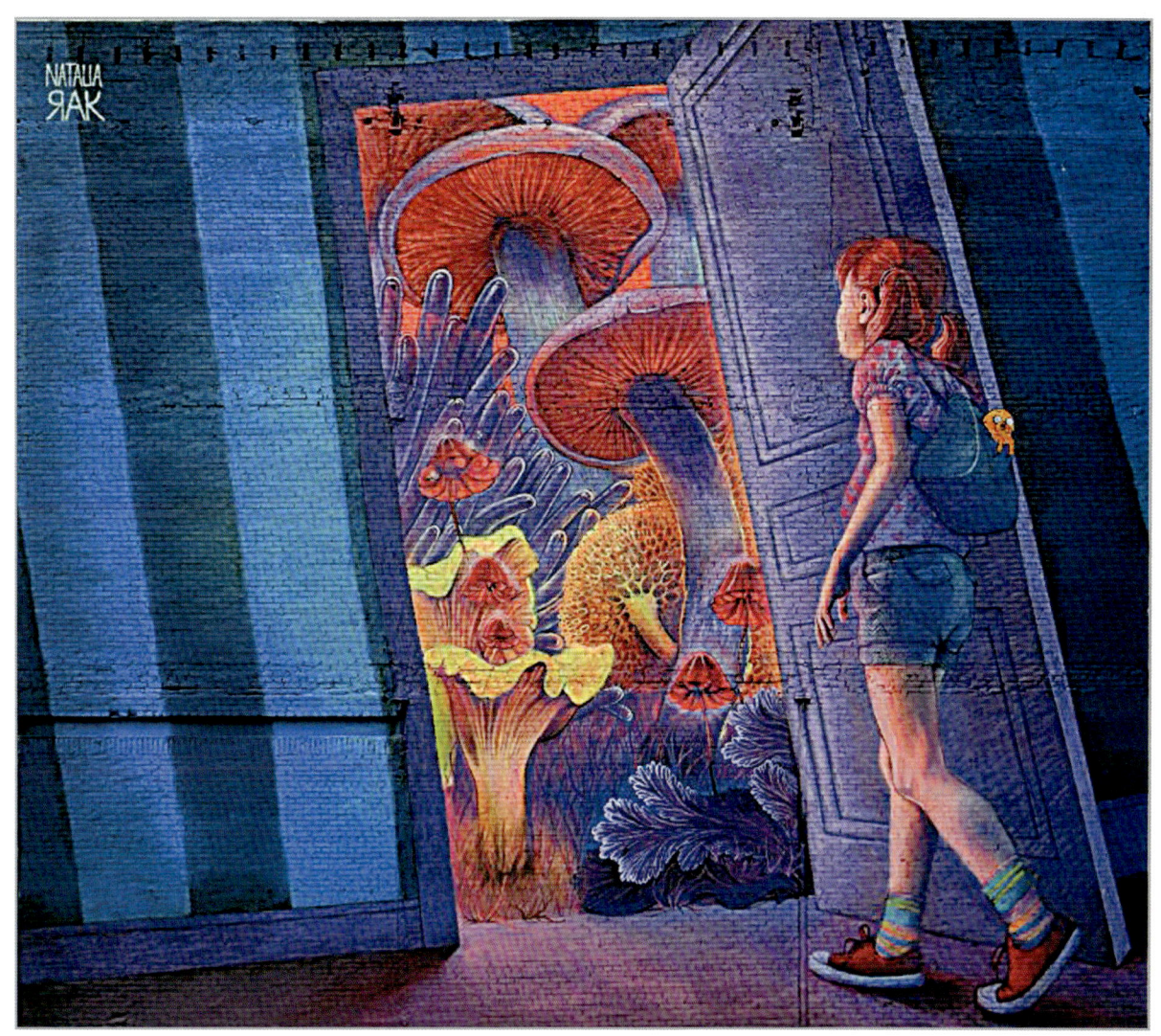

«Para mí, el arte es una forma de expresar mi alma, el lado emocional de mi personalidad, a través del cual puedo dar rienda suelta a mi imaginación. Es la razón que tengo para seguir viva, algo que trasciende el mundo material».

180 LET FOREVER BE: Ludwigshafen, Alemania, 2021.

181 ADVENTURE TIME: Providence, Rhode Island, Estados Unidos, 2015.

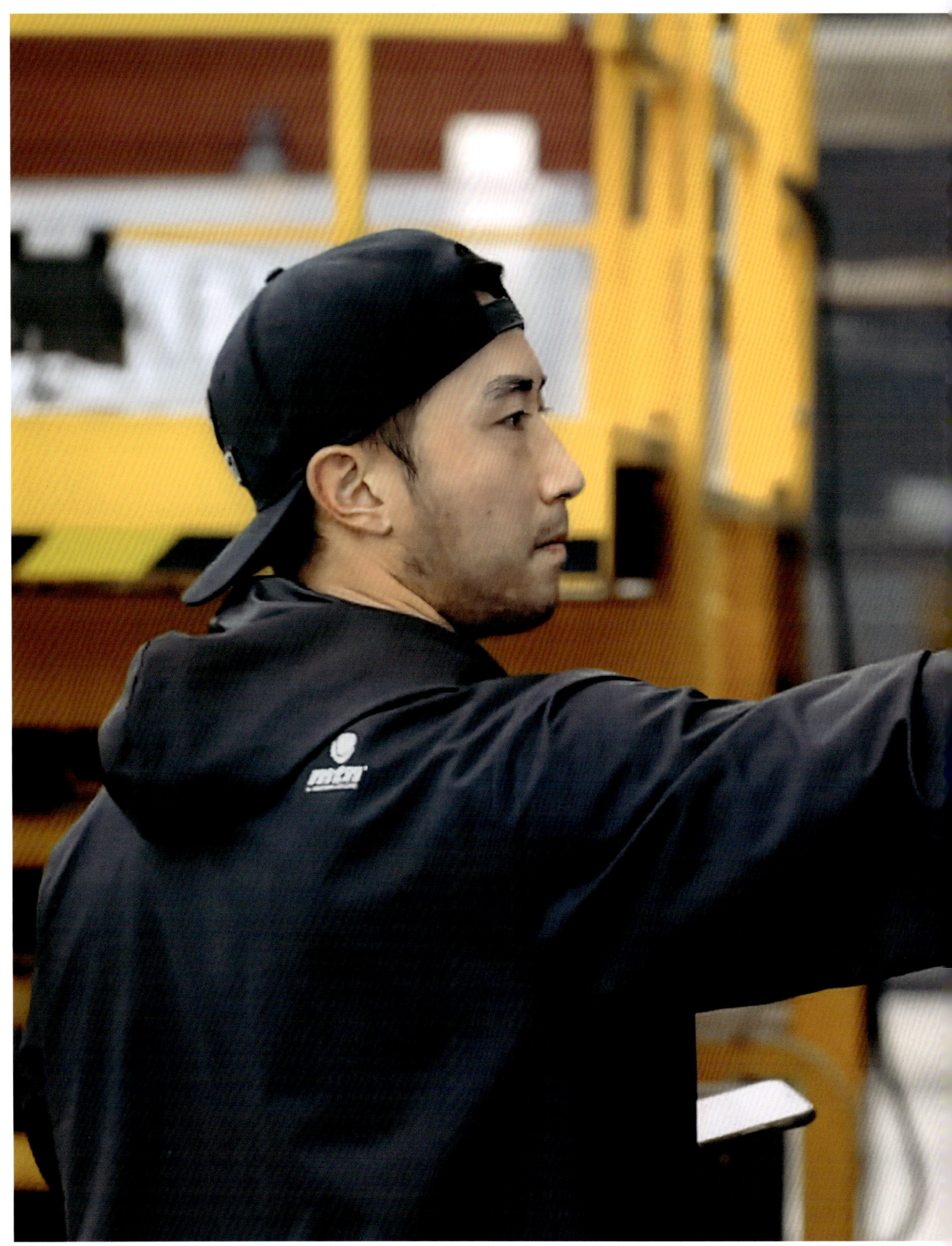

ROYYAL DOG

VISIONARIO DEL MULTICULTURALISMO

«Es difícil describir qué es el arte, pero, por lo que a mí respecta, creo que la palabra artista *no alude a una profesión. Es un estilo de vida».*

Potentes y repletos de color, sus murales fotorrealistas se alzan triunfantes en los edificios para representar a menudo, aunque no siempre, a mujeres afroamericanas ataviadas con el vestido tradicional *hanbok*. A veces se pueden ver en ellos los rostros de figuras emblemáticas como Michelle Obama o Kobe Bryant, otras, los de raperos u otras estrellas de la música del hiphop. Estos personajes suelen clavar la mirada en el espectador, como si quisieran sondearle el alma, mientras que en torno a ellos se celebra una suerte de fiesta de colores captada en un momento de armonía global y que transmite un mensaje de multiculturalismo universal. Royyal Dog desafía las fronteras de etnias y naciones y se desplaza con libertad entre culturas, tradiciones e ideas para representar el mosaico de la humanidad. Su alma es generosa y bondadosa, su espíritu transmite amor, alegría, felicidad y paz, y su corazón está abierto a la bondad humana. «Intento ocultar mis mensajes en mis pinturas y hablar a través de ellas, por lo que para mí es de suma importancia llegar a un público cada vez más amplio», explica el artista. Es así como describe la forma en que nació su estilo: «Desde que era pequeño, mis padres apoyaron a los niños de África a través de World Vision: aún recuerdo las fotografías que tenían de ellos puestas en el salón. Como los veía crecer, me parecía que África no estaba tan lejos. Al principio quería ser ministro de la Iglesia; más adelante decidí servir como misionero y construir pozos en regiones áridas de África para poder saldar mis deudas. Pero, al final, la llamada del arte y, sobre todo, del *street art* resultó ser más fuerte que todo lo demás; no obstante, prometí que, si tenía éxito, costearía la construcción de pozos en África. Me trasladé a Estados Unidos y, cuando sentí que había llegado el momento, me puse en contacto con World Vision, y juntos pusimos en marcha mi proyecto. Hasta ahora hemos construido cinco pozos, y, antes de morir, quiero cavar otros 95».

Royyal Dog tiene además razones muy concretas para elegir a las personas que retrata: «Me gusta pintar a africanos con atuendos tradicionales coreanos. De hecho, tengo muchos amigos afroamericanos y a menudo he sentido el deseo de ponerlos en contacto con mi cultura. También pinto a muchos famosos, pero no con la intención de halagarlos. Para mí son una forma de transmitir mi mensaje. En cualquier caso, quiero que la gente se pregunte "qué" pinto, no "a quién" pinto», señala.

HOPE BLOOMS: Suncheon, Corea del Sur, 2020.

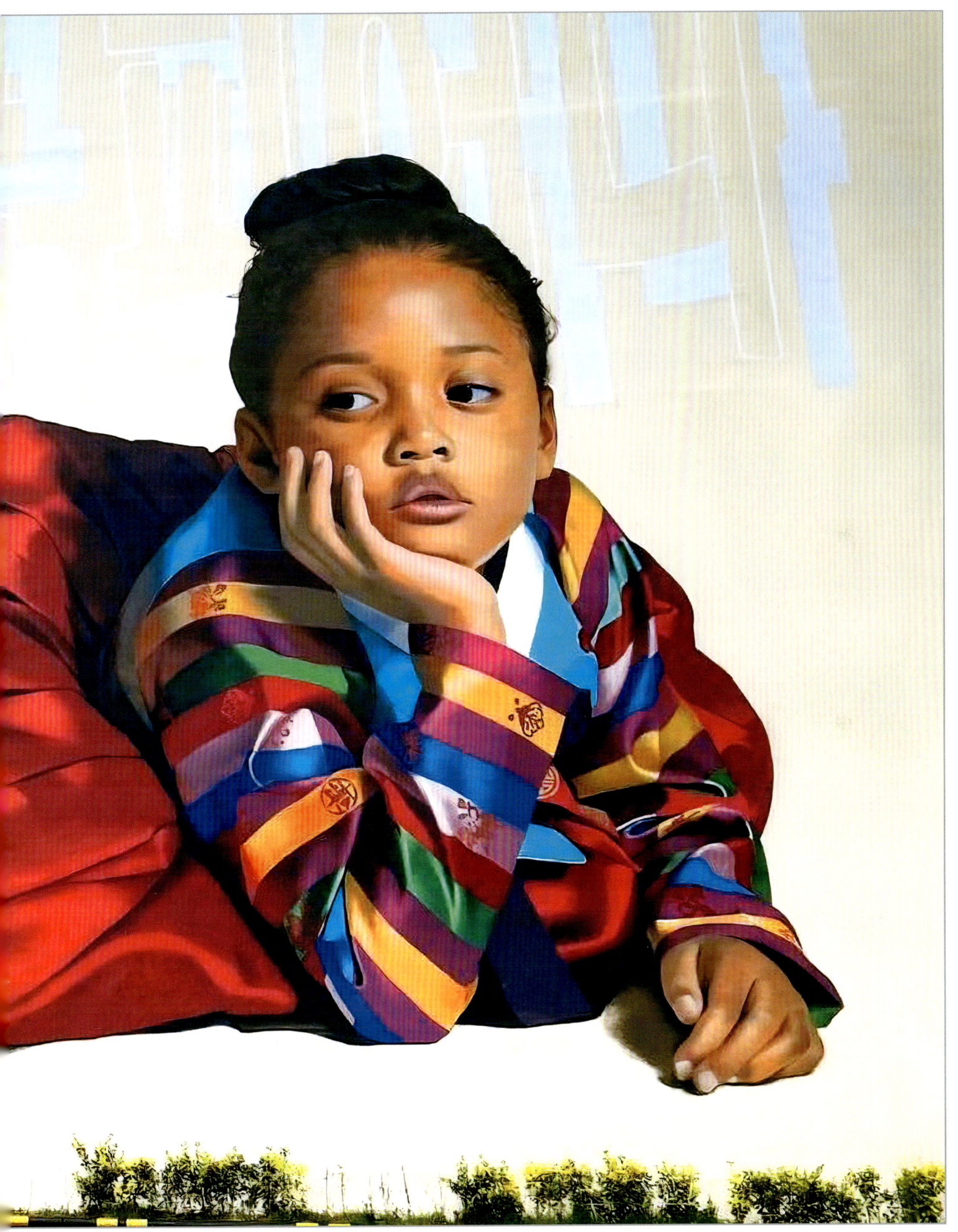

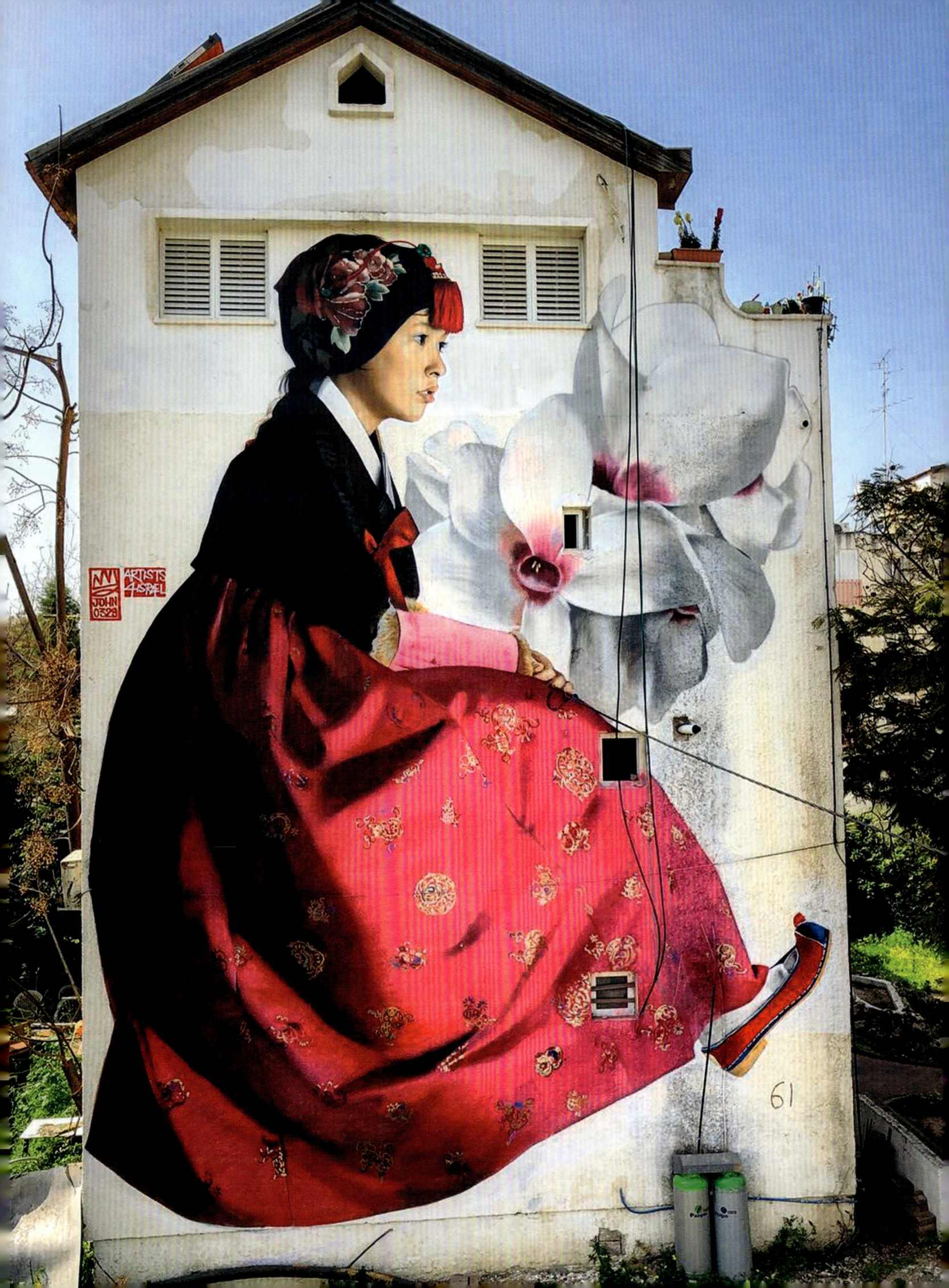

Los colores son muy importantes para él: «Veo el mundo a través del color. Pero lo que pinto no puede mejorar la realidad, aunque haga todo lo posible por alcanzar la belleza. Creo que quien aprecia mi arte lo hace porque ve el mundo a través de mi perspectiva, de mi interpretación de la realidad».

La perenne fascinación de Royyal Dog por el *street art* se debe precisamente a que es una herramienta de comunicación universal. «El *street art* es el mejor arte porque está cerca de nuestras vidas, de nuestra existencia cotidiana. No nos pide que vayanos a buscarlo, sino que entra sin más en nuestra existencia cuando salimos a pasear o cuando nos dirigimos al trabajo —afirma—. Llevo pintando con latas de aerosol desde que tenía 17 años. Mientras estudiaba el bachillerato artístico, empecé a hacer *tags* en las calles porque me parecía muy emocionante. Tras licenciarme en Bellas Artes con especialización en animación en la Chungkang College of Cultural Industries de Icheon, Corea, adquirí una mayor conciencia de mis medios y los conocimientos necesarios para adoptar decisiones más amplias y diversificadas. Fui definiendo mi propio estilo poco a poco hasta decantarme por uno más claro y directo, que me servía mejor para expresar lo que quería decir».

Desde el principio, su desarrollo artístico conformó un viaje de descubrimiento a través de diferentes culturas. «Mi madre me contaba que siempre me había gustado dibujar, incluso de pequeño [...]. Dibujaba algo y se lo enseñaba para explicárselo o contarle algo —recuerda el artista—. En la escuela no era de los más populares; no destacaba en los estudios ni en los deportes, pero me gustaba dibujar y lo hacía bien, y era lo único por lo que me elogiaban», admite.

Corea del Sur, su país de origen, ejerció una gran influencia en su formación: las tradiciones, las prácticas, el *hanbok* y otros atuendos étnicos típicos del lugar suelen estar presentes en sus murales. «Procedo de Corea del Sur. Me trasladé a Los Ángeles hace unos años, pero todos mis amigos y mi familia siguen en mi país de origen, así que intento volver a él al menos dos veces al año —explica el artista—. Aunque siempre he querido ir a Estados Unidos, a veces echo de menos mi hogar. En cualquier caso, Los Ángeles ofrece unas oportunidades increíbles y es, sin lugar a dudas, el mayor escaparate del mundo del arte. Si, por un lado, la tradición coreana no está muy extendida en Estados Unidos, por otro, el *street art* tampoco lo está en Corea, por lo que, en una especie de "transferencia de valores", pinto Seúl en Estados Unidos y Los Ángeles en Corea. Y, ciñéndome a un principio análogo, gano dinero en países donde la gente vive con la holgura suficiente como para pagar por el arte y dono pozos donde de verdad hace falta hacerlo», afirma.

«Cuando la gente me dice que soy un auténtico artista, respondo con un simple "gracias". Me gano la vida con lo que hago, pero nunca pinto por dinero. Si alguien me pagase por pintar algo que necesitase, el resultado no sería mi arte: lo haría solo por ellos, pero no me representaría. El arte es la forma en que "hablo", y es lo que más me gusta hacer. En el futuro, trabajaré aún más y siempre intentaré hacerlo de una forma más inteligente para comunicar los valores de mi tradición y mis ideas y llegar a un mayor número de personas en un abrazo universal», concluye.

186 *OLIVIA IN ASHQELON: Ascalón, Israel, 2019.*

187: *Broadway, California, Estados Unidos, 2020. En colaboración con OG Slick.*

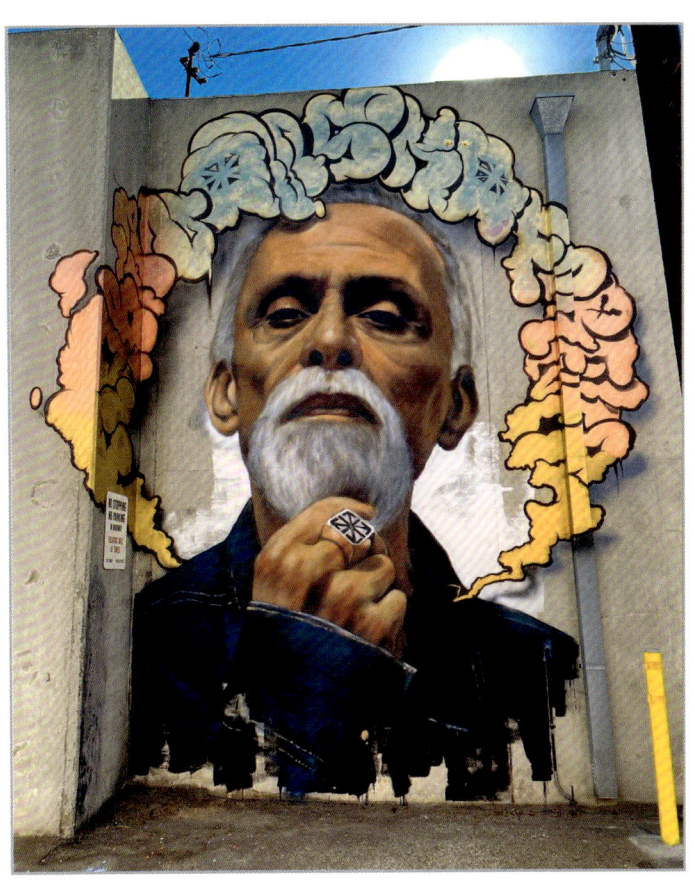

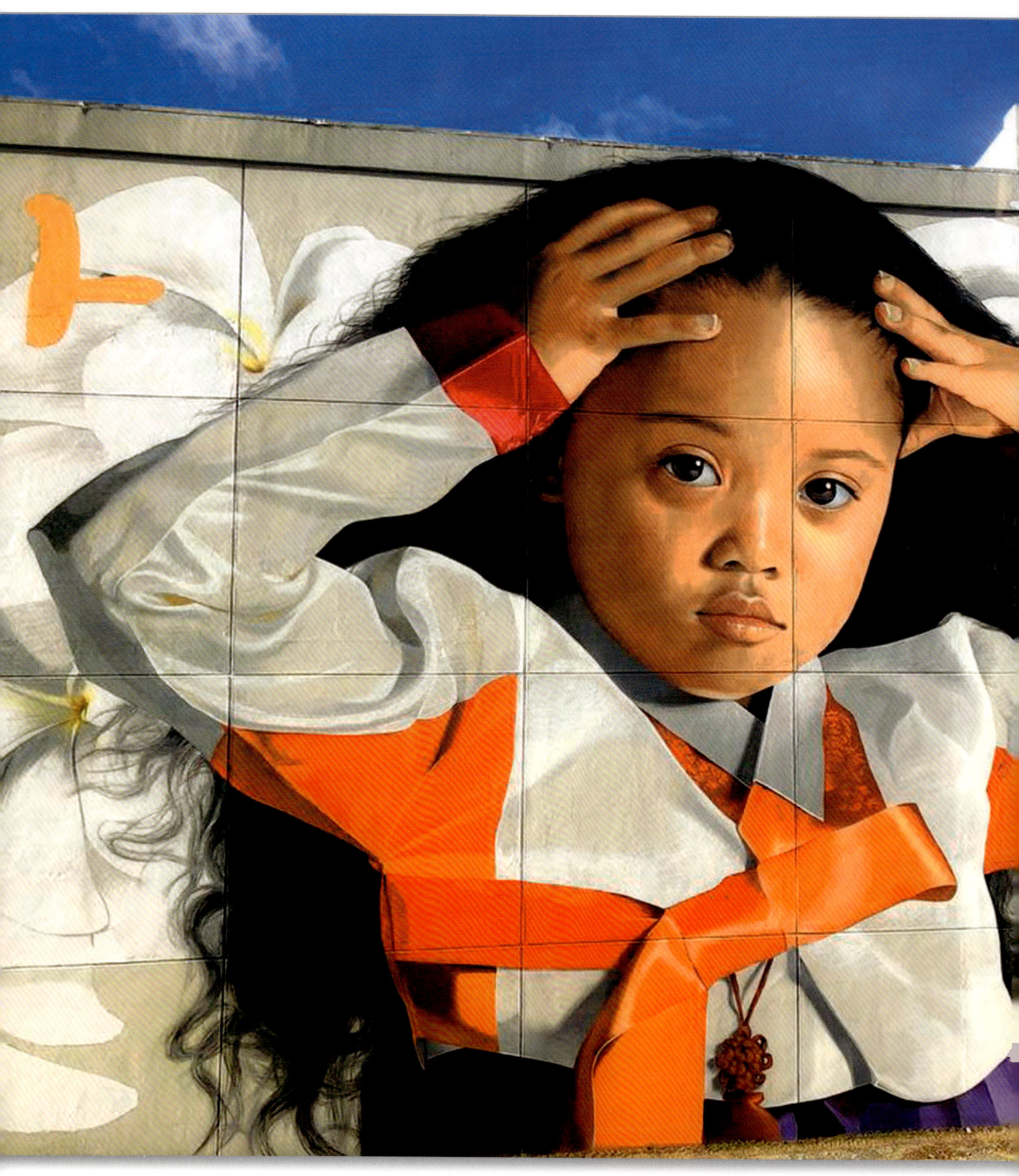

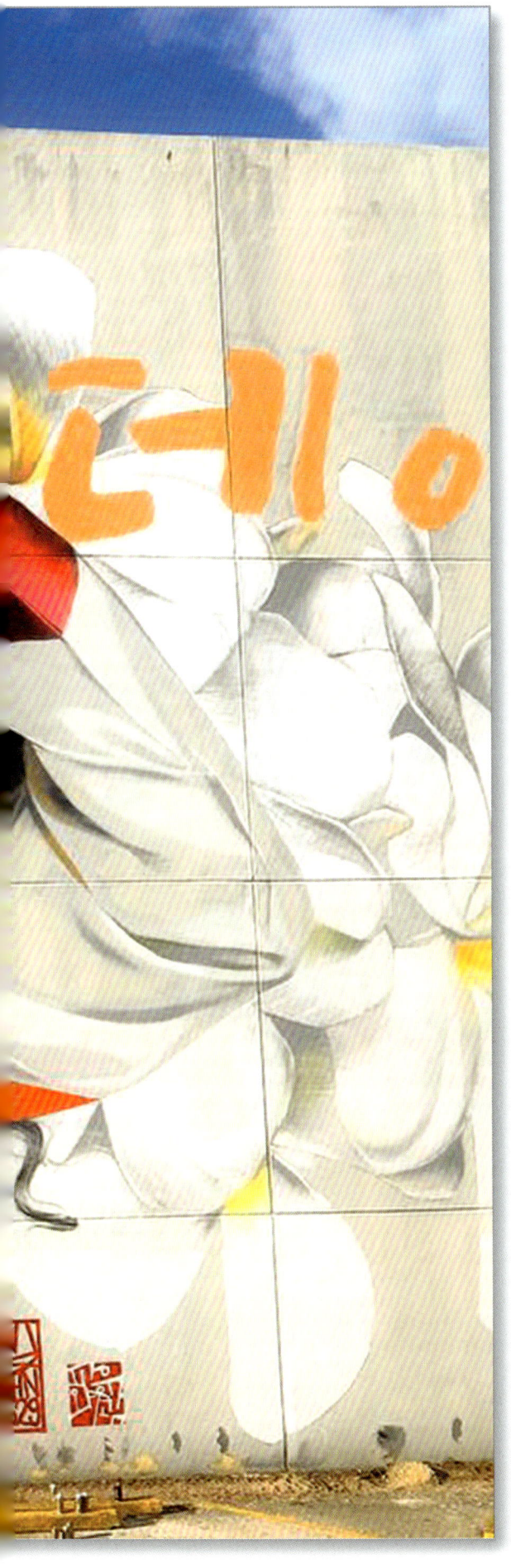

«Me gusta pintar a africanos con atuendos tradicionales coreanos. De hecho, tengo muchos amigos afroamericanos y a menudo he sentido el deseo de ponerlos en contacto con mi cultura».

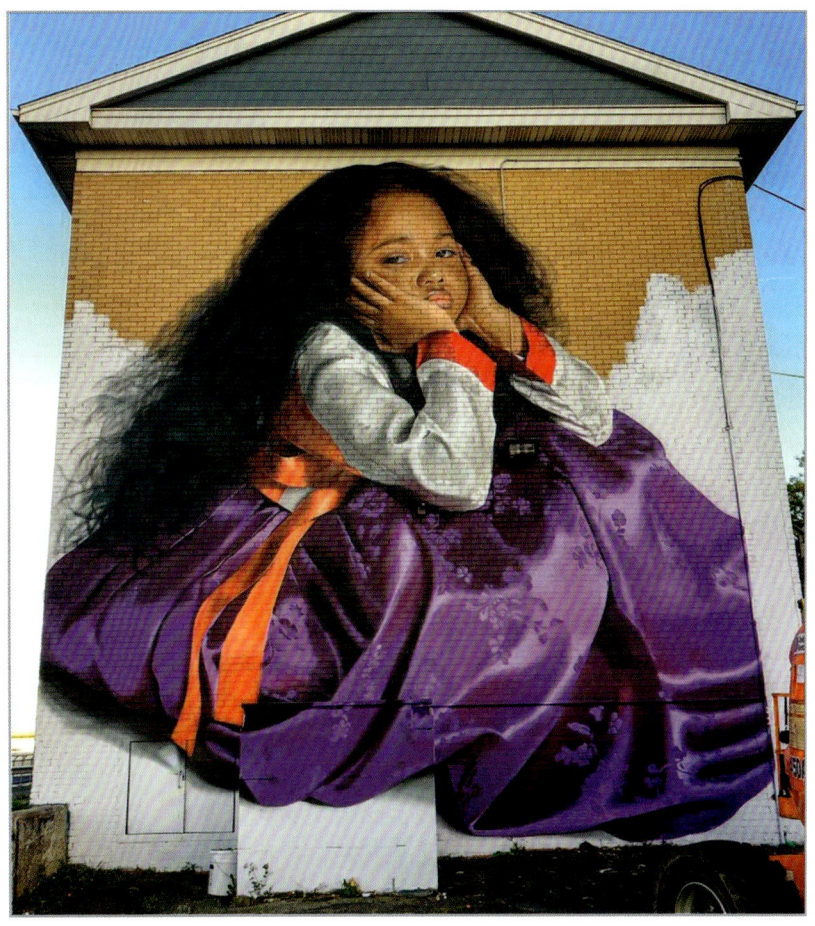

188-189 HAFA ADAI!: Guam, 2019.

189 BELL IN HALIFAX: Halifax, Canadá, 2019.

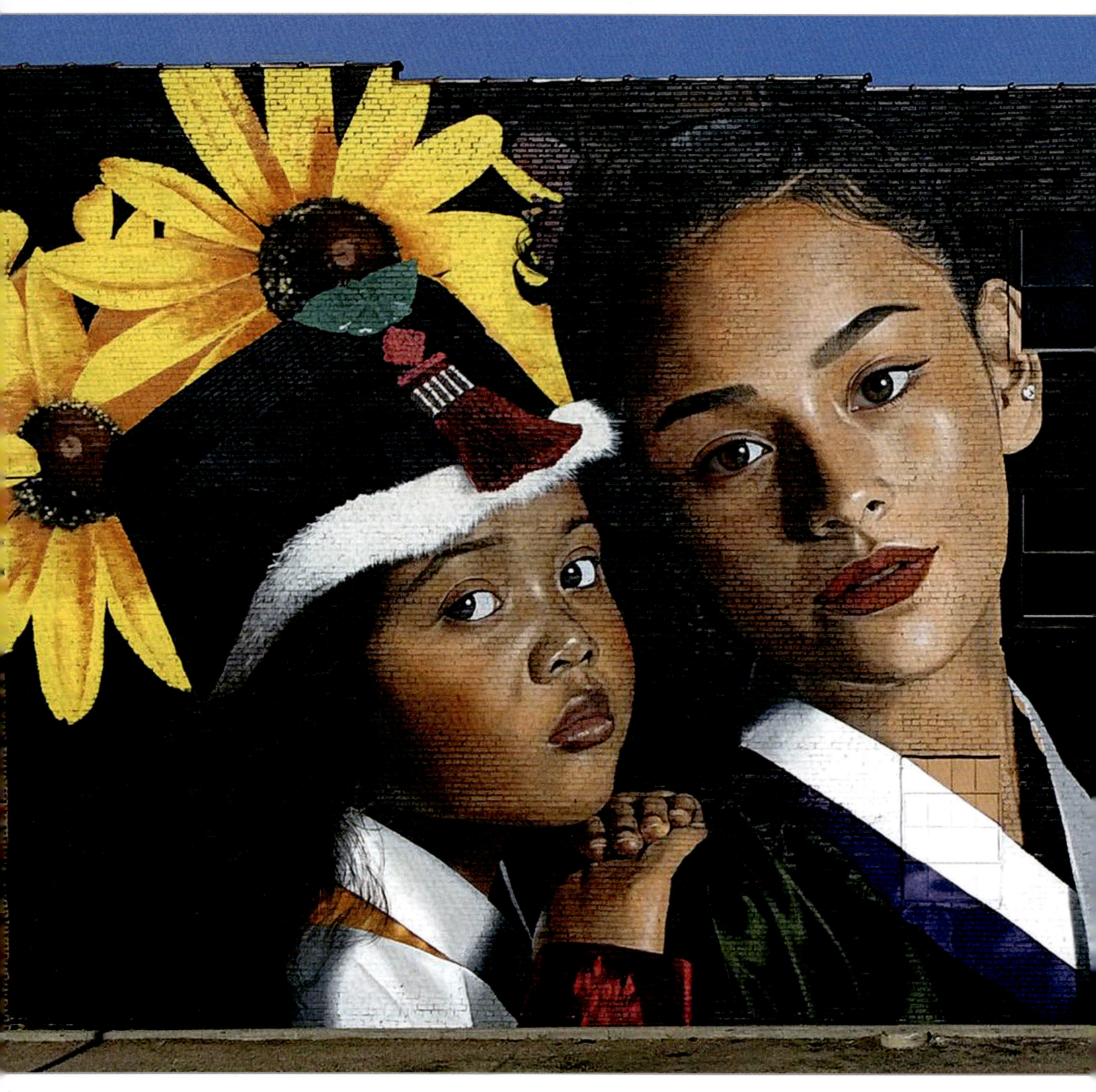

UNTITLED: Sioux City , Iowa, Estados Unidos, 2021.

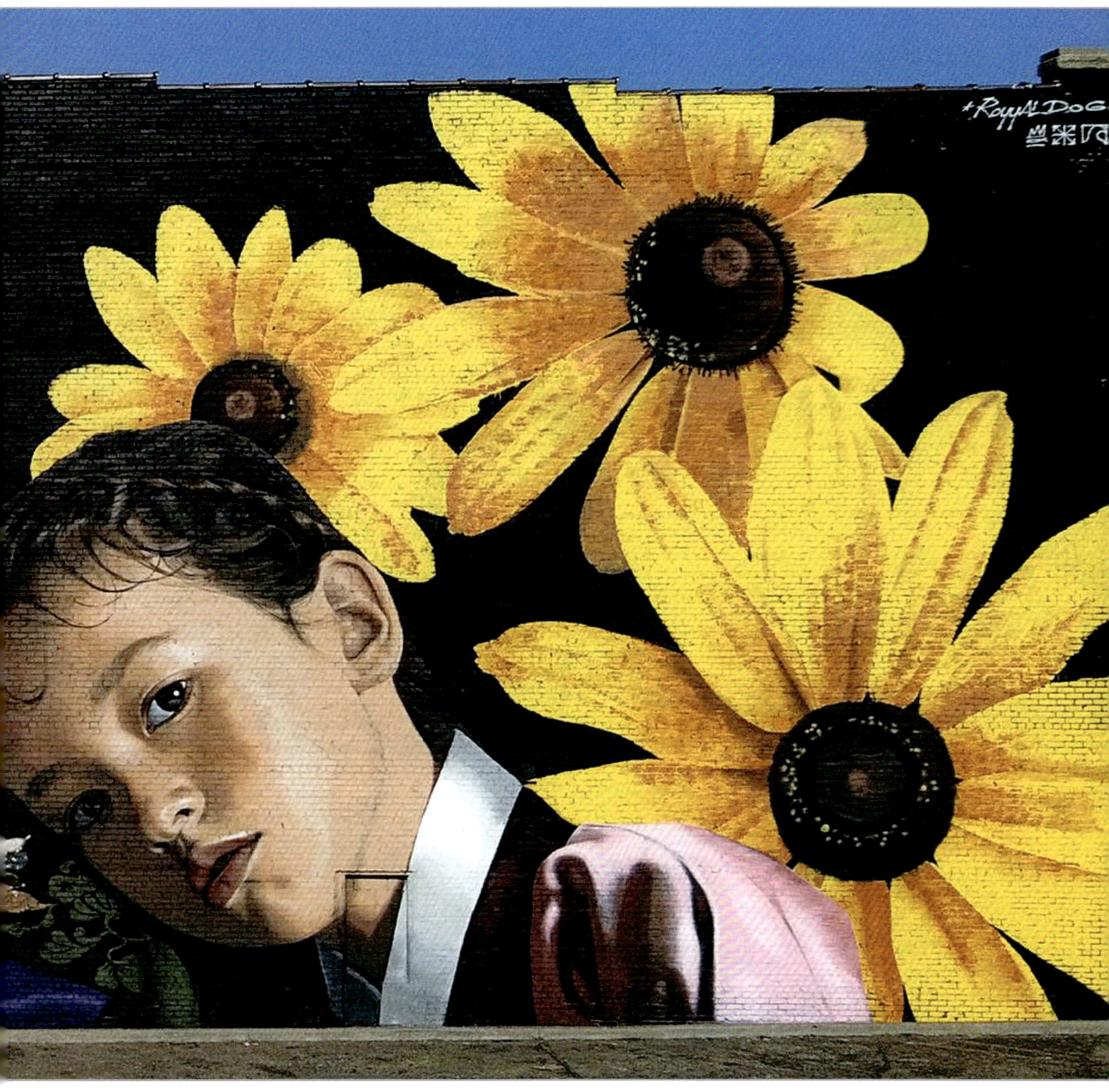

KIKI SKIPI

HECHICERA DEL SURREALISMO SENSUAL Y ERÓTICO

«El arte es mi forma de comunicación; es lo que me permite existir en el mundo. En el futuro me gustaría mucho experimentar con otras técnicas, como la escultura e incluso la costura [...]. Veremos cómo me sale [...]».

La poderosa, tórrida y bellísima Cerdeña, su tierra de origen, se caracteriza por unos majestuosos paisajes escarpados a los que baña un mar que se desvanece en mil tonos de un azul intenso. Esta imagen permanecerá para siempre en el interior de Kiki Skipi, y el amor infinito que le suscita salta a la vista en sus obras, aunque hoy se mueva a menudo entre distintos lugares, experimentando sin descanso y dejándose llevar por insinuaciones y símbolos sensuales y eróticos que vibran en sus figuras y se funden en sensaciones surrealistas para dar vida a un concepto artístico singular y mágico, así como, también, de una profunda femineidad. «Hace tiempo que ya no vivo en Sassari, que fue mi segundo hogar durante mis años en la Accademia di Belle Arti. De hecho, vivo en Bolonia desde 2018.

»Ambas ciudades me han dado mucho [...]. Sassari porque fue algo así como un punto de partida, mi primer paso en este tipo de mundo [...]. Y Bolonia porque me permitió florecer, y sigue haciéndolo [...]», dice Kiki Skipi. Como persona muy sensible e introspectiva que es, puede que siempre haya soñado con ser artista. A veces se define a sí misma como una loca, y lo cierto es que su personalidad tiene un lado aventurero y extraño. Así es como recuerda la fascinación que le provocó el arte ya desde la infancia: «Como todos los niños, siempre estaba dibujando; y recuerdo que me encantaba.

»Las clases de historia del arte en la escuela siempre me resultaron inspiradoras; las historias de los artistas, su evolución y el contexto en el que vivían me fascinaban. Además, mis padres me solían llevar a museos y exposiciones y siempre estimularon y apoyaron mi faceta artística. A esto hay que sumarle que mi abuela pintaba pañuelos e incluso lienzos a mano, mientras que a mi padre, además de que se le daba bien dibujar, le volvía loco la cerámica».

Kipi Skipi vio el arte como su vocación y nunca tuvo miedo de los grandes sacrificios que tendría que asumir para seguir ese camino. «Estudié en un instituto de sociología y psicología, pero siempre me resultó difícil imaginarme en el camino clásico que tendría que haber seguido una vez terminados los estudios. Sabía que quería hacer algo diferente y que quería hacerlo en el mundo del arte. Empecé con la fotografía en Milán, una experiencia que me enseñó mucho sobre la imagen y el autorretrato, pero como vi que la disciplina era demasiado compleja y ajena a mi naturaleza y necesidades, decidí estudiar pintura en la Accademia di Belle Arti de Sassari.

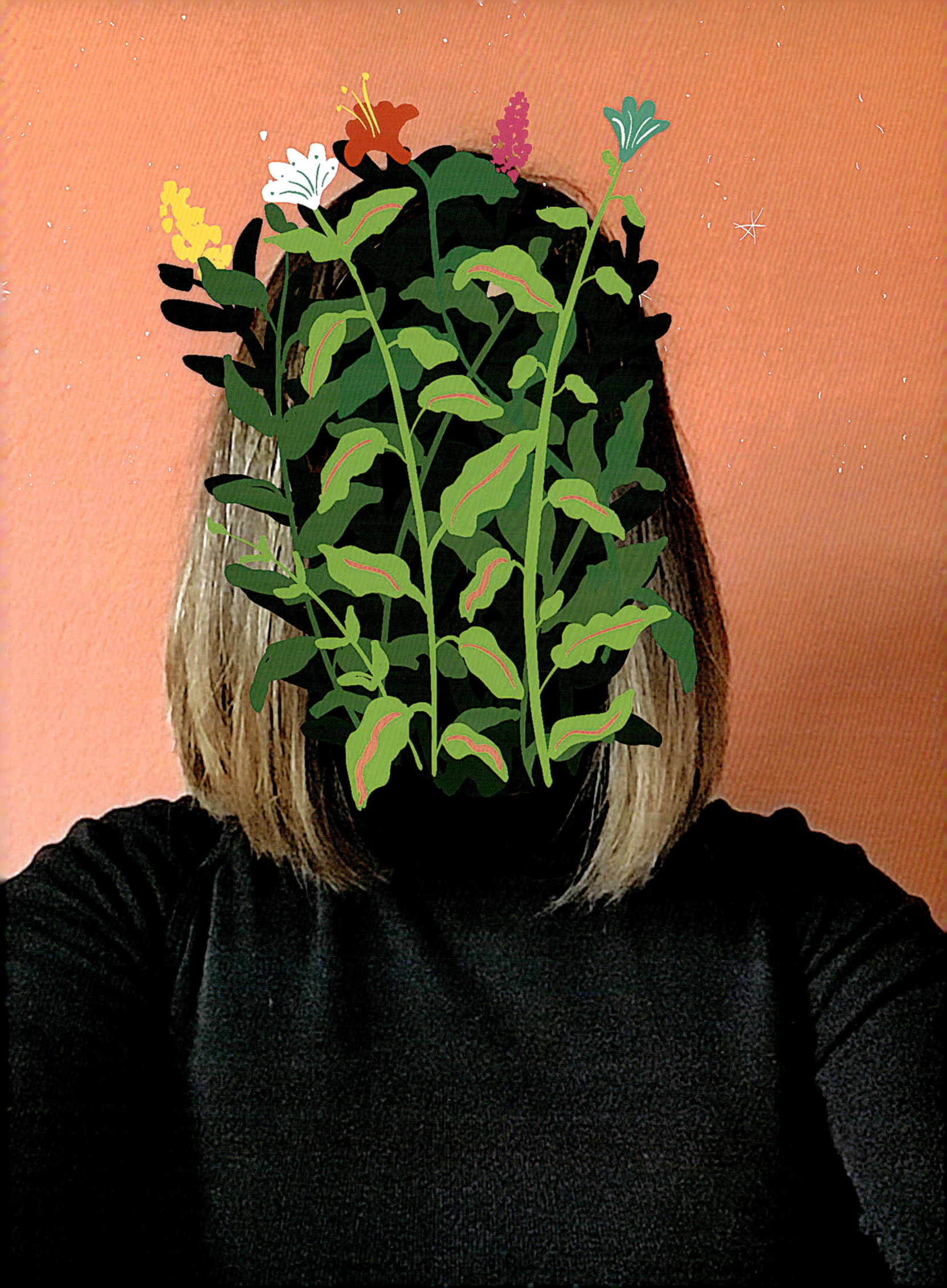

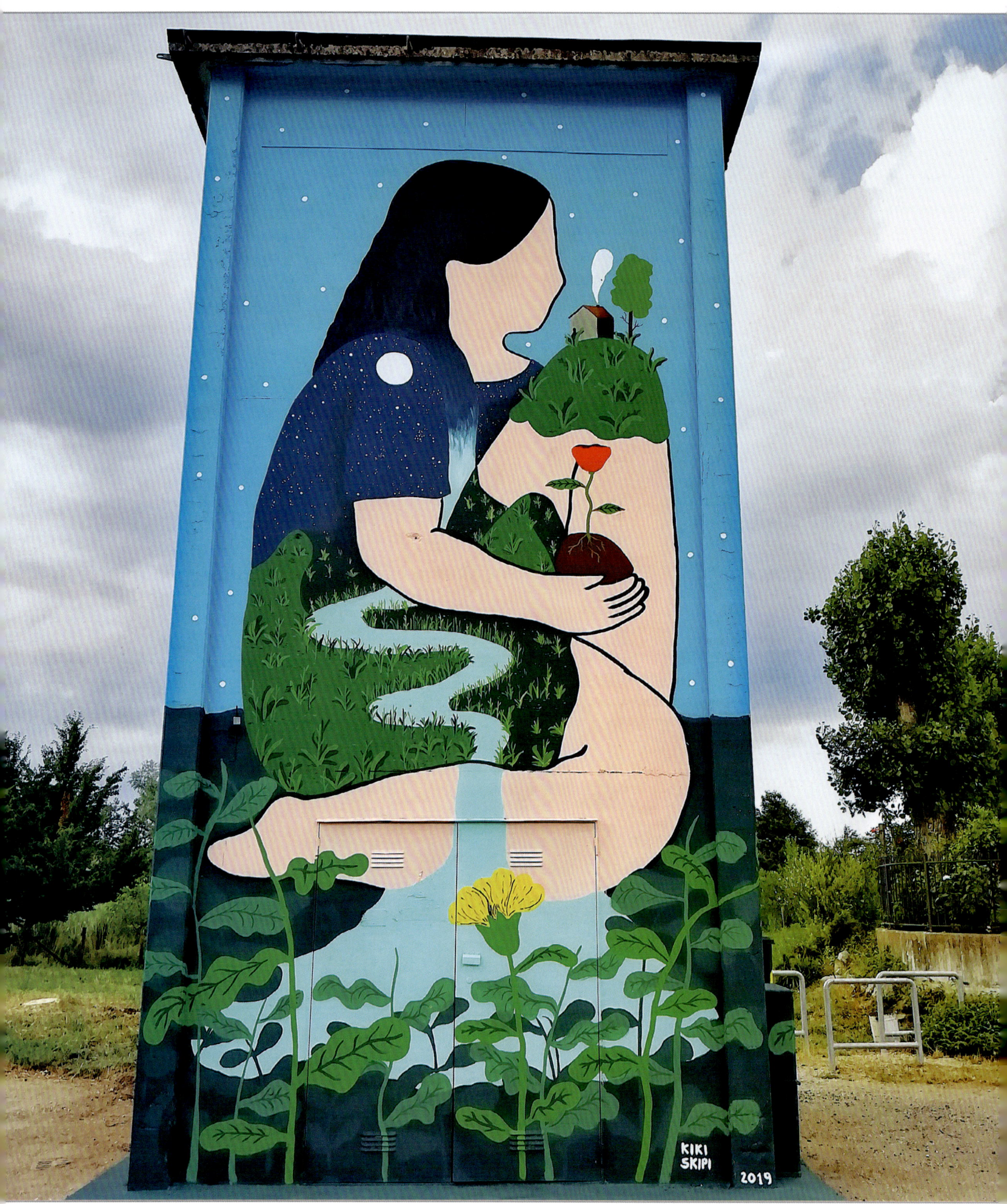

»Fueron años en los que me esforcé de verdad para encontrar mi propio estilo, a menudo chocando con mis profesores y sintiendo que me faltaba la base de los que procedían de instituciones artísticas. Me pasé tardes y tardes en casa intentándolo una y otra vez, sin salir con mis amigos por la noche, pero mi principal objetivo era mejorar y desarrollar mi toque», admite. Como la mayoría de los estudiantes universitarios, hizo varios trabajos para poder mantenerse, pero llegó un momento en que se dio cuenta de que tenía que tomar la decisión de convertirse en artista de verdad. «Vi que todos aquellos trabajos me estaban distrayendo y mermándome la energía y el entusiasmo que tenía para dibujar, que entraba en el círculo vicioso del trabajo y la rutina que siempre había intentado evitar. Así que ahorré algo de dinero para poder dedicarme al arte. Quería crecer como artista y hacer de ello mi única profesión real», reflexiona. En su producción se percibe con claridad la influencia de su personalidad y sus sentimientos, así como de su vida cotidiana y sus pensamientos pasajeros. Sus personajes suelen ser mujeres. «En realidad, todo parte del amor por el autorretrato. Empecé dibujando mi rostro, luego añadí un cuerpo y, más adelante, un escenario. A partir de ahí, estas figuras fueron tomando su propio camino poco a poco [...]. Casi siempre son mujeres, ya que todo se origina en mí.

»Están muy ligadas a mí, son mi forma de representar la realidad; una actriz interpreta diferentes papeles, y lo hace porque le encanta meterse en la piel de otras personas y exponerse. Es lo mismo que hago con mis imágenes», explica. La gran importancia que tiene el color para ella se percibe en el uso del contraste y en sus brillantes e intensos tonos: «Me encantan los colores fuertes y brillantes [...]. El amarillo, el rosa, el rojo y el azul nunca deben faltar. Me gusta combinarlos y captar la atención del espectador».

La sexualidad (a veces juguetona y libre, como el propio espíritu de la artista, y tratada con igual fervor) es otro de los temas recurrentes de su obra. «Durante mis años en la academia pasé por un período en el que sentí curiosidad por la relación entre arte y sexualidad y el modo en que se habían influido mutuamente a lo largo de la historia. Me interesan mucho las ilustraciones eróticas del siglo XIX, pero también las del siglo XVIII, en las que la sexualidad se explora de una forma muy imaginativa y a menudo se hace burla del mundo burgués y de la Iglesia. Pese a su faceta lúdica, estas imágenes reflejan con bastante claridad las costumbres de la época y la forma en que se percibía la sexualidad en aquellos siglos. También me ha fascinado el [arte japonés] *shunga*, que nunca he considerado escandaloso, sino que aprecio mucho por sus cualidades innovadoras. La pornografía contemporánea también me incita a reflexionar sobre la sexualidad y sus infinitos matices», explica la artista.

Otro aspecto que permea toda su obra es la naturaleza onírica, tan cautivadora como un cuento de hadas para adultos que nos fascina con sus símbolos mágicos como si estuviera lanzando un hechizo fantástico. «Mi lado infantil siempre está presente en mis imágenes; a menudo quiero ser como Peter Pan y seguir siendo siempre una niña [...] Aunque pasan los años, me sigue gustando ver dibujos animados y activar mi mundo infantil. Es probable que la incorporación de elementos de cuento de hadas sea mi forma de aferrarme a mi infancia, a esa manera de ver siempre las cosas como si fueran fantásticas, sorprendentes y espontáneas», dice. Su indómito espíritu ha encontrado su máxima expresión en el *street art*, el cual ha intrigado a la artista desde la infancia.

194 THE PROTECTORS: RestArt Urban Festival, Pavullo, Italia, 2019.

195 THE STRANDED MERMAID: Civitanova Marche, Italia, 2018.

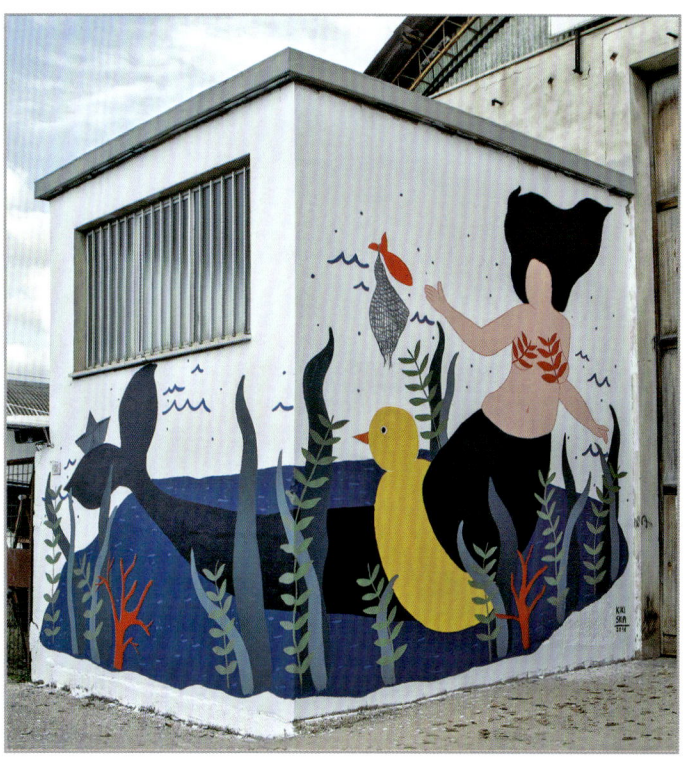

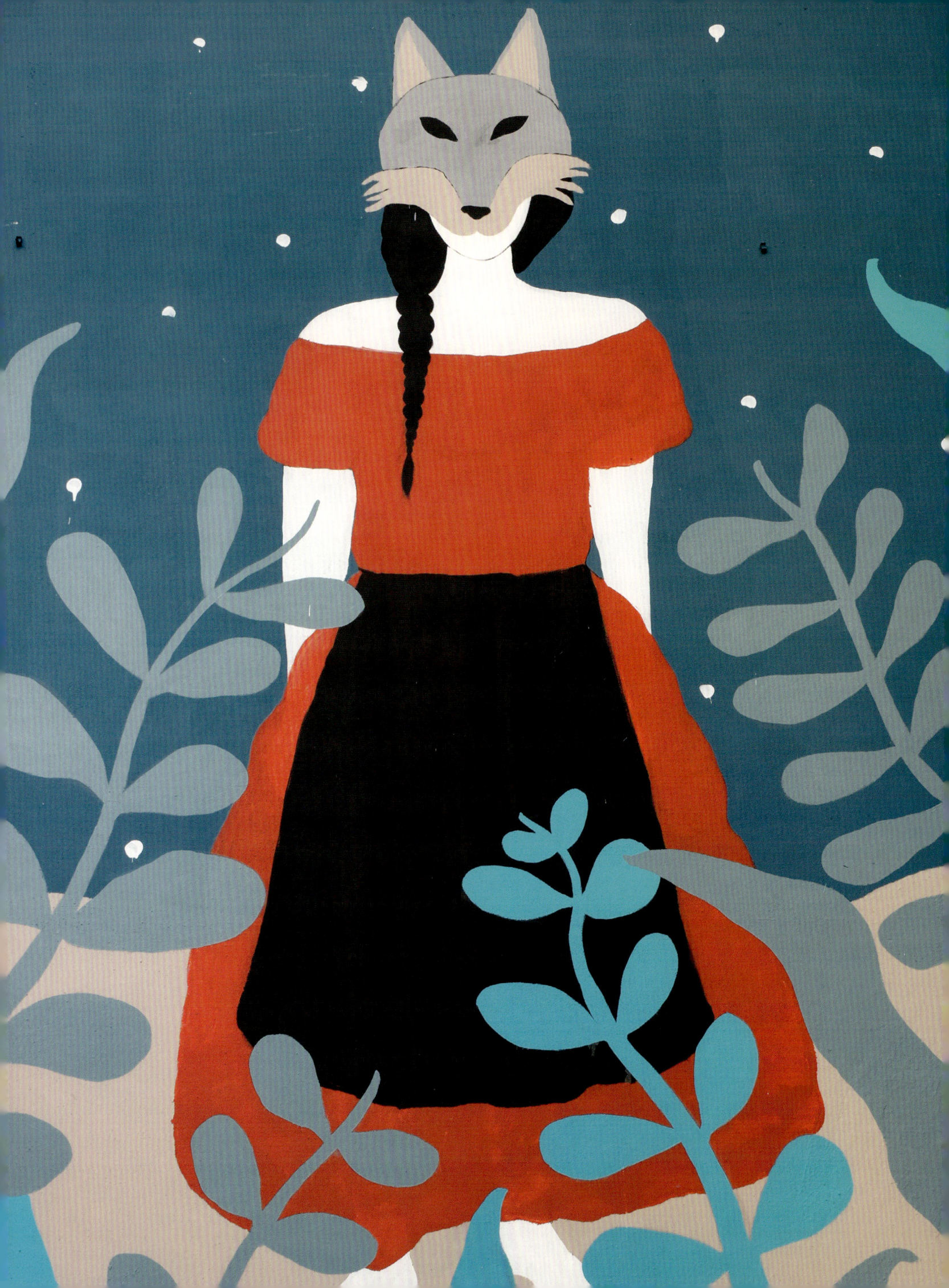

«Me encanta pintar en paredes: trabajar en superficies
tan grandes exige un enfoque por completo distinto,
ya que cada pared tiene una textura diferente y su
propia historia».

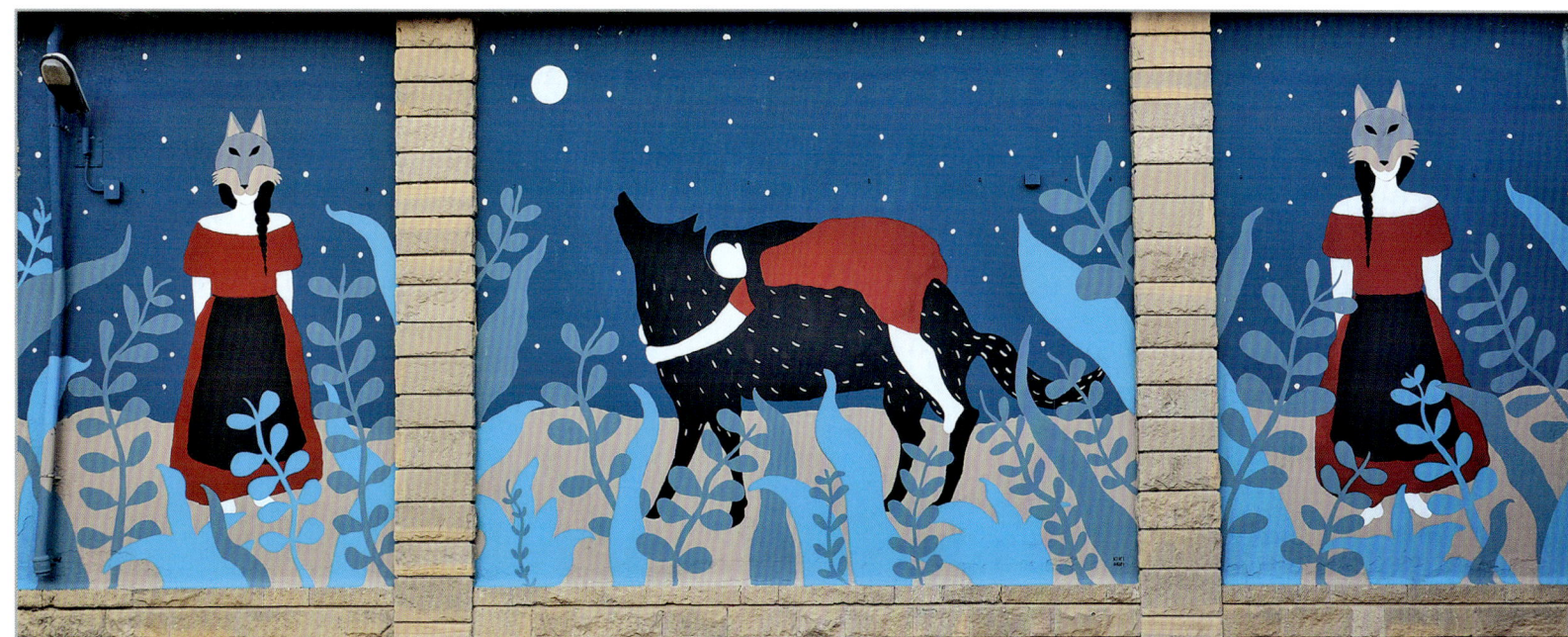

196 y 197 UPE PENNELLI REBELS: Marzabotto,
Italia, 2018.

Aunque solía ver a sus amigos pintar con botes de aerosol o plantillas, por aquel entonces nunca pensó que llegaría a involucrarse en esta práctica de una forma profunda o íntima, hasta que, una vez, estando en Sassari, se vio implicada gracias al colectivo Aliment(e)azione, que había organizado eventos en los que había participado incluso el célebre Blu. «Llegué al arte urbano durante mis años en la academia. Es un mundo que siempre me ha fascinado, y he tenido la suerte de conocer a personas que han sabido guiarme, que me han inspirado y que me han animado a ejercer en este ámbito.

»Solíamos ir a buscar paredes abandonadas y nos pasábamos el día pintando, experimentando y, sobre todo, entrenándonos en el uso de los rodillos —recuerda la artista—. Me encanta pintar en paredes: trabajar en superficies tan grandes exige un enfoque por completo distinto, ya que cada pared tiene una textura diferente y su propia historia. Lo más interesante es que ninguna pared le pertenece a una sola persona, ya que detrás siempre hay otras que han tomado medidas para que tú puedas estar allí trabajando en ella. Suelen ser organizaciones y escuelas que quieren utilizar este lenguaje artístico para transmitir un mensaje, para expresar con libertad sus propias ideas y sentimientos. Cuando trabajas en una preciosa hoja o con un lienzo en estudio, todo se hace a una escala mucho más íntima; trabajas a un ritmo diferente. Eres tú sola; pero que no se me malinterprete: es algo que también tiene su encanto, pero la pared es de todos y para todos. Y eso es algo que me atrae de una forma especial [...]», concluye Kiki Skipi.

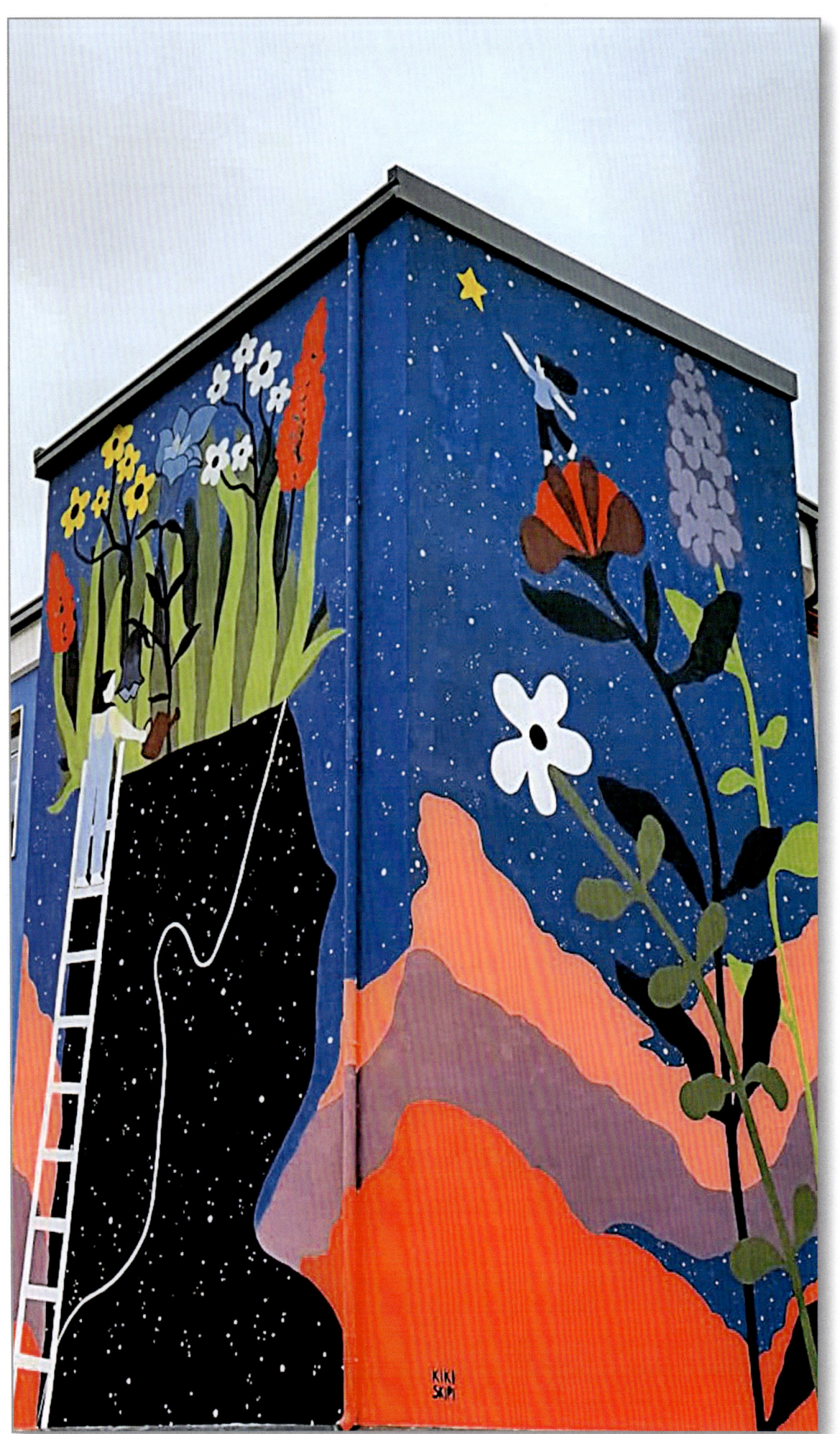

198 DREAMS MUST BE CULTIVATED: Sulmona, Italia, 2020.

199 EIKASIA: Mantua, Italia, 2020. En colaboración con Andrea Casciu.

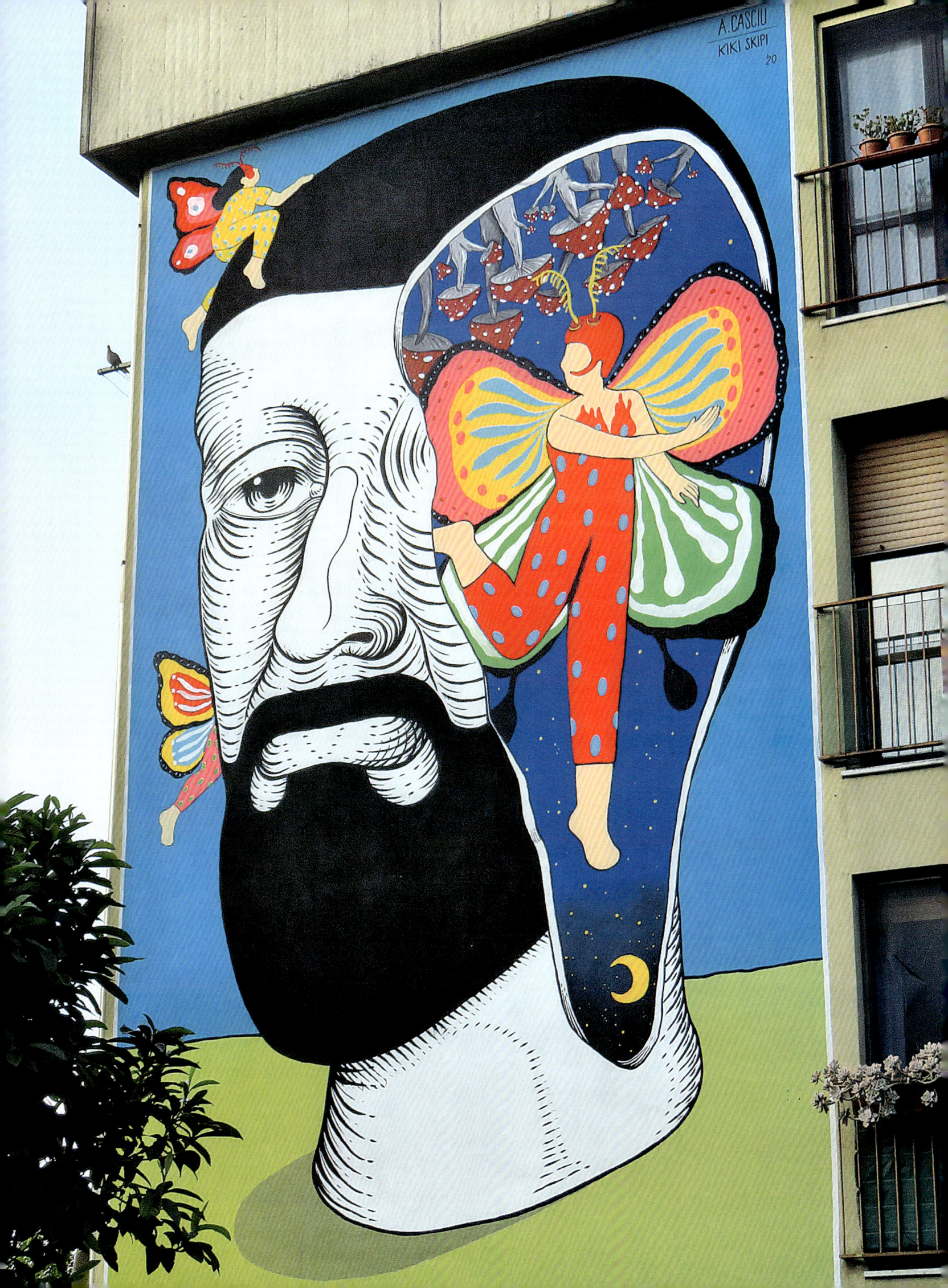

BEN SLOW

APOLOGETA DEL RETRATO
VERISTA, ALQUIMISTA DEL CAOS

«Aunque el arte tiene una gran importancia en mi vida, con los años también he aprendido a encontrar un equilibrio entre él y otros aspectos de mi existencia [...]. He crecido al experimentar los lugares en los que he estado, la gente que he conocido [...]».

La mirada, a veces directa, a veces soñadora y distante, es lo que hace que sus personajes resulten tan impactantes. Sus imágenes captan momentos indescifrables y efímeros, encuentros con almas descarriadas. Con los rostros de iconos de Hollywood como Audrey Hepburn o iconos de la década de 1960 como Twiggy, parecen deseosas de interrumpir el transcurso del tiempo con un pensamiento fugaz. Aunque suelen estar en blanco y negro, a veces presentan trazas de color. Al artista británico Ben Slow le encanta el retrato realista. Cual alquimista del alma, sabe evocar las marcas indelebles de la memoria. Las emociones brotan de sus obras como las olas en un mar embravecido; vacilan en una mirada, gritan desde una boca, se aferran a un perfil.

Ben nació en 1984, creció en Kent, estudió Bellas Artes en Canterbury después se fue a vivir a Londres. En cierto momento de su vida estuvo varios años sin pintar y trabajó como archivero de imágenes. Pero la atracción magnética de la ciudad, los murales, los grafitis, el color y la vida no tardaron en hacer que volviera... «El arte siempre ha estado presente en mi vida, de ahí que eligiera este ámbito de estudio. Aunque es bien cierto que aprecié la formación académica desde el principio, sentí que la creatividad corría por mis venas incluso cuando me dediqué al diseño gráfico, el cual me parecía más adecuado a mis necesidades y me permitía mantenerme [...]», confiesa.

Ya por aquel entonces, lo que más le gustaba era pintar, y a los 18 años empezó a hacerlo también en las paredes de la ciudad. «Londres era tan emocionante que me hizo plantearme el arte como un "negocio serio" [...]. Encontré una conexión, algo con lo que podía tenía afinidad y a través de lo cual podía descubrir mi identidad. Me centré en la pintura [...]. Y aunque mi material predilecto es la tinta, nunca tuve miedo de experimentar con brochas y pinceles, pintura en aerosol, plantillas, pinturas acrílicas [...]», aclara el artista.

La inspiración procede de sus encuentros con la gente, de las historias que escucha y de la energía que inhala de las calles, pero también del trabajo de otros artistas. Su interés por el *street art* creció en torno a 2003-2004, y su encuentro con el arte de Banksy supuso para él un gran descubrimiento.

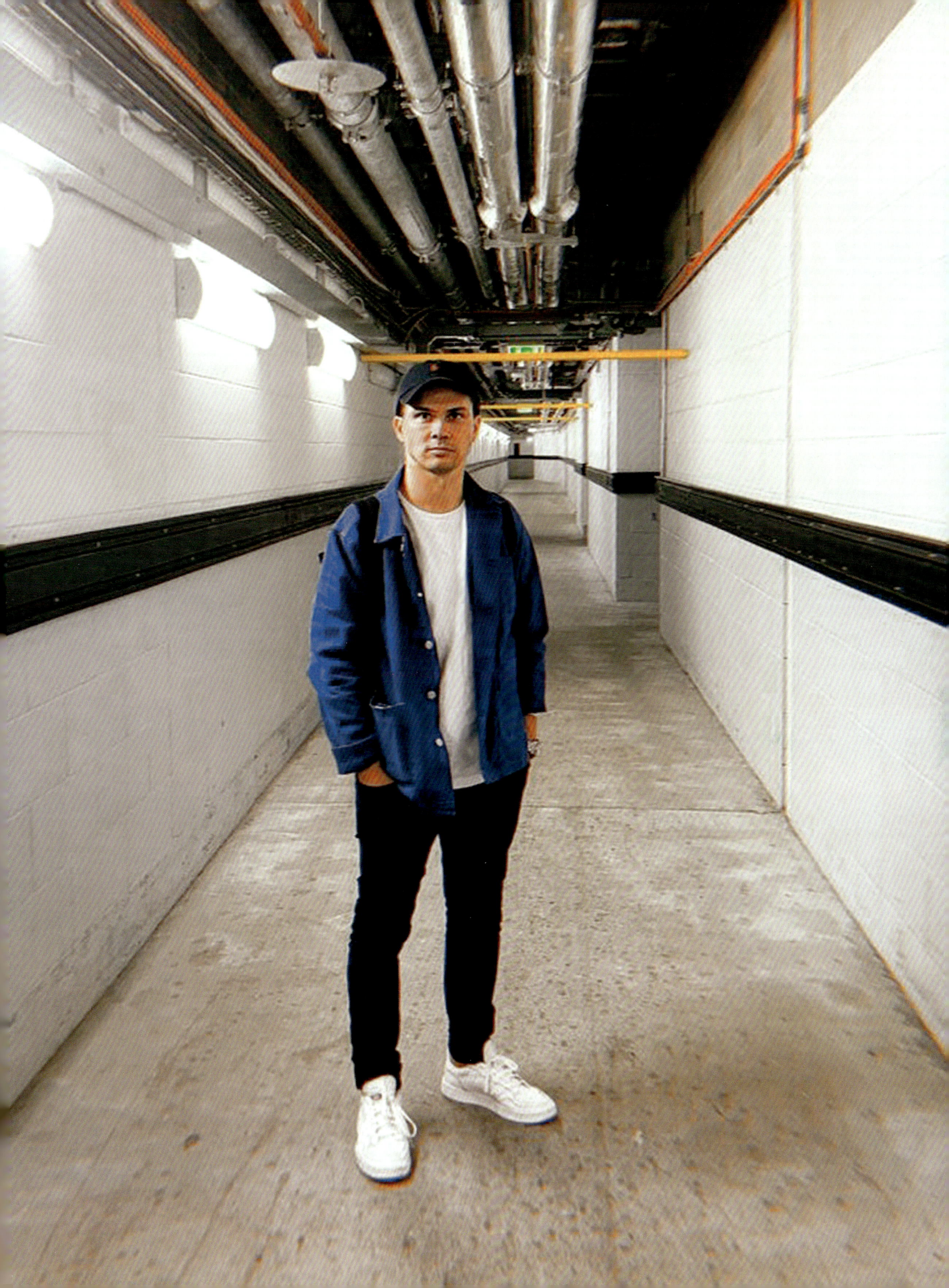

«Al retratar a mis personajes, quiero dar testimonio, quiero comunicar algo importante, quiero revalorizar las vidas de quienes retrato y sus experiencias vitales. Quiero que sean épicos [...] porque, al fin y al cabo, cada rostro humano es un espejo de la propia humanidad».

Londres, Reino Unido, 2018.

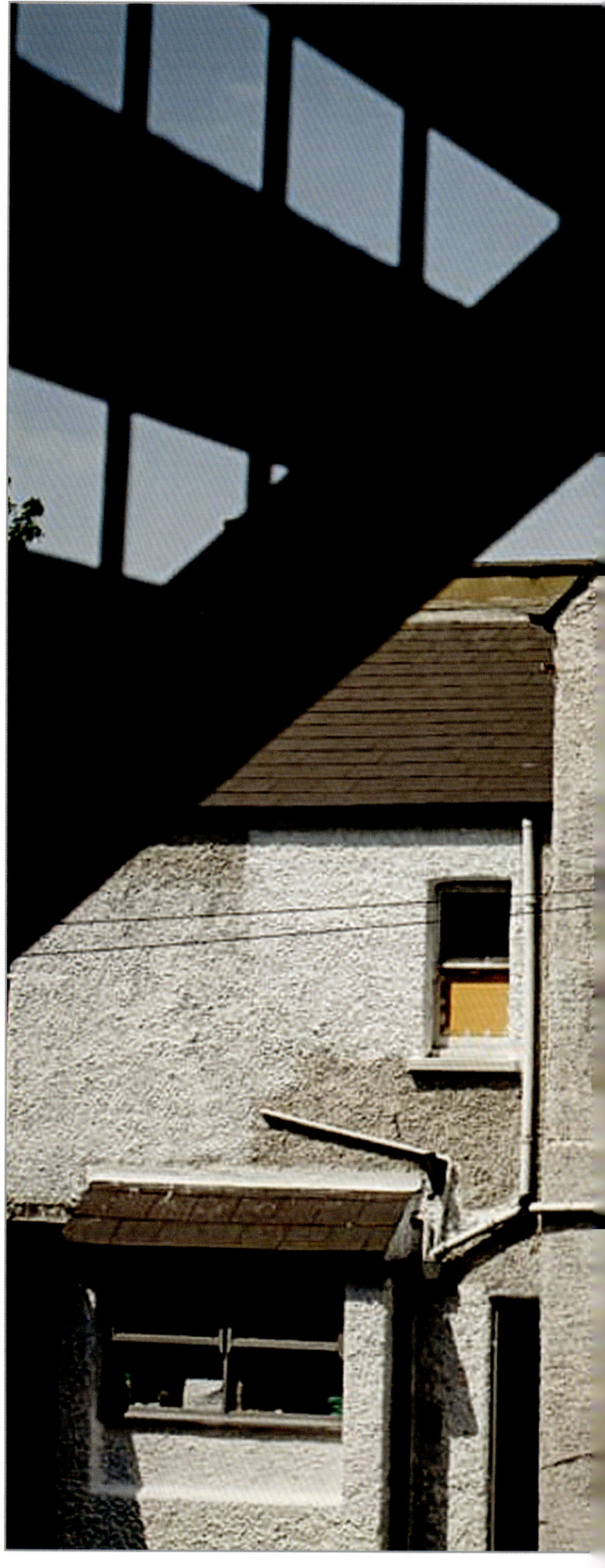

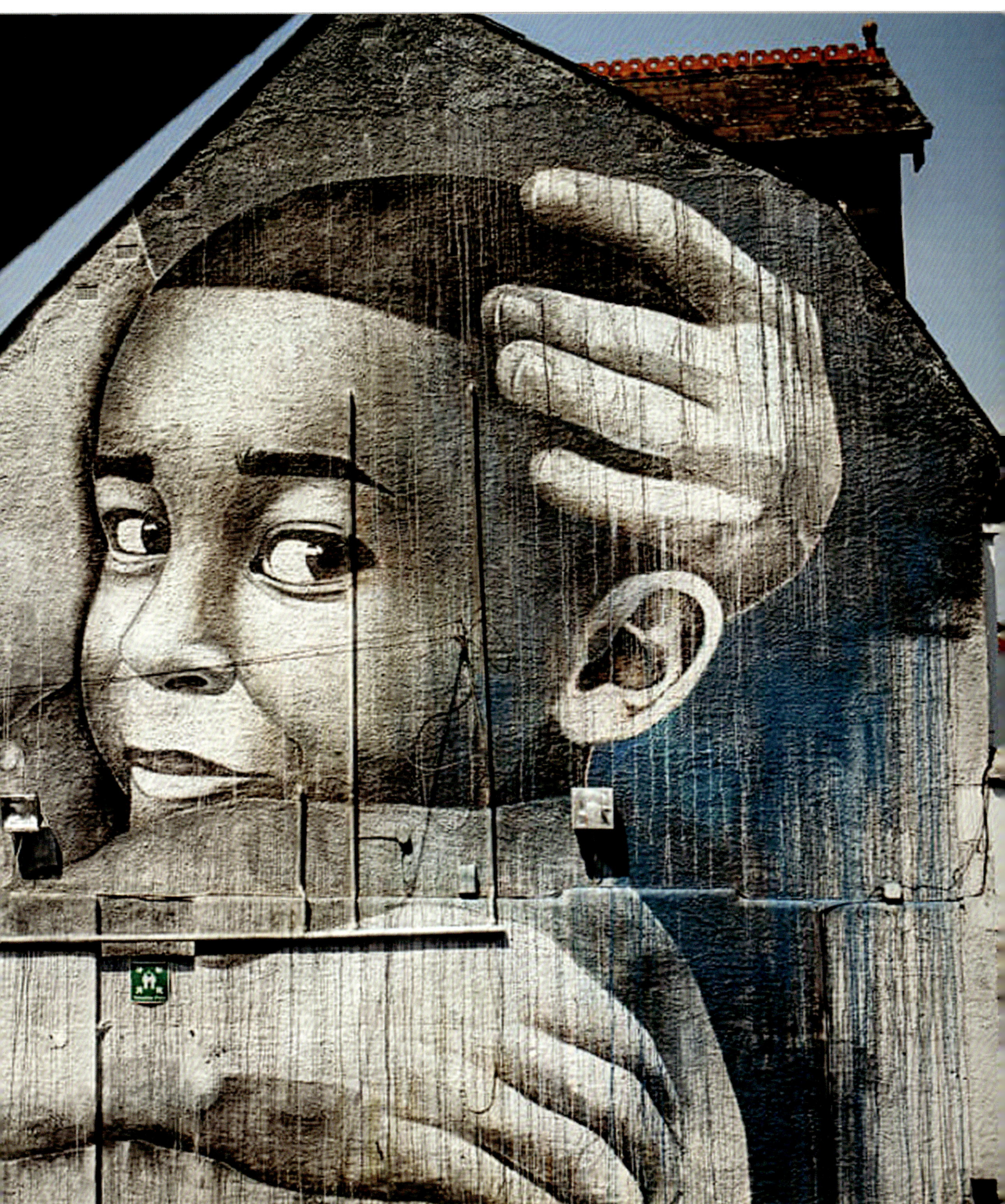

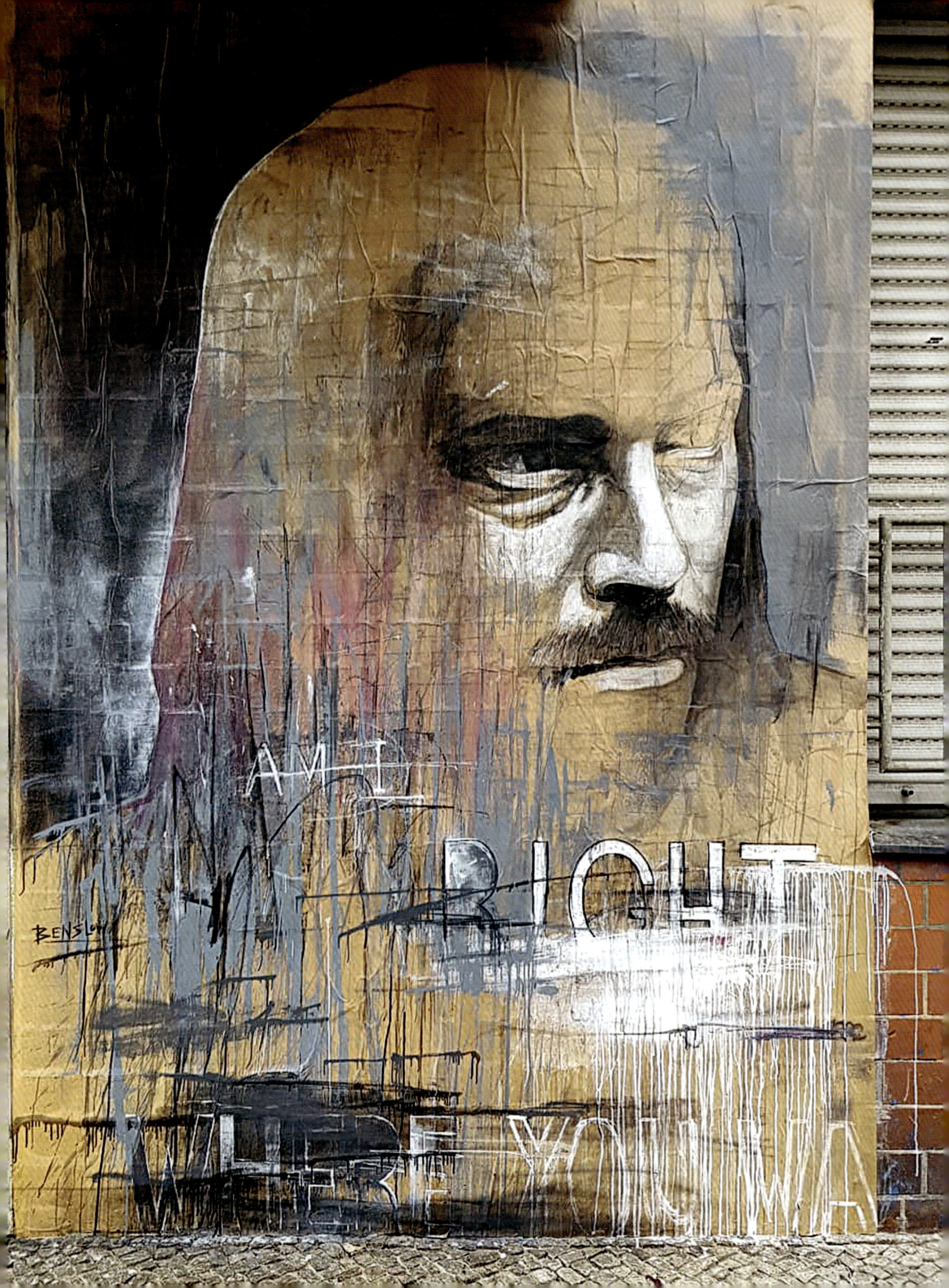

«La primera vez que vi una obra de Banksy tenía 19 años. Más adelante fui por casualidad a una de sus exposiciones en Carnaby Street, en Londres, y fue como si su arte me hablara [...]. Empecé a trabajar más con plantillas, pero creo que desde entonces ha habido un cierto caos en mi obra, caos que aún se percibe hoy y que he plasmado mejor en la pintura que con los botes de aerosol», reflexiona Ben.

Su obra gira en torno a temas sociales, como el racismo y la desigualdad, y a las personas «invisibles», como aquellas sin hogar, y también a grandes figuras del pasado y de la actualidad. Asimismo están presentes celebridades locales a las que Ben Slow retrata por considerar que se lo merecen por lo que han hecho o por lo que representan para su comunidad... Desde su perspectiva, sin embargo, todos son «grandes personajes».

Por desgracia, su pasión por el retrato nació a raíz de una gran tragedia: el fallecimiento de un amigo íntimo. «Fue entonces cuando me di cuenta de que mi principal interés residía en pintar a personas que tuvieran una historia que contar, un legado que dejar. Entre estos retratos se ha hecho muy popular el que hice de Charlie Burns en Londres, en Bacon Street. Quería pintarlo porque a lo largo de su vida siempre ayudó a los demás, los apoyó en momentos de necesidad», recuerda. Charlie Burns tenía 95 años cuando Ben lo retrató en blanco y negro sobre un fondo azul cielo, y en su intensa expresión se puede leer con claridad el legado moral que dejó.

«Ha habido otros personajes, como, por ejemplo, Mohamed Alí, que, en mi opinión, sintonizaban con mi sensibilidad y mi aspiración a cambiar el mundo a través del arte [...]. Entre los pintores me siento muy cercano al espíritu que animó el arte de Pollock, del que surge un caos indefinido pero perceptible, similar al mío», añade.

Siguiendo el hilo de sus pensamientos, Ben recuerda así sus comienzos en el mundo del *street art*: «Al principio, hacía corta y pega y me dedicaba sobre todo a las plantillas, aunque, como ya he dicho, me dedicaba más a pintar que a usar el bote de aerosol. Empecé a destacar y a hacer cosas grandes en las calles entre 2006 y 2007 [...]. Y, desde entonces, he seguido experimentando, enamorándome de la gente [...]. Representarla es el eje de toda mi carrera».

Para Ben, su arte sigue evolucionando en un proceso incesante. «Cuando era más joven me encantaba socializar, estar rodeado de gente, porque eso también es una fuente de inspiración, pero con el tiempo aprendí a apartarme y a centrarme sobre todo en mí mismo [...]. Intenté mejorar, trabajar duro, avanzar con más dedicación al arte, llevarme al límite. Durante aquella etapa de crecimiento y maduración, no solo aprendí a centrarme en mí mismo, sino también a abrirme a los demás, a sus historias, al entorno y a las situaciones que me rodean. Hoy, el respeto y el aprecio de los que me rodean se han vuelto aún más importantes para mí», reflexiona.

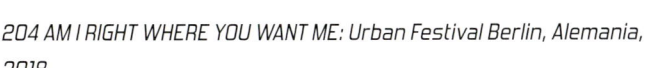

204 AM I RIGHT WHERE YOU WANT ME: Urban Festival Berlin, Alemania, 2018.

205 CHARLIE BURNS: Londres, Reino Unido, 2014.

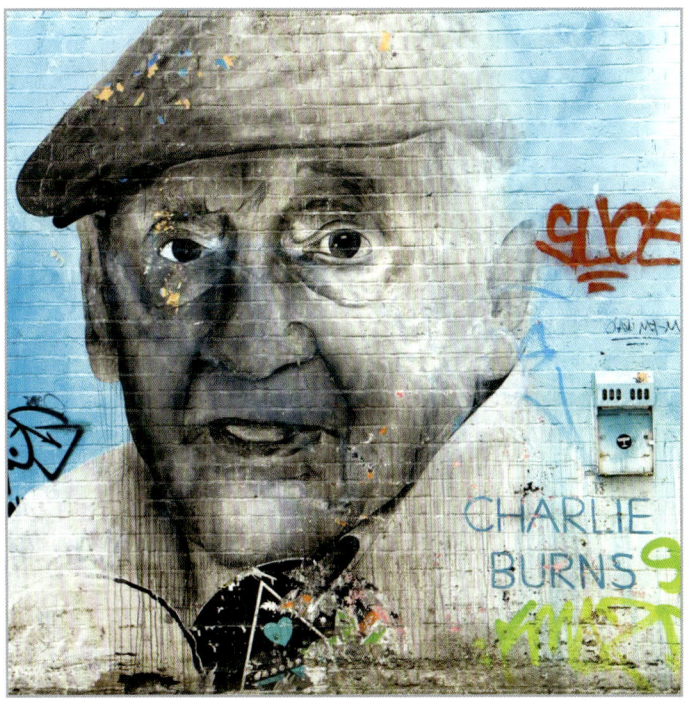

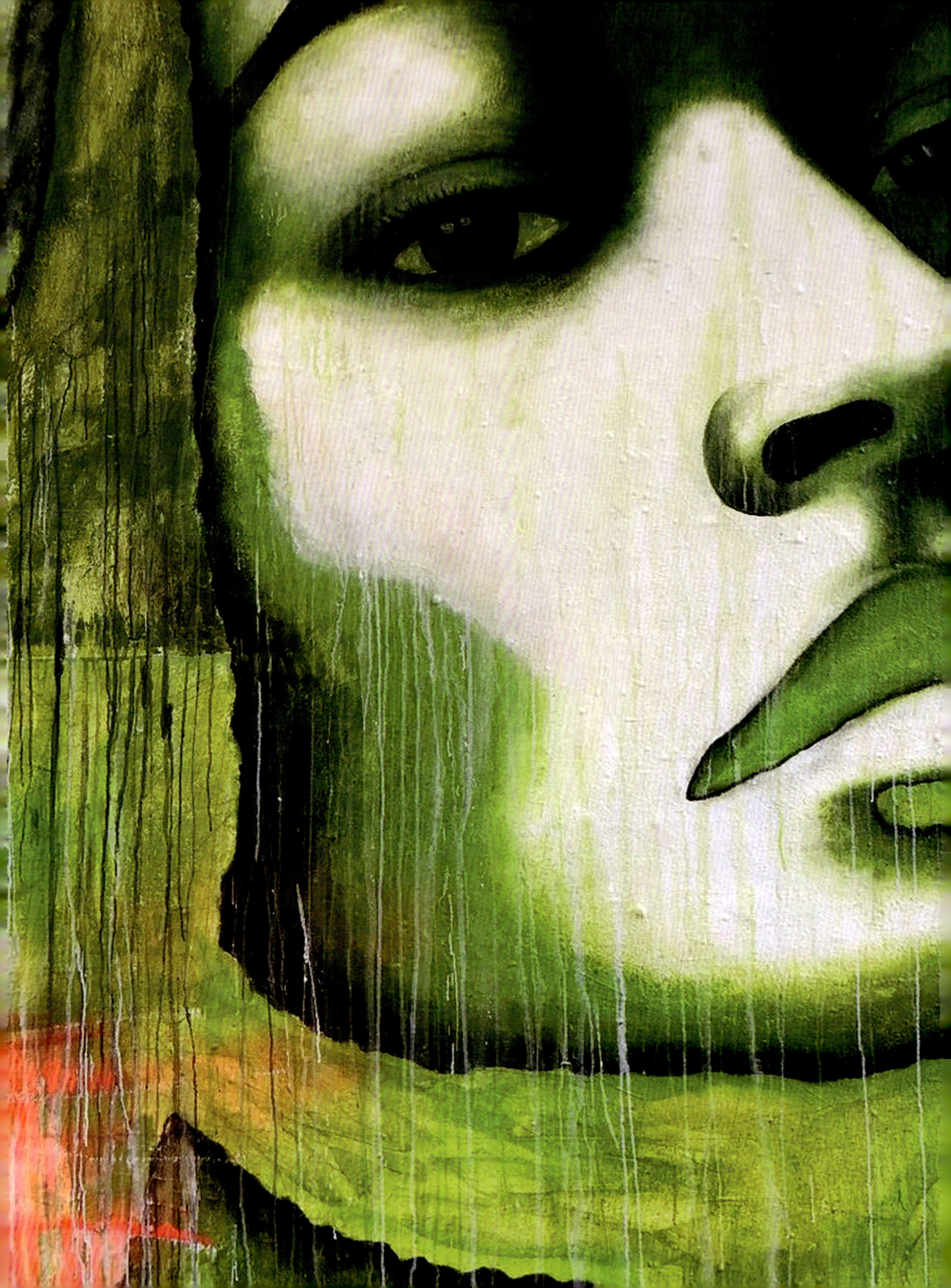

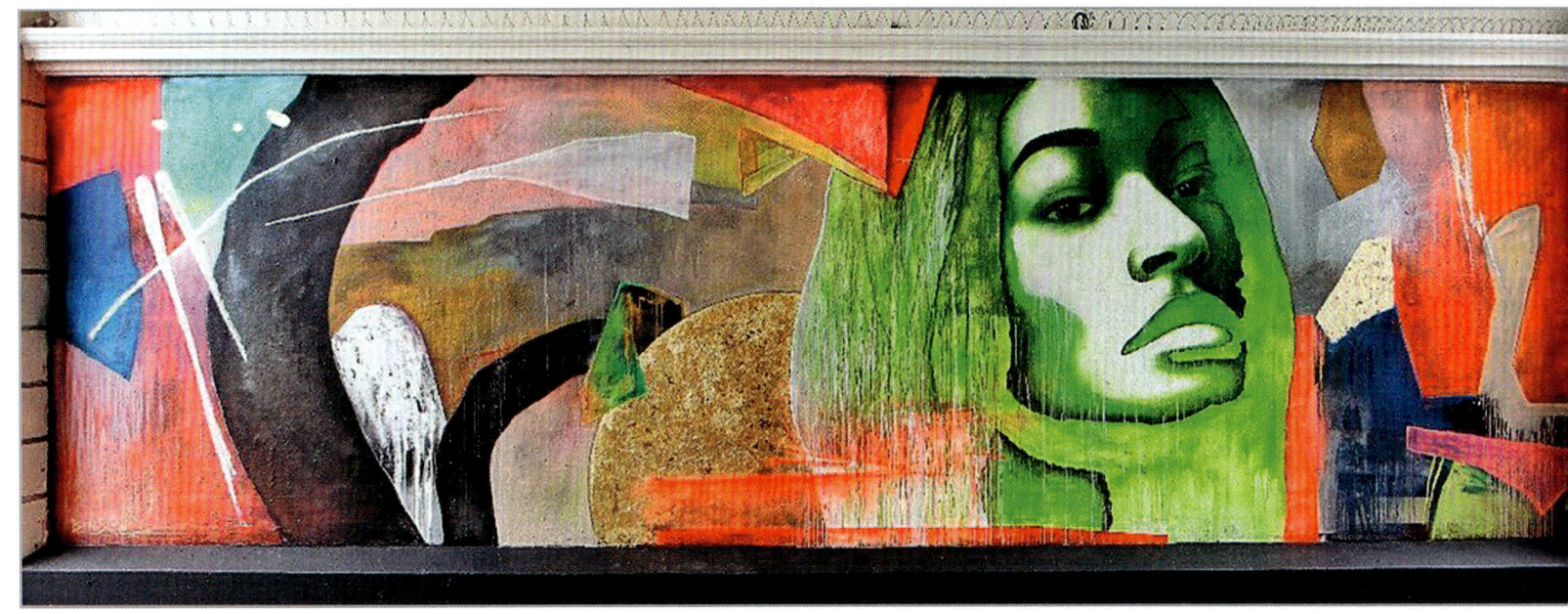

«Los retratos siempre me han dicho algo. He pintado lo que conozco y lo que veo ante mí. Al retratar a mis personajes, quiero dar testimonio, quiero comunicar algo importante, quiero revalorizar las vidas de quienes retrato y sus experiencias vitales. Quiero que sean épicos [...], porque, al fin y al cabo, cada rostro humano es un espejo de la propia humanidad».

A fin de ilustrar mejor su obra, Ben suele situarla junto a una narración, una historia. «Las historias tienen profundos vínculos con el territorio, de ahí que siempre me resulten interesantes, atractivas, estimulantes. Aún hoy, buscar personas y lugares, desvelar sus historias y darles vida en mi obra es la parte de mi trabajo que más me apasiona [...]. Cuando trabajo en el estudio me fijo más en los rostros y sus expresiones; en cambio, cuando estoy en las calles, me dejo influir por todo lo que ocurre allí, por el contexto», explica.

¿A qué se debe su fascinación por la tinta? «Me parece un material maravilloso [...]. Puedo usar la tinta para pintar [...], jugar [...], crear efectos especiales, ya que, como deja un rastro al gotear, las marcas que hace son siempre diferentes. Con la tinta, puedo enfatizar o realzar contornos [...] Con la tinta, puedo crear el caos y desordenarlo todo [...], porque es a través de la evolución continua como me defino a mí mismo y a mi futuro», aclara.

Para Ben es importante cambiar las reglas, oponerse a las convenciones: «También me encanta pintar al óleo, y disfruto mezclando estilos, géneros, técnicas [...]. En el mundo académico existen muchas restricciones [...]. Quiero alejarme de ellas, quiero romper las reglas [...]. Mi mayor aspiración es estar siempre descubriendo algo nuevo, mirarlo con los ojos bien abiertos, sin ideas preconcebidas [...]. Recorro las calles a la caza de momentos particulares y pensando qué puedo crear con ellos. Crear un nuevo caos a partir del caos [...]. Después de todo, mi madre me cuenta que ya adoraba el caos de niño, tanto que siempre quería estar en su centro [...]. A partir de ese punto es donde continúo mi exploración de la materia, el mundo, la existencia y su significado más profundo [...]».

Tras hacer una breve pausa, añade esta reflexión: «¿Y si algo en todo este proceso no funciona? Lo aparto. Esto es lo que soy: un artista en una búsqueda incesante de sí mismo y de la humanidad».

206 y 207: Copenhague, Dinamarca, 2021.

208-209 A REFLECTION OF CHOICES MADE TORHOUT Kaleidoscope Festival, Torhout, Bélgica, 2019.

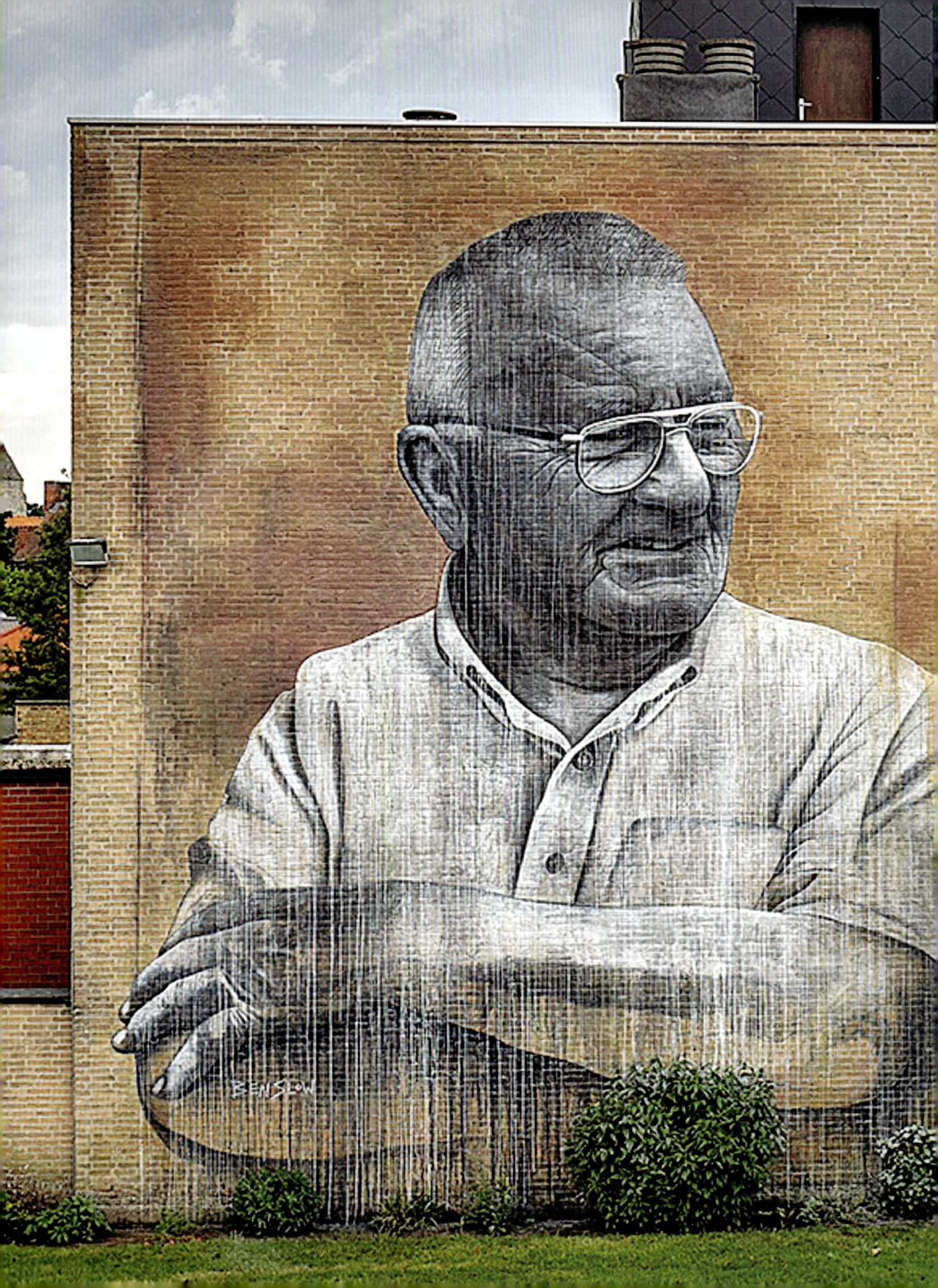

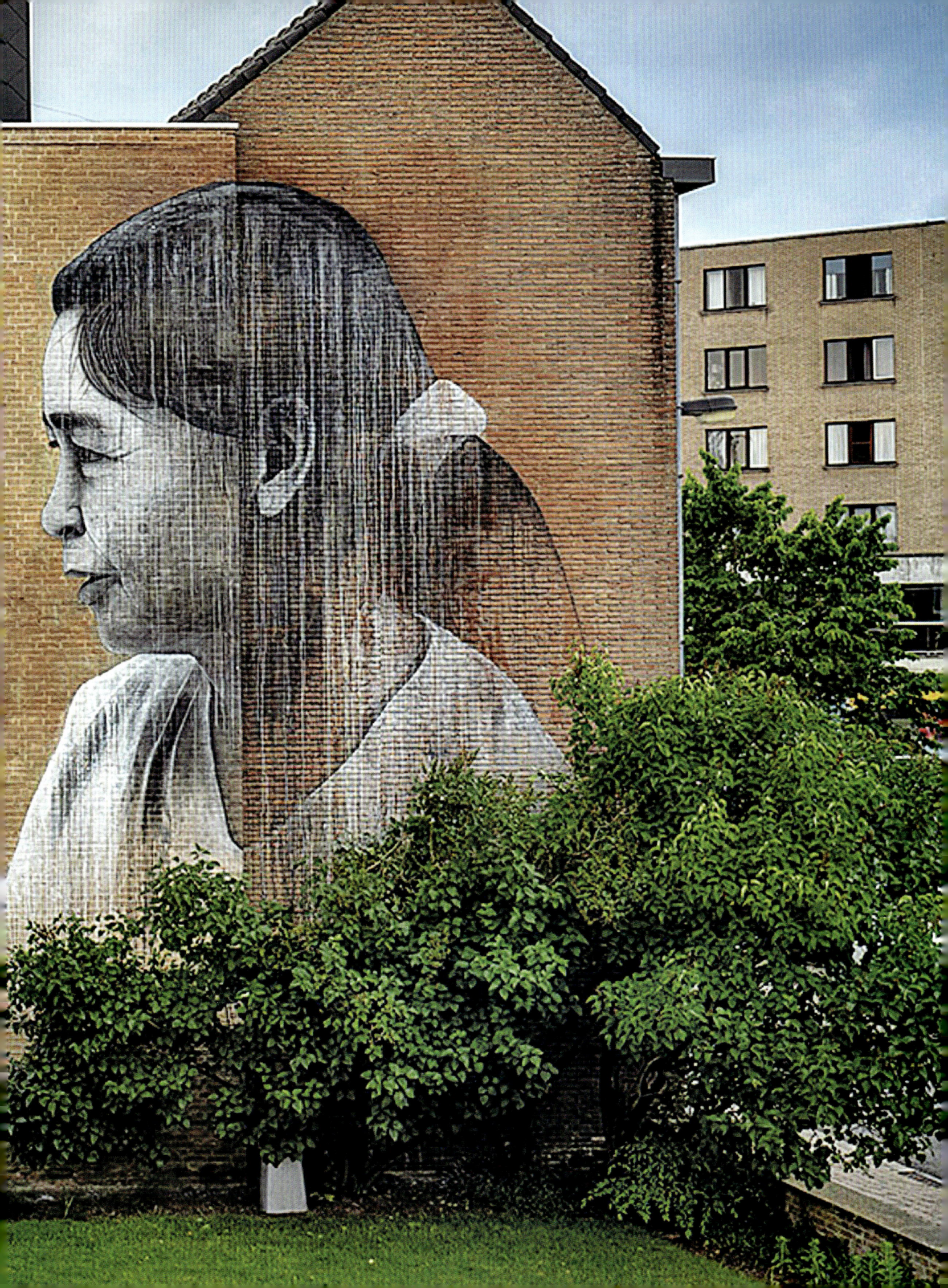

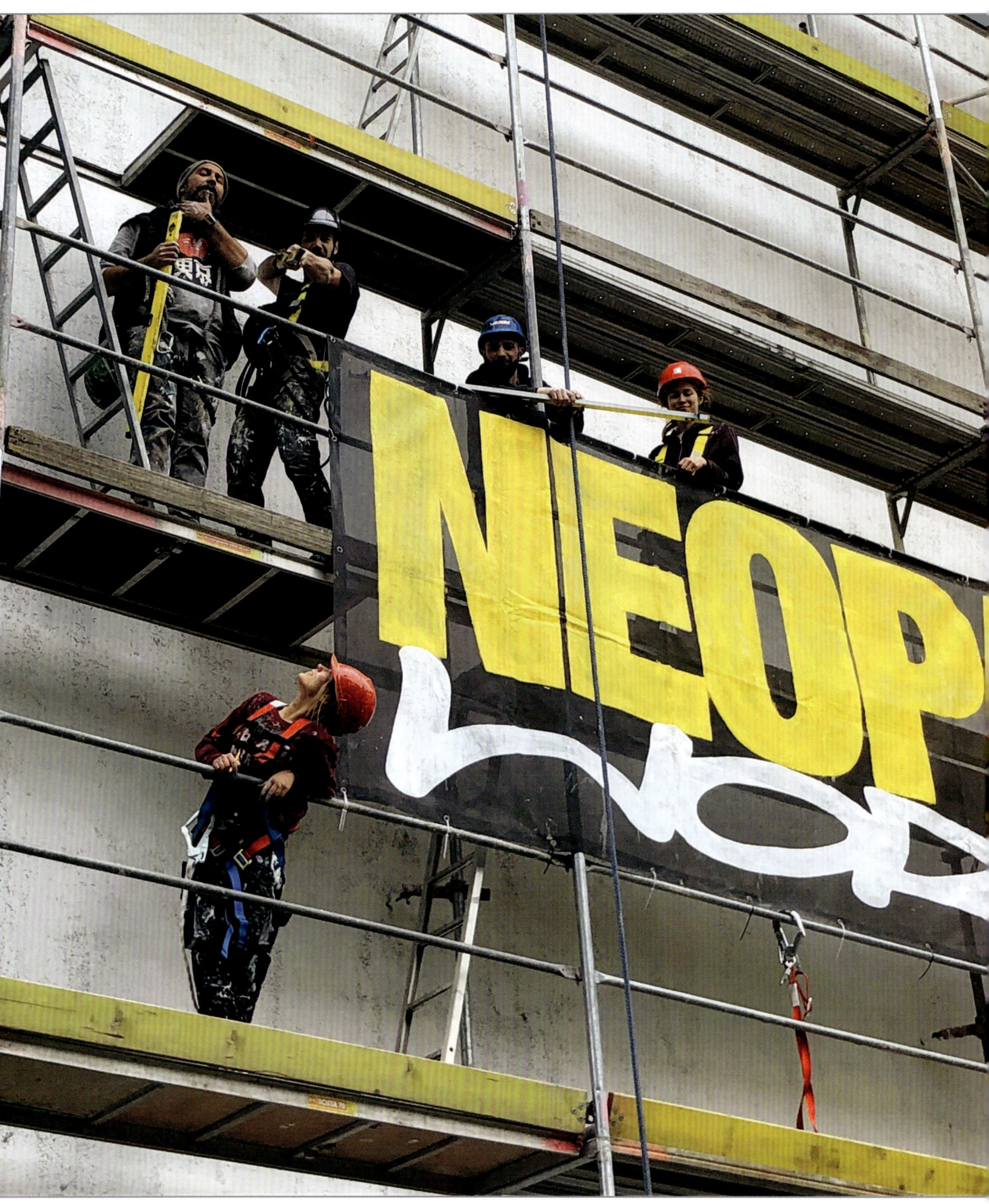

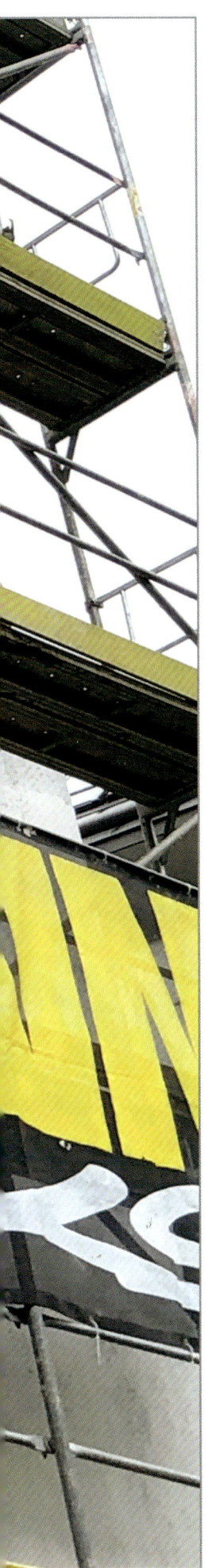

NEOPAINT WORKS

DEMÓCRATAS DEL ESTILO Y DEL TRABAJO EN EQUIPO

«El arte es algo único. El arte es nuestra máxima preocupación en la vida. Aquellos que creamos arte desempeñamos un papel importante, ya que sabemos lo que la gente necesita tras un gris día de trabajo».

Todos los miembros de Neopaint Works tienen la certeza de que el arte debe, ante todo, evocar emociones positivas, hacernos sonreír y que nos sintamos bien, felices y satisfechos. «Cuando hacemos un gran mural, esperamos que provoque una sonrisa a los espectadores; nos gusta pensar que es nuestra oportunidad de proporcionarles unos cuantos minutos de alegría. ¡Por eso nuestro trabajo es tan bello!», claman al unísono.

Pero, en realidad, ¿quiénes son? En su afán por permanecer en el anonimato, dejan que su arte hable por ellos: «Neopaint Works es un colectivo que crea decoraciones murales para interiores y exteriores, pero su actividad principal es pintar grandes murales en Budapest. Somos una empresa con ánimo de lucro, no una fundación. No tenemos un estilo específico colectivo; queremos obras bellas y, al mismo tiempo, servir de portavoces de las ideas de nuestro cliente, ya sea una empresa, el Gobierno o un particular. Conformamos un equipo muy heterogéneo que incluye a un antiguo escritor y a un pintor de casas; algunos tenemos una amplia formación, otros no tanto [...]. En resumen, ¡somos un equipo muy especial!», dice uno de ellos en nombre de todo el colectivo.

El hecho de que sean muchos, cada uno diferente del otro, hace que sea difícil identificar al grupo con un estilo único concreto; pero esa misma razón hace que descubrir cada una de sus nuevas obras resulte muy estimulante y divertido, como si se tratara de un juego, siempre capaz de sorprender, emocionar y hacer reflexionar sobre el espíritu del *street art*. El colectivo Neopaint Works se fundó alrededor de 1997 y ha realizado cincuenta grandes murales desde 2011.

¿Cómo surgió la idea de trabajar juntos? «En la década de 1990, los grafitis eran algo novedoso en Budapest y en toda Hungría. Debido sobre todo a los medios de comunicación, la gente consideró que, en esencia, eran actos de vandalismo. No obstante, en algunas partes de la ciudad había paredes "legalmente" reservadas para los artistas: allí surgieron colaboraciones tan interesantes como las personas implicadas en ellas.

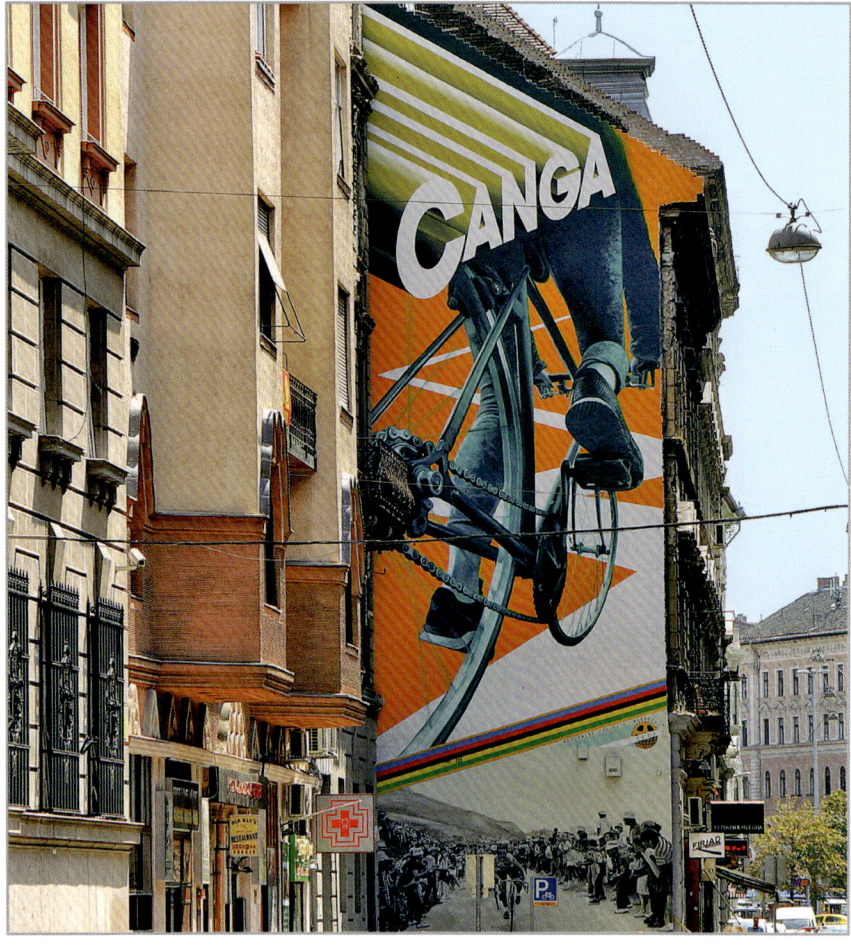

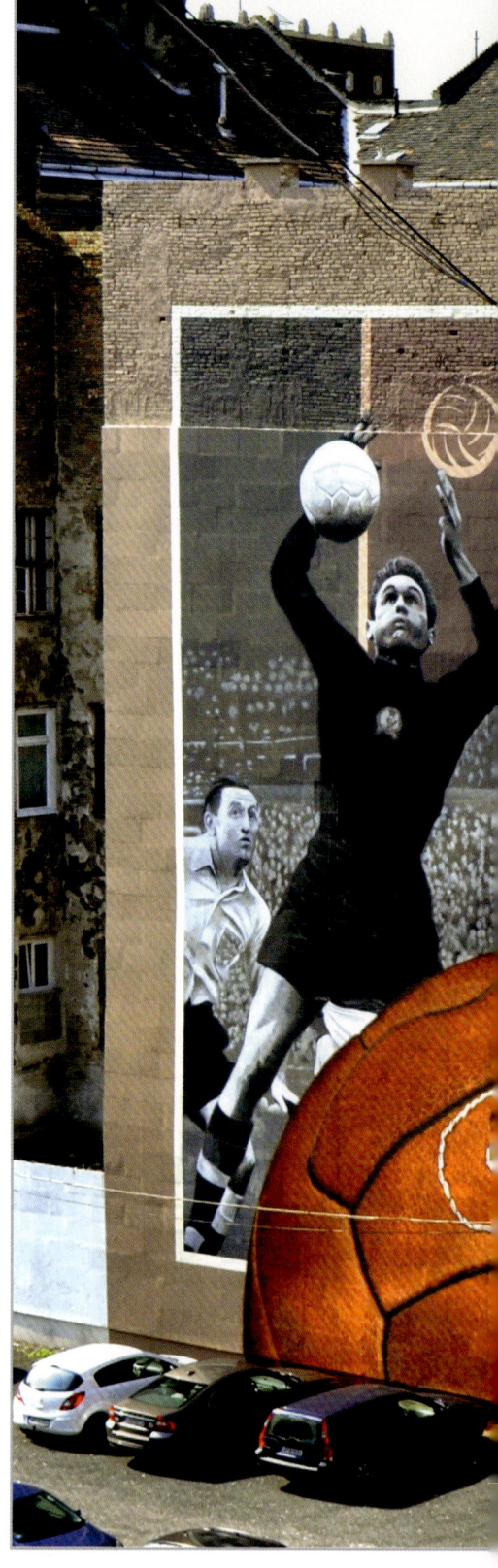

»A veces iba gente a vernos pintar y nos preguntaba si nos podían encargar una pintura para su habitación. Y eso nos dio la idea de crear una conexión lucrativa entre los artistas y los clientes potenciales. Como por aquel entonces Internet aún no estaba muy extendido en nuestro país, también intentamos darnos a conocer a través de folletos. Los distribuimos en tiendas de pintura, los pegamos en los automóviles, en las calles [...]. Y, entonces, empezaron a llovernos los encargos y, por primera vez, pintamos a cambio de dinero. Si bien nos alegramos de que aumentara el número de trabajos, todos teníamos claro que nuestro objetivo era crear grandes murales en la ciudad y que no íbamos a limitarnos a trabajar en casas y habitaciones.

»Desde entonces solo hemos trabajado en grupo, un equipo en el que tienen cabida cada uno de nuestros estilos y caprichos [...]. Lo único que importa y que es esencial es que el resultado sea bueno. Nuestro objetivo es pintar paredes cada vez más bonitas, algo que de verdad le guste a la gente», se afanan en subrayar.

«Todos somos húngaros, y tenemos objetivos comunes. Ninguno de nosotros quiere que destaque su propio estilo; en lugar de eso, intentamos idear una forma de abordar cada trabajo juntos, de modo que acabemos obteniendo los mejores resultados a la vez que tenemos en cuenta las ideas de nuestros clientes y optimizamos algo el equipo», explican.

Reconocen que carecen de una visión concreta, bien definida y fija, y que prefieren dar rienda suelta a su imaginación en función de las situaciones a las que se enfrenten.

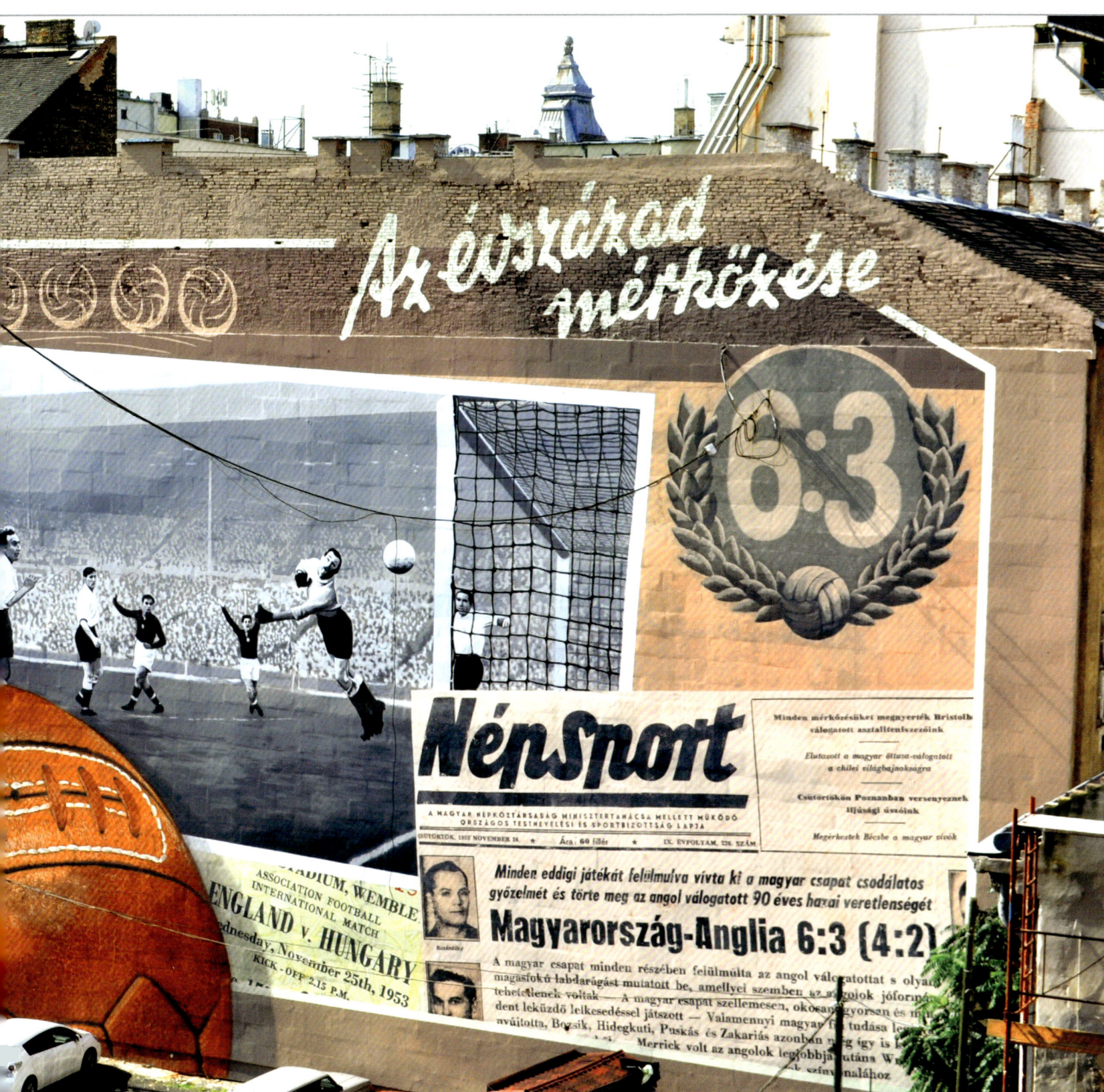

212 CANGA: Budapest, Hungría, 2015.

212-213 EZER NÉGYZETMÉTERES FALFESTMÉNY A 6-3-RÓL: Budapest, Hungría, 2013.

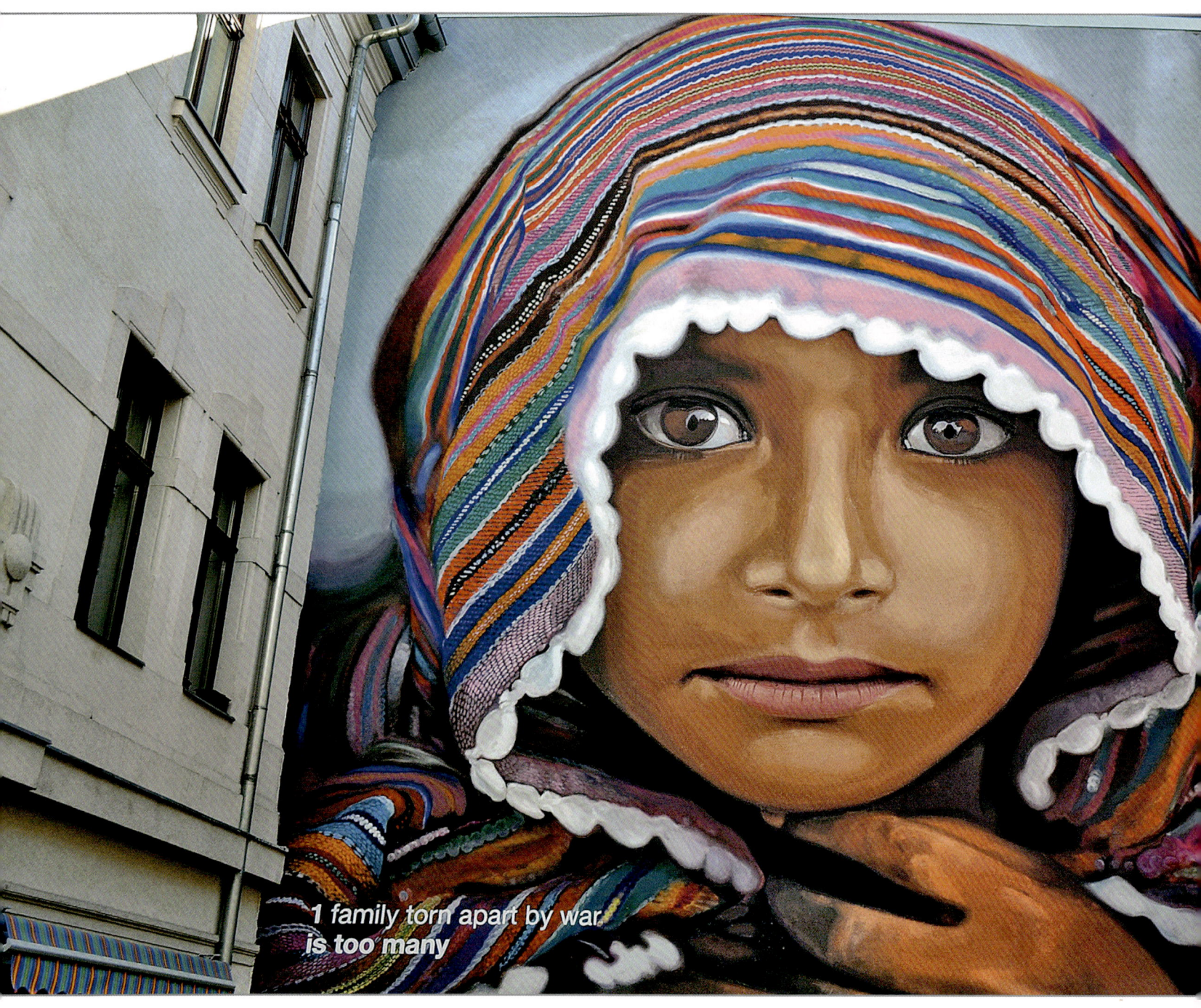

1 family torn apart by war is too many

214-215 *UNHCR, KENDŐS KISLÁNY:*
Budapest, Hungría, 2020.

215 *VARRÓNŐ: Budapest, Hungría, 2016.*

«Aunque nos gusta abordar cualquier tema, nuestros clientes suelen orientarnos hacia temas concretos. Si quieren algo relacionado con la naturaleza, ideamos un proyecto en ese ámbito; si quieren que nos inspiremos en una fotografía antigua, no tenemos ningún problema en hacer algo en esa línea. Nuestro objetivo es obtener el mejor resultado. Sin embargo, hemos de confesar que hay un tema por el que tenemos especial predilección: el Budapest de 1900, o a grandes rasgos, una de las épocas importantes de su pasado.

»Hemos reproducido muchas fotografías antiguas en las paredes de las ciudades, pero también hemos hecho numerosos murales en el centro de Budapest, en los que abordamos la historia antigua y contemporánea de nuestro país. ¿Un ejemplo? Una de nuestras más sonadas victorias futbolísticas frente a Inglaterra: ¡quedamos seis a tres! También están el cubo de Rubik y los retratos de poetas o compositores de renombre», recuerdan.

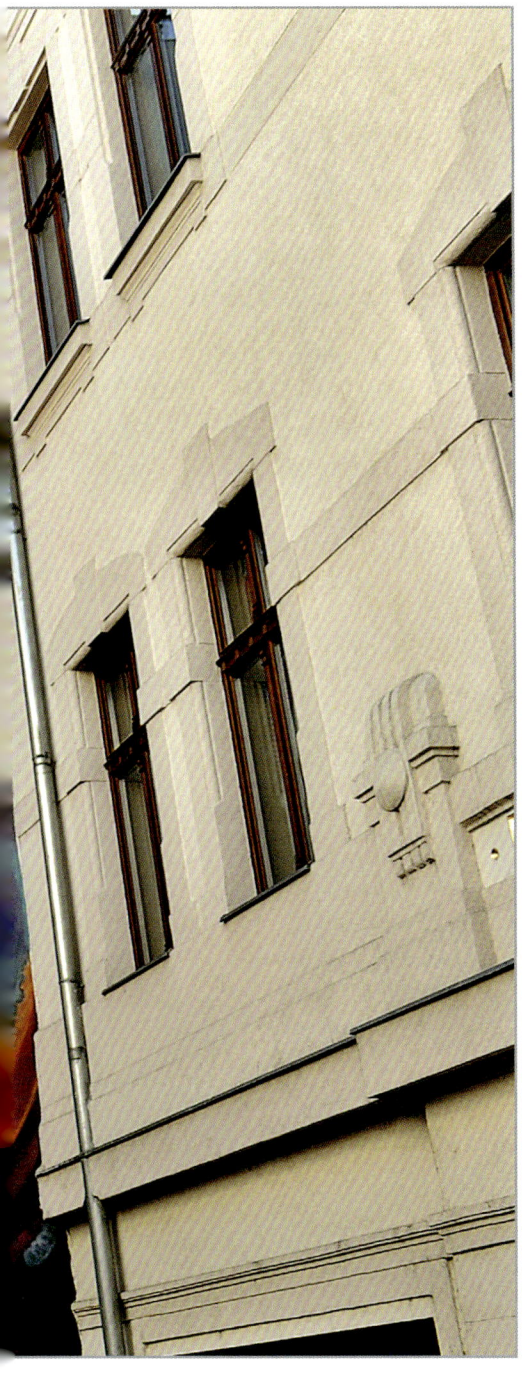

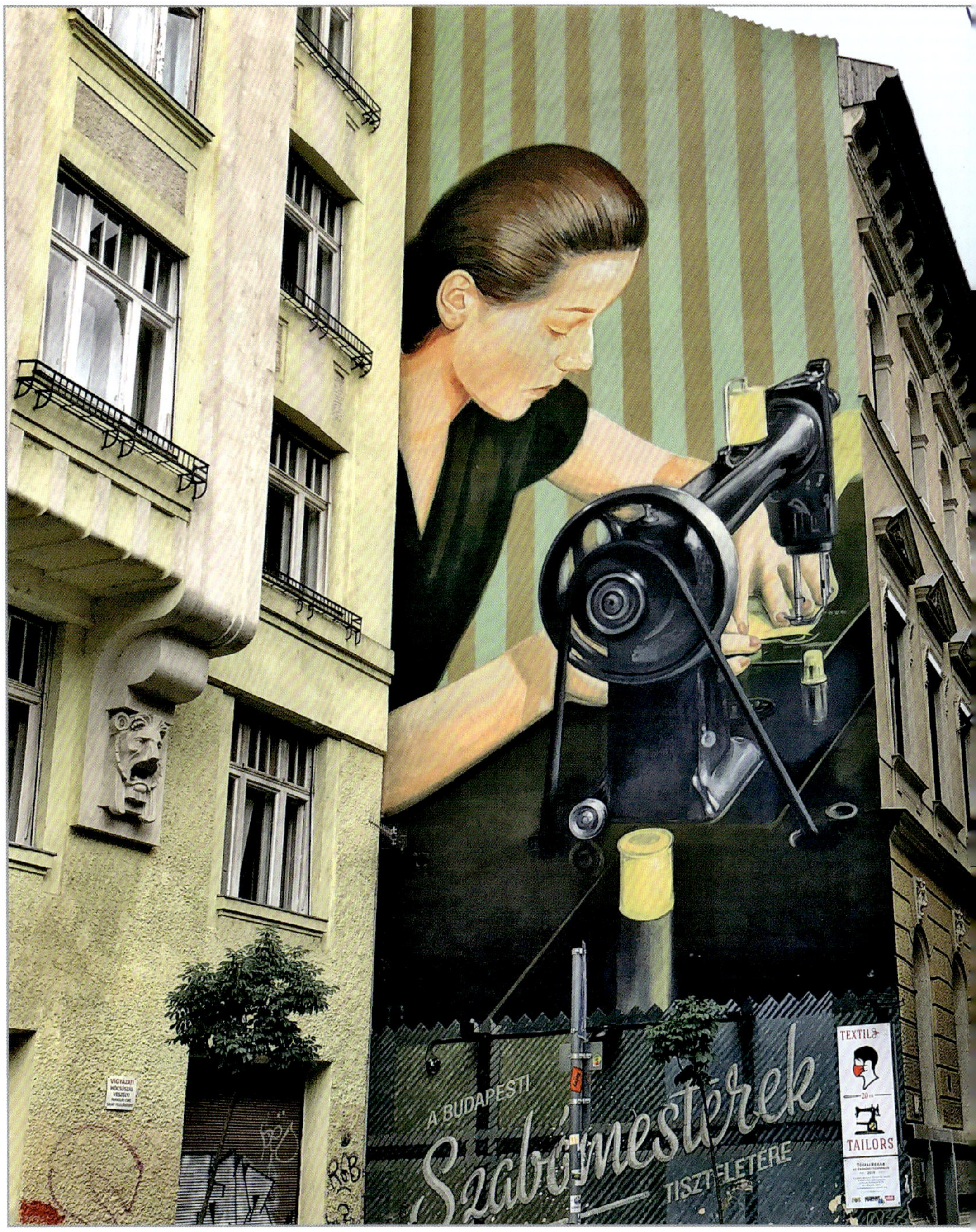

«[...] solo hemos trabajado en grupo,
un equipo en el que tienen cabida cada uno
de nuestros estilos y caprichos [...]. Lo único
que importa y que es esencial es que el
resultado sea bueno. Nuestro objetivo
es pintar paredes cada vez más bonitas,
algo que de verdad le guste a la gente».

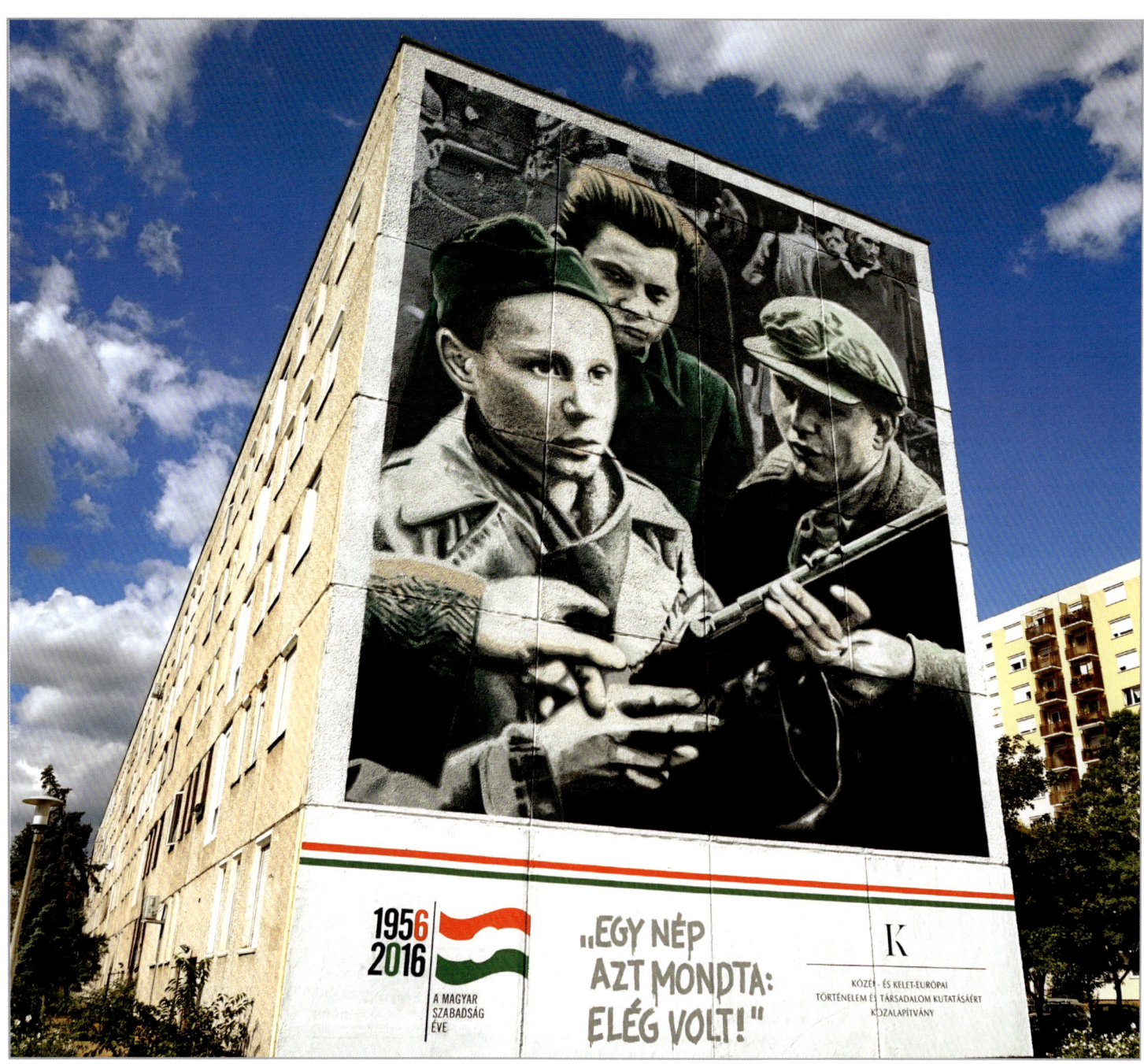

216 1956: PESTI SRÁCOK: Budapest, Hungría, 2016. Creado con motivo del 60.º aniversario de la Revolución húngara de 1956.

217 1956: Budapest, Hungría, 2016. Creado con motivo del 60.º aniversario de la Revolución húngara de 1956.

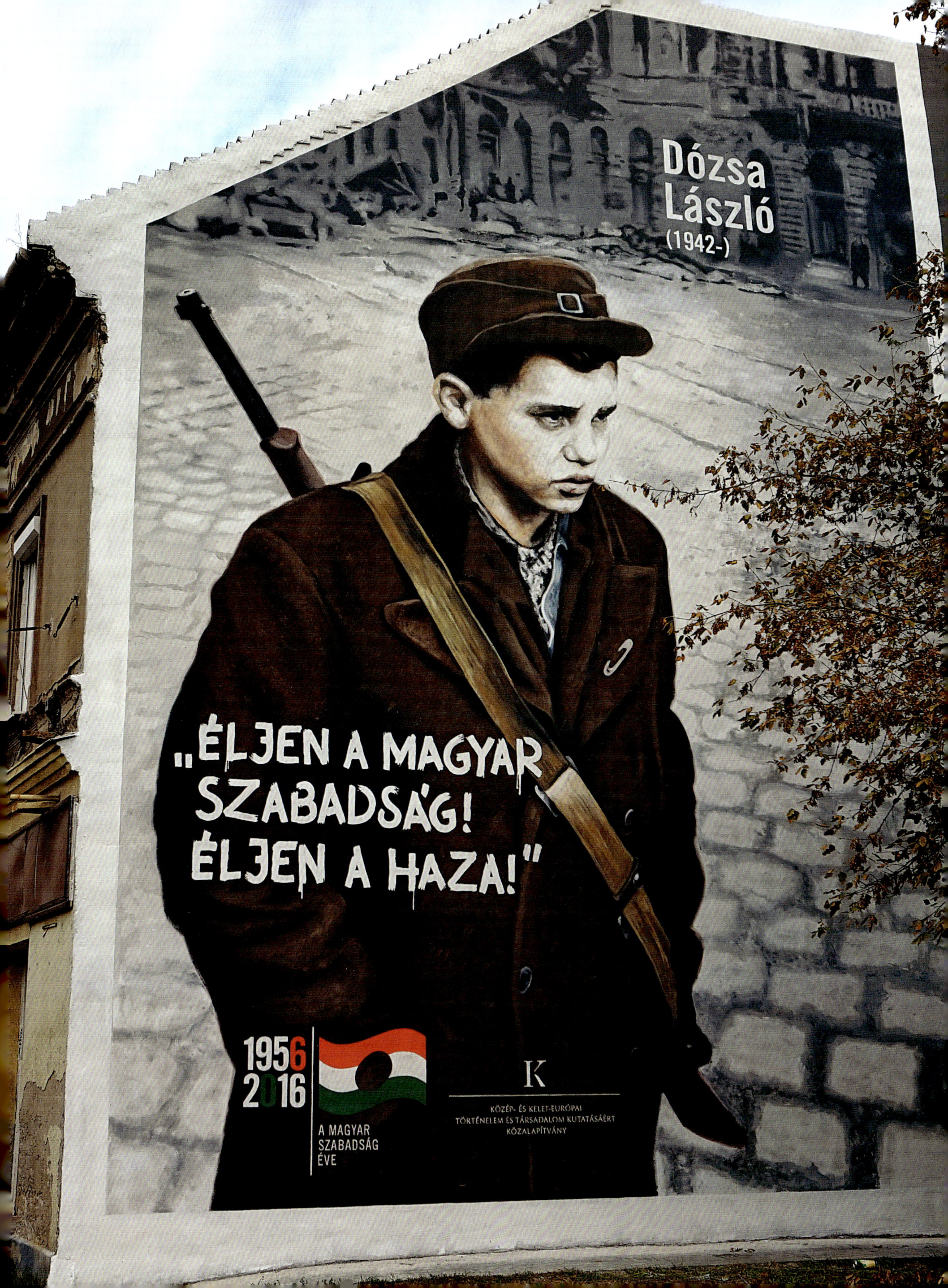
Dózsa
László
(1942-)
„ÉLJEN A MAGYAR
SZABADSÁG!
ÉLJEN A HAZA!"
1956
2016
A MAGYAR
SZABADSÁG
ÉVE
K
KÖZÉP- ÉS KELET-EURÓPAI
TÖRTÉNELEM ÉS TÁRSADALOM KUTATÁSÁÉRT
KÖZALAPÍTVÁNY

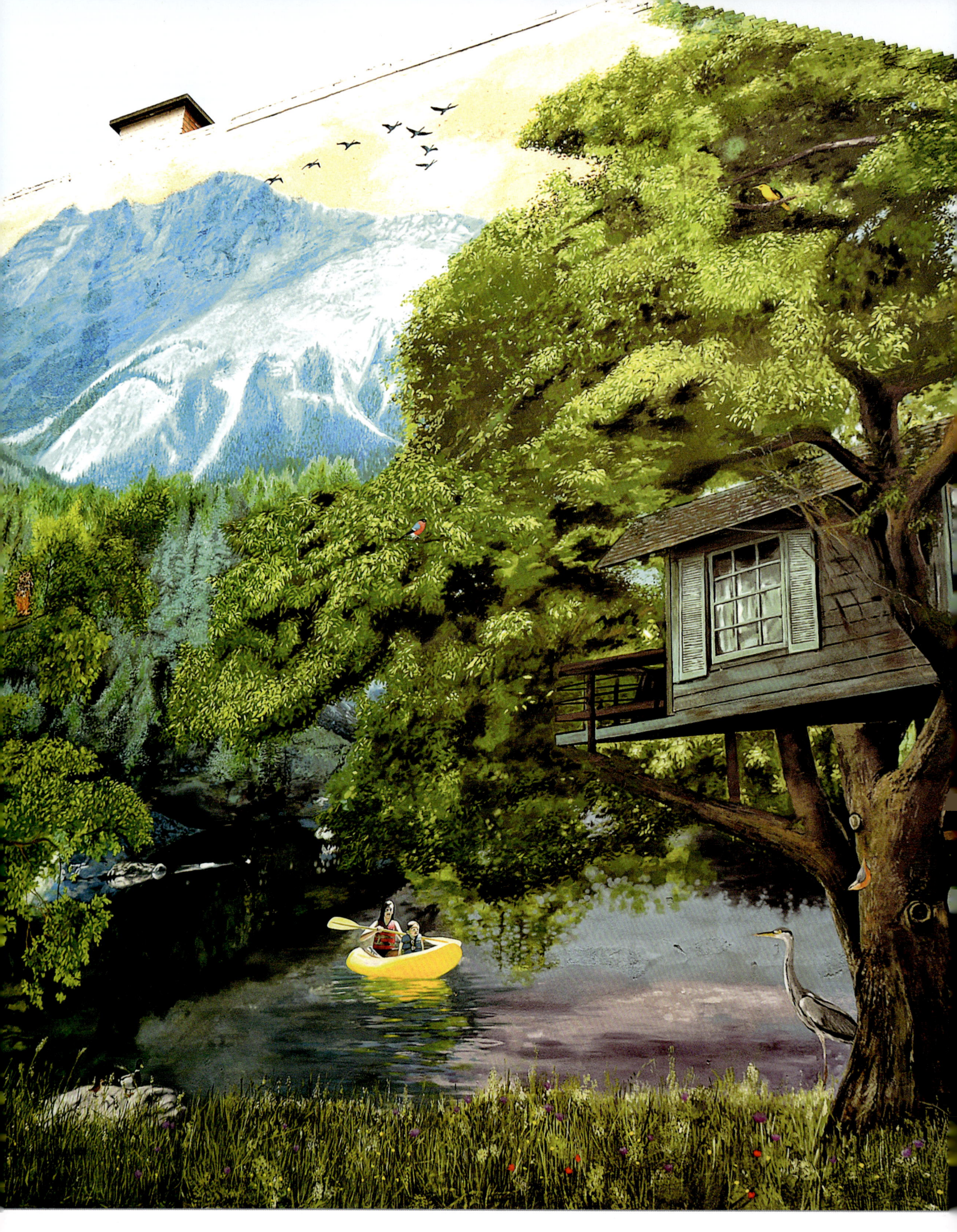

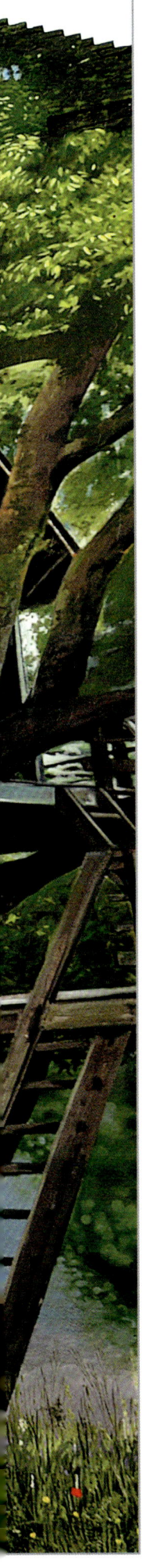

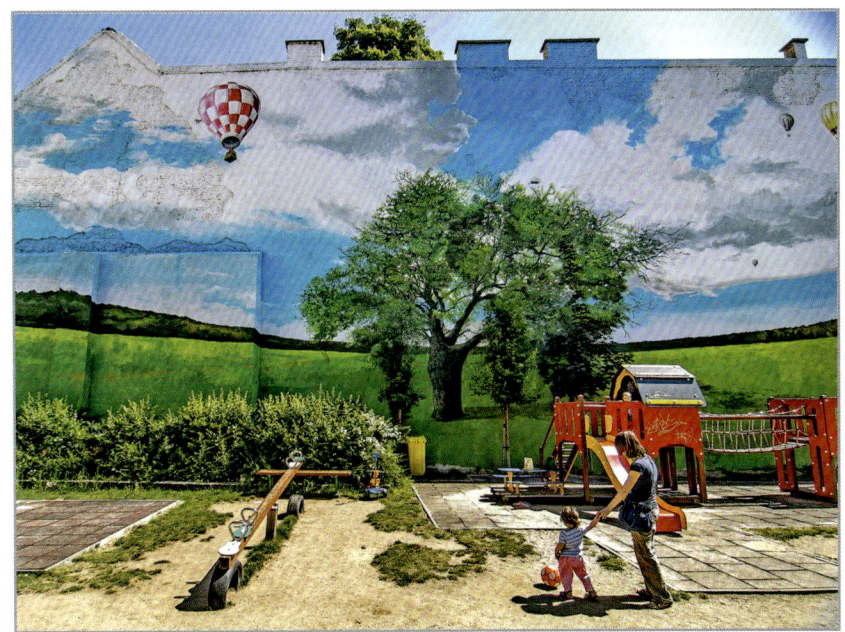

En el fondo, lo que les importa es dar color a las ciudades: «Creemos que es importante pintar murales en las ciudades, hablarle a la gente a través de formas y colores, generar recuerdos y ocasiones para reunirse y pasar el rato juntos», reflexionan.

Prefieren no pintar obras políticas. «Creemos que podemos utilizar nuestro arte para exaltar las tradiciones húngaras y, así, ejercer una influencia positiva en la gente. Si pintamos un mural, pueden verlo miles de personas, y así prestarle atención a lo que creamos. Pintar obras de quinientos metros cuadrados en medio de la ciudad es una genuina expresión de poder, un poder del que no debemos ni queremos abusar: de ahí que evitemos abordar temas políticos en nuestras obras», afirman con convicción.

Tienen además ideas claras sobre su estilo. «Utilizamos técnicas de la "vieja escuela" y usamos pinturas normales de dispersión al agua y pinceles. No le atribuimos ningún significado concreto a los colores, pero el que más nos gusta es, sin lugar a dudas, el gris», aclaran.

Son conscientes además de que han adquirido mucha experiencia y han visto y hecho muchas cosas a lo largo de sus más de veinticinco años en el sector. ¿Qué proyectos tienen entre manos? «No nos gusta hacer obras sensacionales ni alucinantes que dejen a la gente boquiabierta. Lo único que queremos es hacer grandes murales, sobre todo en Hungría. Nos preocupamos por ser una auténtica empresa húngara, una empresa buena, honesta y que se centre en la calidad. Deseamos de verdad poder servirles de ejemplo a los jóvenes artistas del futuro... y, con suerte, incluso ocupar un huequecito en los libros de historia del arte», concluyen.

218-219 *DOB SULI: Budapest, Hungría, 2015.*

219 *TÁJKÉP: Budapest, Hungría, 2012.*

TVBOY

EXPLORADOR NEOPOP DE LA VEROSIMILITUD, PROVOCADOR DE CORTOCIRCUITOS

«Intento conectar el arte del pasado con el presente. Provoco cortocircuitos entre el pasado y el presente y entre opuestos que se atraen. El street art *sucede en el momento».*

En claro dominio de las paredes, sus irónicas, dulces y desenfadadas figuras transmiten siempre un profundo mensaje social. A veces son personajes del pasado traídos al presente, como en la imagen en la que figuran Leonardo da Vinci y la *Mona Lisa* vestidos de *hippies*, una imagen que puede recordar a una fotografía de John Lennon y Yoko Ono. A veces son dos políticos al borde de una crisis, o dos campeones de fútbol rivales que se besan en lugar de competir. Lo sagrado se mezcla con lo profano, el pasado se funde con el presente, el odio y el desencanto se disuelven en el amor o en la consagración de un santo improvisado en ese sutil instante fugaz que nos recuerda la precariedad de la existencia... Pero siempre con una cierta belleza icónica, un toque de melancolía, un insistente carácter lúdico que recupera las profundas raíces culturales, la historia y la creatividad ilimitada de su identidad italiana.

TVBoy suele transformar en celebridades a personajes del pasado con objeto de transmitir mensajes contundentes y agudos. «Es verdad que muchas de mis obras pueden tener un significado político, y, si tuviera que posicionarme, creo que lo haría más a la izquierda, pero me gusta mantenerme objetivo y por encima de líneas partidistas porque creo que el arte no tiene por qué transmitir mensajes políticos, o peor aún, convertirse en "el arte de un partido". Quiero dejar un mensaje que vaya más allá de cualquier tendencia política [...]. Como las caricaturas que suelen publicarse en los periódicos, el arte debe ser satírico [...]», explica.

TVBoy ha revolucionado tanto los tiempos como el mundo del arte con la invención de un nuevo neopop y un estilo disruptivo propio. «Al principio me inspiraron mucho artistas estadounidenses, como Andy Warhol, Keith Haring, Roy Lichtenstein, Jean-Michel Basquiat [...]. Sin embargo, con el tiempo volví a mis raíces, a Italia y al bagaje cultural que me ha dado; redescubrí y volví a estudiar las grandes obras clásicas del Renacimiento y a artistas como Miguel Ángel y Leonardo, Botticelli y Caravaggio. Empecé a pensar a mi manera y a buscar mi propio estilo. Comencé a pintar personas de dimensiones normales, bastante cercanas a la realidad, incluso en cuanto al color de la piel y a la ropa [...]», relata el artista.

LUKAKU AND IBRA: Milán, Italia, 2020.

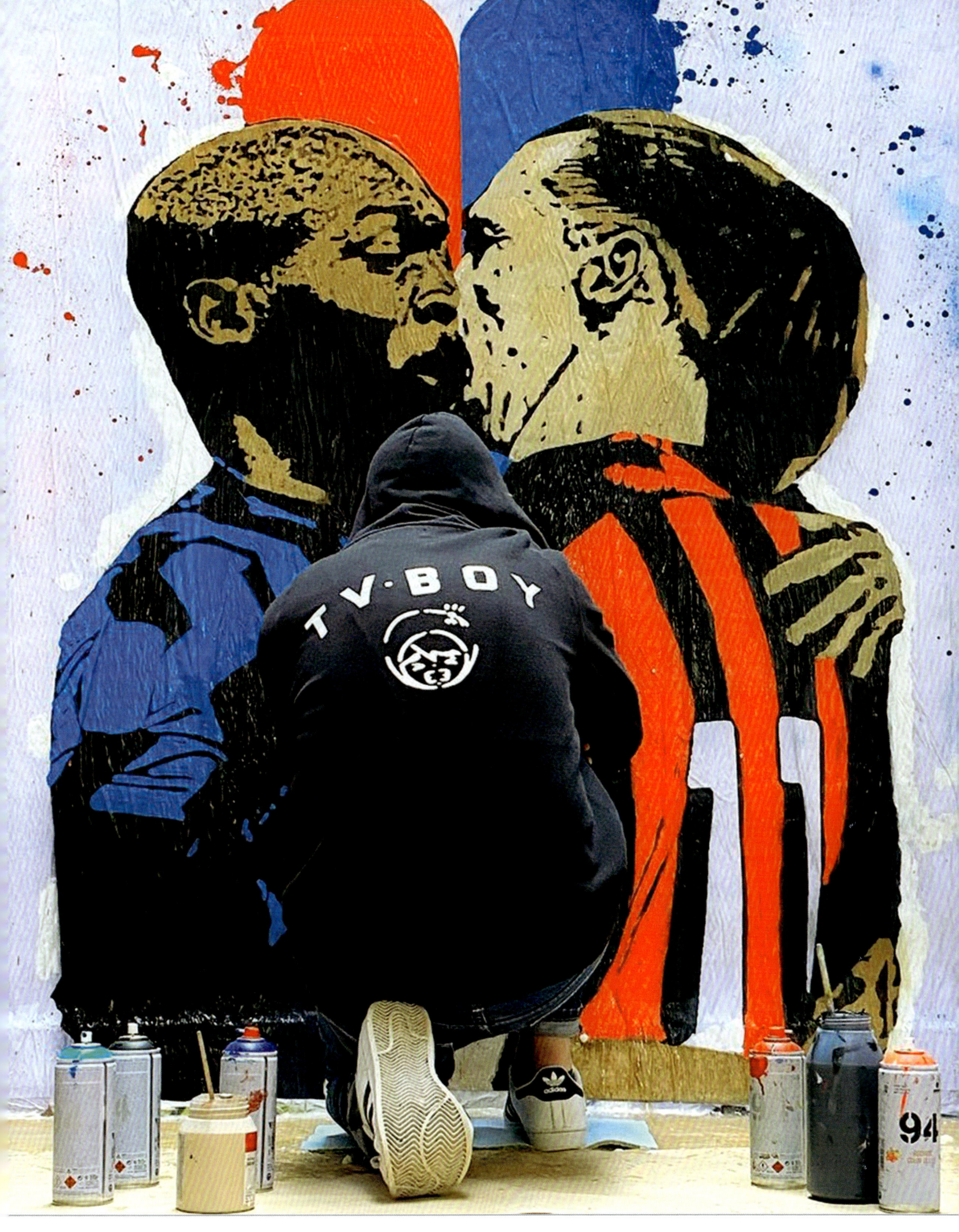

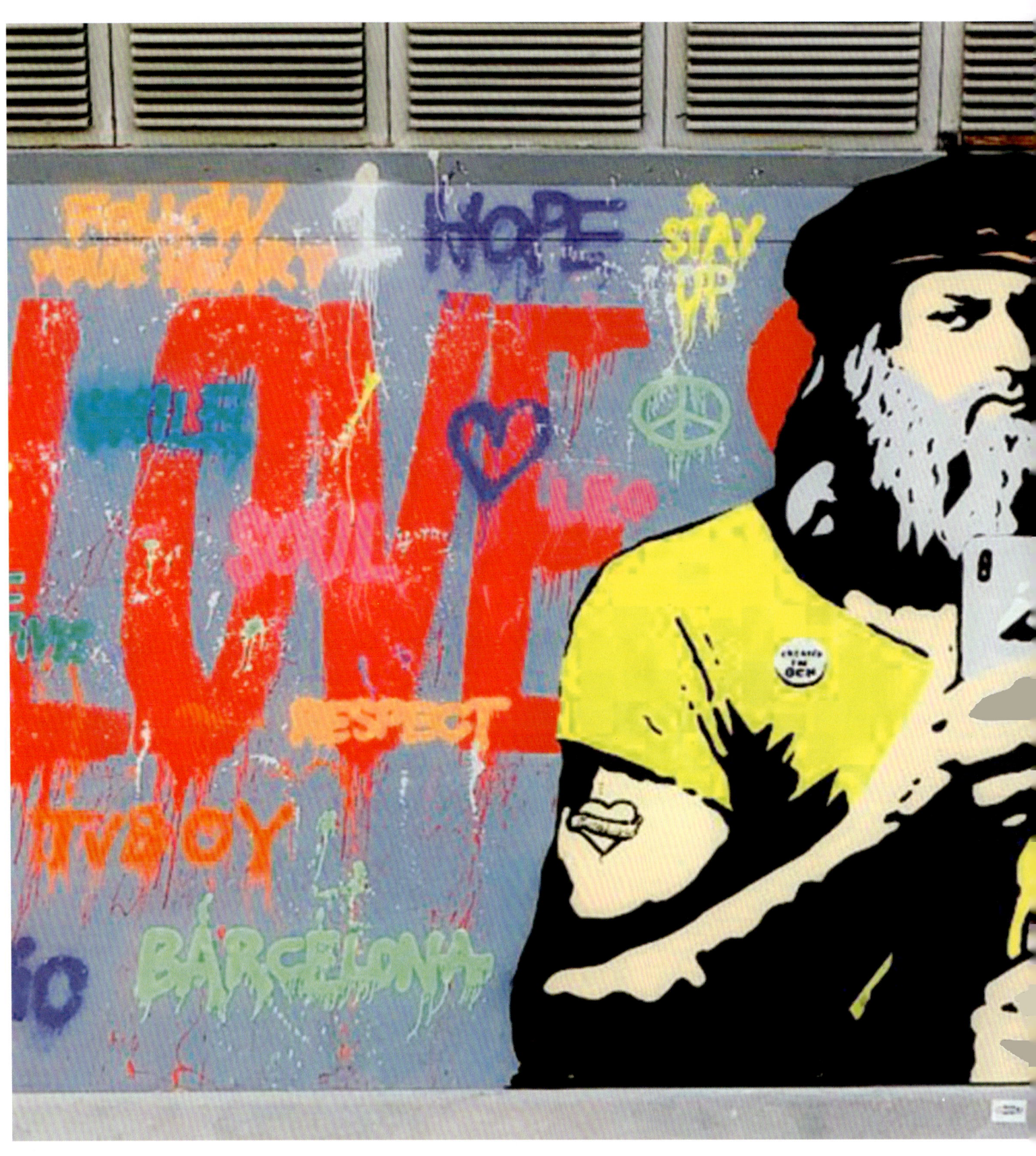

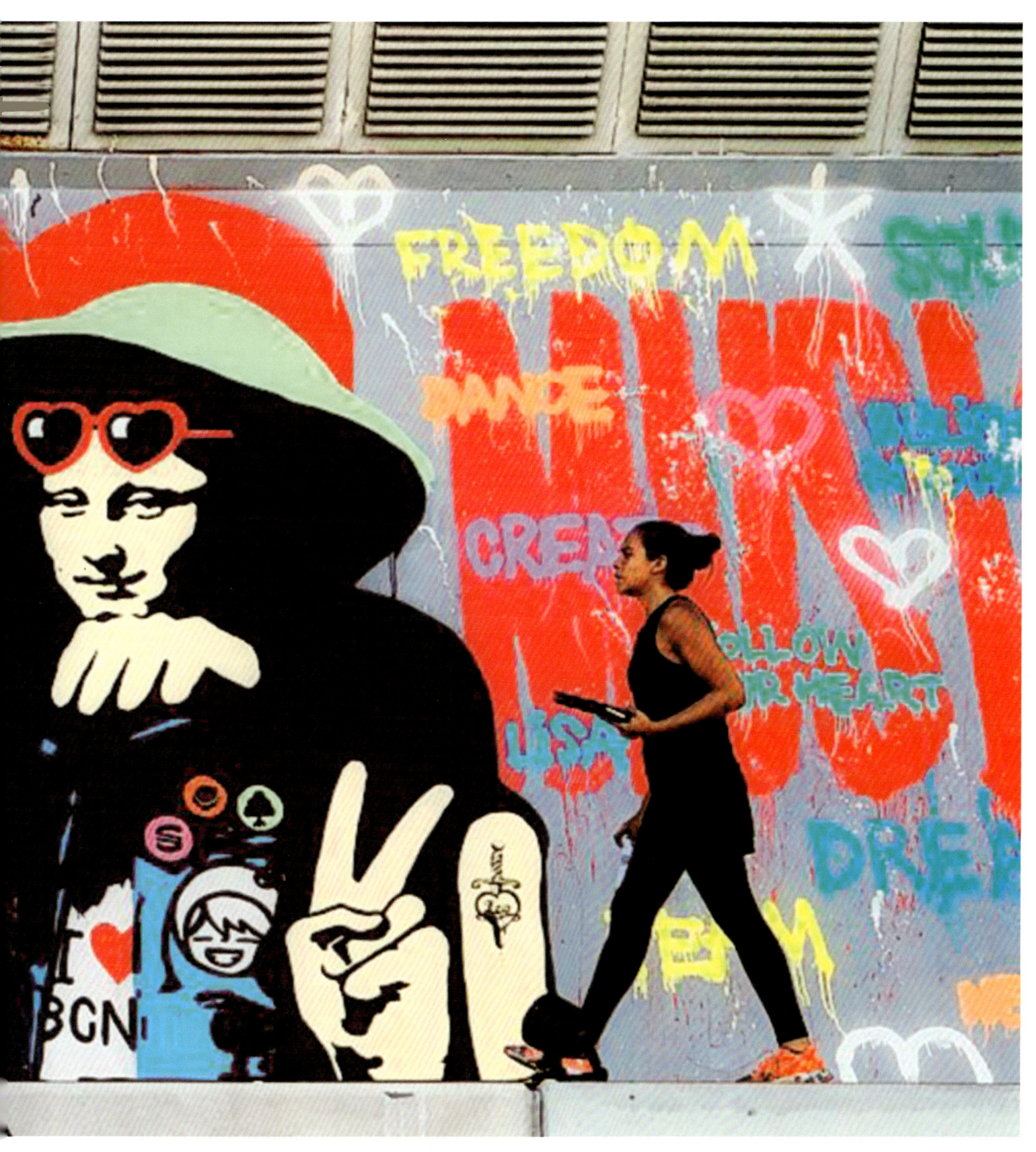

LEO AND LISA: Barcelona, España, 2018.

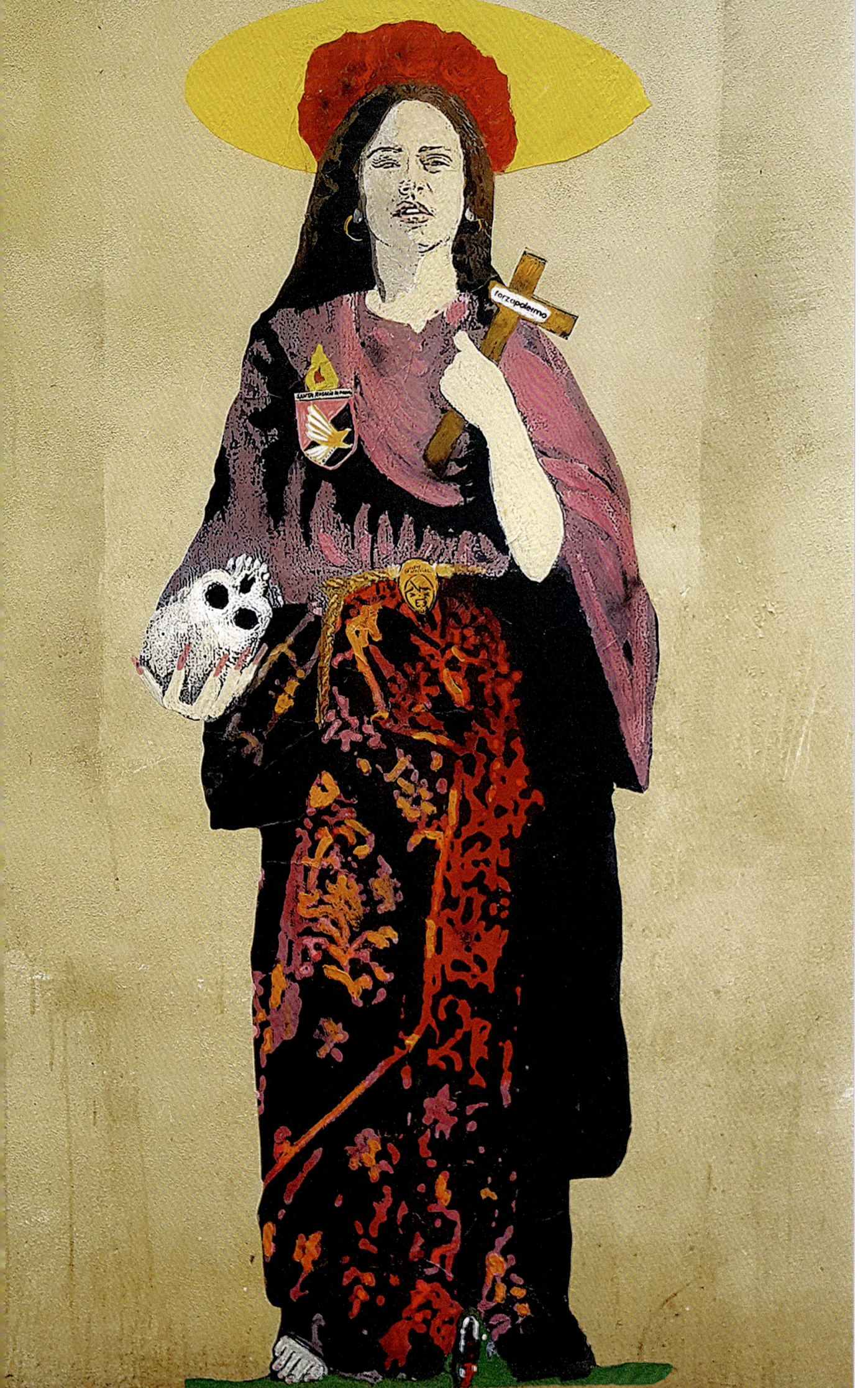

SANTA ROSALIA. Palermo, Italia, 2019.

Nacido en Palermo, Salvatore Benintende, conocido como TVBoy, creció en Milán, donde su familia se trasladó por motivos laborales. «Mi padre era profesor de pintura en la Accademia di Belle Arti di Palermo, así que siempre estuve rodeado de dibujos y pinturas. Milán ha sido sin duda la ciudad que más ha influido en mi carrera; Palermo y Sicilia no las descubrí hasta más tarde, cuando volví allí para hacer algunos trabajos: varios retratos conmemorativos de los jueces Giovanni Falcone y Paolo Borsellino, asesinados por la mafia, y *Santa Rosalia*, que está en el barrio de Vucciria. Este último está inspirado en la estrella del flamenco Rosalía, inmortalizada en una pose tomada de los iconos religiosos renacentistas pero con el escudo de Palermo en lugar del Sagrado Corazón.

»Quería que fuera una reflexión sobre la idolatría. Estoy muy apegado a mis orígenes y al papel de las santas como protectoras, pero quería reflexionar sobre cómo, en la sociedad contemporánea, las estrellas de la música, los futbolistas y los *influencers* han sustituido a héroes y santos y se les venera como a tales», relata.

No hay nada al azar en la elección del nombre de TVBoy. «Nací en 1980, y siento que, sobre todo nosotros, somos la generación de la televisión, ya que crecimos ante el televisor viendo dibujos animados japoneses y personajes de manga. Viví en un pueblo cerca de Milán y solía tomar el tren. Fue así como acabé viendo todos aquellos vagones pintados de colores. Corría el año 1996. Me impresionaron mucho y empecé a hacer grafitis con aerosol y *lettering*. Firmaba como Crasto. En aquella época también era habitual pintar a un hombrecillo que acompañara a la propia obra, una especie de símbolo de aquella generación. Así que, inspirándome en los dibujos de Keith Haring, pensé en TVBoy. Este símbolo no tardó en volverse muy popular y en sustituir por completo a mi firma anterior. En claro contraste con mi nombre, aconsejaba a mis compañeros que dejaran de ver la televisión, que salieran de casa para hacer arte o montar un grupo de música.

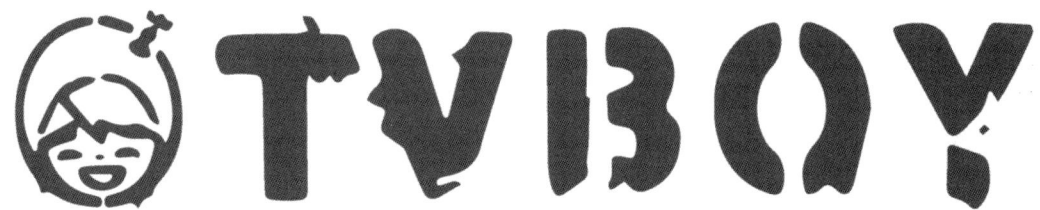

»En 2003 organicé además una exposición con televisores que me había encontrado en la calle y en cuyas pantallas pinté rostros que parecían atrapados en su interior. En aquella época aún no era habitual fotografiarlo todo con *smartphones*, así que, por desgracia, no tengo imágenes de esa época [...]».

Es probable que el camino de TVBoy hacia el *street art* comenzara durante su infancia: «De niño siempre estaba dibujando, y se me daba muy bien; solía dibujar caricaturas de mis maestros y profesores, pero creo que hubo un momento en particular que selló mi destino. Cuando tenía 5 o 6 años enfermé de varicela. Al verme encerrado en casa, le pregunté a mi padre si podía dibujar algunos de mis animales favoritos en las paredes. Por aquel entonces me volvían loco los dinosaurios y los reptiles, pero también otras criaturas [...]. Aún recuerdo mis dibujos de una iguana, de serpientes, de una cabra, de una hiena [...]. La habitación no tardó en llenarse como por arte de magia de murales [...]», recuerda con una sonrisa.

Fascinado también por la ciencia, TVBoy nunca ha cursado estudios específicos de arte. «Tras terminar un bachillerato en artes liberales, decidí matricularme en el Politecnico di Milano y especializarme en Diseño industrial. Al principio pensé en ser ilustrador, pero no me gustaba ese mundo [...]. Mientras tanto, empecé a hacer grafitis en Milán. En 2000, decidí pasar un año de Erasmus en la Facultad de Bellas Artes de Bilbao. Tras esto, regresé a Milán, donde conocí a la española que acabaría siendo mi esposa.

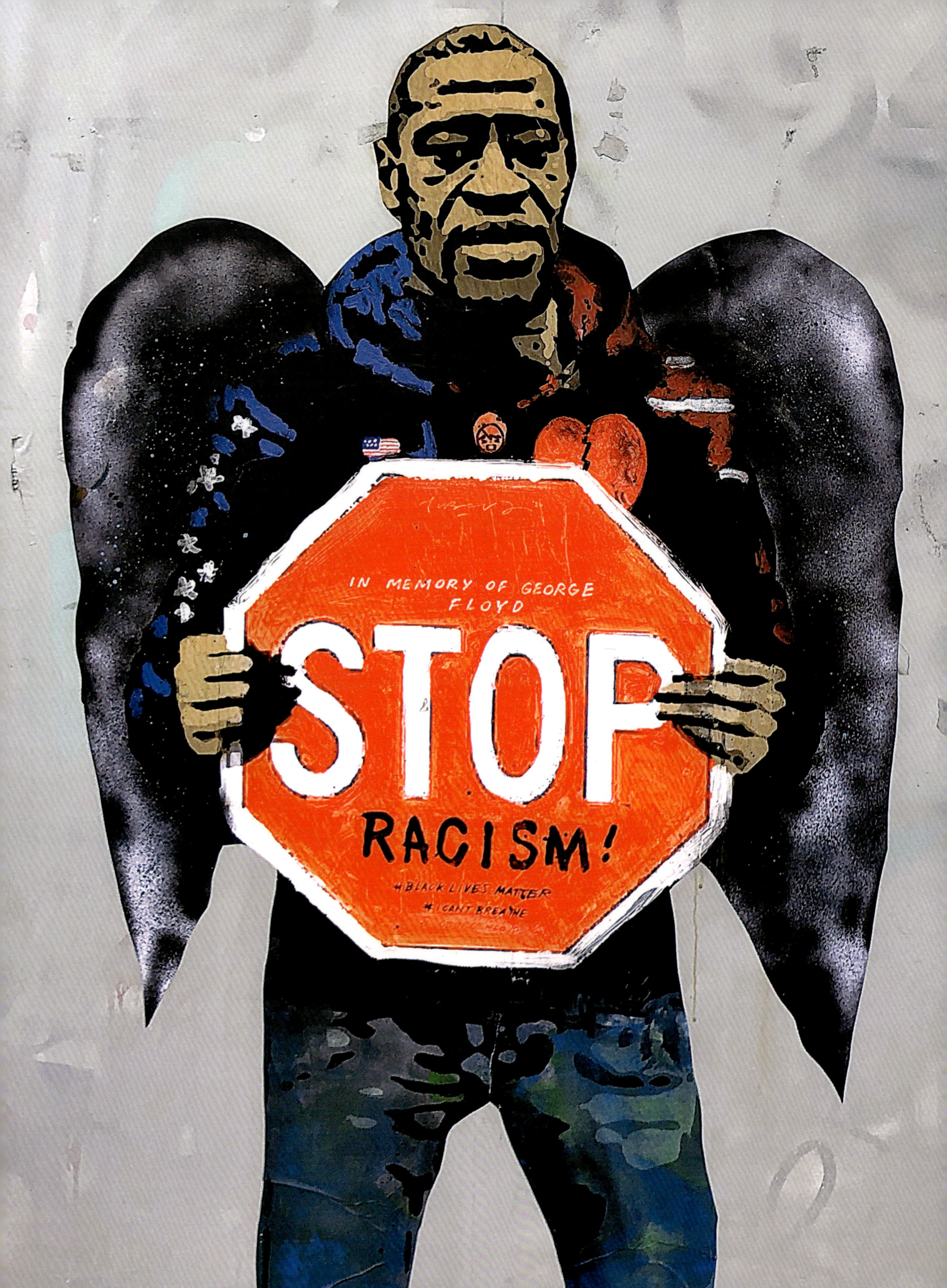

226 STOP RACISM, George Floyd: Barcelona, España, 2020.

227 DAVID VERSUS GOLIATH, Greta Thunberg y Donald Trump:
Barcelona, España, 2019.

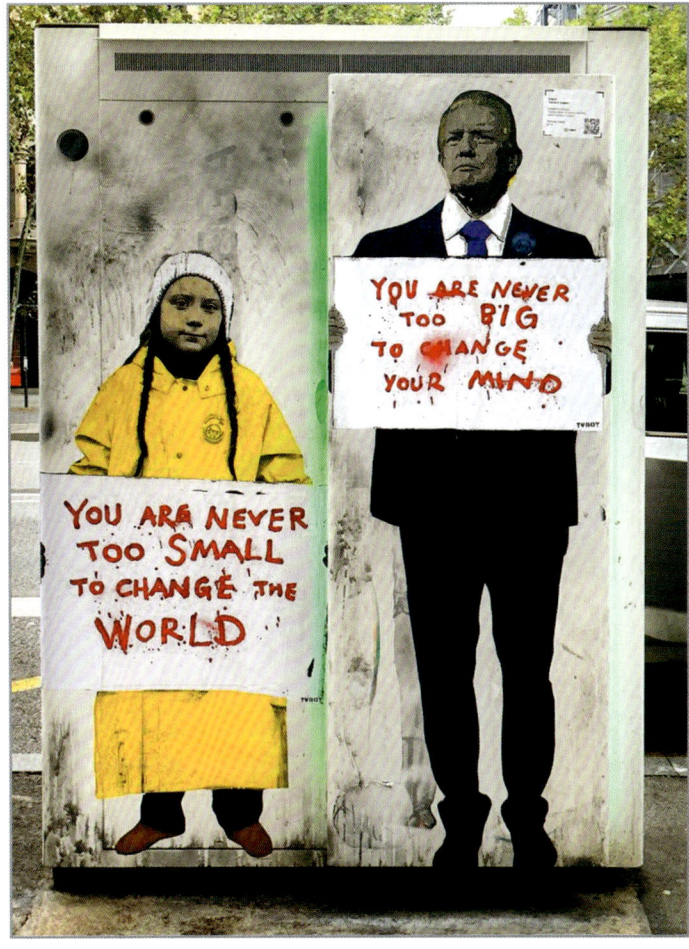

»Así que, al final, aterricé en Barcelona por amor, pero tuve suerte, porque en aquellos años era muy fácil que un joven creativo encontrara trabajo en la ciudad, y, de hecho, me contrataron enseguida como diseñador gráfico en una editorial que publicaba revistas dedicadas al *skate* y al *snowboard*, ámbitos relacionados con el *street art*. En aquella época, Barcelona era la meca de los grafiteros; se podía trabajar mucho incluso sin permiso, y para mí fue una fuente de inspiración increíble», señala.

Según TVBoy, el auténtico *street art* debe ser ilegal, al margen del sacrificio que ello implique. «Sin permiso, se es libre de expresar todo lo que se cree de veras. Para poder seguir actuando así, y después de verme obligado a abonar enormes multas y de que me confiscaran el material, empecé a trabajar no solo con botes de aerosol y plantillas, sino también con engrudo, que permite actuar con mayor rapidez. Con esa técnica, hacía una impresión preparatoria, trabajaba sobre ella con acrílicos, le aplicaba el engrudo y, luego, terminaba el trabajo directamente en la pared». También le atraen los grandes murales, siempre y cuando se mantengan fieles a la visión que tiene. «Me producen admiración los grandes murales y los artistas que los realizan. Admiro la técnica de quienes son capaces de hacer obras monumentales y majestuosas, pero en mi caso suelo toparme con grandes pro-

blemas cuando procedo así, porque los clientes no suelen aceptar mis bocetos, ya que los consideran demasiado provocativos y críticos con el sistema. Por eso prefiero actuar como Banksy, que va por ahí haciendo estarcidos por la noche [...]», reflexiona el artista.

TVBoy cree que el *street art* es, ante todo, una forma de comunicación gráfica y conceptual. «Siempre empiezo con la idea de lo que quiero decir, cómo quiero decirlo y dónde quiero decirlo. Para ser eficaz, la obra debe tener sentido y llegar al corazón a través de los ojos: estos dos factores han de ir de la mano. Es cierto que los colores brillantes llaman la atención, pero la estética solo debe conducir al mensaje. El arte no tiene por qué ser bello, pero sí debe inducir a la reflexión, suscitar un diálogo o un debate. El arte debería ser la expresión de la esperanza de que la humanidad siempre puede mejorarse a sí misma, aunque, en última instancia, me parezca que las cosas van en dirección contraria. Y, en ese sentido, aumenta el valor de las redes sociales, porque mis imágenes y mis mensajes pueden circular por todo el mundo en un instante».

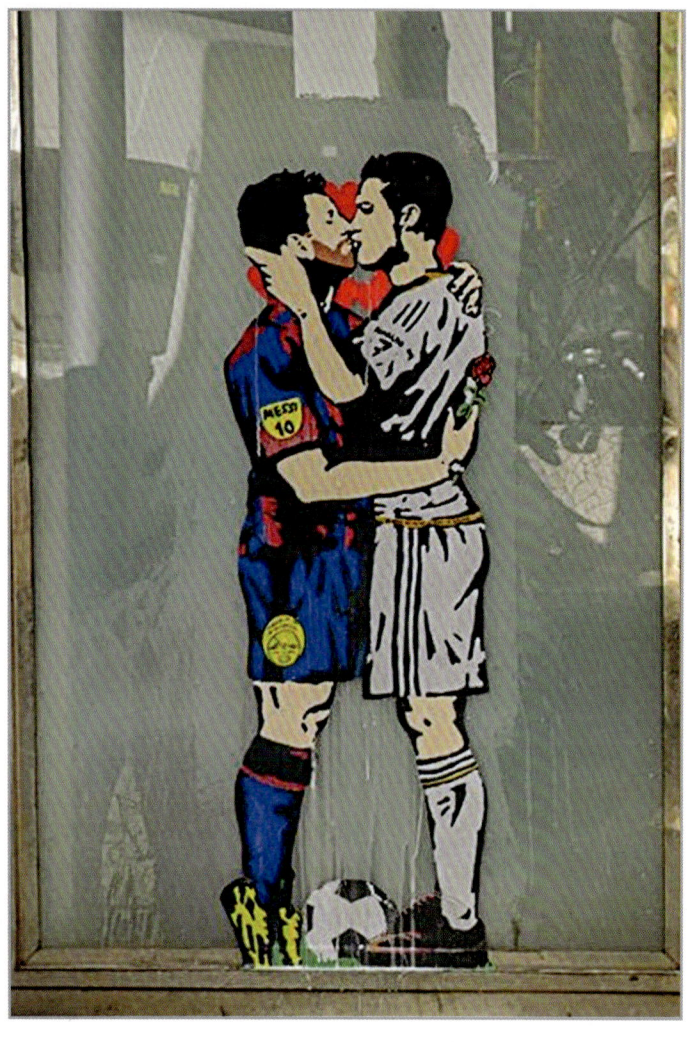

TVBoy está convencido de que el *street art* libre le ofrece la posibilidad de hablar de diversos temas que le son cercanos, como los derechos humanos, la igualdad de derechos para las parejas homosexuales, el problema del aborto, la inmigración, la discriminación.... «El *street art* debe ser transgresor y provocador para que te permita exponerte a través de tu mensaje de forma libre y democrática. Luego, de vez en cuando, hace falta algo ligero. Por eso, a diferencia de muchos otros artistas, no desdeño el mundo del deporte, y por eso retraté el beso imposible entre Cristiano Ronaldo y Lionel Messi en una puerta de Barcelona solo tres días antes del partido entre sus equipos».

TVBoy ha inventado un nuevo género, al que llama «cortocircuitos». «Tuve un profesor de latín que un día me enseñó el arte de la *contaminatio* [...] —recuerda el artista—. Se trata de una técnica de escritura que utilizaron los dramaturgos de la Antigua Roma y que consiste en fusionar dos o más tragedias griegas para producir un texto latino nuevo y original. A mí también me gusta reunir elementos de mundos diferentes para provocar cortocircuitos. En el fondo, nadie inventa nada. Creo a base de asociar elementos libremente, como hacen los *disc-jockeys* cuando mezclan música. Hago obras como si fueran *mash ups*, un divertido juego entre universos lejanos y opuestos. Aunque suelo inspirarme en acontecimientos recientes, noticias, artículos de revistas y periódicos y hechos reales, luego le doy rienda suelta a la imaginación», admite.

TVBoy explica que, para él, el arte debe resultarle comprensible a todo el mundo. «Nunca me ha gustado el arte institucional de las galerías, que se vende a precios elevados, como tampoco me gusta el arte que, para entenderse, necesita explicarse. Quiero que mis obras resulten comprensibles sin necesidades de muchas explicaciones; quiero que mi arte evoque emociones y sentimientos que atañan solo a lo personal. Explicar el arte es matarlo. Para mí, el *street art* en concreto es un *happening*. Sucede en ese momento en el que pones tu obra en la pared de una calle y deja de ser tuya. Al principio, si arrancaban, destruían o quitaban alguna de mis obras, me sentía dolido, pero ahora sé que todo forma parte del mismo todo, de ese ciclo natural de la vida del propio *street art*. Las calles son de todos y así debe seguir siendo: abiertas a todo el mundo y a distintas ideas», concluye TVBoy.

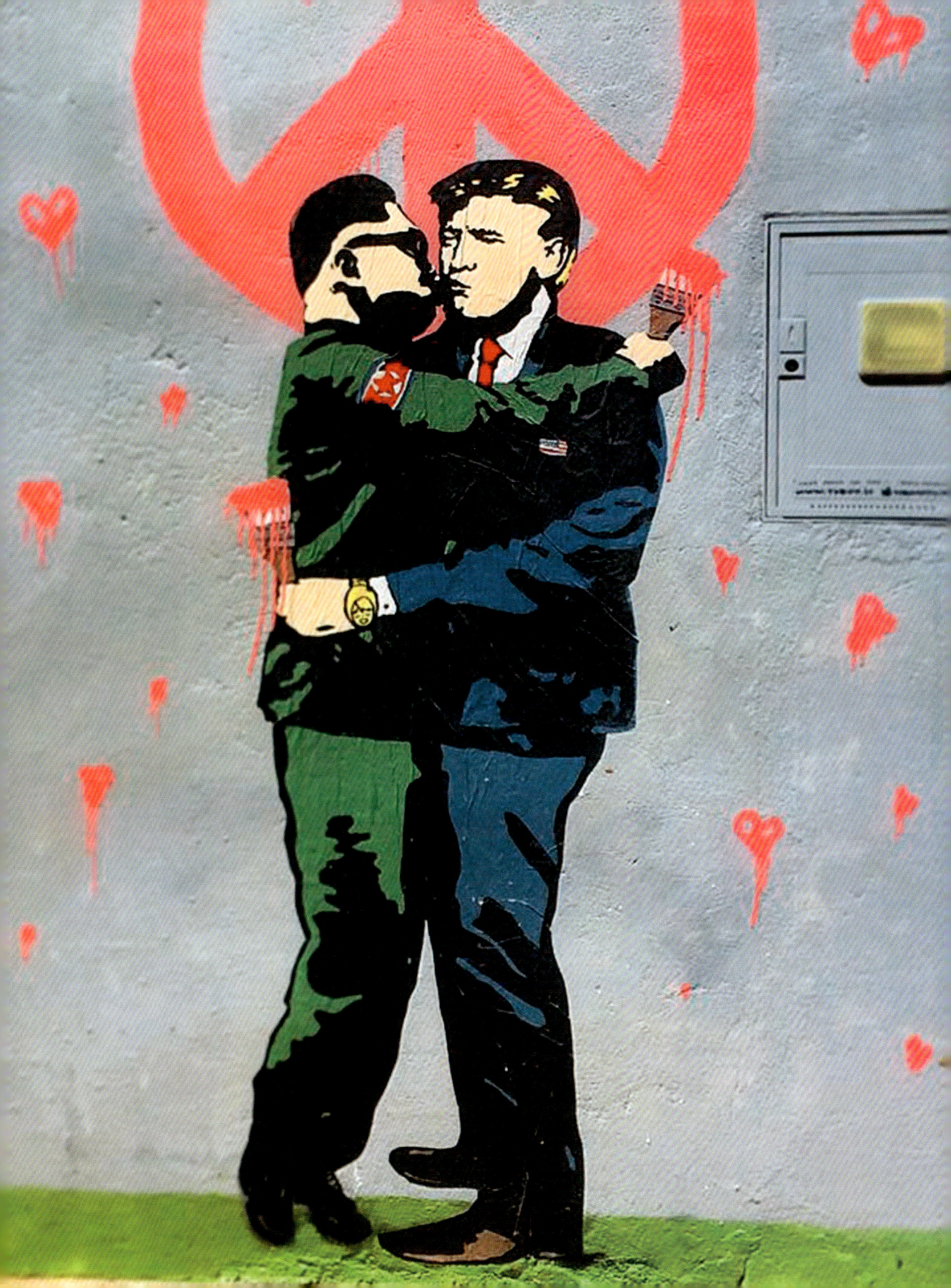

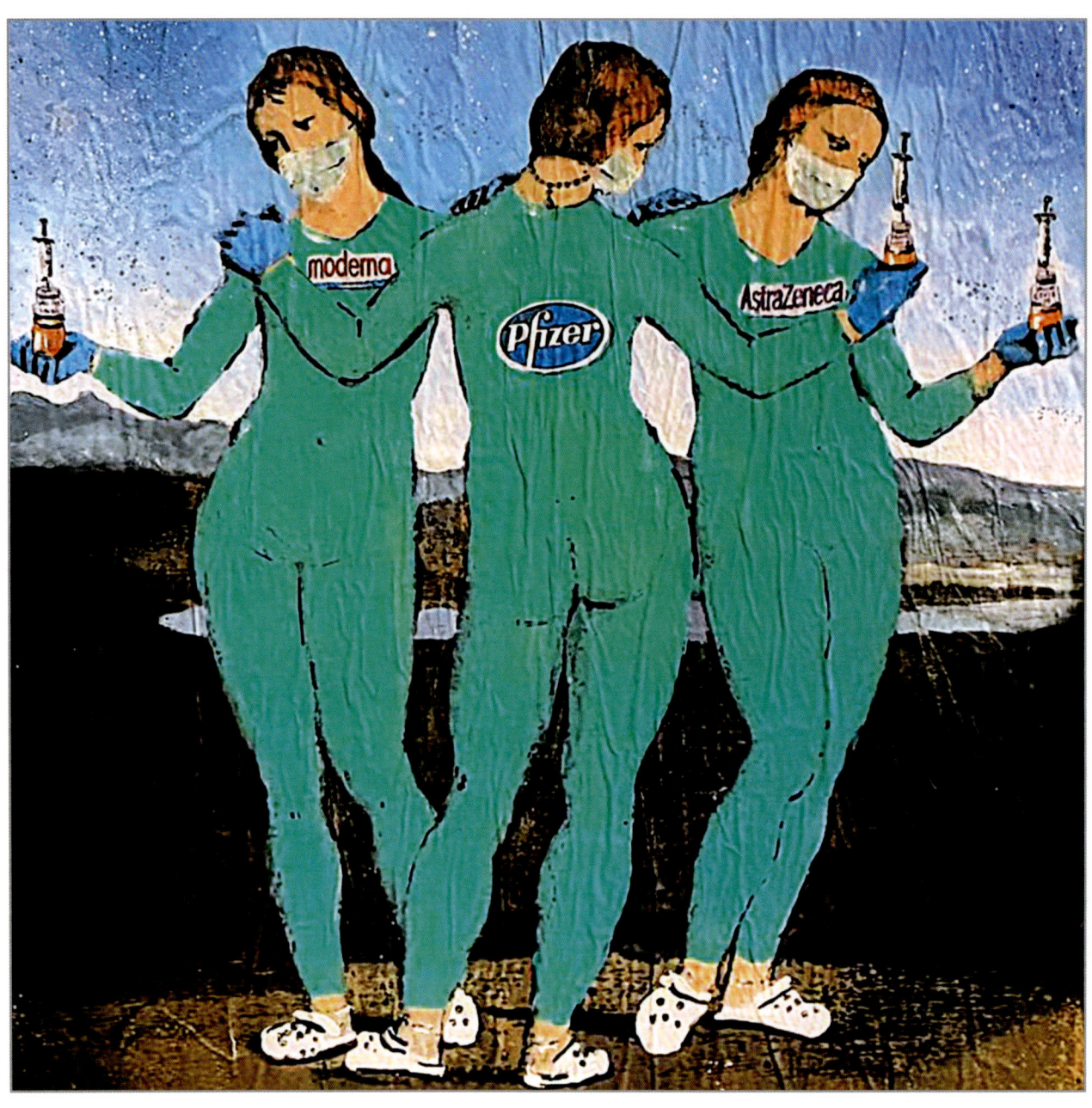

«Creo a base de asociar elementos libremente, como hacen
los *disc-jockeys* cuando mezclan música. Hago obras
como si fueran *mash ups*, un divertido juego entre universos
lejanos y opuestos».

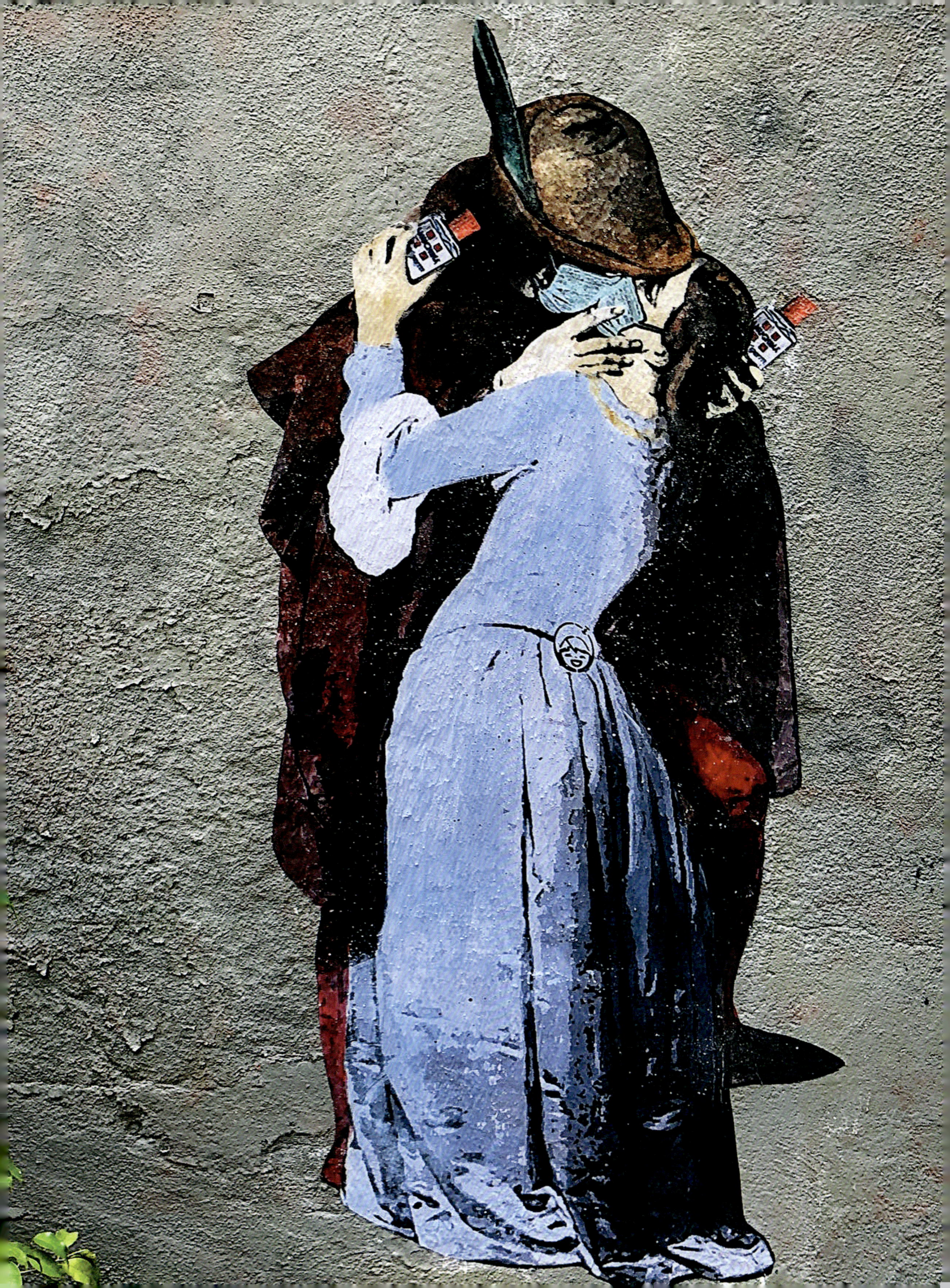

WAONE

FILÓSOFO DE LA EXISTENCIA, EXPLORADOR DE HISTORIAS FANTÁSTICAS

«Mi arte es mi razón de ser. El principal objetivo de mi arte es ayudarme a descubrir quién soy y explorar el mundo que me rodea. Mirar a través de la óptica del proceso creativo me da la oportunidad de desviar la atención de la vanidad de la vida ordinaria y adentrarme en un mundo invisible y desconocido, en el origen de todo lo que existe».

Figuras metafísicas y surrealistas que se mueven en un universo preñado de colores vivos y simbolismo celestial para hacernos soñar, evocar emociones y dejar volar nuestra imaginación e inspiración. La pasión respira entre las formas y las historias que se desarrollan en sus obras cual fábulas mágicas y seductoras. Tras colaborar durante mucho tiempo con el artista AEC, con quien en 2005 creó el dúo muralista conocido como Interesni Kazki, que en ucraniano significa «cuentos interesantes», Waone decidió no hace mucho labrarse su propio camino y crear su estilo como artista individual. Nacido cerca de Kiev, Ucrania, en 1981, creció bajo la influencia de su padre, gran aficionado al arte y ávido coleccionista de obras regionales e iconos ortodoxos ucranianos raros. Así, Waone empezó a interesarse por el arte de niño, cuando solo tenía 4 o 5 años. «Cuando era pequeño, mi padre alimentó y estimuló tanto mi espíritu creativo como mi interés por la pintura. Quien más me inspiró de niño fue Salvador Dalí», señala el artista.

Su país también ha ejercido una gran influencia en su formación. «Fue una Ucrania soviética y, después, postsoviética. Fue fantástico, ¡tuve una infancia de lo más interesante! Los libros fueron muy importantes en mi vida y para mi desarrollo. Teníamos una biblioteca enorme, repleta de libros. Revistas ilustradas soviéticas, enciclopedias, volúmenes de relatos de ciencia-ficción... Los cuentos populares, la cultura y la tradición ucranianas no eran mis temas favoritos, pero, claro está, los estudié (aunque de mala gana) tanto en los libros que teníamos en casa como en los de la escuela primaria [...]. Más tarde, mucho después, cuando me pasé del grafiti convencional a formas de expresión más novedosas, releí aquellos viejos cuentos populares para inspirarme: ¡y fue de ellos de donde surgió mi lenguaje visual!», admite. Y, como él mismo señala: «Es una forma expresiva que narra historias fantásticas a través de la forma etérea y trascendental del mural contemporáneo».

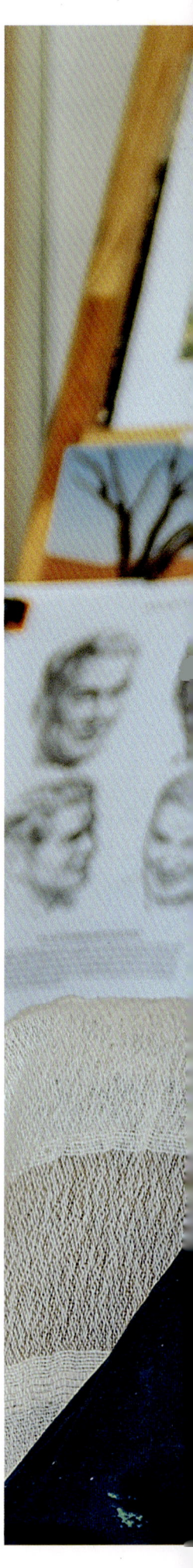

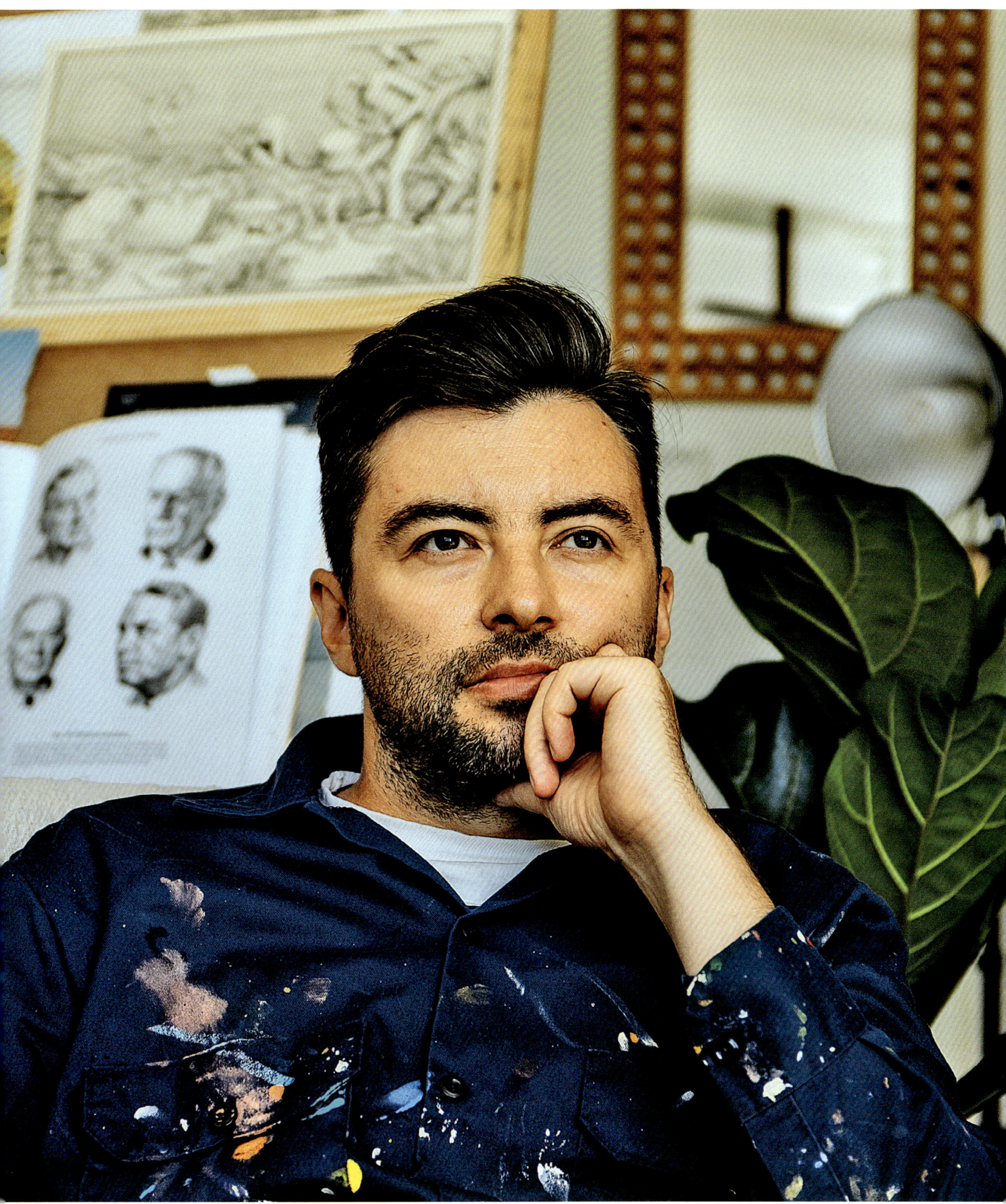

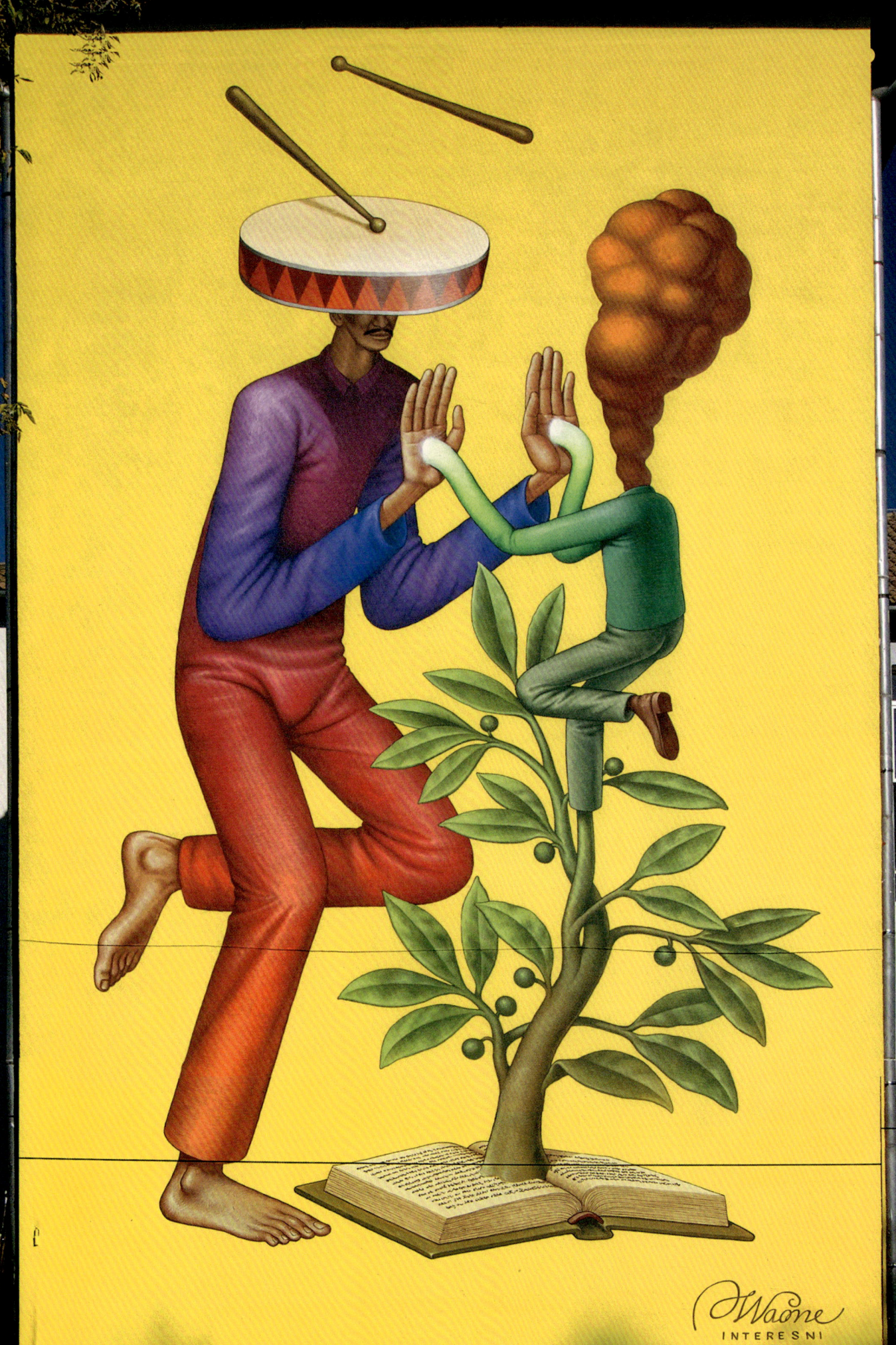

Waone
INTERESNI
KAZKI

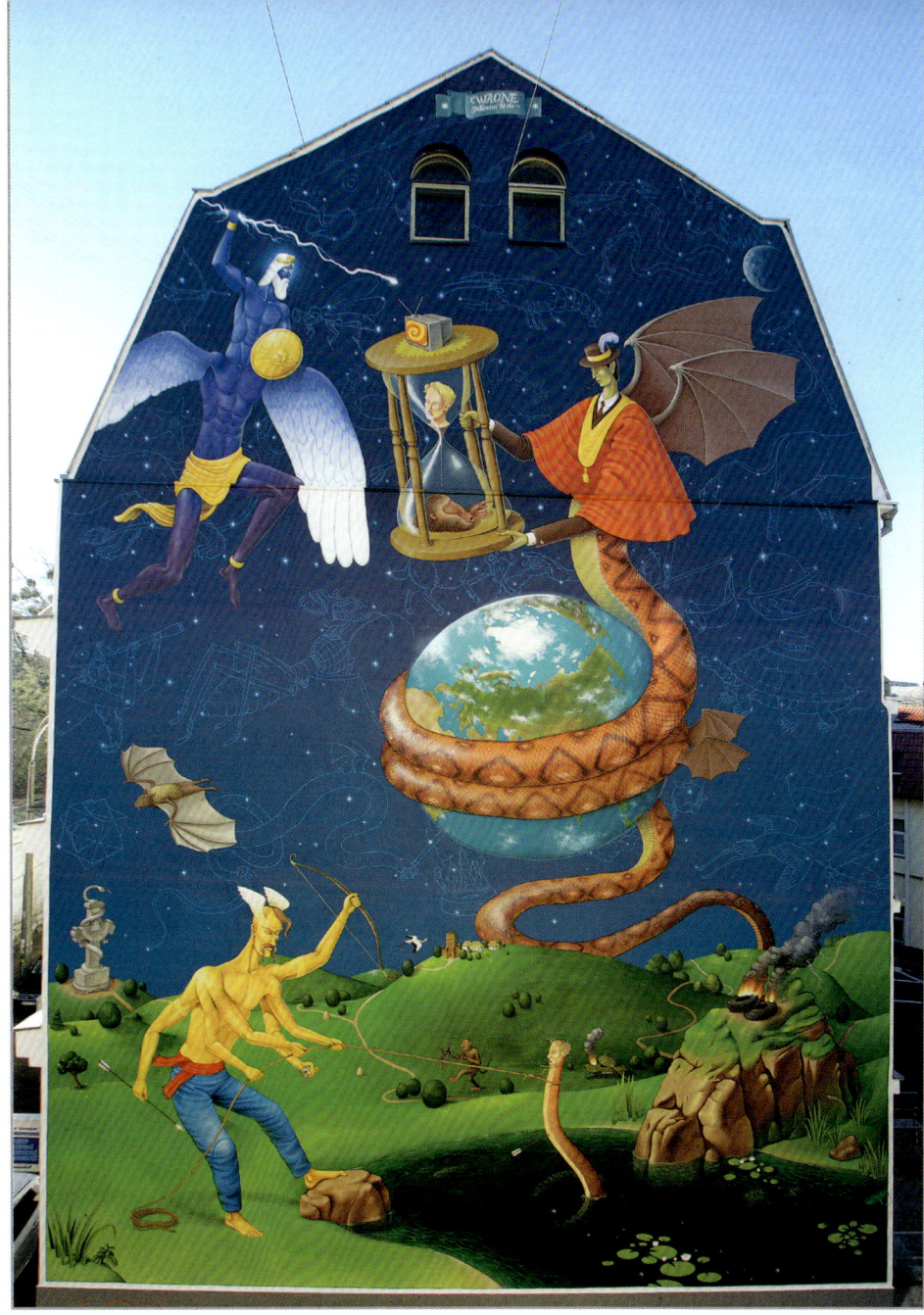

En 1999, Waone empezó a trabajar con botes de aerosol en las calles, cosa que al principio hizo con el grupo Ingenious Kids de Kiev, y, a lo largo de los dieciocho años siguientes, desarrolló su propio estilo. Influido por el arte de los Antiguos Maestros, también se inspiró en la estética de las ilustraciones de libros antiguos, de los grabados sobre papel y de los lienzos, así como en las paredes. «Al igual que muchos otros artistas, comencé con el grafiti a finales de la década de 1990. El *street art* no existía por aquel entonces. Al cabo de cuatro o cinco años, me cansé de pintar letras y empecé a buscar nuevas formas de expresarme. Una vez con AEC intenté pintar una pared solo con figuras. Ambos lo disfrutamos tanto que decidimos seguir esa nueva senda: algunos de los artistas más jóvenes afirman en la actualidad que fuimos la primera "ola" de muralistas contemporáneos. Siempre me han gustado los murales a causa de la libertad que ofrecen y por su gran tamaño», explica.

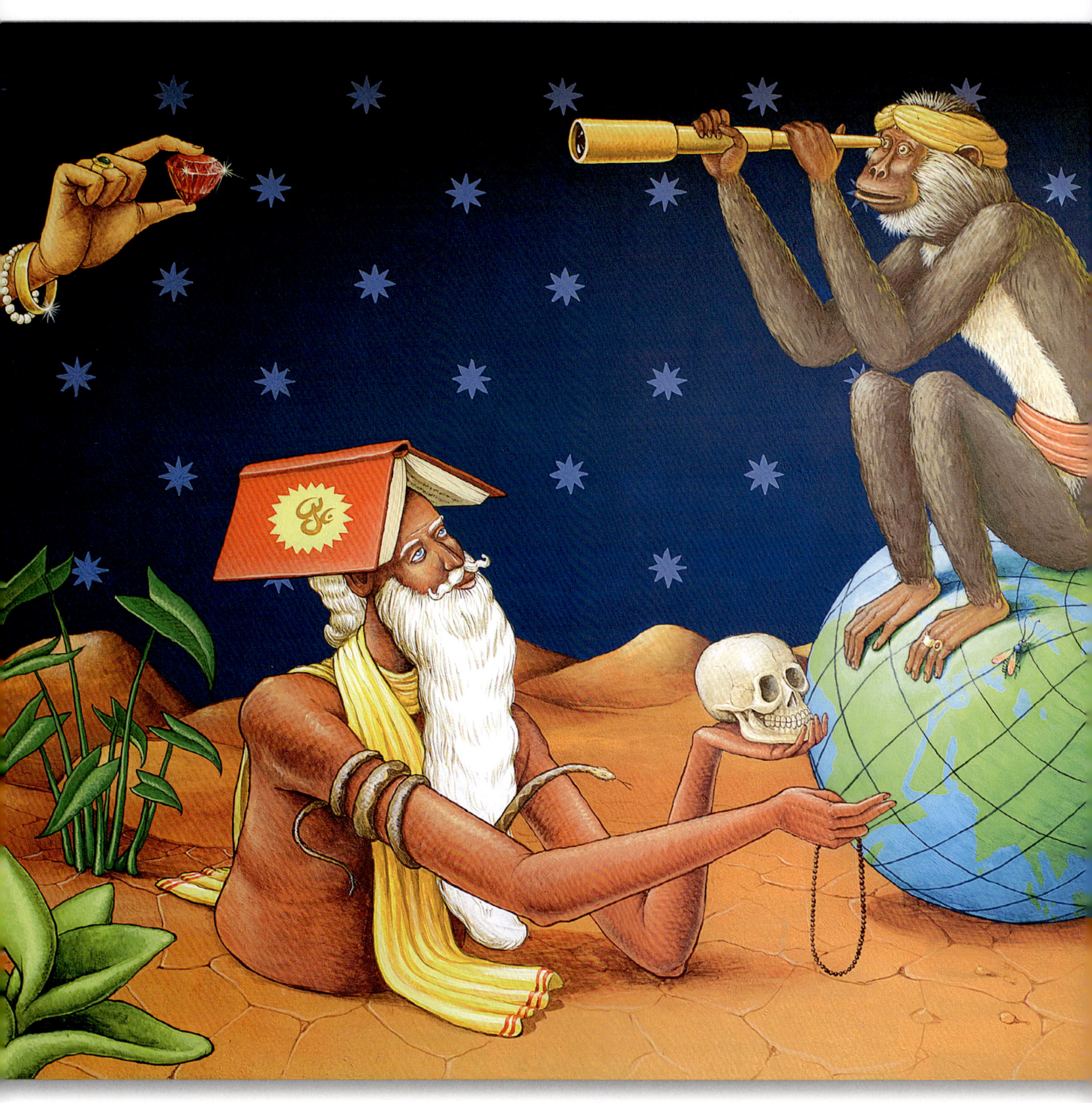

ETERNAL VS TEMPORAL: Varkala, Kerala, India, 2014.

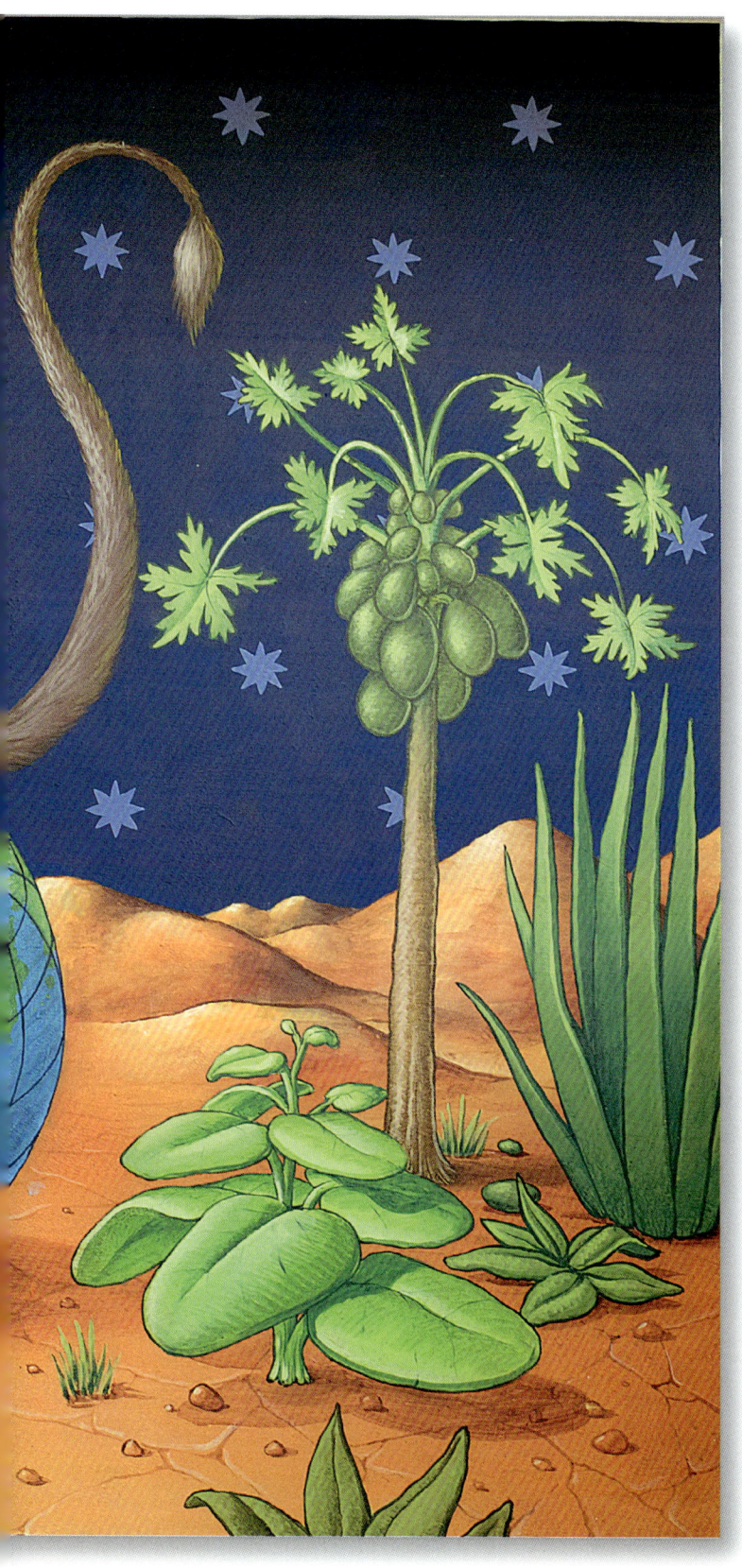

«**Mi disciplina favorita es tanto esotérica como filosófica, y es un aspecto de mi vida. Me apasionan las prácticas espirituales. Antes de empezar un mural, estudio el contexto local, la cultura y la historia [...]**».

«Trabajé con AEC durante dieciséis años. Juntos creamos un estilo único, conocido en todo el mundo. Nuestros estilos eran tan parecidos que era imposible saber quién había pintado cada parte de los murales. Fue una época fantástica y una experiencia maravillosa. A lo largo de unos diez años, pintamos murales por todo el mundo: de Australia a África, de Canadá a Brasil. En 2016 nos separamos y adoptamos estilos diferentes. Como artista individual, empecé a trabajar en mis propias ideas. Primero pinté murales en blanco y negro, luego publiqué *BnW*, un libro sobre mi arte. Además, empecé a trabajar la cerámica y la escultura en bronce», explica.

Fue así como Waone desarrolló su nueva visión, la cual quería que sirviera de camino hacia la perfección, de portal hacia mundos divinos, de estímulo continuo a la experimentación. Vive su arte como si tuviera la misión de hacer que todos los seres humanos puedan acceder a los elevados valores divinos. «Mi disciplina favorita es tanto esotérica como filosófica, y es un aspecto de mi vida. Me apasionan las prácticas espirituales.

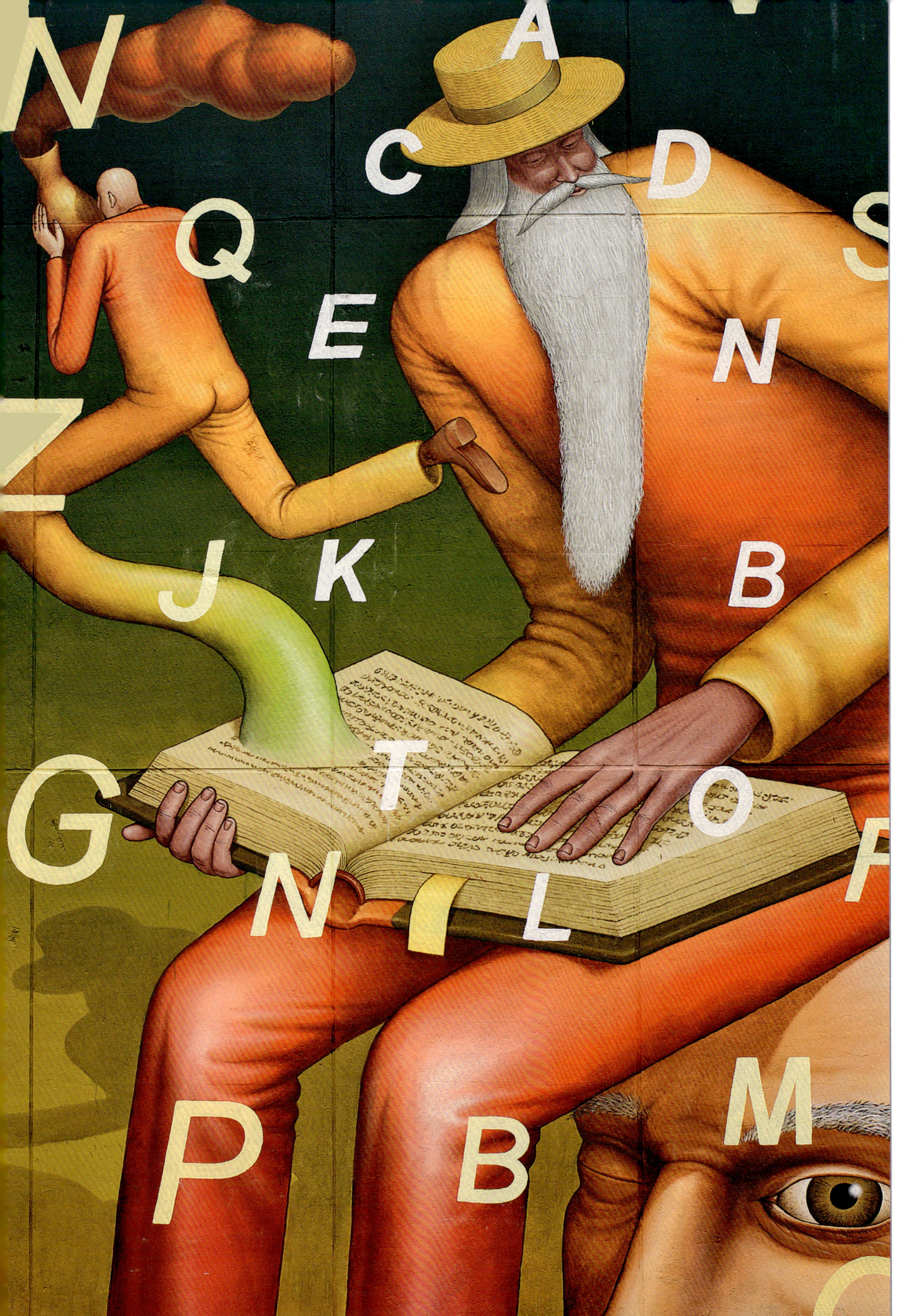

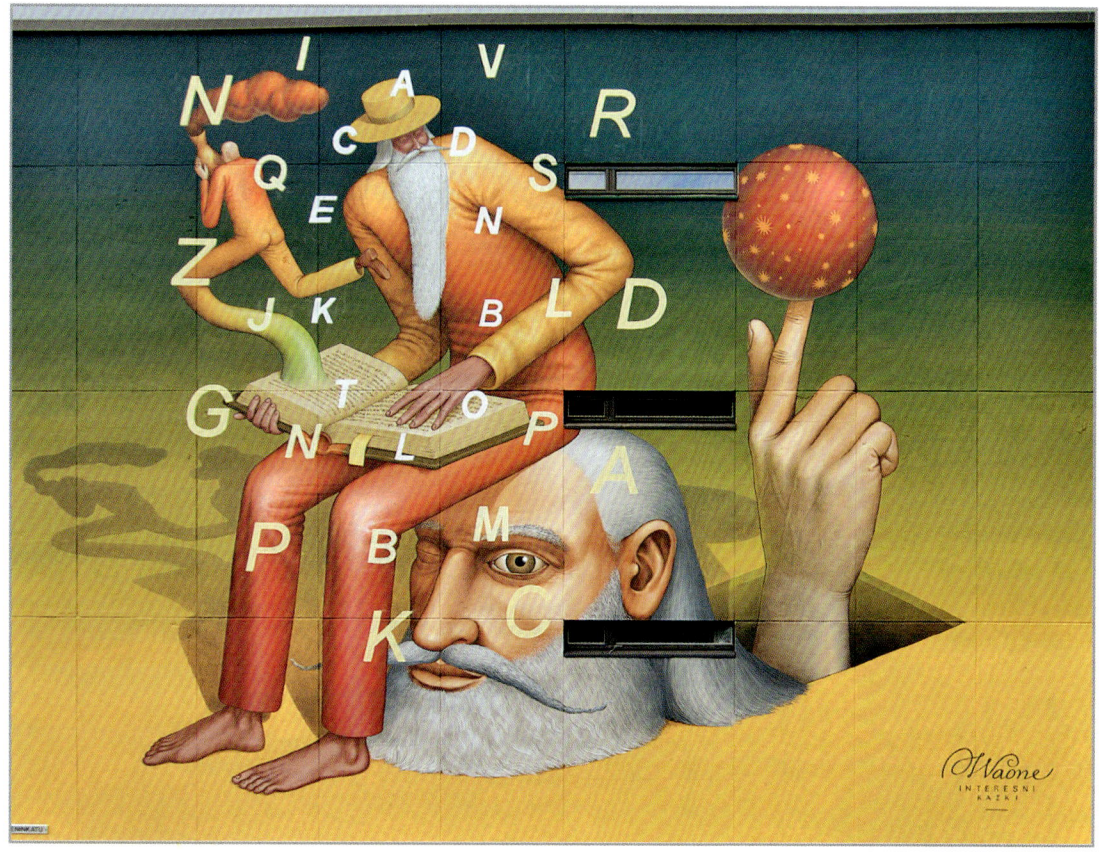

238 y 239 SPIRIT OF ANTIQUE BOOK: Kotka, Finlandia, 2018.

»Antes de empezar un mural, estudio el contexto local, la cultura y la historia [...]. Entonces, siempre me sucede algo [...]. Me vienen ideas a la cabeza y las aglutino mientras voy elaborando la futura composición. Puedo inspirarme en lo que sea: música, naturaleza, viajes, obras sobre arte; incluso libros», explica.

Siempre abierto a lo nuevo, al descubrimiento de universos desconocidos, Waone vive su arte y le da forma en función de la situación o del acontecimiento. «Aún no sé qué camino tomará mi arte en el futuro... Dependerá de los acontecimientos y las circunstancias. Siempre se me están ocurriendo ideas, sueños y proyectos nuevos. Últimamente he estado ocupado haciendo murales durante seis o más meses al año, por lo que no he tenido ocasión de dedicarme a nada nuevo, aunque durante la pandemia estudié cerámica y escultura. Y es un camino que quiero seguir [...]. Tenía planes para ampliar mi negocio, mi equipo y mi producción artística. Pero Rusia inició una guerra masiva contra Ucrania y, claro está, tuve que posponerlo todo [...]», dice.

Los trágicos acontecimientos recientes han dejado una profunda e inevitable huella tanto en su vida como en su arte. «Durante los dos primeros meses de la guerra, no pude trabajar, ya que tenía que centrarme en sobrevivir. Después, ya en Polonia, hice unos murales repletos de símbolos que aluden al conflicto ruso-ucraniano y sus consecuencias en el mundo entero», añade, con la esperanza de un futuro mejor.

ALESSANDRA MATTANZA, autora, guionista y fotógrafa de bellas artes, vive desde hace años en Nueva York, San Francisco y Los Ángeles. En la actualidad escribe para varias editoriales y revistas, entre ellas *Cosmopolitan* y *Elle*, *Vanity Fair*, *Forbes*, *F* y *Natural Style*, *ICON* y *Financial Times*, y colabora en entrevistas y minidocumentales para TV Studio Universal y otras cadenas. Además es autora de novelas, guiones, libros de viajes ilustrados y guías turísticas. En 2014 quedó en primer lugar en la categoría Personality Profile-International Journalism de los Southern California Journalism Awards de Los Ángeles, y, desde entonces, se ha alzado con varios segundos o terceros premios y ha sido nominada todos los años en las categorías de Journalism y Nonfiction Books en los SoCal Journalism Awards de Los Ángeles. Es autora de otros libros de arte.

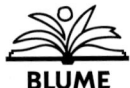

BLUME

Título original *Street Art's Rising Stars*

Dirección editorial Valeria Manferto De Fabianis
Diseño Maria Cucchi
Edición Giorgio Ferrero, Phillip Gaskill
Traducción Antonio Díaz Pérez
Revisión de la edición en lengua española
Llorenç Esteve de Udaeta
Historiador de Arte
Coordinación de la edición en lengua española
Cristina Rodríguez Fischer

Primera edición en lengua española 2024

© 2024 Naturart, S.A. Editado por BLUME
Carrer de les Alberes, 52, 2.°, Vallvidrera
08017 Barcelona
Tel. 93 205 40 00 e-mail: info@blume.net
© 2024 White Star s. r. l., Milán (Italia)

I.S.B.N.: 978-84-10048-11-9
Depósito legal: B. 21318-2023
Impreso en China

Portada: cortesía de Adnate
Contraportada: cortesía de TVBoy

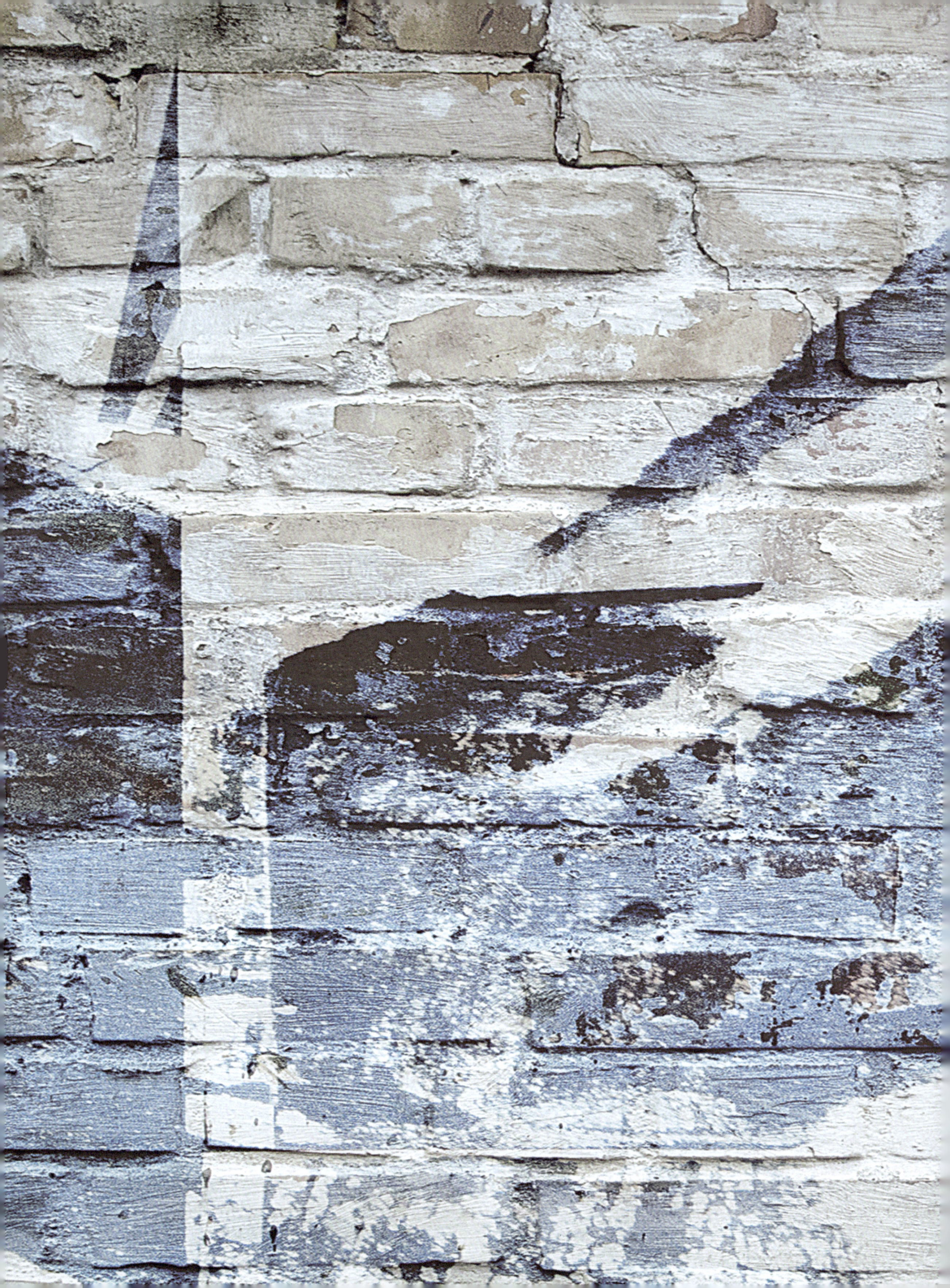